U0931035

新时代中国经济学教育与研究

WISE足迹

谢嘉晟 张兴祥 主编

上海人民出版社

目录

第一篇　成长

第二篇　开创

第三篇 理念

序　一

百年前，校主陈嘉庚秉持“教育救国”“实业强国”的理念创办厦门大学。因此，厦门大学 1921 年最早设立的两个学科，一是教育，二是商科（经济）。经济学科近百年来始终是厦门大学的支柱学科，为中国的民族解放和国家富强培养了大批的栋梁之材，为中国的经济学研究贡献了诸多的创新成果。特别是王亚南、郭大力等一批马克思主义经济学家，从 20 世纪 40 年代就开始在厦门大学讲授经济学，使得厦大成为中国最早讲授、传播马克思主义经济学的高校之一。1949 年新中国成立以后，厦门大学更是成为中国经济学人才培养与科学研究的重镇之一。“文革”十年动乱，毫无例外，厦大经济学科也遭受了极大摧残。“文革”甫一结束，当改革开放的春风吹遍神州大地时，厦大经济学科立刻就站上了拨乱反正、重焕生机的最前沿。1977 年中国恢复高考，厦大经济学科是全校招生最多的科系，教师们拿出百倍的精力与热情重返教学讲台和科研第一线。1982 年，厦门大学更是在加强建设经济学科的同时进行大胆的改革，成立了全国综合性大学的第一所经济学院。人才培养、科学研究生机勃勃。

由于种种原因，20 世纪 90 年代后，厦大经济学科与全国众多高校的经济学科一样，进入了一个相对冷静的调整期。厦大经济学科特别是理论经济学科从 90 年代中、后期开始，明显出现下滑。这样一个下滑的状态，引起了厦大经济学科各位有识之士及学校领导的深深忧虑。2003 年暑期，学校在漳州东山召开工作务虚会。时任经济学院院长作大会发言时坦率地承认这几年经济学科尤其是理论经济学科出现下滑。在 2004 年暑期，学校第二次东山会议上，经济学院院长再次强烈呼吁学校要以更加强有力的措施扭转经济学科下滑的局面。他用一个十分具体的数据告诉与会者当时经济学科落后的状况——2003年全年厦大经济学科没有一篇文章发表在《经济研究》上，2004年上半年还是没有，估计下半年也不会有。作为全国最好的经济学科之一，连续两年没有一篇文章能够发表在《经济研究》上，这确实引起了全校的震动。发言者认为厦大经济学科在全国有被边缘化的危机！

经济学院在东山会议上的发言引起了学校党委和行政对经济学科改革与发展问题的高度重视。经审慎的思考和认真的讨论，学校党委和行政决定，要尽全力引进一位在国内外有学术影响力、同时又有组织管理才能的学者，来推动经济学科的改革与发展。2004年的东山会议一结束，学校开始积极物色这一人选。此时，多人推荐了正在清华大学担任特聘教授的洪永淼校友。从20世纪90年代开始，清华大学下大力气重建人文与社会科学学科，从海内外选聘了一批优秀的学者到清华任教，给予了很好的工作及生活条件。洪永淼2002年受聘清华大学特聘教授。时任厦大党委书记王豪杰同志和我都觉得这是一个合适的人选。经商量后，王豪杰书记委托我全权代表学校争取洪永淼教授到厦大工作。

2004年8月，我到北京跟洪永淼会面。那次会面，我们从晚上10点谈到凌晨快两点，近4个小时。从工作到生活，从国内到国外，无所不谈。但是，我记得谈得最多的，还是经济学科的改革。我们都一致认为，厦大经济学科的更好发展，唯有在已有改革的基础上加大力度深化改革才有可能。我向他郑重承诺坚决支持他进行改革。应该是这样的支持改革的承诺打动了他，让他下了离开清华到厦大工作的决心。实际上，他是很舍不得离开清华的，清华给了他很好的工作条件和生活待遇，而且整个学术环境和氛围都非常好。跟清华相比，厦大能给他的条件是不如的。但是，厦门大学更加需要改革。就这一条，洪永淼作出了艰难的选择。当然，我心里知道，让他作出这一艰难选择的最深层原因是他对母校的一片挚爱。

洪永淼是一个雷厉风行说干就干的人。一经下定决心，他马上就开始考虑到厦大如何开展工作，并提出了很好的意见和建议。回到学校，我把我们谈话的结果和他的工作想法向学校党委作了详细汇报，得到校党委的认可和支持。

校党委要求有关部门马上开始为洪永淼教授到校工作做准备。按照我们谈话所商定的："存量"暂时不动，先从"增量"做起的基本改革思路，学校决定在经济学院内设立一个实体性的研究院，以新的体制和机制运作。于是，学校在教育部人文社科重点基地的基础上，依托"985"工程二期经济学科建设的投入，在经济学院班子主要领导和多数同志的支持下，成立厦门大学王亚南经济研究院。该院于 2005 年 6 月正式挂牌，由洪永淼出任院长，学校赋予研究院最大的办学自主权。自此，洪永淼开始了他在厦大经济学科的改革历程。岁月如梭，一晃 15 年过去了。这 15 年是如何走过来的?《新时代中国经济学教育与研究——WISE 足迹》一书收集了过去 15 年有关王亚南经济研究院及经济学科改革与发展的若干采访与报道。古人云，管中窥豹，见一斑可识全貌。确实，读者面前的这本书只是采撷了洪永淼回厦大 15 年所走过的坚持改革艰辛之路的若干片段，但从这些片段可以看出他是如何信守自己的承诺，为厦大经济学科的再创辉煌坚持改革与创新的。洪永淼 15 年的坚守，成效如何？可以用一组数据来说明：2003 年及 2004 年两年，厦大经济学科在《经济研究》上发表文章数为零；2015 年、2016 年、2017 年、2018 年、2019 年厦大经济学科在《经济研究》上发表文章数分别为 12 篇、8 篇、15 篇、9 篇和 11 篇，共 55 篇。《经济研究》是中国最好的经济学期刊之一，每年出版 12 期，每期刊登学术论文约 12 篇，即一年约 144 篇，5 年约 720 篇。从 2015—2019 年，厦大经济学科在上面发表的论文 55 篇，占了总篇数的近 8%。或者说，占了近 1/12，即相当于一年约有一期全是厦大的。这真是一个巨大的变化！在 2005 年以前，厦大经济学科在国际上最好的经济学刊物上发表文章的数量很少，可以说是几乎没有，而 2015—2019 年 5 年间，厦大经济学科在国际一类的经济学期刊上共发表学术论文 122 篇，其中 A+ 级的有 4 篇、A 级的有 55 篇、A− 级的有 63 篇。这样的科研成果在国内的高校中肯定是名列前茅的。至于这 15 年他通过教学改革及大力加强教学管理，着力提升人才培养的质量与水平的状况，从本书中可以读到，可请读者自己判断。厦大经济学科重铸了自己的辉煌。

改革是做前人没有做过的事，改革是对已有利益格局的调整，因此，任何改革无论大小都是艰难的。洪永淼所走过的 15 年厦大经济学科改革之路也是充满艰难和曲折。其中许多的酸甜苦辣只有他自己品尝和忍受。改革的艰难和曲折在本书中体现很少，这是这本书的不足之处。实事求是地说，过去的15年，厦大经济学科的改革取得了巨大的成绩，这是不争的事实。但是，就像任何改革都难免走弯路，任何改革者都会有遗憾一样，洪永淼主导的厦大经济学科的改革不可避免地也有不足和缺憾。例如，如何把大刀阔斧地推进改革与耐心细致的思想政治工作结合起来？如何更加有效地把改革的目标和思路告诉师生员工并尽可能地让每个人都能理解和接受？如何让改革的措施更加“圆润”，做到刚柔相济，避免刚性有余柔性不足？如此等等，都值得改革者思考或研究，更值得在今后的深化改革中加以完善，以实现把厦大经济学科建设成为世界一流的经济学科的宏伟目标。不论如何，瑕不掩瑜，我们要向每一位改革者表示崇高的敬意！

鉴于此，在本书的编者希望我作一序言时，我欣然应允。因为，我由衷期望这本书的出版能让更多的人看到一位中国学者的赤子之心，看到一个爱国者的报国之情，也看到一位改革者在中国这块改革的热土上所做出的一份默默耕耘。习近平总书记在庆祝改革开放40周年大会上的讲话中号召：全党全国各族人民要更加紧密地团结在党中央周围，高举中国特色社会主义伟大旗帜，不忘初心，牢记使命，将改革开放进行到底。我也期望这本书的出版是对习近平总书记伟大号召的一个响应，让我们更加坚定地投身到深化改革的浪潮中去。

谨为序！

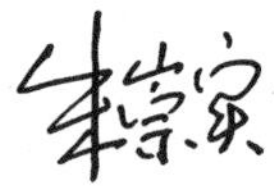

2020年1月27日

（作者为厦门大学原校长，现厦门大学校友总会理事长、厦门大学“一带一路”研究院院长、厦门大学法学院教授）

序　二

2015年，在厦门大学王亚南经济研究院（The Wang Yanan Institute for Studies in Economics，简称WISE）建院10周年的时候，我写了一本小册子《中国经济学教育转型——厦大故事》，介绍WISE和厦大经济学院的发展历程。2020年，在WISE建院15周年之际，厦门大学经济学科《商道》编辑部将2005年WISE创立以来我接受一些媒体访谈的文章以及个人撰写的一些随笔、建言整理编撰成书，希望能透过书中篇章呈现WISE建院15年来以及厦大经济学院近10年的发展理念与轨迹。过去的15年是我学术生涯之中的黄金时期，这本书也是对我多年来参与中国经济学教育与研究实践探索的一些思考和一次阶段性总结。

本书主要包括四方面内容：第一部分"成长"，主要叙述我从中学时代到赴美留学，再回到母校厦门大学主持经济学科学术管理工作的经历；第二部分"开创"，主要反映15年来厦大经济学科在学科建设和学术管理制度的开拓与创新；第三部分"理念"，一定程度上体现了我对新时代中国经济学教育和研究所秉持的理念；第四部分"建言"，总结了我对中国经济发展、国家和地方经济建设以及经济政策制定的若干思考。

2005年，我受到时任母校领导的感召，辞去工作了3年的清华大学经济管理学院特聘教授职位，回到厦门大学着手创办WISE。作为WISE的主要创始人，我有幸亲历她的诞生、成长和壮大。如今，这本书即将出版，我不由感慨万千。

首先感谢母校的厚望，为我和我的同事们提供了一个可以报效母校和国家，并实践教育理念的平台。WISE在创立之初，便立下宏愿要建设成为亚太一流、国内领先，并与国际接轨的现代经济学研究机构及国际交流中心。万事开头难。时任母校领导顶着巨大压力，将拨给经济学科“985”工程二期建设经费 2000 万元，全部用于 WISE 头 3 年的创院经费，并从经济楼腾出 35 间办公室，WISE 就是这样建立和发展起来的。直至今日，我依然深信，如果不是时任母校领导的勇于担当与坚定支持，WISE 不可能走到今天，也不会有日后经济学院的改革与发展。

经过十多年的努力，WISE 初步实现了预期目标。现在的 WISE 可以说是厦门大学一个国际化的学术高地，也是中国经济学教育和研究接轨世界，以及对外学术交流的一个重要窗口。

厦门大学经济学科过去 15 年的一个标志性变化就是它的现代化与国际化办学体系。厦大经济学科的国际化办学正是从 WISE 开始的，这是一个从无到有的过程。厦大经济学科有过辉煌的悠久历史，传统优势曾经十分明显。特别是我国著名经济学家、共和国老一辈教育家王亚南所创立的具有鲜明厦门大学特色的马克思主义政治经济学学科，在国内经济学界长期享有崇高的声誉。但到了 20 世纪 90 年代末、21 世纪初，厦大经济学科特别是理论经济学科出现了整体下滑迹象，学科研究范式跟国际不接轨，跟现代经济学也不接轨，在国内经济学界面临被边缘化的危险。WISE 的创立恰逢其时，对厦大经济学科及时扭转弱势局面，并在此后阔步改革发展，发挥了不可或缺的作用。过去的 15 年也是中国经济学教育与研究转型和国际化的重要时期。WISE 的创立，为推动中国经济学教育与研究转型和国际化进行了有益的探索和实践。百舸争流，厦大经济学科在这一轮激烈竞争中不但没有落伍，甚至勇立潮头，这为厦大经济学科向世界一流学科迈进奠定了坚实的基础。WISE 的发展以及 WISE 和经济学院的交叉融合，更是体现了厦大经济学科鲜明的特色。

建立一个具有国际竞争力的新机构，一定要敢于破旧立新。只有在一张白纸上作画，才能画出最新最美的画卷。因此，WISE 创立之初，我便向母校领导提出，改革必然有阻力，要推动经济学科全面改革，只能由易入难。WISE 建院之初需要相对独立，在探索出一套行之有效的新型学术管理制度和运行机制后，再为经济学科全面改革与发展提供范本。

WISE 15 年来的发展基本上实现了我们当初的设想。WISE 从无到有，其学科布局从我个人比较熟悉的计量经济学这个现代经济学的方法论学科入手，以点带面，逐步拓展到统计学、金融学、劳动经济学、制度经济学、实验经济学、资源环境经济学等多个学科，并通过组织一系列高质量学术交流活动，逐渐形成了 WISE 在中国、亚太地区乃至全球的国际学术影响力。

建院以来，WISE 取得了一批标志性的学术成果。从 2005 年起，WISE 每年举办全国计量经济学研究生暑期学校，已免费培训超过 3300 人次来自全国各地甚至海外的研究生和青年教师，2018 年暑期学校被世界计量经济学会正式列为其官方活动，并向全球相关学科博士生开放；2009 年，全国首个文理交叉的计量经济学教育部重点实验室落户厦大；2016 年，世界著名经济学家、美国普林斯顿大学经济学系教授邹至庄伉俪捐资 1000 万美元，在厦大设立邹至庄经济学教育基金和邹至庄经济研究中心；2019 年，国家自然科学基金委员会"计量建模与经济政策研究"基础科学中心项目花落厦大，这是国家自然科学基金委员会管理科学部批准建立的第一个，也是该学部目前唯一的基础科学中心项目。15 年来，WISE 还举办了很多计量经济学与经济学领域的高水平国际学术会议，其中不少是首次在中国内地举办。

2010 年年底，我主持厦大经济学院学术管理工作后，便与经济学院党政领导班子成员一道，致力于 WISE 和经济学院的融合发展，将 WISE 的成功经验逐步复制到经济学院，最终推动了经济学院的深刻变革。经济学院近 10 年来的发展证明，WISE 的一些创新制度和举措在经济学院同样适用，并且卓有成效。

15 年来，在母校国际化办学思想的战略指引和母校领导的坚定支持下，厦大经济学科全方位、立体化推动学科建设：一是实现师资队伍来源的多元化和国际化。新聘教师大部分毕业于欧美、澳大利亚、新加坡、中国香港等国家与地区以及国内的顶尖高校，坚决杜绝师资队伍"近亲繁殖"。二是专业课程参照国外先进研究型大学的学术标准设置。WISE 的本科生、硕士和博士研究生经济学专业课程采用全英文授课，在培养环节中注重思想品德，特别是学术诚信教育。三是研究生培养模式借鉴国际通行惯例。在入学考试环节与指导教师脱钩，保证录取过程透明、公正、公平，博士研究生培养则实行"导师组"

制度。四是鼓励两院教师在经济学、金融学和统计学等领域的国际顶尖与主流学术期刊发表论文。用“国际语言”讲述中国故事，在国际学术舞台上发出厦大经济学科的声音。五是积极开展多种形式的国际学术交流与合作。邀请包括诺贝尔经济学奖获得者在内的世界顶尖经济学家前来访问交流，让两院师生有机会接触到活跃在国际学术最前沿的经济学者。

厦大经济学科 15 年来的建设，最具有挑战性的莫过于新旧体制的融合。我们选择了一条渐进式、双轨制的改革路径，即先体制外（WISE），再体制内（经济学院），最终走向两院融合，从而产生“1+1>2”的互补倍增效应。通过外在的改革力量来推动体制内的改革，以此促进厦大经济学科的转型与发展，这一改革策略是成功的。目前，新旧体制融合已经成为厦大经济学科的一大特色和突出亮点。

WISE 从厦门大学与自身实际出发，在实践中逐步探索、建立了一套完整的具有鲜明特色的学术管理制度及其相应的学术管理文化。我们倡导学术面前人人平等。在这里，大家一律互称老师。没有官本位，没有把持山头的学阀，不搞论资排辈，不分身份等级，不管是享誉国际的学术大家还是初出茅庐的青年教师，大家在学术面前同台竞技，平等对话，平等交流。在学术管理上，严格按照规章制度办事，坚决摒弃拉关系、走后门的不良风气。在 WISE，从行政、技术人员到专业教师，每个人都可以找到自己的位置，做到人尽其才。

我们注重学术管理文化的培育和学术管理水平的提升，坚持按劳分配、同工同酬、赏罚分明，努力打造了一支团队精神强、服务意识浓、办事效率高的行政技术团队。可以说，在 15 年不太长的时光里，WISE 已构筑起自己的学术文化底色。

我们注重理论与实践的结合，提倡开门办学，鼓励广大教师走出学术“象牙塔”，秉持“知识创造价值，学术服务社会”理念，将理论研究应用服务于社会；我们注重与政府和社会的互动，积极服务于国家重大战略与区域发展需求，为国家和地方经济社会建设建言献策，建立厦大经济智库品牌。同时，我们也以学术回馈社会，与政府部门和企事业单位合作开展课题研究，提供各种培训，将厦大经济学科强大的教学与研究能力转换为社会生产力，将学术影响力转化为社会影响力。

厦大经济学科15年来的变化是深刻而又全方位的。经过15年的艰苦努力，厦大经济学科的研究范式已由原来以定性分析为主，转变为以定量分析为主、定性分析与定量分析相结合，实现了研究范式的根本性转换，真正实现了与现代经济学的接轨。这一研究范式转变对包括政治经济学等传统优势学科在内的整个厦大经济学科，将会产生深远的影响。长期以来，政治经济学特别是马克思主义政治经济学一直是厦大经济学科的传统优势学科。在新时代，如何继承、发展马克思主义政治经济学，一直是厦大经济学人思考、探索的重要课题。我们在坚持历史分析、逻辑分析方法的同时，大胆借鉴现代经济学有益的研究方法，特别是数理分析和以数据为基础的计量经济学实证分析，应用于马克思主义政治经济学以及新时代中国特色社会主义政治经济学的研究，取得初步的成效。一支具有国际视野、具有交叉学科背景、以中青年师资为主体的政治经济学教学与研究团队正在形成。我相信，假以时日，厦大政治经济学必将重新焕发出新的青春和新时代特色，青出于蓝而胜于蓝！如今，厦大经济学科形成了经济学院、王亚南经济研究院和邹至庄经济研究中心"三位一体"的整体架构，面貌焕然一新，学科实力迈上了一个新台阶。2017年3月，厦大社会科学总论进入基本科学指标ESI（Essential Science Indicators）全球前1%，其中经济学科的贡献度为66%。2019年11月，厦大经济学与商学进入ESI全球前1%，这是厦大在建设世界一流经济学科道路上的一个重要里程碑。

"文章千古事，得失寸心知。"15年弹指一挥间。WISE筚路蓝缕，砥砺前行；WISE全体师生只争朝夕，不负韶华。这是一段激情燃烧的奋斗岁月：建院初期的远程QQ办公群，三更半夜的越洋视频会议，每年一度的暑期交流研讨活动，申请科研项目的群策群力，面对困难时的万众一心……每每想起，所有一切都历历在目，令人难以忘怀。事业是大家一起干出来的！正是母校领导的坚定支持和经济学科广大师生的共同努力，才谱写了WISE这篇无愧于新时代的青春华章！2020年是一个历史性的时间节点。前路虽漫漫，未来犹可期。如今，WISE和经济学院形成了一整套学术管理制度以及相应的学术文化，拥有了一支结构优化、学识厚实、矢志育人的国际化师资团队和一支专业化、高效率的行政技术团队。虽然前进道路上难免有起伏，但我坚信，WISE 和经济学院的未来蓝图将会更加清晰，前进的步伐将会更加矫健！

最后，感谢为本书贡献心智和汗水的记者、编辑、同事和出版社，是他们使得这本书能在 WISE 建院 15 周年之际与读者见面。我特别要感谢《商道》编辑部[①]主任谢嘉晟，以及白瑜、鲍未平、陈丽纯、邓晶晶、何永芳、侯金光、李洪学、潘小佳、彭晓艺、叶桂香、余安旖、张兴祥、张永山、钟锃光、周梦娜、周文等同事和朋友对本书的帮助。我还要感谢国家自然科学基金委员会管理科学部“经济科学战略规划研究”项目（项目编号：71940004）的资助。这本书要献给 15 年来与我一起为 WISE 和厦大经济学科的改革与发展而共同打拼的所有同事们，以及提供各种宝贵帮助与支持的所有海内外前辈与朋友，包括我尊敬的邹至庄老师、萧政老师和杰瑞·赫斯曼（Jerry Hausman）、惠特尼·钮伊（Whitney Newey）教授等，没有他们，就不可能有今天 WISE 和厦大经济学科的成就。这本书的出版也是为了纪念 2021 年王亚南老校长 120 周年诞辰和祝贺厦门大学建校 100 周年。祝愿以王亚南为代表的科学精神永远辉映在厦门大学经济楼上空，更祝亲爱的母校昂首阔步跨进世界一流大学行列。

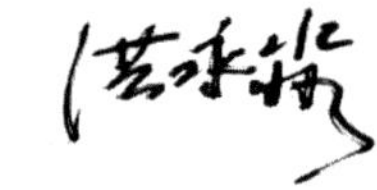

2020 年 1 月 30 日

（作者为发展中国家科学院院士、世界计量经济学会会士、教育部经济学类专业教学指导委员会副主任委员、美国康奈尔大学经济学与国际研究讲席教授、厦门大学王亚南经济研究院创院院长、厦门大学经济学院院长）

---

① 厦门大学经济学科《商道》编辑部是由厦门大学王亚南经济研究院（WISE）和福建省道亦有道传媒有限公司于 2019 年 4 月 9 日联合成立的研究编撰机构。它以华商为主要研究对象，以“研究企业经营之道、管理之道、成功之道，弘扬企业家精神”为使命，通过深入研究企业商业模式和大力弘扬厦门大学校主陈嘉庚为杰出代表的闽商精神，率先在国内高校中建立企业家数据库并编撰企业家案例教材。

第一篇 成长

上小学时，洪永淼曾想过当一名芗剧演员；到了初考，认定护士等同于医生，于是便报考了厦门卫校。高中毕业，他以总分同安二中第一、全县第三，物理 94 分的优异成绩，成为厦门大学物理系的一名大学生。在进入物理学专业研究生二年级时，他的人生轨迹发生突转，从此结缘经济学。

经历过到海外读博，从事学术研究和传道、授业、解惑的全过程，2005 年，洪永淼受母校厦门大学领导感召，回母校创办王亚南经济研究院，并于 2010 年底兼任厦门大学经济学院院长。他既是一位知名的国际学者，也是一位杰出的管理者。

作为国际学者，洪永淼的学术成就硕果累累；作为管理者，他有一种勇于担当、敢于破旧立新的改革精神。他被誉为对厦门大学经济学科学科建设、科研和教学改革作出“历史性贡献”的学术管理者。

家国情怀，玉汝于成

《道亦有道人物志》主笔　谢嘉晟

2020年，厦门大学王亚南经济研究院（WISE）建院15周年，也是洪永淼执掌厦门大学经济学院的第十个年头。

15年来，WISE如何从无到有并走向国际，成为在中国乃至亚洲颇具影响力的现代经济学和现代统计学等学科领域的研究和人才培养基地？10年来，厦门大学经济学院又发生了哪些深刻变化？

洪永淼原是厦门大学物理系的一名本科生，通过自己的关键性抉择和不懈努力，逐渐成为一位国际知名计量经济学家。透过他的成长经历，或许可以从中窥见“两院”蜕变的过程。

负重前行的“两院”院长

洪永淼的头衔很多，但更多时候是以老师的身份出现。

作为一位国际知名计量经济学家，洪永淼经常出席世界各地举办的学术活

与学生们在一起讨论的“洪老师”

动，奔赴国内外很多知名大学，与同行交流切磋学术，为学生传道授业解惑，播撒知识的种子。

洪永淼的研究领域是计量经济学和时间序列分析，这是经济学的方法论学科。研究计量经济学把洪永淼的人生引向了新的高度。他曾借鉴物理学的分析方法，独创性地提出广义谱函数法，将之应用于非线性时间序列分析，作出了原创性的学术贡献。

2015 年，洪永淼当选为发展中国家科学院院士。发展中国家科学院成立于 1983 年，总部设在意大利的里雅斯特，是非政府、非政治和非营利性的国际科学组织，2015 年改名为“世界科学院”。2018 年 11 月，“一带一路”国际科学组织联盟成立，发展中国家科学院是联盟的首批成员单位。

2018 年，洪永淼当选为世界计量经济学会会士，这同样是一项殊荣。世界计量经济学会成立于 1930 年，是全球经济学领域最有影响力的专业学会之一。它吸收了全球范围内最顶尖的经济学家和历届诺贝尔经济学奖得主中的绝大多数为学会会士。世界计量经济学会要求会士候选人必须在经济理论方面有原创性贡献，或在以数学和统计分析研究经济问题方面卓有建树。

2019 年，洪永淼又当选为国际应用计量经济学会会士。

洪永淼还连续 6 年入选爱思唯尔中国高被引学者榜单。爱思唯尔是一家全球性信息分析公司，总部位于阿姆斯特丹，其旗下斯高帕斯为最大的同行评议文献数据库，收录了全球超过 5000 家出版商所出版的期刊文献。中国高被引学者榜单就是根据斯高帕斯数据库的客观引用数据分析发布的，首次发布于 2015 年。洪永淼从第一次起就入选经济、经济计量学和金融领域的榜单。

他的任一头衔，都是很多经济学人梦寐以求的奋斗目标。

2005 年，洪永淼回母校厦门大学创办了 WISE，担任创院院长至今。2010 年底，又被聘任为厦门大学经济学院院长，从此“两院”院长一肩挑，让他有一种时不我待的使命感。

在两院师生眼中，“洪老师”平易近人，坚持原则处事公平，勇于自我担当，经常会把责任揽到自己头上。事实上，洪永淼的治院风格不时透露出刚正不阿、两袖清风的学者风范。世界计量经济学泰斗级人物、普林斯顿大学经济

厦大经济楼大门，“三位一体”牌匾

系教授邹至庄，在与厦大经济学科老师谈论洪永淼的学术成就和管理经验时，经常赞不绝口：“从没见过这样的院长！”

现在的厦门大学经济学科是“三位一体”的统称，包括经济学院、王亚南经济研究院和邹至庄经济研究中心。2007 年，厦门大学经济学科拥有理论经济学、应用经济学两个一级学科国家重点学科，覆盖了经济学所有门类，是当时全国仅有的 3 所拥有这份殊荣的高校之一。

进入 21 世纪以来，厦大经济学科致力于推动中国经济学的国际化和现代化，促进学科之间的交叉和优势互补，在不断改革创新中形成了颇具活力和竞争力的学科体系。

2017 年，教育部、财政部和国家发改委公布的世界一流大学和一流学科（简称“双一流”）建设高校及建设学科名单中，厦门大学入选 36 所 A 类一流大学建设高校，其经济学科的统计学则与化学、海洋科学、生物学和生态学一道，入选“双一流”建设学科名单，成为厦大文科中唯一入选的学科。

从 20 世纪 40 年代中期开始，在学科奠基人王亚南校长的带领下，厦大经济学科曾创下辉煌的历史。改革开放后，经教育部批准，1982 年厦大在国内综合性大学中率先成立经济学院。建院之初的 80 年代，在首任院长、中国著名老一辈会计学家与教育家葛家澍教授的领导下，厦大经济学院生机勃勃，如日中天。

但到了 20 世纪 90 年代中后期，与国内一些知名高校的经济学科相比，厦大经济学院学科老化和边缘化问题越来越突出。

因此，洪永淼必须思考如何创立一个具有国际影响力的新型研究院，并带领在传统轨道里运行已久的经济学院走出低谷，再创辉煌。

高考成绩物理考得最好

洪永淼经常调侃自己，走出国门前，其实“听都没听说过计量经济学”，翻遍族谱，也找不到历代祖辈与经济学相关联的遗传基因。

洪永淼出生于厦门市翔安区马巷镇窗东村。父亲先后在同安县委组织部、大嶝人民公社和洪塘人民公社工作过。母亲是地道的农家妇女。他是家中老大，有两个妹妹。跟很多顽皮的小朋友一样，小时候的他也会跟人打架。不过，他很喜欢读书，与许多熊孩子动辄以“不去上学”威胁大人相反，他最怕没书读。因此母亲对他的顽劣实施“制裁”，最有效的办法是把他的书包藏起来，假装不让他去上学。每当这个时候，他就乖乖就范了。

洪永淼出生于 20 世纪 60 年代。那时中国农村家庭多数填不饱肚子，而父亲在公社工作，有一份较为稳定的薪水，一家人衣食无忧。洪永淼的兜里还经常会有一点零花钱。因对读书着迷，他把很多零花钱都花在了购买小人书和各种小说上。

淘气的孩子大多有着不一样的聪明，洪永淼也不例外。他没怎么用功读书，成绩却一直名列前茅。因为喜欢读书，他学语文很轻松，直到初中毕业，他经常都是班长或语文科代表。早期养成的阅读习惯，也练就了他较强的自学能力。

初中时洪永淼明显“偏科”，中考文科成绩不错，理科却不行，化学更是一塌糊涂，当然，这是有原因的。他们的化学老师也喜欢看小人书，注意到洪永淼经常带新小人书到学校来，便商量借阅。这下子洪永淼的顽童特质表露无遗。他答应借小人书给化学老师，但提出交换条件，要求化学老师必须在课堂上讲小人书故事。化学老师答应了他的条件。结果，中考揭榜，他们班的化学成绩整体“沦陷”了。

从小学到初中，有两段经历差点改变了洪永淼日后的人生轨迹。

小学五年级时，厦门芗剧团到他们学校招聘演员，招聘广告令人怦然心动。大意是，将来要到台湾为台湾同胞演出。每天早上还有鸡蛋汤喝，衣服有人洗。他们学校中，洪永淼和另一位学生报名参加面试，结果洪永淼被录取了。但是，母亲毫不犹豫地粉碎了他的演员梦。母亲曾是童养媳，在长期的生活磨难中，就认定一个理：唯有多读书才能改变命运。

初中毕业，那时候可以选择上高中或者中专，当时以为护士就是医生的洪永淼竟然报考了厦门卫校护士专业。所幸的是，没考上，护士梦最终也搁浅了。就这样，他成了位于马巷镇的同安二中（现翔安一中）的一名高中生。

在厦门大学上学时的洪永淼（在厦门大学白城海边）

中国的升学机制是金字塔式的，小学、初中学习成绩好坏，到了高中阶段高下立判。上高中后，理科底子不好的洪永淼马上感觉到学习上的力不从心。

不过，早期阅读习惯培养出来的自学能力，这个时候派上了用场。进入高中阶段后，不服输的洪永淼意识到自己的理科短板后，开始奋起直追，自学能力加上“别人玩耍我学习”的勤奋努力，让他的成绩一路赶超。1981 年高考，他的成绩位列同安二中第一、全县第三，原本强项的语文成绩平平，物理考得倒是不错，得了 94 分（满分 100）。

由于物理成绩最好，高考填报志愿时，洪永淼不假思索地选择了物理专业。彼时即将踏入大学校门的洪永淼对人生规划还没有清晰的概念。他填报的第一志愿是厦门大学，第二志愿是浙江大学。浙江大学的排名在厦门大学前面。县高招办的工作人员很认真，打电话说他填报的顺序搞反了，如果厦门大学没录取，浙江大学更不可能录取了。

好在洪永淼高考成绩不错，在第一志愿就被厦门大学物理系半导体专业录取了。读完 4 年本科，他又以第一名的成绩考上本系的研究生，并学习了一年。不过，他的人生轨迹在研二时发生突转。

如今的洪永淼已是国际知名的计量经济学家，与朋友谈起当时为什么转专业时，他经常开玩笑说，是因为物理念不下去，才转去读经济。

事实上，从小学到大学，洪永淼一直延续着学霸本色，他的物理成绩出类拔萃。物理系研一有两门专业课——《群论》和《高等量子力学》。在他们那一届同学中，只有两个人考了 90 分以上的好成绩，他是其中之一。

人生征途中的重要“贵人”

进入大学后，洪永淼开始思考人生航向。

对于按规定时间上下班的工作岗位，洪永淼的兴趣从来不浓。研究生阶段，他修读厦大高教研究所的两门课，当时使用的教材是潘懋元教授编写的《高等教育学》。潘懋元是中国高等教育学科的创始人。接受过《高等教育学》理念的洗礼后，对成为一名高等院校的教育工作者，洪永淼心生向往。

在 21 世纪的今天，半导体因为中兴芯片之痛变得炙手可热，但 30 多年前，洪永淼读本科时，厦门经济特区刚从湖里 2.5 平方公里的面积扩大到全岛 131 平方公里，如火如荼的“经济建设”才是高校乃至整个社会经久不衰的话题。

在以经济建设为中心的大环境下，那时物理专业毕业的大学生分配时没有

邹至庄教授

太多的选择空间。本科毕业后，洪永淼没有立即参加工作，而是选择继续深造，攻读的方向是本校本系的“固体物理教学法”。

洪永淼在学者征途中，得到很多老师和朋友的帮助，对此，他一直心怀感恩。其中有一些被他视为“贵人”的老师对他此后的学术生涯影响至深，包括邹至庄、葛家澍等。

邹至庄祖籍广东中山，1951 年至 1955 年先后在美国康奈尔大学和芝加哥大学获学士、硕士和博士学位，随后在麻省理工、康奈尔等多所名校任教，现为普林斯顿大学荣休教授，曾任美国经济学会美中学术交流委员会主席，是国际著名的计量经济学家和中国经济问题专家。

邹至庄提出的“邹氏检验（Chow test）”是载入计量经济学教科书中的重要方法，普林斯顿大学的“计量经济学研究计划”以邹至庄命名。他被誉为“中国现代经济学的播种人”，是计量经济学界的泰斗级人物。

葛家澍于 1982—1988 年期间担任厦门大学经济学院首任院长，2013 年去世。他是我国第一批经济学（会计学）博士生导师、国务院学位委员会（经济学）学科评议组第一和第二届成员，中国会计学会副会长、财政部企业会计准则专家咨询组成员、著名会计学家、中国会计准则的奠基人之一。

邹至庄改变了洪永淼的人生轨迹。

1985 年，在邹至庄教授推动下，美中经济学教育交流与合作委员会携手中国国家教育委员会，在中国人民大学设立了“经济学培训中心”，该中心的授课老师均为美国名校的教授。他们带来了西方现代经济学英文教科书。同时，该中心也开设了一门“社会主义政治经济学”课程，由中国人民大学的教师授课。

洪永淼 1986 年考上这个班，成为第二届学员。

首次接受全英文授课给洪永淼留下了难以磨灭的印象，内心特别震撼。参与培训后，他不仅英文水平大有长进，不需要借助第三方翻译就可以直接与外

会计学家、教育家、厦大经济学院首任院长葛家澍教授

教对话，他对专业的理解也更加深刻。这段亲身实践对他日后创立 WISE 和推动经济学院改革与国际化都产生了重要影响。

“经济学培训中心”早期学员是从国内 18 所大学与研究机构中选拔派出的一年级研究生。从 1985 年起到 1995 年止，共举办了 11 期，每期 50 人左右。当时还是 6 天工作制，中心有 5 天请外教讲西方经济学，周六请国内的教师讲授马克思主义政治经济学、中国特色社会主义经济学和经济体制改革。

洪永淼之所以能够成为第二期的学生，得益于时任经济学院院长葛家澍“引理入经”的教育创新。

此前厦大经济学院以招收文科生为主。“经济学培训中心”入学考试有 3 个科目，分别是数学、英语和政治经济学。文科生参加“中心”入学考试，不具备优势。厦大经济学院作为改革开放后最早设立的经济学院在首期经济培训中心只有 3 名学生考上。这与经济学院的地位极不相称。

第二年，葛家澍决定“引理入经”，从根本上改变学生生源素质，因此鼓励理科研究生报考。当时正在斟酌“学经济是否更有前途”的洪永淼迎来了人生的第一次转机。他还了解到，考上“经济学培训中心”有很大机会可以公派出国。第一期约有 20%的学生得到了公派出国的机会。

既然笃定选择了走学术这条路，洪永淼希望自己也能到国外深造，开拓视野。

事实证明，葛家澍的决策非常英明。第二期的 54 名学生中，有 11 名来自厦大，在所有高校中占比最大，其中 9 名是理科研究生。洪永淼在 3 门入学必考科目中，以两门（政治经济学和英语）第一、总分第一的成绩考上了“经济学培训中心”，并担任班长。

这是洪永淼接触经济学的开始。一年后，从“经济学培训中心”学成回到厦大的洪永淼面临新的选择：要么继续读完物理系的研究生，要么改弦易辙，改投到经济学院门下。洪永淼心大，想两个硕士学位都拿，但在当时的教育体制条件下，他的愿望实现不了。

葛家澍在洪永淼的这次选择中起了决定性作用。赴“经济学培训中心”学习之前，葛家澍曾在办公室接见了洪永淼，鼓励他好好学习。回来后，洪永淼拜访他。葛家澍希望洪永淼跟他攻读会计学。不过，此时的洪永淼已经另有打算，他计划出国深造，于是婉拒了葛家澍的好意。

洪永淼决计到经济系攻读政治经济学专业的硕士学位，方向是经济学说史，导师是 2019 年初刚去世的黄志贤教授。时任经济系主任的李绪蔼教授曾教过洪永淼《资本论》。李绪蔼至今仍记得洪永淼这门课的成绩是 85 分。

在硕士论文写作阶段，洪永淼着手申请到美国留学，目标是攻读经济学博士学位。洪永淼没能赶上公派留学的最好时机。第二期“经济学培训中心”举办时，国家对公派出国名额开始实行严格控制，洪永淼只能自费留学。

当时他申请了两所大学，一所是加州大学圣地亚哥校区（UCSD），另一所是明尼苏达大学。申请 UCSD，是因为他在“经济学培训中心”学习期间，认识了该校经济学教授、时任系主任的罗斯・斯塔尔（Ross Starr）和另一位教授马中国（Mark Machina）。

由于没有参加美国研究生资格考试，明尼苏达大学以申请材料不全为由，没有让洪永淼进入正式考核程序。幸运的是，洪永淼被 UCSD 录取并获得了全额奖学金。

对计量经济学的贡献

在 UCSD，洪永淼平生第一次接触到计量经济学这个专业。在此之前，他对计量经济学一无所知。计量经济学是 UCSD 的优势学科，在全世界负有盛名。生性喜欢挑战的洪永淼把攻读这个专业的博士学位作为自己的目标。

现在的出国留学生，很多家里每个月都会按时寄生活费，寒暑期安排旅游或回国探亲。早年自费出国的留学生则都有一段不容易，洪永淼亦是如此，从北京出发买完飞往圣地亚哥的机票，他的口袋里仅剩 80 美元。

家里对于他出国留学，起初是反对的。父母希望唯一的儿子能留在身边养老送终。但经不住洪永淼的坚持，反对无效，家里只好倾力支持。但毕竟只是工薪阶层，家里的能力仅限于能凑足出国的第一笔费用，出国后只能全靠他自己了。

到了圣地亚哥国际机场，打电话到学校，本希望学校能派人来接，没想到学校只给他指明了交通工具：出租车。

从机场到学校的不长时间里，洪永淼领略了中美文化差异，也领略了中美物价差异。出租车每英里 1.2 美元，口袋里总共只有 80 美元，他不知道会不会超出预算，因此，两眼只能盯紧跳表，每跳一下，呼吸就会紧张一下，好不容易到了学校，40 美元跳没了。

UCSD 提供的全额奖学金第一年和第二年的标准不一样。为了能够让洪永淼顺利通过美国领事馆签证，学校第一年定的奖学金标准较高。依靠奖学金，洪永淼除了支付学费和生活费用外，省吃俭用，偶尔还可以往家里寄点零花钱。不过，到了第二年，奖学金大幅缩水，他不得不依靠勤工俭学来贴补费用。

第一学年结束的暑假，他曾在校外一家录像带出租店做过钟点工。第一次在美国打工，他深刻领会了什么叫资本家的剥削。店员每天必须工作 10 个小时，店内没有安放可以让店员小憩的座椅，都得站着上班。老板对店员骂骂咧咧，已成家常便饭。

他只上了 3 天班，工资也不要，直接辞职走人了。所幸的是，第二年他在校园里谋到了一份研究助理的工作。

彼时，UCSD 三位美国教授组成的一个团队，与中国社会科学院经济研究所合作，正在研究中国国企改革，需要一位有中国背景并能熟练操作 SAS 统计软件的助手。急于找到一份工作的洪永淼抱着试一试的态度参加了面试，实际上，在此之前，他从没接触过 SAS 统计软件。

洪永淼过关斩将，好不容易争取到了这个机会，接下来，恶补短板是唯一的应对良策。由于从小自学能力就很强，洪永淼差不多用了两周时间，就能自如地驾驭 SAS 统计软件了。

当研究助理的两年时间里，美国教授研究了两个与中国经济改革有关的课题：一个是“中国国企改革成效”，一个是“演变中的中国国企经理市场”，方向与国企改革和职业经理人在中国的萌芽有关。彼时中国改革开放已经进行了10 年，两个研究课题都备受关注。

两篇论文后来发表在全球五大顶级经济学学术期刊中的两个期刊上，联合署名的洪永淼第一次收获了学术成果的喜悦。这两篇论文合在一起被引用的次数超过 1400 次，是洪永淼所有论文中引用率最高的。

洪永淼的博士论文是在当研究助理期间写的。UCSD 有严谨治学的优良传统。他的主导师赫伯特 · 怀特（Halbert White）教授对治学的严谨更是达到了苛刻的地步。怀特教授对每篇学术论文都会字斟句酌，不容置疑的精确度令人敬佩。他甚至连字母符号大小都会拿尺子去量。在怀特的学术视域里，字母符号的大小表达不同的意思。

怀特严谨的治学态度，给刚刚走上学术道路的洪永淼树立了良好的榜样。洪永淼很好地传承和发扬了这种精神，特别在日后“传帮带”中，他把“做学问要脚踏实地、不浮躁不浮夸”变成了一种作风。

洪永淼的博士生导师赫伯特 · 怀特教授

不过，说来有趣，不知何故，1993 年洪永淼博士论文答辩时，平日里极其严谨的怀特教授竟然忘记了答辩时间，最后只好改由导师组成员克莱夫 · 格兰杰（Clive Granger）教授主持答辩。格兰杰后来因在时间序列分析的杰出贡献，于 2003 年获得了诺贝尔经济学奖。2006 年厦大 85 周年校庆期间，他曾访问刚成立不久的 WISE。

怀特对洪永淼影响至深。他非常珍惜时间，听学生汇报课题进度，如果话题平平，他会很快结束讨论，如果话题有新意，他则两眼放光，不厌其烦。每两周时间，洪永淼会有一次向导师汇报课题进度的机会。了解到导师的个性，每次见面前，洪永淼都会感到压力很大，晚上睡不好觉。他必须做足功课，才能在次日与导师交流时，得到更好的指点。

怀特带博士生的方式也很特别，他经常会把一些还没发表的、尚在讨论阶段的学术论文推荐给学生学习参考。洪永淼明白，导师这样做的目的是为了在尽量短的时间内，把学生带到相关领域的最前沿，从而让学生可以站在巨人的肩膀上搞研究。

1990 年夏天，洪永淼将其博士论文主题确定为“计量经济学模型设定检验”，把数学物理方法中的傅立叶级数近似（一种非参数级数法）应用于模型检验。1993 年，他博士毕业。两年后，他博士论文的核心内容在经济学顶级学术期刊 *Econometrica* 上正式发表。

1993 年洪永淼博士毕业

后来，洪永淼又将傅立叶变换拓展到时间序列分析，提出一种新的分析非线性时间序列的研究方法，即广义谱函数法，用于分析非对称经济周期等非线性关系。

洪永淼发表的广义谱论文为非线性时间序列计量经济学提供了一种新的分析方法。论文发表后，洪永淼收到了格兰杰教授的一封私人来信。格兰杰对他在广义谱方法上所作出的贡献给予了充分的肯定，并中肯地提出了一些改进意见。在后来格兰杰参与编写的一本非线性时间序列计量经济学的专著中，专门介绍并多次引用了洪永淼广义谱函数法的研究成果。

1993 年博士一毕业，洪永淼就受聘成为常春藤名校美国康奈尔大学经济学助理教授。博士论文犹如一记春雷，此后，他的学术论文如雨后春笋般问世。

根据国际权威计量经济学期刊 *Econometric Theory* 在 2007 年发布的“世界计量经济学家排名”，1995—2005 年与 2000—2005 年期间，在计量经济学理论领域，洪永淼名列第 7 位。

1998 年，洪永淼获评康奈尔大学终身教职，2001 年又被评为正教授。康奈尔大学校长专门写信给他，称赞他是“康奈尔大学最年轻的正教授”。2010 年，洪永淼的学术生涯再上一个台阶，成为康奈尔大学的 Ernest S. Liu 经济学与国际研究讲席教授。这是一个由已故著名计量经济学家、曾在康奈尔大学经济学系任教的刘大中教授的大儿子、高盛集团合伙人刘清华（Ernest S. Liu）提供专项基金设立的荣誉席位。

与母校领导彻夜长谈

生在新中国，长在红旗下，当初出国是为了深造，尽管在美国已是学界翘楚，潜意识中，洪永淼还是希望有朝一日能够学成归国，用自己的所学所成回报祖国。

洪永淼 1988 年赴美留学，3 年后第一次回国，此行主要是探望父母。1995 年他回了一趟母校厦大。在厦大学习阶段，他确立了自己的人生观和奋斗目标，并做出学业上的重要抉择。因此，对于母校厦大，他的内心深处始终涌动着一份难以割舍的特殊情感。1997 年起，他几乎每年都会抽空回一趟厦大访问交流。

洪永淼回国效力始于清华大学。2002 年，适逢清华大学 91 周年校庆，清

朱崇实校长为 2017 自贸试验区与“一带一路”高端论坛致辞

华经济管理学院在全国率先推出“特聘教授”制度。通过聘请 28 位经济学、金融学和管理学海外学者，利用寒暑假，每年到清华大学访问 3 个月，为清华经管学院的研究生特别是博士生开设基础课程和前沿课程。已在康奈尔大学获得终身教职的洪永淼获聘为清华大学的特聘教授。

清华大学通过引入海外学者授课提高学科水平，推动研究生培养与国际接轨的办学思路，给洪永淼留下了深刻印象：“‘特聘教授’制度使得清华大学经管学院研究生教育的课程设置和教学水平，在很短的时间内得到迅速提升，特别是在研究生教育课程设置方面，与境外一流研究型大学基本接轨。”

回母校厦大，就是在清华任教期间决定的。

2004 年 8 月 10 日，就在洪永淼授完课即将返美的前一天，他在北京世纪金源大酒店与到北京出差的时任厦大校长朱崇实见了个面。朱崇实显然是有备而来。两个人从晚上 10 点聊到凌晨 1 点多，其间有 3 个多小时的促膝长谈。

时隔不久，时任厦大党委书记王豪杰和时任副校长吴世农到耶鲁大学，参加在那里举办的中国高校管理培训班。培训结束后，他们到康奈尔大学访问，

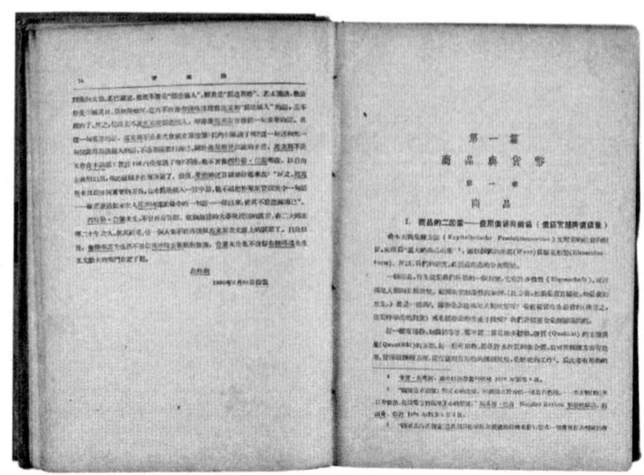

第一篇

商品與貨幣

第一章

商品

郭大力与王亚南合译的《资本论》三大卷

又专门看望了洪永淼。

几位厦大领导屡次找洪永淼的目的只有一个，希望他能够帮助母校创办一个新的研究院，以重振厦大经济学科的昔日雄风。

厦大经济学科有过辉煌的历史。早在20世纪40年代，王亚南和郭大力就在厦大开设了以马克思主义经济学为主干的经济学课程体系。两人相识于1929年，他们曾耗费十年心血合译了马克思《资本论》三大卷。这套全译本1938年由上海读书生活出版社出版，成为马克思经济学说在中国系统传播的里程碑，对中国的共产主义运动产生了重要影响。洪永淼有一次到重庆出差，在红岩烈士纪念馆看到了当年烈士遗物中有郭大力和王亚南合译的《资本论》第一卷。

王亚南提出“以中国人的资格来研究政治经济学”。他的经济理论体系代表作之一《中国经济原论》被誉为“中国版的资本论”。他也因此被誉为“第一个对中国社会发展法则作科学的系统的说明者”。随后，他又发表了《我们需要怎样一种新的经济学说体系》等论文，进一步探索新民主主义经济向社会主义经济的过渡，大胆主张未来的新经济体制应是在一元领导下各种经济成分并存的过渡型社会。

在王亚南和郭大力等前辈的共同努力下，厦大经济学科逐步建立起以马克思主义经济学为基础、站在中国人立场研究中国经济问题的学术高地，在全国形成了非常鲜明的学科特色，并因此赢得了“厦大学派”的美称。

20 世纪 50 年代初，中国高等教育部学习苏联进行院系大调整，曾计划把厦大的财政、会计、金融等专业迁到上海。当时已被政务院任命为厦大校长的王亚南，审时度势，把厦大经济系一批重要的骨干师资力量留了下来。

改革开放后，随着经济学院的成立，厦大经济学科迎来了蓬勃发展的辉煌时期，涌现出了葛家澍、余绪缨、钱伯海、邓子基、黄良文、洪文金、张亦春、张馨等一大批著名经济学家，堪称群星灿烂。

由于先贤奠定的良好基础，在历任厦大领导和学院党政班子务实求变精神的引领下，厦大经济学院在国内高校中一直占据着重要地位。

1987 年，教育部启动第一轮二级国家重点学科评选，厦大经济学院有 3 个学科入围，即会计学、（经济）统计学和财政学（与金融学联合申请）。值得一提的是，厦大是当时全国唯一一所拥有统计学和财政学这两个二级国家重点学科的高校，会计学二级国家重点学科全国也只有两所高校拥有。

2001 年，在全国第二轮国家重点学科评选中，厦大经济学院又增加了金融学与政治经济学两个二级国家重点学科。由于彼时会计学已从经济学院析出，这样，厦大经济学院的二级国家重点学科由原来的 3 个增加到了 4 个。

2007 年，全国第三轮国家重点学科评选，并进行全国首次一级学科国家重点学科评选。厦大经济学科又增加了世界经济这个二级国家重点学科，所以，厦大经济学科的理论经济学和应用经济学双双入围一级学科国家重点学科，成为同时拥有两个一级学科国家重点学科的 3 所高校之一。

但 20 世纪 90 年代中期后，厦大经济学院遭遇了发展中的瓶颈。

彼时改革开放大潮涌起，一些教师相继辞职下海，经济学院教师也流失不少，最严重时学生规模超过 5000 人，教师缺编 1/3。

一方面教师缺编严重，另一方面人才队伍青黄不接。20 世纪 80 年代创下辉煌的老一辈经济学家逐渐退出历史舞台，而新生代面对下海经商大潮的诱惑，不再执着于走学术这条路，纷纷逐波而去，于是经济学院新老交替不可避免出现断层现象。

经济学院的传统优势在这个时候逐渐弱化。改革开放后，计划经济逐渐向社会主义市场经济转轨，到20世纪90年代，我国为建立社会主义市场经济体制进行了许多重大的探索与实践，而厦大经济学院的教学研究相当程度上仍停留在计划经济时代的传统范式，人才培养理念、课程设置均未能与时俱进，经济学教材没有及时、充分反映现代市场经济运行的内容。

经济学院学术上的短板逐渐显露。2003年、2004年连续两年，厦大经济学院在国内经济学标志性学术期刊《经济研究》上发表的论文数量为0。

“这与最早建院、国家重点学科的地位很不相称。”2004年，在漳州东山召开的第二次厦门大学中层干部研讨会（也称“东山会议”）上，时任厦大经济学院院长、著名公共财政专家张馨教授在会上发言时，对“学科建设边缘化，知识结构转型滞后”表现出深深的忧虑。

通过在学生中进行问卷调查并向《经济研究》编辑部调查了解，经济学院的党政领导终于弄明白了事情原委，并意识到了问题的严重性：“厦大经济学院投稿的人其实不少，但所投的稿大多不符合我们的用稿要求。”这意味着，厦大经济学院的知识体系已经存在明显缺陷，整个学科建设、课程设置基本上处于边缘化境地。

厦大经济学院的改革呼声由此响起。学院党政班子与教职员工深入讨论的结果，决定进行课程改革，尝试与国际研究范式接轨。他们每门课花5000美元请外教，在经济学院研究生和博士生中加开高级宏观经济学、高级微观经济学、高级计量经济学等课程。

1999—2007年担任经济学院党委书记的张兴国

当时经济学院教师的工资不高，与外教的“高薪”形成了巨大反差。教改还衍生了另一个问题，学生没有经过筛选，缺乏思想准备，水平又参差不齐，给教学带来了难题。

教改伊始，学院党政领导马上感受到了来自四面八方的重重阻力，不少投诉信递到了校、院办公室以及校党委书记、校长那里。

于是顶着压力的学院党委在博硕研究生中进行了一次民意测验。调查结果显示，有将近50%的学生认为改革方向是正确的，有约70%的学生拥护课程改革，其中有10%的学生甚至认为内容还太浅，他们“吃不饱”。

当时的学院党政领导意识到，社会主义市场经济的日益发展，计划经济时代的研究范式已经越来越难以适应新经济形态的要求了。而同期的兄弟院校都在蓄势求变。北京大学和武汉大学相继成立中国经济研究中心或高级研究中心，引入现代经济学教材与研究范式。

进入21世纪，厦大提出国际化办学思路，酝酿成立与国际接轨的现代经济学教育与研究机构，以此改变经济学科现状。厦大领导希望能引入具备国际视野和新理念，有能力、有水平的学科带头人。他们不约而同地想到了已在世界计量经济学界崭露头角的校友洪永淼，希望他能牵头筹备新的研究院，并带领经济学院走出低谷。

此时选择母校厦大，意味着洪永淼必须放弃清华经管学院特聘教授教职。但对于母校厦大，他一直心存感激，除了受教之恩，还有一份特殊的情感。

2002年，父亲突然病重，洪永淼长期在美国，分身乏术，便委托认识的厦大领导帮忙关照。时任厦大党委书记王豪杰和副校长朱崇实，经常打电话到医院询问洪父的病情，叮嘱医院悉心照顾，王豪杰书记还亲自到医院探望洪父。一年多后，洪父病逝，厦大帮助料理后事。

厦大校领导求贤若渴的爱才惜才之心，使洪永淼深受感动，更让他看到了可以施展的空间。

朱崇实在北京世纪金源大酒店与洪永淼谈话时，特别诚恳和语重心长：“你现在在清华工作条件很好，可以做很多事情，但厦大对你来说，做的事情更有意义。这是你的母校，做出一番事业更有成就感。清华是可以对你提供更多的支持，但清华校长很忙，你不可能想见校长就能随时见到。在厦大我还可以给你承诺一点，只要有利于学科发展，有利于经济学院发展，你的工作我们都会支持，学校党委也会支持你！”

一席长谈，洪永淼被打动了，他接受了厦大校领导的邀请，并于2004年夏开始着手筹建新研究院的前期工作。

新研究院的命名曾经有过一番争论。有人提议叫“宏观经济研究院”，洪永淼则希望新研究院在全国范围内能体现厦大的特色，最后，研究院名称集中到了厦大经济学科奠基人王亚南身上，并确定为王亚南经济研究院。研究院之所以以王亚南命名，既是出于对厦大经济学科辉煌历史的考虑，也是对王亚南治学理念和科学精神的一种传承。

洪永淼始终认为，当年王亚南运用马克思主义先进的理论知识，站在中国人的立场研究中国的经济问题，方法至今仍然适用。这是 WISE 可以继承和弘扬的科学精神，可以通过引入先进的西方现代经济学数量分析方法，在马克思主义指导下，结合中国实际研究中国问题。

WISE 创立，洪永淼由此开启了在厦门大学经济学科的创业征途。接棒经济学院后，他必须直面新研究院的国际影响力提升和老学院辉煌重振的艰巨任务。

这是对洪永淼管理能力的一次考验。他在世界计量经济学领域取得的学术成就已达到了一定高度，但在学院管理上，他还是个新手，而面对的是一个急需打一场翻身仗的厦大经济学科，荣誉与压力并存。

王亚南经济研究院的国际化路径

在学术上不断取得成就的洪永淼，在创建 WISE 过程中，逐渐展露出与众不同的管理才能，这给了厦大领导一个莫大的惊喜。

厦大领导对洪永淼的创院工作给予了政策和财力上的巨大支持。当时厦大入选“985”工程 II 期建设，经济学科获得 2000 万元的资金支持，学校就把这笔经费全部划拨给了洪永淼用于创建新研究院，并在经济楼腾出 35 间办公室。

在 WISE 的隶属问题上，起初有争议。洪永淼考虑到，如果隶属于经济学院原有的框架体制，会受到很多掣肘，因此倾向于在经济学院之外独立成院，因为在一张白纸上更容易描摹出美丽画卷。但厦大主要领导希望以新带旧，通过新研究院的建设带动老学院的破旧立新。

雷根强，2007—2018 年担任经济学院党委书记

黄鸿德，2018 年起担任经济学院党委书记

最后，折中的方案是，仍与经济学院合署办公，接受经济学院党委的领导，但在行政管理上相对独立，给予 WISE 充分的办学自主权。

由于得到了时任厦大领导和经院党政领导的大力支持与配合，WISE 从创院伊始便相对独立于现有框架体系，能够自主探索一条新管理体制下的发展路径。有了 2000 万元的启动资金，WISE 还可以形成高起点，以相对高的薪酬从世界各地引进优秀的师资力量。

师资力量是提高学科水平的根本保证。WISE 从创院第二年起就每年组织人员奔赴美国经济学会年会招聘"海归"。这个会议每年 1 月初定期举行，每次会议都会吸引大量来自全球各地的顶尖经济学家和名校学生。很多大学把这个会议作为招聘教师的一个重要窗口。

而今，应邀加盟 WISE 和经济学院的"海归"博士已接近百人。现任 WISE 副院长、统管两院研究生教学工作的牛霖琳教授就是在 2008 年应聘的教师之一。

牛霖琳本科、硕士毕业于中国人民大学，后到意大利博科尼大学攻读博士学位，在美国经济学会年会找工作时，马上就被 WISE 的招聘风格打动了。一些国内大学到会议现场招聘，跟到国内人力市场摆摊并没什么两样，而 WISE

招聘给人一种国际化、规范化的观感。

WISE 这种国际化、规范化的形象，赢得了一大批像牛霖琳这样的“海归”博士的青睐。

在学科建设上，洪永淼和同事们则选择了一条“先单兵突进，再全面进攻”的创院路径。计量经济学是他的专长学科，从最熟悉的领域着手，成功的概率最高。在这个领域，他有如何产出学术成果的丰富经验，有遍及全球的学术人脉资源。

现在，WISE 的专业已由最初计量经济学一个学科，拓展到金融学、劳动经济学、制度经济学和实验经济学多个学科。

创立一个国际化的研究院，才能更好地与国际同行对话，更有效地传播中国声音。借鉴国际上成功的办学经验，洪永淼与同事们一道，为 WISE 建立起一套行之有效的学术管理体系。

首先是语言的国际化。WISE 从创院伊始，便从国外引进师资力量，经济学专业课程实现全英文教学。这一点，洪永淼有着切身体会。训练学生自如地

2011 年 4 月，厦大 90 周年校庆期间，诺贝尔经济学奖得主肯尼思・阿罗（Kenneth Arrow），詹姆斯・莫里斯（James Mirrlees），罗伯特・蒙代尔（Robert Mundell）莅校演讲，应邀与经济学院、WISE 中青年教师座谈

驾驭英语与国外学者交流探讨，这跟通过第三方翻译，是两种截然不同的体验。能直接用英语进行交流，不仅更容易理解专业术语，也更容易拉近与国外学者的心理距离。

语言的国际化也是经济全球化时代的要求。改革开放走向纵深，随着国门越开越大，不管是“引进来”，还是“走出去”，都要求人才培养具有国际化视野，熟悉国际规则，能够参与国际交流、合作与竞争。毫无疑问，未来，熟练掌握并使用国际语言将成为学生赢得竞争优势的一项重要技能。

邀请国外知名学者到厦大讲学，举办国际学术会议，是洪永淼推进 WISE 国际化和提升学科建设水平的另一重大举措。当年导师与众不同的带徒方式，结合自己的学术交流经历，让洪永淼看到，通过加强国际学术交流，接触前沿学术成果，可以快速提升 WISE 的学科建设水平。

能否把国际顶级学者邀请到厦大来，这其实很考验组织者的个人魅力和平台的影响力。洪永淼的人脉优势在这个时候发挥了重要作用。包括诺贝尔经济学奖得主在内的众多国际顶级学者，都应他之邀陆续到厦大讲学。

2019 年 6 月，在厦大举办的世界计量经济学会亚洲年会；这是该年会首次在中国内地高校举办

不断升级的国际学术交流活动，推进了 WISE 的国际化步伐。由 WISE 承办的国际学术交流活动由最初的单一一场“学术交流会”，逐渐升级为接连举办数场的“学术交流周”，如今变成了整个经济学科的新常态——“学术交流月”。

厦大对 WISE 寄予了厚望，在建院之初就提出了一条刚性要求：每年至少要邀请到 4 位国际知名学者到厦大讲学。那时的学校领导可能并没想到，2011 年厦大 90 周年校庆期间，9 位应邀到厦大演讲的诺贝尔奖得主，有 4 位就是经济学科邀请的。2019 年 6 月由厦大经济学科承办召开的“世界计量经济学会亚洲年会”，是该年会首次在中国内地举办。仅此一场，与会的国际国内顶级学者就有数百位。嘉宾涵盖了诺贝尔经济学奖得主、学界泰斗和国际顶级学者。

WISE 人才培养的主要方向是硕士和博士研究生，它创立了一套环环相扣的严谨治学模式。

WISE 的博士培养，从入学考试起，就参照海外一流经济学博士选拔与培养的做法，实行包括笔试、面试在内的入学考试与导师脱钩的制度。学生在入学后一年时间内，先进行核心基础课程大类上课，在教师学生相互了解之后，再进行双向选择。

为弥补导师个人专业过细所带来的不足，WISE 博士生培养实行“导师组”制度。每位学生都配有由不同领域教师组成的导师组。设置这种制度的目的，是因为导师组成员各有所长，在指导博士生研究时就可以为其提供更多维视角。一个吸收了导师组思想精华的博士生，可以做到兼容并蓄，视野开阔。

洪永淼对 WISE 的管理是全方位的。WISE 行政技术管理人员谈及“洪老师”时，脸上不时洋溢着满满的获得感。

洪永淼倡导经济学科的教职员工一律平等，行政技术管理人员没有院聘和校聘之分。相反地，由于院聘人员享受不到校聘的一些待遇，在经济学科反而会得到更多的政策倾斜。

对于教师，WISE 一视同仁，教授也好，助理教授也罢，每个人都配有独立工作室。洪永淼的逻辑是，职称虽然不同，但都是在搞研究，搞研究就需要

WISE 早期部分行政秘书合影

独立空间。建院之初，他就要求行政技术管理人员与老师平时沟通多用邮件，非紧急时不要使用电话，因为一个突然来电可能打断老师的研究思路。

从创立 WISE 到两院融合已经有些年头，时至今日，洪永淼依然给经济学科的教职员工们“无时不在”的印象。

康奈尔大学所在的美国纽约州与厦门有 13 小时时差（美国实行夏令时时差 12 小时）。行政技术管理人员经常会发现，下午上班时段，美国已是深夜，但“洪老师”一直在线，每次有事请示都会很快得到回复。而到了晚上，美国的白天，“洪老师”还会经常在线指导工作。直觉上，“洪老师”整天都不用睡觉。

管理者这种从战略方向到细节管理事必躬亲的创业精神，只用了短短几年时间，就让 WISE 探索出一套既与国际接轨、又适合中国国情的学术管理体系，成为中国和亚太地区活跃的学术交流中心。

2010 年，全国首个文理交叉的“计量经济学教育部重点实验室（厦门大学）”花落 WISE。同年 11 月，洪永淼接棒经济学院。

与在一片空白地带建设一个全新的 WISE 不同，洪永淼需要对经济学院进行重塑。对于 WISE，他可以根据自己的蓝图自由描摹，而老学院的改革牵一发而动全身，重振经济学院的昔日辉煌更加考验管理者的能力和魄力。它不仅要讲究改革的方式方法，还需要一往无前的改革勇气和校院领导及广大经济学科师生的坚定支持。

洪永淼在 UCSD 担任“中国国企改革成效”和“演变中的中国国企经理市场”两个研究课题的研究助理时，通过自己的研究就深知，要在改革进程中的中国破旧立新，必然伴随着新旧理念的碰撞和各种利益的冲突，创立 WISE 的成功经验，在推进经济学院改革中未必能够适用。

但既已接受挑战，自当义无反顾。

经济学院再铸辉煌

着手改革时，洪永淼才发现改革阻力之大远远超出了想象。如果不是厦大领导的鼎力支持，他确信经济学院的改革走不到今天。

改革涉及方方面面，从教学到科研，从行政到后勤，几乎是全方位的。在经济学院党委的坚定领导和支持下，洪永淼改革经院的第一把火，先从行政管理领域烧起。

经济学院原来采用的是一套传统的管理模式，整个学院有 5 个系、2 个中心、1 个研究所共 8 个单位。8 个单位有 8 套行政人员，虽都隶属于经济学院，但彼此相对独立。不但每个系有自己管理的会议室，有一段时间甚至连卫生间都各自管理。8 个单位各自为政的结果，不仅导致很多部门功能重叠效率低下，也大大增加了整个学院的运行成本。

洪永淼的第一把火，硬是拆掉了 8 个单位之间的藩篱。他把所有行政管理统一集中到学院手中，原来按系管理，调整后按本科、硕士、人事、科研等分块管理。这样改革，实际上是遵循“让专业的人做专业的事”原则，一个行政人员专门服务于一个群体，必然很快驾轻就熟，避免不同行政人员的重复劳动。因此，表面上看行政人员没有减少，但 8 套机构整合成一套，运行的效率自然就提高了。

第二把火是建立全院统一的培训体系。

“兵马未动，粮草先行。”培训收入是学院改革和发展的经济基础。原来的管理模式是，8个单位各自为政分开组织培训，培训收入归各个单位所有。由于不同学科社会需求不同，理论经济学科组织培训经常会遭遇冷场，而应用学科社会需求较大，8个单位办学资金分化严重，这导致理论经济学科的教师收入平平，应用经济学科的教师们则福利相对优厚。资源分配的不均衡，影响到整个学院所有学科的均衡发展。

把行政人员与培训创收统一收归学院管理，两把火的烧向都不可避免地触动了一些人的既得利益，于是，从实施改革之日起，就伴随着一些反对的声音。

WISE的国际化办学是现成的宝贵经验。洪永淼的第三把火是把WISE现成的国际化办学经验推广到经济学院来。考虑到现有框架体系的接受需要一个过程，因此，在经济学院的国际化路径上，他所“动”的“手术”只是从局部做起，由经济系开始，逐步把5个系各拿一个本科专业来做试点。在学校领导和有关部处支持下，经济学院创办本科专业国际化试验班，除个别课程外，经济学专业课程实行全英文授课。

在博士招生环节，WISE“双向选择”和“导师组”制度也被引入到经济学院。之前经济学院的培养模式是，学生报考博士或硕士研究生时，必须事先选好导师，然后考试录取。这种招生模式最大的弊端是招生标准因导师而异，不能真正择优录取。

统一入学考试以及录取之后导师学生“双向选择”的模式，改变了过去录取标准因导师而异的弊端，同时也改变了“吃大锅饭式”的学生分配方式，让一些不受学生欢迎的老师再也无法像过去那样“旱涝保收”。

“在人情社会中，把‘后门’堵上，教学质量也就上去了。”这是洪永淼的管理理念。

“后门”经常会出现在招生环节。“后门”没把住，学生素质自然就上不去。堵住“后门”的一个有效手段，就是学生面试时采取随机手段，临时抽签确定面试的老师，自然就堵住了可能存在的不公平竞争的漏洞。

通过“夏令营”选拔推免生是提高生源质量的高招。“夏令营”制由WISE最早发起，后复制推广到经济学院，它改变了过去的招生模式，由被动变为主动。

传统的研究生招生模式是，等着学生报名，然后通过考试来筛选。“夏令营”结合“走出去”招生宣讲方式，动员各个单位派出教师到国内各“兄弟”院校进行宣讲，吸引学生报名申请厦大经济学科的“夏令营”，从中选拔优秀学生成为正式营员。暑假期间学生通过参加“夏令营”活动，深入了解经济学科。学院通过笔试和面试选拔，择优录取推免生。

统考招生可供挑选的生源有限，甚至可能出现部分冷门专业需要调配。“夏令营”方式的妙处在于，通过宣讲，让学生了解厦大经济学科，动员尽可能多的优秀学生报名，择优录取，生源质量得以保证。

现在很多国内大学相继举办“夏令营”，但不少大学的“夏令营”只有一两天时间，形式大于内容。厦大经济学科的“夏令营”为期5天，可以在相对长的时间里，有效增进双方之间的了解，也增进彼此间的感情，从而有利于把拔尖的学生招到经济学科。

改革虽然伴随着杂音，但支持者更众。很多人对经济学院原有管理模式产生的积弊深有感触。偌大的一个经济学院，拥有几个国家重点学科，在国内高校中最早建院，一年下来拿得出手的优质论文却乏善可陈，这让一些想专心搞学术的教师，特别是年轻教师在与国内兄弟院校同仁交往时，没有自豪感，甚至对是否继续坚持做学术都产生了怀疑。

洪永淼的改革方案显得“有理、有利、有节”。他把重要资源统一收归学院规范管理，并重新对资源进行调配，资源支持重点倾斜到教学与科研，鼓励出学术成果和申请国家课题，根据成果和课题的级别进行奖励。同时，不断加大对教学的奖励力度，学生测评高分者、积极参加实验教学与网上课程建设者、积极参加校院比赛者，甚至不调课者，都可以获得奖励。多年来，两院教学奖励总额均超过同期的科研奖励总额。

高校的任务不是只出学术成果，教书育人才是本分。提高学生素质和专业水平，教学质量的改善是关键。

洪永淼留意到，很多高校开学初会有一段时间师生的心都收不回来，上课效果大打折扣，特别是每年春节刚过的新学期，迟迟无法正常上课。有鉴于此，经济学院出台新规，要求学生开学第一天就必须到校，无故迟到的学生将被通报批评，并被取消评奖评优的资格。严格要求学生到校时间，目的是保证学生到校第二天就能进入正常的教学活动，提高时间利用效率。

洪永淼还改革了教师们的授课时间安排。经济学院立下新规，要求每门课每周 4 节，必须分 2 天授课，并且中间要间隔 1 天，让学生有时间消化。

洪永淼注意到，经济学院之前每门课每周只上 1 次，3 节课连上。少数教师还经常调课，一段时间之后将几次没上的课程安排在一天之内全部上完。学生只能囫囵吞枣，搞得疲惫不堪，教学效果自然大打折扣。更有甚者，个别教师自己不上课，由自己带的博士生代劳。

在国外很多名校中，一个学生一个学期只修五六门课就感到学习负荷很重了，在国内，一个学生一个学期下来可以修 10 门课甚至更多，之间的区别就在于后者每门课程的信息量太少，这跟松散的教学管理是高度相关的。

这些教学管理改革带来了明显变化，教师们必须为此多备至少 1/3 的课量，学生们也感到学习负荷加重了。

引进优秀教师的力度，是洪永淼激活经济学院的又一重大举措。他打破了经济学院一以贯之的教职终身制，对新聘教师实行聘任制，并且实行“双聘”，即与 WISE 和经济学院同时签订聘用合同。获得聘用的教师不是一进来就捧定了打不破的铁饭碗，必须在 6 年到 9 年时间内，经过同行专家评审和学院考核，达到相应的硬件指标后，才有资格在厦大经济学科获得终身教职。

聘任制的推行，极大地调动了年轻教师的积极性，提高了他们的教学与科研能力。“双聘”制度则促进了“海归”与本土培养的学者之间的交流和融合，不少同事一起合作研究，共同发表学术论文。

正是这种改革魄力，让经济学院的面貌焕然一新，整个经济学科也开始脱胎换骨。

如果留意经济学科的几个官方新闻平台，不难发现，隔三岔五，就会从这里传出经济学科的师生在国内外顶级学术期刊上发表论文的消息。

2017 年，整个经济学科发表在《经济研究》的论文数就多达 15 篇，发表在国内国外各种顶级学术期刊上的 52 篇，而发表在核心期刊上的论文数量则超过了 360 篇。2019 年初，《经济学（季刊）》第一期就刊出了厦大经济学科师生的 3 篇论文，第二期再上一层楼，刊出的论文数量达到了 4 篇。

为避免学术“近亲繁殖”，经济学院还立下不聘用本学科毕业生留院当教师的规矩，不过，他们却成了国内高校的香饽饽。从厦大经济学科毕业的博士生，陆续被中国科学院大学、北京大学、复旦大学和武汉大学等“985”高校聘为教师。

洪永淼的改革对厦大经济学科还起到了筑巢引凤的作用。与厦大非亲非故的世界计量经济学泰斗级学者邹至庄伉俪，考察过国内高校后，基于对厦大经济学科的高度认同，捐资 1000 万美元，在厦门大学设立“邹至庄经济教育基金”和“邹至庄经济研究中心”。

邹至庄经济学教育基金会的设立，旨在推动提升中国经济学研究和人才培养；而“邹至庄经济研究中心”作为一个实体教学与研究单位，致力于打造国际一流的现代经济学与中国经济研究机构，培养世界一流的经济学家，使之成为亚洲具有重要国际影响的经济学国际学术交流中心。

值得一提的是，邹至庄经济学教育基金会和邹至庄经济研究中心的成立，体现了厦大经济学科历史与现代、本土化与国际化的完美结合，推动了厦大经济学科两院一中心“三位一体”办学格局的形成。现在，以邹至庄命名的“邹至庄讲座”已成为厦大经济学科最高层次的学术讲座，经常有世界级学者到邹至庄经济研究中心访问。

洪永淼说，厦大经济学科非常幸运，与两位经济学大师的名字连在一起。在中国，学过经济学的人，没有人不知道王亚南；在国外，学过现代经济学的人，没有人不知道邹至庄。邹至庄捐资兴学的重要意义，不是 1000 万美元所能衡量的。

一位厦大领导曾经如此总结洪永淼给经济学科带来的五大变化：

第一，办学理念的变化。洪永淼来之前，厦大几乎没有哪位教授能把西方经济学课程上好。经济学科现有与国际接轨的人才培养模式，为国家培养了可参与全球竞争的国际性人才，帮助中国更好地融入了世界。

第二，改变了师资结构。经济学科以前很少有“海归”，通过大量引入优秀“海归”和国内名校的优秀青年教师，极大地激活了经济学院原有的“死水”，调动了集体的主观能动性，激发了整个经济学科教师的活力。

第三，引入现代研究方法。近 40 年，现代经济学的研究范式出现了“实证革命”。WISE 建院以来，就鼓励使用现代方法研究经济问题，特别是以数理分析和数据为基础的实证研究，并取得了令人瞩目的成果。作为率先在内地高校中承办世界计量经济学会亚洲年会的厦大经济学科，已然具备了在中国构筑计量经济学重镇的国际地位。

第四，推动了人才培养方式的转变。厦大经济学科按照世界一流大学的标准设置经济课程，增设的课程由原先的“三高”变成“八高”，构筑了师生互动的氛围，这种人才培养方式极大地提高了学生的素质和能力。

第五，内部管理的提质增效。厦大经济学科的行政技术人员定位非常明确，为教学科研服务，为教师学生服务，真正体现“以人为本”。这是现代高校管理理念的充分体现，厦大经济学科堪称是中国高校中管理模式“最规范”“最有序”的院系单位之一。

对洪永淼个人，这位厦大领导用一句话予以评价：“一位非常爱国爱校、一位智商情商都很高的国际一流学者和社会活动家。”

事实上，洪永淼很早就有条件申请美国国籍，但至今仍保留着中国公民身份。他的言行举止也处处洋溢着对家国的热爱。在他的办公室，除了一张可以临时小憩的长沙发外，办公桌和会议桌案头堆满了书籍与资料。在书架最醒目的位置上，陈列着一套《毛泽东全集》。他是毛泽东的忠实粉丝。

作为常年活跃于国内外学界的厦大经济学科管理者，洪永淼深谙王亚南校长提出的“应站在中国人的立场研究经济”的非凡内涵。

习近平总书记指出，“改革开放是决定当代中国命运的关键一招，也是实现中华民族伟大复兴的关键一招。我们一定要以更大的政治勇气推进改革开放，敢于啃硬骨头，敢于涉险滩，闯难关，不断为中国发展提供强大动力。”

坚持改革的洪永淼必须不时面对新的挑战。好在，锐意改革已经看到了显著成效。

2019 年岁末，基本科学指标（ESI）数据库最新数据显示，厦大经济学与商学首次进入 ESI 全球前 1%。

ESI 是国际通用、衡量一个学科国际化水平的重要指标，以过去 10 年一个学科发表的国际论文的他引总数为指标。2011 年，厦大经济学和商学 ESI 全球前 1%的接近度只有 4%，2018 年 11 月则是 79%，一年之后达到 100%，进入 ESI 全球前 1%。这标志着厦大经济学科完成了从传统到现代的艰难而又成功的转型。对正在热火朝天进行世界一流学科建设的厦大经济学科来说，这同样具有里程碑意义。

牢记时代赋予的机遇和历史责任[①]

东方网记者　熊芳雨

适逢中国改革开放40周年，美国格律文化传媒集团全媒体平台携手上海东方网，联合全球多家机构、留学组织和华文媒体，跨越十余个国家和地区，隆重推出“中国留学生的四十年”大型专题报道，记录40年留学潮中40位中国留学生的命运与故事、奋斗与荣光。以海外学人的心路，见证中国崛起；以中国留学生的视角，回望改革开放。

6 年终特刊　侨報

洪永淼：用“国际语言”讲好中国经济故事

经济学家，融会中西

留学生 40年

止於至善

走出国门

遇三位“贵人”圆留学梦

留学报国

身在异国他乡，却心系改革开放

重回母校

改革厦大经济学科，补齐定量分析短板

2018年12月31日美国《侨报》年终特刊

厦门大学经济楼的墙壁上，悬挂着一张让厦大人引以为傲的照片，那是2016年邹至庄经济研究中心成立时拍下的瞬间。国际知名华人经济学家洪永淼站在经济学泰斗邹至庄本人身旁，笑得异常灿烂。当时不少人大

① 2018年7月，美国格律文化传媒集团全媒体平台携手上海东方网，联合全球多家机构、留学组织和华文媒体，主办“中国留学生的四十年”大型专题项目。经推荐评选委员会推荐，洪永淼以其在经济学领域的杰出成就，以及改革开放后赴美的留学经历，入选为“全球40位留学人物”之一。本文系洪永淼接受东方网记者熊芳雨采访的报道，首刊于2018年8月31日的东方网，原题为《中国留学生的四十人之洪永淼：华人国际知名经济学家是这样炼成的》。2018年12月31日的美国《侨报》年终特刊以《洪永淼：用“国际语言”讲好中国经济故事——经济学家，融会中西》为题刊载此文。

惑不解，与厦大“非亲非故”的邹至庄，为何决定向厦大捐赠1000万美元，并且在厦大设立邹至庄经济研究中心？这一义举体现了邹至庄的家国情怀，也与洪永淼密切相关。

洪永淼与邹至庄的缘分可以追溯到20世纪80年代，洪永淼还在厦大求学之时。

1985年到1996年，为了系统地将现代经济学理论引进中国，在普林斯顿大学邹至庄教授的推动下，美中经济学教育交流和合作委员会与中国国家教育委员会合作，在中国人民大学设立“经济学培训中心”。这个中心被认为是中国现代经济学教育的“黄埔军校”，培养了一大批中国青年经济学人，他们日后大部分都出国深造，部分学成后回国致力于推进中国经济学的国际化和现代化。洪永淼就是颇具代表性的一员。

洪永淼现为美国康奈尔大学经济学与国际研究讲席教授、厦门大学王亚南经济研究院（WISE）院长，曾任中国留美经济学会会长。在1995—2005和2000—2005“世界计量经济学家排名”中，洪永淼名列前茅，均排在第7位。他曾借鉴物理学的分析方法，独创性地提出广义谱函数分析方法，应用于非线性时间序列的分析。由于在经济学领域的学术贡献，以及在厦大乃至中国大力推动经济学的教育与研究，他在2015年当选为发展中国家科学院院士。

结缘经济学，改变人生轨迹

1985年，洪永淼还是厦大物理系研究生一年级的学生。这里不能不提及著名经济学家、会计学泰斗、时任厦大经济学院首任院长的葛家澍教授。他提倡“引理入经”，鼓励厦大的理科研究生报考经济学科。

“改革开放之初，经济学人才短缺，且以文科生居多。葛家澍院长的做法大胆、前卫，受惠于他的‘引理入经’，我这个物理系的研究生有机会由理从经，结缘经济学。”

从1985年开始，“经济学培训中心”每年开办一期，授课教师全是来自国外的知名教授，这是改革开放后西方经济学首次“登堂入室”。每期学员从全国重点高校的研究生中选拔，人数 50 名左右。最初参与项目的有 7 所高校，包括中国人民大学、北京大学、南开大学、武汉大学、复旦大学、吉林大学和厦门大学。在葛家澍院长的鼓励下，作为“引理入经”的对象，洪永淼参加了选拔考试。由于在第二期学员中考了最高分，洪永淼被选定为班长，于是有更多的机会与国外知名教授们接触、交流。

1986 年，洪永淼平生第一次离开家乡厦门，到“中心”接受系统的经济学学科训练。这一年，也成为洪永淼一生中非常重要的转折点。“当我在严寒彻骨的冬天，看到北京高校的学生披着大衣依然站在食堂门口慷慨激昂地演讲，内心触动非常大。当我在外国学者指导下学习最前沿的经济学知识时，越发渴望能够接触更广阔的天地。”洪永淼把他在“中心”的求学经历形容为“打开窗口看世界”。

一年的学习，大大开拓了洪永淼的眼界，活跃了思维，也坚定了他出国“看世界”的决心。学习结束后，洪永淼返回厦门大学，顺利完成了政治经济学专业的硕士学业。在相关授课的教授推荐下，他获得了加州大学圣地亚哥校区（UCSD）的全额奖学金。

“葛家澍的‘引理入经’，邹至庄的‘经济学培训中心’，这两位教授缺少任何一位，我都没办法出国深造。这两位‘贵人’改变了我的学术生涯和人生轨迹。”洪永淼充满深情地回忆说。

1990 年，他已在美国学习两年，接触到 UCSD 最强势的学科——计量经济学。他审时度势，确立了今后从事计量经济学研究的目标路向，从此再也没有犹豫与动摇过。

离开中国前，洪永淼购置了不少肥皂、牙膏、毛巾等日用品。用他的话说：“在美国超市，看到商品标的价格，脑子里会情不自禁地换算成人民币，然后就下不了手了。”1988 年去美国留学时，他口袋里只揣着 80 美元，从圣地亚哥机场到学校的路上，光打出租车一下子就花掉了 40 美元。求学期间，他为了节省开支，肉类只敢吃最便宜的鸡腿，因为鸡腿 1 磅不到 1 美元，导致后来他一看到鸡心里就发毛。“那时一个月只敢打一次电话回家，按美国电信公司的计费标准，头 3 分钟每分钟 3 美元，之后每分钟 1 美元，要知道，那时候 1 美元可以换 12 元人民币啊！”这段求学的“峥嵘岁月”，给洪永淼的内心烙下了很深的印记。

“当你的银行余额只剩下 20 美元，而这个月还有 200 美元房租要交的时候，身在异国他乡又举目无亲的情况下，那种朝不保夕的不安全感难以言表。”洪永淼这一切身感受，道出了当年不少留学生的境况。作为中国较早的一批留学生，在不发达的年代走出国门，生活清贫，吃苦耐劳，像苦行僧一样向知识进军，为的是有朝一日能够实现人生的理想抱负，回馈祖国，这是他们这代留学生的共同信念。

1992 年，邓小平发表“南方讲话”，标志着中国改革开放进入快车道。远在美国的洪永淼正在攻读经济学博士学位。他每年花 24 美元订购《人民日报》海外版。“南巡讲话”一经发表，他马上就看到了消息，并且敏锐地意识到，这可能成为中国改革进程的里程碑式事件。那时，身在海外的洪永淼心系祖国发展。他花费很多时间和精力研究中国在 80 年代所进行的国企改革，通过实证研究发现渐进式的国企改革成功地提高了企业的生产效率。他的研究成果发表在国际顶尖的经济学学术期刊上，并且在国际经济学界产生了很大影响。

1997 年以后，洪永淼每年都会回国讲学，每一年都看到喜人的新变化。“一是包括经济领域在内，整个社会都非常有活力，人们的思想也十分活跃；二是从经济层面能够感受到，国内发展速度非常之快，大部分年头的经济增长都在 10%以上。”随着对外开放的不断深化，洪永淼明显感受到中国人的自信、自尊在增强。

改革厦大经济学科，推动中国经济学的国际化和现代化

1988 年迄今，洪永淼在国外经历了较为完整的海外求学、任教过程，对美国高校，特别是经济学研究生教育的理念、制度与管理比较熟悉。2004 年，时任厦大校长的朱崇实求贤若渴，亲赴北京，和洪永淼恳切地交谈了 3 个多小时，从晚上 10 点一直谈到凌晨 1 点多，希望洪永淼能回母校厦门大学，帮助

改革、提振经济学科。因为对母校怀有很深的情结，洪永淼欣然接受了邀请，在阔别多年后终于回到了家乡。

2005 年，厦门大学成立 WISE，敦聘洪永淼任创院院长。这是一所具有鲜明“国际化”特色的研究院，在立足中国实际的前提下，参照美国排名前 20 的顶尖名校进行经济学专业课程设置。这时候的洪永淼对中美两国的经济学教育已经有自己的一些思考了。他感受最显著的是二者课程设置上的差异。“美国的经济学研究生教育非常重视数量分析，这与当时国内以定性分析为主的教育与研究范式恰好形成鲜明的对比。”为此，在学校支持下，洪永淼对厦大经济学科进行了大刀阔斧的改革，引进国际化的师资力量，邀请国际上具有巨大学术影响力的学者前来访学，力求在最短时间内补好定量分析的短板。同时，为了让教学、科研、行政等各方面规范有序，他和经济学科的同事们一起制定和完善了一百多项的管理条例或规章制度。在他的大力推动下，厦大经济学科的现代化和国际化取得了令人瞩目的成绩。2005 年以来，厦大经济学科在国际一流的经济学、金融学和统计学期刊发表了大量论文，经济学科教师在国际一流期刊发表论文已经成为常态。至于国内最顶尖的经济学期刊《经济研究》，2005 年以来，厦大经济学科每年刊发的论文数量从 0 篇增加到 2017 年破纪录的 15 篇。经过 10 多年的建设，WISE 在国际经济学界特别是计量经济学界已经取得了较高的学术声誉。厦门大学已经成为中国乃至亚太地区比较活跃的经济学国际学术中心。

厦大经济学科在国际化人才培养方面已经逐步实现与国际现代经济学教育接轨，一批批优秀的博士生脱颖而出。他们拥有良好的数理分析能力和过硬的英语水平，能够在国际一流学术期刊上发表论文。同时，与国际接轨的课程设置、使用国际通用语言、多样化的学生培养项目，这些高标准、高质量的举措，吸引着国际上优秀的学生到厦大经济学科深造。

回到母校以后，洪永淼就一直致力于 WISE 和经济学院的融合，优势互补，形成 1+1>2 的叠加放大效应。2016 年邹至庄经济研究中心成立，厦门大学经济学科形成了“三位一体”的基本框架。在中国，学习过政治经济学的人，无人不知王亚南与《资本论》，在国际上，学过现代经济学的人，无人不知邹至庄与邹氏检验。研究院和研究中心分别以这两位学术巨擘的名字命名，无疑体现了厦大经济学科继往开来、再领风骚的愿景。20世纪40年代，王亚南到厦大任教，他与郭大力一起，开创了“厦大学派”，厦大经济学科也因此成为中国经济学教育与研究的重镇。邹至庄经济研究中心的成立，是在新的时代背景下，凸显厦大经济学科砥砺奋进、充分利用国际资源、加快推进经济学教育与研究国际化和现代化的雄心。“中国的经济发展取得了举世瞩目的成就，但我们还不能够把中国的经济故事用西方人听得懂的语言讲给他们听，让他们理解，这方面我们还任重道远。目前，国际经济学界的主要话语权与影响力，仍然掌握在西方经济学家手里。我们应该站在中国人的立场上，用现代方法研究中国问题，用国际语言讲述中国故事，提升中国经济学家的国际影响力与话语权，最终形成具有国际影响力的中国经济学派。在厦大，我们‘三位一体’的架构各有侧重，经济学院主要专注于经济学科的本土化，WISE则致力于经济学科的国际化，而邹至庄经济研究中心的重要使命是要用国际语言讲中国故事。”

每年寒暑假，洪永淼都回到国内。众所周知，在国外，寒暑假是从事学术研究的最佳时间，但为了致力于推动中国经济学的国际化和现代化，洪永淼不得不牺牲非常宝贵的做学术研究的时间。他并不后悔这一选择。在他看来，因

悬挂于厦大经济楼的国家一级美术师郭耀庭的“中国梦”书法作品

为改革开放，他才有机会到国外深造，作为留学生，希望能在中国和外国的经济学教育及研究交流方面发挥桥梁纽带作用。“这也是时代赋予我们这一代留学生的机遇和历史责任。”洪永淼如是说。

在厦大经济学院的楼梯拐角处，挂着一幅“中国梦”的书法作品，笔力古朴苍劲，这折射出洪永淼对中国的未来寄予厚望。他是过去40年改革开放的受益者，也期待未来40年中国能在新的基础上更上一层楼。

要做就做得最好①

《人民日报》海外版记者　张　红

他在美国加州大学圣地亚哥校区（UCSD）获得了博士学位，之后成为美国康奈尔大学的终身教授。5 年前，他拥有了另一个身份：中国厦门大学王亚南经济研究院（WISE）院长。

他常说：要做就做得最好。

国际化学院

“要做就做得最好”，这个理念深深植根于洪永淼的思想深处。他求学的 UCSD 经济系办学 40 年便在美国大学的经济学科中名列前茅。2003 年两位

2010 年 6 月，WISE 联合中国科学院预测科学研究中心主办“计量经济学模型设定检验 30 周年”国际研讨会

① 本文首刊于 2010 年 12 月 2 日的《人民日报海外版》。

教授同时获得诺贝尔经济学奖。UCSD的办学理念便是“不是最好的不做”。洪永淼把这种理念带到了厦门大学。

2005年，以教育部人文社科重点基地为基础、依托于“985”工程二期项目的WISE成立，洪永淼受聘为首任院长。“国际化是WISE的鲜明特色，”洪永淼说：“我们几乎所有的课程都用英文授课，用英文教材。经济学硕士生的课程是按照美国排名前20的高校的博士研究生课程来设置。我们的教师大部分是从海外名校聘回来的，不仅有华人，还有澳大利亚人、美国人。”

MIT经济学教授、1985年克拉克奖得主、“Huasman”检验提出者杰瑞·赫斯曼（Jerry Hausman）多次到访WISE。杰瑞·赫斯曼是洪永淼的博士生导师赫伯特·怀特（Halbert White）的博士生导师

走马上任后，洪永淼还充分利用自己及同事的学术影响力和在海外的学术联系，促进WISE的国际学术交流。“国际性会议是国际化的重要标志之一，也是我们参与国际对话的有效载体。”洪永淼说。短短几年时间里，WISE已经举办了一百多场经济学前沿学术讲座，组织了二十多场国际学术会议，邀请了包括诺贝尔经济学奖获得者、克拉克奖获得者在内的国际顶尖经济学家参加会议。WISE的老师也经常应邀参加国际学术会议。WISE还与新加坡管理大学、德国洪堡大学等建立了实质性的合作关系。

WISE的国际化办学已经取得了初步成效。从WISE走出的学生中已经有人拿到了澳大利亚国立大学的职位，还有人受聘于新加坡国立大学。谈起这个，洪永淼的语气中有掩饰不住的骄傲。

开始不容易

创建 WISE 的时候，洪永淼早已是美国康奈尔大学的终身教授。是与厦门大学解不开的情缘把他带了回来。

厦门是洪永淼的家乡，厦门大学则是他的母校。他在这里度过了 7 年时光，拿到了物理学学士学位和经济学硕士学位。母校对他的关怀让他难以忘怀。2002 年，洪永淼父亲病重，厦门大学的领导主动帮忙联系医院。一年后洪父去世，他们又帮忙料理后事。这份情谊让洪永淼铭记在心。

2004 年，当时的厦门大学校长朱崇实专程到北京，与当时在清华大学任特聘教授的洪永淼进行了一次长谈。“那次我们谈了 3 个多小时，从晚上 10 点谈到了凌晨 1 点多。”洪永淼当然记得那次改变了他人生轨迹的长谈。“校长希望我能回厦大，并承诺会在政策资源上给予最大支持。说实话，当时我很犹豫，厦大经济学能不能做到全国最好我心里没底。不过，校长所做的一切让我很感动，我最终还是接受了他的邀请。”校长是怎么打消洪永淼的顾虑呢？那时“985”二期项目启动，厦大经济学科获得了 2000 万元的经费。校长把这笔资金集中起来，创立了 WISE。

“WISE 的一切都是从零开始，就连秘书对外联系我都要手把手地教。”洪永淼常常要亲自修改对外邀请函，连标点符号也不放过，至于重要信函，他则亲手拟定。“小事不能含糊，一旦出错就会带来意想不到的负面影响。”

在美国学术环境中熏陶了二十多年的洪永淼注意到了厦门大学一些细节并相应地作出了改变。“2005 年的一天晚上，我陪朱校长去经济学院，发现整个经济楼黑灯瞎火的，”洪永淼说：“老师通常上完课就离开，这妨碍了老师与老师、老师与学生的交流。”洪永淼引入了西式的 teatime（下午茶）活动：从 2006 年春开始，WISE 有了每隔一周的喝茶时间，师生会聚在一起喝喝茶聊聊天，成了厦大校园里一道独特的风景线。

变化就是这么一点点发生的。

得失寸心知

“在国内的工作，有时候一点小的变化就可以有很大的效果，”洪永淼很享受这种成就感：“比如，厦大研究生的课一周上一次，一次 3 小时。我按照美国的方式，改成了一周两次课，一次一个半小时。一个学期后，一位教《微观经济学》的老师告诉我，他多备了 1/3 的课。这就是变化。”正是在这样一点点的变化中，WISE 走得越来越好。

不过，有得必然有失。

洪永淼 1993 年拿到博士学位后应聘到康奈尔大学任教。因为学术成果突出，1998 年他获得了终身副教授职位，比预定时间提前了两年。2001 年，他获得终身教授职位。康奈尔大学校长在洪永淼获得正教授的贺信里面特别提到，他在该校教授职称晋升速度如此之快，实不多见。

事实上，洪永淼的学术之路走得可谓风生水起。2007 年，国际权威计量经济学期刊 *Econometric Theory* 正式发布“世界计量经济学家排名：1989—2005”。这次排名共统计了世界 16 个权威学术期刊在 1989—2005 年期间所发表的理论计量经济学论文，洪永淼在 1995—2005 和 2000—2005 期间均名列第 7 位。

可以说，洪永淼在学术研究上本来会走得更远。“现在真的没有那么多时间。”为了保证 WISE 运转正常，洪永淼每年有一半时间待在国内，这意味着他没办法在美国申请更多研究资金。即便人在美国，洪永淼也要照常“上班”，只不过由于时差原因，他上的是“夜班”。他每天通过 QQ 工作群等方式与 WISE 的工作人员时刻保持联系。为此，他常常要工作到凌晨三四点。

“原来我以为把整个框架建立起来就可以回去做我的学术研究，结果发现不行，许多事情一做起来整个人就被绑住了。我在行政方面投入的时间多了，在学术方面的投入自然就少了。”洪永淼的惋惜之情溢于言表。

或许，做事业的人难免会有这样那样的遗憾，但是看着 WISE 日益茁壮地成长，相信洪永淼也必定会觉得欣慰。

在厦大经济系学政治经济学[①]

洪永淼

虽然几天前就知道黄志贤老师病重已住进特护病房，但今天上午听到他去世的消息，还是感到有点突然，心情沉痛。晚上思绪万千，久久不能入睡，脑海里一直回想着黄老师的生平往事。

黄老师是广东汕头人，1926 年 1 月出生于一个越南华侨家庭。他 1946 年 7 月到厦门大学经济系学习，1947 年起就积极参加中共城工部的地下工作与反美反蒋爱国学生运动，同年加入中国共产党。1949 年 6 月，为避开国民党追捕，他撤退至闽粤赣边区，从事边区党的机关报的编辑工作，担任《大众报》《闽西日报》的编辑主任。1950 年 7 月至 1951 年 6 月，他返回厦门大学继续就读，并担任侨生会主席、厦门市学生联合会主席。1951 年 7 月起，他在厦门大学经济系任教。1952 年 8 月，他赴中国人民大学马克思主义研究班学习政治经济学，并于 1954 年 8 月重返厦大任教。1955 年至 1973 年，他先后担任经济系党总支副书记、政治经济学教研室主任、中共厦门大学党委会教学研究部副部长，并任中共厦门大学党委会委员。当时还没有成立经济学院，经济系包括理论经济学和应用经济学相关专业，以及会计、企业管理专业。1973 年到 1978 年，他调到福建师范大学工作，作为副教授任教并担任政治教育系的系主任。1978 年底，他又调回厦大经济系任教，历任副教授、教授，兼任福建省经济学会副会长、中华外国经济学说研究会理事。他于 1991 年离休，享受司局级的政治、生活待遇。

师生情缘

我认识黄老师是在 1987 年夏天。1985 年我考上厦大物理系的研究生，并

---

① 本文首刊于 2019 年 1 月 16 日的厦门大学经济学院公众号，原题为《悼念黄志贤老师》。

且学习了一年。后来有机会转到经济学，主要是得益于时任厦门大学经济学院院长的葛家澍教授“引理入经”的办学理念。1985 年，在普林斯顿经济学教授邹至庄的推动下，当时的国家教委和美中经济学教育交流和合作委员会在中国人民大学设立了“经济学培训中心”，为来自国内 18 所高校的硕士研究生讲授现代西方经济学。这个培训中心邀请美国大学的经济学教师前来授课并提供英文教材。1985 年首届，厦大经济学院只考上 3 人。第二年，葛家澍院长和当时的院领导班子决定开放包括理科研究生在内的学生报考，我借由这个机会考上了第二届。这一年，厦大总共考上了 11 名学生，其中 9 名理科研究生。第二届共招收 54 名学员，厦大学生人数占五分之一，这充分证明了葛家澍院长“引理入经”政策的正确性。

1986 年 9 月至 1987 年 7 月，我在中国人民大学“经济学培训中心”学习了一年。学完之后，我面临一个抉择，是回厦大物理系继续完成物理学硕士学位，还是转到厦大经济学院攻读经济学硕士学位？当初我年轻气盛，希望两个硕士学位都拿，但因为制度与政策不允许，于是我只好放弃物理学，专攻经济

黄志贤老师上课旧照

学。而找经济学硕士导师的经历也是一波三折。

因为我 1986 年“经济学培训中心”全国统考的成绩还不错，去“经济学培训中心”学习之前，葛家澍院长专门在他的办公室接见我，鼓励我到北京好好学习，回来后为厦大经济学院作贡献。培训班学习结束后，我去找葛家澍院长。他非常热情，说我的数学、英语、西方经济学都学得不错，如果能够把马克思主义经济学再好好加强一下，将来在经济学的研究上会很有造诣。他希望我跟随他攻读会计学硕士与博士，可惜当初我对会计学这个学科的性质与重要性认识严重不足，觉得男生读会计不大合适，于是放弃了这个宝贵的机会。时任经济学院科研秘书的洪淑芬老师，与我非亲非故，但为人非常热心，一直积极帮助我寻找合适的导师。

在我继续寻找导师的过程中，经济系向我伸出了橄榄枝。时任经济系系主任的李绪蔼老师接纳我为经济系的硕士研究生，并且推荐给黄老师，让我跟随黄老师学习政治经济学与经济学说史。我一直很感恩洪老师、李老师和黄老师，因为有了他们的帮助与接纳，我才得以顺利完成硕士研究生学业。在厦大经济系，我修过两位老师讲授的课程。一位是李绪蔼老师，他为研究生开设过《资本论》必修课。李老师至今还记得我这门课的成绩是 85 分。另一位就是黄老师，我跟随他学习的时候，他开设了一门名为“西方经济学流派”的研究生课程，主要讲授现代西方经济学流派，使用的课件包括英国英文杂志 *The Economist* 上的一些连载文章。

很多年后，黄老师的二女儿、曾任中共厦门市副市长、市委常委、统战部部长的黄菱对我说，当初黄老师收我做学生之后，回家还跟家人提起，他刚接收了一名物理系的学生，因为他认为在经济学研究中，数学能够发挥很大的作用，而这名物理系学生数学功底好，有优势。黄老师一生都在研究政治经济学与经济学说史，但他同时也深刻认识到数学在经济研究中的重要性。他知道我是物理系的学生，数学基础相对比较好，并且觉得我在数学方面还有一些优势，于是很高兴地接纳了我。这件事体现了黄老师对学科的开放思想和包容态度。事实上，他对待西方经济学的态度和观点是一以贯之的，直到 2006 年，他离休 15 年之后，还发表了一篇题为《王亚南研究“西方经济学说”的科学态度与方法论》的文章，这篇文章对现在我们借鉴西方经济学，以及以科学的态度和方法研究西方经济学，仍有重要的指导意义。

诲人不倦

黄老师长期从事政治经济学、西方经济学说史教学与研究。1981 年，他负责筹建厦门大学人口研究所并担任首任所长，也把一部分时间和精力花在人口问题研究上。不过，他的主业仍然是西方经济学说史，几十年如一日把心血投入这个研究领域。也因为如此，黄老师所带的硕士研究生，专业都是政治经济学，研究方向均为经济学说史，特别是西方经济学说史。黄老师共带了 9 名硕士毕业生，分别是王瑞芳、沈全水、马忠友、范国增、洪永淼、杨晨、方和荣、陈龙发、郭其友。他的学生有的在学术界工作，有的在教育界工作，有的在党政机关工作，不管在哪一行哪一业都相当出色。比如，大弟子王瑞芳现在是厦门大学独立学院——嘉庚学院的创院院长，也是中国高校海外首个完整分校——厦门大学马来西亚分校校长。

黄老师所带的学生，硕士毕业论文选题都沿着西方经济学说史这一条主线，我是他的第五名弟子，自然也不例外。我选择“西方经济学非均衡理论和科尔奈‘短缺经济学’的比较”作为硕士毕业论文题目。我的硕士论文指导委员会共有三位老师，除了主导师黄老师外，还有李圭璋老师，以及已经过世的石景云老师。

在我的硕士论文写作期间，黄老师从确定论文选题到写作过程中都给予我详细、具体而且不间断的指导，几乎是有求必应。当初厦大教师做研究的地点一般是家里，学生想找导师求教的话，通常是到导师家里，甚至上课也在导师家里。那时还没有电话，我每次去找黄老师，都是事先未打招呼直接去他西村的家里。每次，黄老师家里的陈阿姨都和蔼可亲地、笑眯眯地为我开门，黄老师也都非常耐心地加以指导。有时候刚好碰到黄老师正在休息，我就在他家客厅等候。他休息一起来就马上跟我讨论，真的是诲人不倦。

黄老师指导我写毕业论文时，有两点令我印象特别深刻。一是他要求我读《资本论》原著。黄老师要求用马克思《资本论》的立场、观点、方法来研究西方经济学说史。我记得第一遍把《资本论》第一卷读完时，总共梳理提出了 169 个问题。当我揣着这一大堆问题，兴冲冲地去黄老师家向他请教时，他说，你提了这么多问题，说明你理解还不够深刻，要再看一遍！二是他对我提交的硕士论文稿，逐字逐句地进行审读并修改，几乎每个字都到了“推敲”的地步。这种治学态度对我之后到美国加州大学圣地亚哥校区（UCSD）攻读经济学博士，从事博士论文写作有很大影响。我在美国攻读经济学博士时，主导师是赫伯特・怀特（Halbert White）教授。他与黄老师一样，治学非常严谨。他不仅在数学上严格要求，在文字上也非常较真，包括省略号点几点，他都会数，当时就让我马上想起了黄老师。在我的硕、博研究生学习阶段，我非常幸运，遇上了两位治学严谨、风格相同的好导师，这让我受益终生。

在写作硕士论文的过程中，除了阅读《资本论》原著，黄老师还要求我看亚当・斯密（Adam Smith）的《国富论》、大卫・李嘉图（David Ricardo）的《政治经济学及赋税原理》、里昂・瓦尔拉斯（Léon Walras）的《纯粹政治经济学纲要》、阿尔弗雷德・马歇尔（Alfred Marshall）的《经济学原理》以及约翰・凯恩斯（John M. Keynes）的《就业、利息和货币通论》等著作。可以说在那一年多的论文写作过程中，我看了很多经济学大家的著作，使我对古典经济学和近现代经济学的基本理论有了比较全面的了解。虽然我之后研究计量经济学，但这仍然非常有助于我理解经济学的学科性质。我的硕士论文写好之后，黄老师评价说，论文有新意、有特色，特别是附录的数学证明体现了我硕士论文的鲜明特色。这篇完成于 1988 年的硕士论文，可能是国内最早研究西方经济学非均衡理论的。论文定稿后，黄老师把它送给了在复旦大学经济学院任教、同为研究西方经济学说史的知名专家宋承先教授。宋承先教授评价说，这篇文章稍加修改就可以发表。可惜我当时忙于准备到美国留学，没有时间修改并发表这篇文章。直到 1999 年，这篇硕士论文的简写版才被黄老师主编的《边际经济学派主要思想评述：兼评均衡理论、非均衡理论、福利经济学方法》收入。这部书共收录了黄老师指导的 9 名硕士生的硕士论文，是一部研究西方经济学说史的学术专著。

精益求精

1988 年 10 月我出国之后，跟黄老师的联系相对少了。2005 年，我回到厦大创建王亚南经济研究院（WISE）并于 2006 年兼任经济系主任，黄老师对此非常高兴。2006 年，我和师兄王瑞芳、师弟郭其友一道为他举办了一个庆祝他 80 岁生日的晚宴。

除了严谨的治学态度和精益求精的治学精神，黄老师在许多方面也让我印象深刻。比如说，他一辈子专攻经济学说史，特别是西方经济学说史，不管是冷门还是热门，他都几十年如一日地坚守这个“地盘”。可以说，西方经济学说史一直是他学术生涯中的最爱。他在 2006 年出版了《当代西方经济学流派的演化》一书，论述 20 世纪以来西方经济学主要流派的主要观点及其演进过程，是这一领域的代表作之一，具有重大理论借鉴意义。黄老师这种甘坐冷板凳、一心一意专攻一个领域的治学精神值得我们后辈推崇与效仿。

1978 年底，黄老师从福建师范大学调回厦大经济系之后，他坚持只做教学研究，不担任行政职务，体现了他作为学者的精神气质与追求。后来出于学科建设的需要，他才出任厦大人口研究所首任所长。在他和同事们的共同努力下，该所成为联合国人口活动基金受援的研究单位。黄老师有显赫的红色背景，新中国成立前就是厦大中共地下党员，1966 年之前就已是中共厦门大学党委委员、经济系党总支副书记，他的资历不可谓不深，资格不可谓不老。但是，我与他接触的那些年，特别是作为他指导的学生学习与写作论文的时候，他从来不说他的经历，从来不提他的资历。他作为地下党、学生领袖以及经济系党总支副书记的经历，我还是后来通过其他资料和途径才了解到的。这种作为学者的低调，从来不去显摆、突出自己显赫的资历，不争名，不为利，也让身为后辈的我们，感受颇深，深为敬仰。

黄老师为人正直善良，坚持原则，作风正派，富有正义感与责任感，从来不见风使舵，也不会八面玲珑，性格上快言快语，有话直说，有时候甚至让人觉得下不了台，但他从未整过人，即使在“文革”期间。有人说，我的性格与黄老师有些像。记得两个星期之前，我到厦门第一医院干部病房去探望他的时候，他的小女儿附在他的耳边说："爸爸，你的学生洪永淼来看你了。"已经昏睡很长一段时间的黄老师竟突然睁开了双眼，望着我。看来，我们师生之间还是有心灵感应的，对这一幕他的小女儿也颇感讶异。

厦大经济系渊源于1923年成立的经济学门，已有近百年的悠久历史，在全国有着重要影响。在这近百年的历史长河中，以王亚南为代表的一代又一代的厦大经济学人为厦门大学经济学科作出了卓越贡献，也形成了优良的学术文化与治学精神。在厦大经济学科优秀的学术文化当中，黄老师也立身立业立行，做出了他的重要贡献。特别是黄老师的个人品质、治学精神，一辈子几十年如一日专攻一个研究领域，以及他对西方经济学抱持比较开放的态度，在处理西方经济学与马克思主义经济学两者关系方面的辩证态度，不但体现了他的学识，而且体现了厦大经济学科老一辈经济学家的优良传统和学术文化。我们今天缅怀和纪念黄老师，就是希望能够弘扬黄老师的这些优秀品质、严谨的治学态度和开放的学术思想，坚持和发展马克思主义经济学，辩证地看待西方现代经济学，吸收国内外一切先进或者有益的经济理论成分和研究方法，为创建具有鲜明特色的、世界一流的厦大经济学派作出我们应有的贡献！

黄志贤老师一路走好！

（本文初撰于2019年1月13日夜，1月16日晚定稿）

修身育人，博观约取辟新径[①]

厦大经济学科　张兴祥　宋江红　江鹏飞

敏锐的学术嗅觉

2003 年洪永淼与加州大学河滨校区（UCR）一位教授合写的学术论文《非线性时间序列模型诊断检验》，荣获 2006 年度“Tjalling C. Koopmans 计量经济学奖”。这篇文章提出一种新的检验方法，用于诊断包括自回归条件异方差和自回归条件久期模型在内的时间序列模型设定的正确性。“Tjalling C. Koopmans 经济计量学奖”由剑桥大学出版社和 Koopmans 夫人共同资助设立，以纪念 1975 年诺贝尔经济学奖得主佳林·库普曼斯（Tjalling C. Koopmans）。

洪永淼上了《神州学人》封面

早在加州大学圣地亚哥校区（UCSD）经济学系攻读博士学位期间，洪永淼就已琢磨着如何在学术领域开拓一片新天地。最初，他想学货币经济学，但两年后他觉得计量经济学对他来说更合适。众所周知，计量经济学虽是经济学领域的后起之秀（19 世纪末 20 世纪初发轫），但它在经济学的理论和实证研

① 本文首刊于《神州学人》2007 年第 1 期，原题为《止于至善：修身育人最完美的境界》。作者张兴祥时任厦门大学经济学院党务秘书，宋江红时任 WISE 行政秘书，江鹏飞系 WISE 2006 级硕士研究生。

究中具有举足轻重的地位。可以说，20世纪后半叶以来，它从根本上影响着现代经济学研究的方法与进展。或许正因为在不同的学科领域受过训练，他发现“条条道路通罗马”。例如，物理专业的训练对学习经济学特别适合，除了数理基础外，物理学特别强调从数学公式中揭示出物理意义——这种思维方式与学习经济学是相通的。于是，他将物理学的方法应用于经济学研究，提出了一种广义谱分析方法，用来研究时间序列的非线性现象。非线性现象在经济学和金融学领域大量存在，长期以来大家普遍使用的都是一些线性模型或者线性方法，因此这些线性方法不能捕获到经济学和金融学的非线性特征。他提出的广义谱分析方法可以很好地解决这方面的问题。该方法的提出，主要得益于他原来的物理学专业背景。经济学中人们使用的是一种线性频谱分析，叫作功能谱，洪永淼所做的就是把大家所用的线性频谱分析方法推广到非线性领域去。除此之外，他在中国国企改革和实证金融两个领域，还做了一些应用性的工作。

洪永淼说过：“没有真才实学，其他一切都无从谈起。”正是凭借自己的实力，在博士毕业后短短的几年时间里，他就跻身于世界一流的计量经济学家之列，学术上硕果累累，且势头强劲。1994—2005年，他在国际重要的学术期刊发表了二十多篇论文，其中大部分是在经济学、金融学和统计学的国际顶尖刊物上发表。1993年洪永淼受聘康奈尔大学经济学系，1998年获得终身副教授职位，2001年获得终身教授职位。康奈尔大学校长在洪永淼获得终身正教授的贺信里面还特别提到，他在该校教授职称晋升速度如此之快，实不多见。

桑梓情深。作为一名声名卓著的青年学者，洪永淼未曾忘记自己是炎黄子孙。1999年至今，他先后被清华大学、中国科学院、上海交通大学、山东大学、南京大学、澳门科技大学等国内十多所大学或科研机构聘为讲座教授、特聘教授或兼职教授，与国内的学术交流特别频繁。

国际化的办学理念

在经济全球化的大背景下，厦门大学提出“走向世界”的办学理念，用朱崇实校长的话说，就是国际化、学术化、入主流。作为这种办学理念的重要载体之一，厦门大学王亚南经济研究院（WISE）刚一成立，就引起了广泛关注。洪永淼在着手筹建 WISE 时，就确立了创造一个具有厦大特色的一流的现代经济学研究机构的宏伟目标：成为亚太地区和中国一流的、与国际接轨的现代经济学研究机构及国际交流中心；致力于在国际和国内顶尖和一流经济学期刊上积极发表论文；倾力打造一流经济学家的摇篮，塑造品牌；使厦门大学经济学科在一些主要领域，即计量经济学、金融学、劳动经济学、宏观经济学、政治经济学等研究在国内处于顶尖地位，在国外有一定的影响；成为国家和地方社会经济发展重要的“智囊团”和“思想库”。

在 UCSD 攻读博士期间，洪永淼深受该校人文价值理念的熏陶。该校经济学系办学 40 年便进入美国大学经济学科排名前 10 位，并且创造了短期内先后有两人获得诺贝尔经济学奖的奇迹。他们拥有一个非凡的办学理念，那就是“不是最好的不做”。这个理念使 UCSD 经济学系声名远播，也使身在其中的洪永淼深受启发。可以说，这个理念已深深植根于洪永淼的思想深处，不仅影响他的学术研究，而且影响他对 WISE 的定位。

洪永淼的办学理念是建立在国际化的目标上的。现在，WISE 完全实行与国际接轨，并且和中国实际相结合的新机制。在教学上，他率先在厦大对研究生培养制度进行改革，精心设计了独具特色的培养方案和教学计划，使用英文教材授课，邀请海外学者来学院讲学；同时实行硕博连读制度，推动硕博招生改革，为学院人才培养的国际化打下根基。在师资建设上，养精蓄锐，为青年教师提供国际化的教学和科研环境，大力选派和支持他们赴国外名校进修；同时，远赴北美招聘，高薪聘请海内外优秀学术人才加盟学院，全面提升厦大经济学的研究水平。在对外交流与合作方面，则采用“请进来，走出去”的模式，努力扩大厦大经济学科的学术影响力。洪永淼目前正在与国外著名经济学研究机构和国际知名学术带头人联系，商讨共同开展国际合作研究，在努力促进厦大经济学国际化的同时，利用这些合作研究渠道，培养一批具有国际视野和研究能力的中青年经济学家。他还聘请了蜚声学界的 5 位海外经济学家（包括两位诺贝尔经济学奖得主和一名克拉克奖得主）作为 WISE 的学术顾问。

不到一年时间里，WISE 先后举办了由海内外知名学者主讲的 33 场高级经济学系列讲座。2005 年暑期开办了计量经济学国际培训班，包括美国麻省理工学院教授、克拉克奖获得者杰瑞·赫斯曼（Jerry Hausman）和南加州大学经济学教授、*Journal of Econometrics* 期刊主编萧政在内的 5 位知名海外学者轮流讲课，开创了 1980 年颐和园讲习班以来全国最大规模的一次计量经济学培训活动。培训班的成功举办在海内外产生巨大反响，很快促成了美国最大软件公司 SAS 与学院之间令人瞩目的合作，共同成立了厦大 SAS 计量经济学卓越中心。2006 年年初，WISE 又与厦大经济学院共同出资兴建了“远程实况国际报告厅”。该报告厅可以进行异地远程教学，并可实时转播厦门大学、新加坡管理大学和中国台湾“中央研究院”三地的经济学国际学术讲座。与此同时，学院还正式获教育部批准，承办教育部 2006 年计量经济学和金融计量学研究生暑期学校。这是当年教育部研究生创新计划中两个经济学暑期学校之一。2006 年 4 月初，WISE 成功举办了“宏观计量经济学国际会议暨宏观经济与金融市场实证研究研讨会”。洪永淼邀请了 2003 年诺贝尔经济学奖获得者克莱夫·格兰杰（Clive Granger）爵士、美国耶鲁大学经济学教授、*Econometric Theory* 主编彼得·菲利普斯（Peter Phillips）等一批享誉世界的宏观计量经济

2006 年 4 月，美国耶鲁大学经济学教授、*Econometric Theory* 主编彼得·菲利普斯参加 WISE 举办的“宏观计量经济学国际会议暨宏观经济与金融市场实证研究研讨会”

学家出席。同时，来自美国、加拿大、英国、法国、德国、瑞典等 17 个国家和地区的近百位海内外学者云集厦大，共同探讨宏观计量经济学理论的最新发展。作为厦大 85 周年校庆的重要活动之一，这次高水平的国际研讨会也成为厦大经济学科走向国际化的重要契机。

另外，针对行政办公系统，洪永淼大力推动远程网上办公设施的建立，用以解决 WISE 工作人员经常面临的异地异时办公的困难，并创立一套与国际接轨的高效行政服务体系，为 WISE 研究人员的教学科研和学术活动提供有力的后勤保障。

旺盛精力 + 严谨作风

当一个人“超级”旺盛的精力跟一丝不苟的严谨作风结合在一起的时候，会产生什么“化学反应”呢？也许，我们只能从 WISE 的成功运作与洪永淼个人的学术成就两方面去寻找答案。

洪永淼与厦大说好每年工作 3 个月，而实际上，他每天花在 WISE 的时间远远超过 8 个小时！虽然大部分时间他人在美国，但 WISE 的工作却不能搁下。每天早上 8 点 WISE 工作人员上班时，远在大洋彼岸的他也同时“上班”。他主要通过网络音频与工作人员在线联系，随时处理问题。碰到比较棘手的事，下午上班时，工作人员往往还要向他请示，而每次打开网络音频，他们总是发现洪永淼还在线，根本不必担心找不到他。其时美国东部已是深夜凌晨时分了。

由于 WISE 刚成立时的人手有限，在 2005 年夏天 3 个月的时间里，上至目标定位、国际交流的各种联系，下至工作人员的招聘选拔、外事宣传的具体落实……事无巨细，他都争分夺秒，亲力亲为。WISE 立足于国际化办学，与海外的学者联系特别频繁。洪永淼担心刚招聘来的秘书不熟悉国际规则，所以邀请函他都亲自过目，连标点符号也不放过，至于重要的信函，他都亲自拟定。他说，这些虽是细枝末节，但细节也不能含糊，细节上出了问题，也会给 WISE 带来严重的负面影响。每次从美国回来，一下飞机，他所做的第一件事是直奔经济楼的办公室。他的前脚刚踏进办公室，后面的人就接踵而至，他必须在最短的时间内把一桩桩事情处理妥当。这样全身心地投入，根本顾不上什么倒时差。而这种工作作风，也深深地感染了 WISE 的工作人员，并蔚然成风。

洪永淼说他特别喜欢厦大校训“自强不息，止于至善”中后面的 4 个字，认为这是修身育人最完美的境界，是人生一辈子必须努力的方向。因此，他把“止于至善”奉为座右铭，在学术和事业上都身体力行，精益求精。

对于学术研究，他说：“学术研究的影响是长期、深远的，甚至是跨时代的。我希望能够在专业领域里充分发挥自己的潜能，做得更好一点。同时，我也希望能够用自己的知识，还有个人所拥有的一些国际学术资源，来促进中国计量经济学的发展，提高中国现代经济学的研究水平。与行政事务相比，我对学术研究是更有偏好的。”

“止于至善”是一种科学精神[①]

经济金融网记者　乔雅君　费玉新　冯秋月

2010年11月21日，在第十届中国经济学年会上，在河南省黄河迎宾馆，经济金融网记者与洪永淼有了一次深入采访的机会，由此了解了这位国际知名经济学家的一些理念和追求。

记　者：洪老师，您好！非常荣幸能够有机会对您进行采访。您曾经谈到“计量经济学所面临的局限性不是计量经济学本身所特有的，而是整个经济学科所面临的局限性。”您能具体谈谈这一观点吗？

洪永淼：从整个经济学科的特点来看，其假设条件一般是没有办法直接去验证的。其实过去好几代经济学家一直想要让经济学成为一门像物理学这样的科学。那么什么是科学呢？首先就是理论体系要有逻辑性，从假设到理论本身，到推论，一定都要有逻辑性，不能有逻辑错误。更重要的一点是，你的理论能不能解释现实，也就是说理论跟现实要有一致性。而后面这一点其实就是计量经济学的工作。我们现在发展一整套的计量经济学的方法、模型和工具，其实都是为了用来分析经济数据，然后看这些经济数据跟理论是不是相吻合。那么为什么说计量经济学或者整个经济学科有局限性呢？最关键的一点就是，在自然科学里面，像物理、化学，或者生物，这些都是可以做实验的。你之前可能做了大量的实验来验证某种假说，然后提出了你的理论。等你的理论提出之后，其他人在你的假设条件下可以独立进行实验，来验证你的理论。但是经济学是做不到这一点的。例如研究过去30年中国的经济转型问题，别人是不可能让中国经济回到30年前再重复来实验一次的，这种实验是没有办法做的。虽然现在也有实验经济学，但是毕竟实验经济学研究的领域相对还是狭窄的。

---

① 本文首刊于2010年12月20日的经济金融网，原题为《洪永淼：追求“止于至善”的科学精神》。

对于大多数经济现象，我们都是被动的观测者，并不能主动去产生数据。因此，如果你现在通过实证研究提出了一个观点，但别人想要通过做实验来验证这个结论是不可能的。在物理学、生物学上，我们可以靠做实验来判断对错和真假；而在经济学方面，只能是看你使用的分析方法。如果是实证研究，就是看你的计量经济学方法，看哪一个更具有科学性，只有这样，才能够判断出哪种结论要更好一些。而这也是相对的。就是说，也许现在受到数据的限制，或者所使用的经验的计量经济学方法不够好，不能把目前的理论推翻掉，但这并不一定说明这个理论就是正确的理论；过了一段时间，经济现象的数据多了，方法完善了，可能就可以把这个理论推翻掉。从这个意义上讲，我其实是有一点怀疑，经济学是不是可以达到像自然科学那样比较完美或者完善的程度。所以我们只能从多方面着手，让经济学在方法上、在各方面能够尽量往科学研究方面靠，但是真正要达到自然科学的那种水平还是相当困难的。这是社会科学与自然科学最重要的一点区别。

记　者：虽然目前在国内财经类高校的本科教学中非常强调"计量经济学"课程的重要性，但一方面学生学起来比较吃力，另一方面学生学过之后又不容易很快看到这门课程的用处，因此很多本科生会产生这样的疑问：花费大量时间和精力学这么难的一门课程到底有没有用？您是怎样看待这个问题的？

洪永淼：我1987年在中国人民大学参加一个经济学培训中心项目，当时请的都是美国的一些教授来讲课，我们看的都是国外一些学术期刊上的文章。结果看不懂，我当时就问了一位来自斯坦福大学的教授：我到底要花多长时间才能看懂这些学术论文？他的回答是：5年。等到很多年以后，我在美国读完博士、工作以后，有一天我突然醒悟过来，他讲的5年正好是美国大学的博士的学制，他的意思是，当你通过博士期间的训练以后，也就是大概需要5年的时间你才能够看懂本专业的学术论文。这说明，想要掌握计量经济学并达到能够应用的程度，的确是要花费一些时间的。另外，对于中国的一些学生，在学了数学、计量经济学这样一些课程以后不知道怎么用，我觉得这本身跟中国大学的一些课程的设置是有关系的。在美国大学，在你学习经济学之前就会告诉你一些必须的先修课程，比如在上中级微观之前就会告诉学生你必须先学习微积分，因为中级微观里要学到效用最大化等问题，就要用到数学里的求极值的方法，就要用到微积分的知识。这样就给了学生一种导向：要想修中级微观，就要先学会微积分；而且，这样还可以告诉学生微积分是怎么样用在经济学的分析里的。而在中国大学目前的课程设置情况下，学生在学习高等数学的时候是看不到以后这些课程将会用到哪里的，学的数学课程和以后所学的经济学里的数学应用是有些脱钩的。再者，学生之所以觉得数学和计量经济学比较难学，那可能跟中国目前的教学文化也有一定的关系。现代经济学之所以要用到数学、计量经济学等工具，就是因为现代经济学是建立在一套很严谨的术语、规范的基础之上的，有着一套很严谨的逻辑框架，因此它的内容和形式是高度统一的。你为了分析一些高深的经济学问题，就必须使用一些复杂的数学工具才能实现。当然，我觉得国内的数学和计量经济学的老师们的教学水平在某些方面也要有一定的加强。由于计量经济学要求的门槛高一些，特别是对数学工具的要求比较高，我们就容易把注意力集中在这些数学工具上，而忽略其背后的经济含义。如果老师们能够把这些经济含义通过一些例子讲解清楚的话，我相信学生肯定会喜欢计量经济学这门课的。

记　者：计量经济学作为一种方法论，目前已经得到了越来越广泛的使用。但同时也有一些批评的声音。您是怎么看待这些批评的？

洪永淼：我觉得数量分析方法的广泛应用是一种进步。看看中国经济学教育，在1980年之前的30年，经济管理类的学生是不用学数学的，他们主要就是学习马克思的政治经济学。而现代经济学最重要的就是marginal revolution，就是“边际革命”。所谓边际，对应的数学就是求导数，所以经济学里使用数量分析方法就很正常。为什么要用计量经济学方法去做呢？先看看国外的情况吧。美国高校里经济学的学术研究一共有三类：第一类是理论研究，具体分为微观理论、宏观理论和计量经济学理论三个主流学科；第二类是应用研究，就是实证，就是用数据来描述客观经济现象，不加任何价值判断；第三类就是政策性的，而政策性的研究在好的高校的经济系里面一般是很少的，是不提倡的。不过这在中国可能正好是倒过来的。中国这种纯学术的研究本身就比较少，比较早期的一些经济学研究都是带有价值判断的，例如批判马歇尔的新古典微观经济学叫“庸俗经济学”。后来在接触西方经济学之后，国内学者才懂得必须做实证，就是要以事实为依据，只描述整个经济过程，不加任何价值判断，读者看了以后自己会去判断。这个实际上是社会科学的一个最基本的方法论。一百多年前，在德国有两个学者争论了半天，后来达成了学术界的一个共识，就是科学的研究方法最好不要带任何价值判断，客观地描述整个过程就可以了，这样才可能真正地把一些真相、真理发现出来。如果是这样的话，在经济学里，你不跟数据打交道是不可能的。特别是在经济现象比较复杂的情况下，分析的工具也应该相应地变得复杂才对。我很难想象，复杂的经济现象照样还可以用最简单的一些分析方法来做，这个是绝对不可能的。现在在中国有很多政策性的建议，它们都是建立在跟数据不打交道的经济逻辑思维上的，而这种经济逻辑思维是隐含的有前提的。如果你的前提错了，你的逻辑思维即使正确，你得到的结论也可能和经济现实不一样，这就是为什么需要经验验证，也就是为什么需要统计、计量的分析。因为经济系统没有办法做实验，因此想要判断一个结论的科学性，每个人的标准都是不一样的。但是有一点是可以肯定的，就是如果没有计量分析，就会出现一种“公说公有理，婆说婆有理”的结果，就很难达到共识。也正是因为这样的原因，现在在国外的经济研究，我估计 80%左右都是实证研究。可是，目前中国的一些学者，包括一些年轻学者，在不是很懂计量经济学方法的时候就拿来用，比较机械地照搬别人的方法，这样可能就会得出和中国现实相差十万八千里的结论。而这些就给了那些批评的声音以借口，说用计量经济学方法预测得不准确、分析得与现实不一致等等。但是，这并不能说明数量分析方法就是错的。本身这就是一个必经的阶段，现在我们看到的国内很多学者使用的计量经济学方法，是跟“练习”差不多的。我们现在还没有真正掌握现代经济学的基本分析方法，即使当掌握这些方法之后，分析中国问题时还要具体考虑中国的时空等条件。我相信，到那个时候，批评的声音会少一些。

记　者：由于时间和精力总是有限的，在您的个人学术研究与从事行政工作之间可能会或多或少存在一些冲突。请问您是如何看待这二者之间的关系的？

洪永淼：在美国大学，系主任基本都是轮流做，因为没人愿意做。国外学术界的评价标准只有一个，就是你的学术成果，基本上就是以你在国际学术期刊发表的论文作为标准。在这种情况下，你如果担任行政的职务，大概就没时间去做研究了，因为像我们在国外写一篇文章，大概要花 3 年的时间才能够发表出来。因此，从这个意义上来讲，担任任何的行政工作对你个人的回报率是非常低的。如果当的时间比较长的话，你跟踪本领域的学术前沿的能力甚至可能都要差一大截，因为国外的研究人员一批批涌现出来，更新换代特别快。在中国大学，这个环境是不太一样的。在美国大学，你当一个系主任或者研究院的院长，要去改变美国的学术环境是比较困难的；而在中国，如果把国外的一些方法或者实践拿回来用的话，可能在国内会带来相当明显的变化。因此，如果在中国办教育，可能会带来不同于学术方面的另一种成就感，也就是说，除了学术以外，可以实现你的教育、教学的一些理念。像过去 5 年我们在厦门大学王亚南经济研究院（WISE）做的很多事情，在美国其实是司空见惯的，但是在国内，这样一些稍微的改变，产生的效果就非常明显。举个很简单的例子，在国外的核心课程，比如一星期 4 节课，这 4 节课一定要分作两天来上，而且这两天还不能是挨着的两天，一定要分开，比如星期一和星期三，或者星期二和星期四，就是要给学生消化知识的过程。而在中国，有些硕士生和博士生的课程，常常是一个上午、一个下午或者一个晚上就把一个星期的课上完。为什么这样不好呢，因为我们都知道，经济学里有一个边际效用递减规律。在厦大我们就规定 4 节课一定要分开上，不准把 4 节课放在一起上。以前我们有一个青年老师跟我说，上同样一门课，在 WISE 比在其他学校上一个学期他多备了 1/3 的课量。也就是说，仅仅是把 4 节课分两天上这样一个小小的变化，学生就多学了 1/3 的东西。可以看出，在国内稍微一点变化，就可能产生很明显的效果。我觉得中国的学生都很聪明，不会比美国一些最好的学校的学生差，但是由于教育制度的一些问题，培养出来的学生可能国际竞争力稍微差一些，或者没有办法马上去从事研究。所以在这些方面，我们感觉到有很多事情可以去做。当然这些都会影响到我自己个人的学术研究，这些事情虽然会占用我大量的时间和精力，但是也同时实践了我自己的教学理念，也会带来很大的成就感，这和个人的偏好和职业目标是有关系的。目前中国的大学教育制度还不完善，各方面的环境还有很多改善的空间，因此在这上面的投入会产生很大的工作上的成就感。不过，不管怎么样，单靠一个人的力量是绝对不行的，要靠一批这样的人才能完成，既要有国外回来的，也要有国内的人，要形成一种氛围才行。

记　者：据说您非常喜欢厦门大学校训“自强不息，止于至善”中的“止于至善”四个字，那“止于至善”是不是意味着一种追求完美的人生目标？

洪永淼：我觉得“止于至善”其实是一种科学精神。“自强不息”可能在全国很多大学的校训里都会有，而“止于至善”却用得很少。这4个字是从《礼记·大学》里借用过来的[①]，是由陈嘉庚和第二任校长林文庆共同提出来的。有人说厦大是全国最漂亮的校园，不过这个对我一点吸引力也没有。学校漂亮当然好，能够让你心情舒畅，但这些对你提高教学质量、提高研究水平没有必然的联系。我觉得一个学校最重要的是他的科学精神和学术氛围，而“止于至善”的境界就体现了陈嘉庚作为创立厦大的“校主”当初的远见。

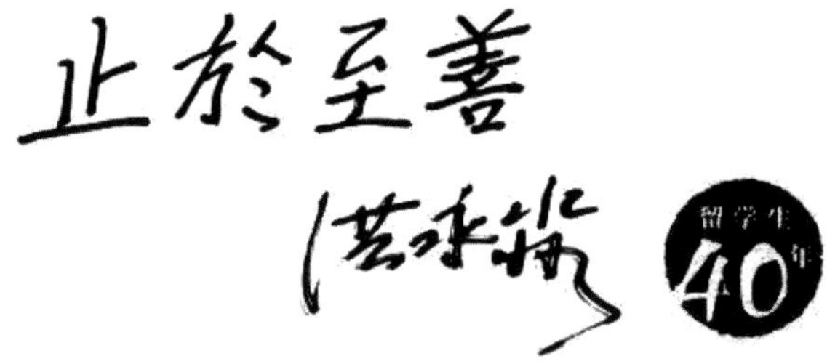

洪永淼的座右铭

除了这4个字以外，厦大有一个非常大的运动场，我们叫“上弦场”。操场是半月形的，这就包含了中国的古训在里面，就是不能是圆形，圆形就满了，半月形就是让你要虚心。厦大已经有90年的历史了，它让我感受最深的是这一些。我们自己在做研究的时候，感受也非常深刻。在国外比较严谨的经济学研究里面，比如说数学证明，你需要一步步地去推敲、去验证。作为一名

① 《礼记·大学》：“大学之道，在明明德，在亲民，在止于至善。”

厦大上弦场

学者，每一步都必须求真、求实，每一步都要踏踏实实。在这个时候，你不能够有一种侥幸心理，以为自己能够混过去或者忽悠过去，那样对一名学者的学术生命伤害会非常大。当然，“止于至善”的追求未必是经济学里一种“理性”的选择。经济学里有所谓的效益成本分析，但当你追求完美的时候花费的力气总是特别的大，好像这种做法并不符合效益成本分析的原则。但我感觉这正好就是一种对人生、对学术研究的态度，我觉得这是非常好的一点。

记　者：如果把“止于至善”作为人生目标的话，您这一生一定将会过得非常累，在您得到很多东西的同时，也一定会失去很多东西。您是怎样看待这种得失的？

洪永淼：我在读大学的时候，周末有时候到一些老乡家里去玩，看见他们全家或者朋友聚在一起看电视休息聊天，我当时是很羡慕他们的生活。我作为一名学生，这种时间基本上是没有的。所以我一直有一种梦想，是不是能够努力一段时间以后，可以好好享受一下这种乐趣。可是到目前为止，我都还没有找到这样的时间。所以我感觉就跟经济学一样，当你的资源有限的时候，你必须选择，不能面面俱到，就是要选择那些对你最有用的事情去做。如果每样都想选的话，结果是每样都做不好。那这样会不会有缺陷呢？我觉得会有。但是更重要的是，当你集中力量去做一件事所带来的成就感会远远地弥补你在其他方面的缺憾。这个跟一个人的人生观、对生活和事业的态度是有关系的。每个人的效用函数都不一样，所以他们的选择就可能会不一样。从我自己的经历来看，我最迷茫或者最痛苦的一段时间就是刚考上物理学的硕士研究生的时候，我当时一直不知道以后干什么，因为我看见我的物理老师白发苍苍在地下室做实验，我感觉这样过一辈子不是我想要的生活。后来有一个很好的机会，就是厦大经济学院的第一任院长葛家澍，他在20世纪80年代的时候允许理科的学生转到经济学去，我就是那个时候考到人民大学的“经济学培训中心”，我在那里第一次接触经济学的东西。学了一年之后回到厦大，我继续学习了一门西方经济学说史，由于研究的时候要带着价值判断，要去批判一些东西，所以我当时又有些后悔，觉得不应该转到经济学领域来。后来，我硕士毕业后去美国留学，当时是1988年，是中国通货膨胀最高的一段时期，所以当时出去的目标是要读货币银行。而到美国一年之后，我终于发现我真正感兴趣的、能够发挥自己一些数理背景特长的，就是计量经济学。自从我选了计量经济学之后，我就全身心投入这方面的研究了。当时刚开始的时候不是很懂，有时候一篇paper要看一两个星期才可以看懂，这个过程确实非常痛苦。但是因为对这个领域感兴趣，对这个专业感兴趣，所以在我读博士的时候、甚至工作以后，虽然每天晚上都要到凌晨一两点钟才睡觉，看上去似乎是一种很痛苦的生活，不过在精神上我从来没有觉得压力很大，或者很痛苦过。当你的文章发表出来的时候，你看到了成果，你会觉得以前付出的一切都是值得的。而且，从我个人的感受来讲，一个人，不论你将来从事什么样的工作，一定要选你最感兴趣的，而不能随大流，不要看哪个专业比较热门，那个可能不是你的长处，也不是你的兴趣。

记　者：一些年轻学者或者学生可能在学术研究的道路上缺乏吃苦的精神，您对他们有什么样的建议？

洪永淼：说到现在的年轻人不愿意吃苦，我觉得这跟中国目前的环境有关。经济学里有一句话，No Free Lunch（没有免费的午餐），就是说，没有一定的投入，你想要有产出是不可能的。在中国，这跟你的家庭条件和社会背景是有关系的，有一个好的爸爸妈妈，可能会帮到你；在国外，制度是比较公正的，投入和产出是成正比的，有多少投入，才有多少产出。在这种制度下，在这种氛围下，如果你的目标定得比较高，一定要有足够的艰苦奋斗的准备。一个人的成就和他的努力程度以及他的个性都是密切相关的，这是我这些年来通过自身的经历以及身边很多的例子得到的感受。

第二篇 开创

厦门大学是洪永淼学业和学术事业的起点，他先后获得物理学学士学位和政治经济学硕士学位，并从这里走出国门。2005年，他回到母校创立王亚南经济研究院（WISE），并以此推动整个经济学科的变革，其间过程充满艰辛。

厦大经济学科有过昔日的辉煌。早在20世纪40年代，王亚南和郭大力合作翻译的《资本论》三大卷就成为马克思经济学说在中国系统传播的里程碑，对中国的共产主义运动产生了重要影响。此后，厦大经济学科逐步建立起以马克思主义经济学为基础、站在中国人立场研究中国经济问题的学术高地，在全国形成了非常鲜明的学科特色，并因此赢得了“厦大学派”的美称。

1982年，厦大在全国综合性大学中成立第一个经济学院，随后涌现出葛家澍、钱伯海、邓子基、黄良文、张亦春等一大批著名经济学家。

但进入20世纪90年代中后期，经济学科明显走下坡路。2003年、2004连续两年，厦大经济学科在《经济研究》上发表的论文篇数为“0”。正是基于这样的背景，洪永淼临危受命，于2005年创立WISE，并于2010年接过了经济学院院长的担子，由此开启了厦大经济学科的改革进程。

15年弹指一挥间，WISE和厦门大学经济学院这些年都发生了哪些变化？

学习王亚南，站在中国人的立场，运用马克思主义原理研究经济问题①

《南方》杂志　张宁宁　刘龙飞

“在经济学方面，我认为要用世界语言讲好中国经济故事，向全世界展示这条路为什么成功，通过理论阐释来发挥中国影响力，让别人觉得走中国的发展道路更好。”

“我们应以中国人的资格来研究政治经济学。”在厦门大学经济学院楼前的王亚南铜像上，刻着他生前最让世人铭记的一句话。王亚南是最早提出“中国经济学”概念的学者，而如今以他的名字命名的王亚南经济研究院（WISE），则成了厦门大学经济学走向国际化的一面旗帜。

矗立在厦大经济楼前的王亚南铜像

王亚南给当代经济学研究留下了什么遗产？中国特色的经济学应如何发展？带着这些问题，《南方》杂志记者在厦门大学经济学院采访了洪永淼。

时过境迁，精神犹存。一番详谈，记者分明感受到了王亚南“以中国人的资格来研究政治经

---

① 本文首刊于2016年9月30日的《南方》杂志，并载于南方网，原题为《洪永淼：站在中国人的立场研究经济问题》。

济学”这一思想的有力脉动。

王亚南的名字独一无二

《南方》：厦门大学 WISE 和王亚南先生有什么渊源？

洪永淼：王亚南对于厦大经济学的建设影响深远。在 20 世纪 40 年代，以王亚南与郭大力两人为代表，厦大开设了马克思主义经济学课程。以资本论研究、经济学说史、经济思想史等为主题，在全国有非常鲜明的学科特色。至 50 年代，中国学习苏联进行院系大调整，计划把厦大的会计、金融等部门经济学迁到上海。当时受周恩来总理任命为厦大校长的王亚南，坚决把这一决议拦了下来，为厦大保留了一批师资力量。

改革开放后，厦大于 1982 年在全国率先成立了经济学院，在 80 年代至 90 年代初更是迎来了学科发展的辉煌时期，涌现了葛家澍、钱伯海、邓子基、黄良文、张亦春等一大批著名经济学者。但到了 90 年代中后期，厦大经济学发展遭遇了低谷。

进入 21 世纪，厦大主张国际化办学，计划成立与国际接轨的现代经济学国际研究中心。2005 年，WISE 应运而生。

《南方》：新成立的经济研究院为什么选择以王亚南先生的名字命名？

洪永淼：当初，命名还有过一段争论。有人说叫宏观经济研究院，但我们希望新学院在全国能充分体现厦大的特色，王亚南的名字则是独一无二。以他来命名，别人一听就能想起厦大经济学的辉煌历史。同时，我们也希望后人能够学习王亚南的治学理念和胸襟。

当年，王亚南掌握先进的理论武器，站在中国人的立场，运用马克思主义原理研究中国的经济问题。如今，我们也学习王亚南的科学精神，引入先进的西方现代经济学数量分析方法，结合中国实际，研究中国问题。马克思主义经济学和西方经济学研究，两者并不矛盾。我们的初衷，是把王亚南的治学理念和精神脉络，一代一代地延续下来。

在中国社会和历史的维度中，发展中国经济学

《南方》：提到王亚南的治学精神，您认为有哪些值得后辈学习？

洪永淼：王亚南与郭大力两人，为了把《资本论》引入中国，总共花了10年的时间来研究、翻译。在这10年间，他们能够忍受坐冷板凳，为了准确翻译特意去欧洲等地考察。这些严谨、刻苦的治学精神，现在的年轻人都要学习。当前做研究，比较急功近利。

翻看王亚南的著作，比如《中国官僚政治研究》，里面描述了资本与政治权力结合的几种现象，深入地阐述了他对中国社会和历史的理解，在经济学界里很少有人能达到同等水平。他还善于运用马克思主义理论方法来分析，用一种历史的、实事求是的观点来做研究。今天，我们仍应坚持这种理论方法，发展中国经济学。

王亚南治学还有一个最大的特点，就是他很有名的那一句话：站在中国人的立场研究经济问题。

《南方》："站在中国人的立场研究经济问题"，这句话应如何来理解？

洪永淼：经济学研究本身包含了为谁服务的目的在内。比如，在英国经济

王亚南专著《中国官僚政治研究》，上海时代文化出版社 1948 年版

学史上有相当长一段时间主张自由贸易。这是由于当时英国殖民地扩张，自由贸易是一大利器。中国的经济学研究，同样一定要站在中国人的立场。作为学科，其本身是经济学在中国的应用，当然要为祖国服务。比如，现在强调智库的建设，就是服务于国家的经济社会发展。

经济学研究还要把历史与现实问题结合在一起。王亚南非常注重问题导向，强调实际调查。

《南方》：王亚南先生最早提出了中国经济学的概念。现在，中国经济学发展面临哪些难题？

洪永淼：中国经济学发展，其中一个难点是研究队伍。当前，研究政治经济学的人才，基本沿用传统培养模式，仍以定性分析方法为主，缺乏先进的理论和先进的研究方法。

然而，经济学研究已进入了运用数据来研究分析世界经济现象的时代。现在，很多研究仍从书本到书本，从概念到概念，理论上没有创新，方法上也严重不足。要真正地去发展中国特色的政治经济学，除了现有的师资力量外，还应鼓励懂马克思主义、懂西方经济学、懂中国现实的人，一起来研究。让各种不同学术观点的人，一起来自由探讨。

用世界语言讲好中国经济故事

《南方》：在当代，经济学研究更多运用的是计量经济学的方法。我们应如何理解政治经济学和计量经济学的关系？

洪永淼：实际上，价值规律、边际递减规律等理论，无论是在哪个经济体制下都存在。但由于每个国家政治法律制度、文化习惯不一样，这些经济规律会以较独特的方式表现出来。

政治经济学，研究的是在什么样的制度下，如何解决效率和公平这两个问题。比如全球化的问题，用马克思政治经济学语言，其根本是资本主义的生产方式在全球的渗透和发展。在过去三四十年，中国早期忍受了不公平的交易和剥削，在拥有了一定的资本积累后，开始从全球价值链低端走向中高端。接下来，如何在国际贸易中占据有利地位，如何促进公平，包括争夺贸易制度制定权等，都属于国际政治经济学的研究范畴。其中，涉及很多国家利益。我们要用中国人的视角和立场来研究问题。政治经济学便有助于我们保护自身利益，不迷失方向。

但这并不意味着要全盘否定西方经济学。一方面，从定性到定量，实际上是现代经济学一个非常显著的标志。在近 10 年，西方经济学中定量分析的方法得到重视和广泛应用。在当代，经济现象主要是用数据的形式表现出来。定量分析，则是用数据来验证假说和预测是否成立的一种分析方法。

另一方面，西方经济学里总结了过去几百年来整个资本市场运行的规律。我国是以公有制为主体的市场经济国家。凡是市场经济，共性都是通过市场来分配资源。因此，市场经济理论，对中国有借鉴作用。这是研究的一个有用的工具，这就好比在战争年代与敌人打仗，不能因为手里握了敌人的枪就不打了。在中国的体制下，如何让资源更有效配置，社会财富更公平分配，改革成果更多人分享，计量经济学从中能够发挥作用。

《南方》：去年结束的中央经济工作会议提出："要坚持中国特色社会主义政治经济学的重大原则。"您认为，我们应如何建设具有中国特色的政治经济学理论体系？

洪永淼：在过去几十年，中国平均增速保持在 9%，快速发展成为世界第二大经济体。中国经济能够实现快速持续增长，背后的路径应该好好总结。我们现在讲道路自信、理论自信、制度自信和文化自信。目前，各种各样的观点有很多，但还需要有人把这些观点形成一个理论体系、理论框架来分析。

中国从计划经济转型为市场经济，主动开放融入国际化，做得非常成功。但中国经济学本身包括理论转型和国际化还需要加强。从这个意义上说，我们也要建立一套比较科学的理论来解释中国为什么能够成功？这是重建中国特色的政治经济学最主要的目的。

现在我们经常说，要用中国语言讲好中国故事。周恩来总理请外国人看梁山伯与祝英台，外宾听不懂，周恩来说这是中国的罗密欧与朱丽叶，外宾马上就懂了。在经济学方面，我认为要用世界语言讲好中国经济故事，向全世界展示这条路为什么成功，通过理论阐释来发挥中国影响力，让别人觉得走中国的发展道路更好。

拥有国际视野的学者和学术管理者[①]

新华网福建频道记者　刘会通

近日，成立仅一年多的厦门大学王亚南经济研究院（WISE），又举行一场高水平的国际研讨会——“2006金融工程与风险管理国际研讨会”。虽然WISE才成立一年多，这样的学术研讨会已举办多场。站在台上主持会议的洪永淼院长，显得特别精神。每一次的国际研讨会，都会吸引许多国内外的经济学者来到美丽的鹭岛，并给这里带来新的信息。

经济学院的学生，对洪永淼教授，总有几分崇拜的心理。在学生的眼里，他有许多传奇的色彩。他时而出现在美国康奈尔大学的讲台上，时而又站在厦门大学的讲台上。他既是美国康奈尔大学的终身教授，又是WISE院长；他既是厦门大学物理学学士，又是美国加州大学圣地亚哥校区（UCSD）经济学博士；学物理的他，却转向了搞经济，而且搞得是那么有声有色，令人叹服。

从学生时代骑着自行车穿过校园，到今天重返母校担任新成立一年多的WISE院长，时光一晃就是20年。然而仿佛有一根无形的线，穿过时空，维系着洪永淼对母校的牵挂。1993年，他获得UCSD经济学博士学位，就一直在康奈尔大学任教并获得终身教职。然而厦门大学党委书记王豪杰、校长朱崇实的到来，让这根无形的线，把学子与母校连到了一块。在校领导的力邀下，洪永淼慨然应允，回到母校担任WISE创院院长。2005年的康奈尔大学新闻是这样报道的——洪永淼教授启动了厦门大学与康奈尔大学的伙伴关系，促进了教师和研究生在经济学和相关领域的交流。

办学理念上，洪永淼特别注重在“国际化模式下积极探索各种精英培养途径”。目前，洪永淼领导下的WISE，将跳出中国研究生培养体制的弊端，大力倡导“硕博连读”的战略，并计划在2005级硕士研究生中选拔出5至7名

① 本文首刊于2006年7月26日的新华网福建频道。

优秀学生直接攻读博士学位。此外，WISE 还积极尝试“联合培养”的模式，着手与国外研究型大学洽谈按照国际惯例联合培养硕士生和博士生的相关事宜；目前，WISE 与国外一些大学达成协议，将选送部分优秀学生赴国外学习，并获颁厦门大学与国外院校的双重学位。同时，WISE 还将鼓励有条件的优秀学生申请出国攻读博士学位，并提供相应的便利和帮助。“国际化模式”还体现在课程设置上力求与国际充分接轨。WISE 在硕士一年级第一学期即开设“高级计量经济学”“高级微观经济学”“高级宏观经济学”“数理经济学”等4门主干课程，皆使用美国一流研究型大学的英文教材。同时，通过小班教学、高密度课时等方法来加大对主干基础课的教学引导力度。学生学习氛围十分浓厚。这种与国际接轨的教学方式，彻底改变了过去人们心目中“研究生成日优哉游哉”的印象。

在洪永淼的倡导下，WISE 的学术活动异常活跃，成立仅一年多便已举办了多场高水平的国际研讨会，使国内外经济界的学者有了良好的交流平台。“2006 金融工程与风险管理国际研讨会”，就有美国康奈尔大学经济学系及统计科学系尼古拉斯·基弗（Nicholas Kiefer）教授，美国北卡罗来纳大学经济学系、美国 *Journal of Business and Economic Statistics* 前主编埃里克·盖赛尔（Eric Ghysels）教授，芝加哥大学统计学系佩尔·米兰德（Per Mykland）教授以及中国科学院院士、《应用数学学报》(英文版）主编、国际概率论著名刊物《随机分析及应用》编委严加安教授等来自美国、英国、加拿大、瑞士、印度、中国台湾及大陆等知名高校的一百多名专家学者参与本次研讨活动。除了举办研讨会，洪永淼还十分提倡第二课堂教学，推出了一系列学生“叫好又叫座”的高水平、高层次学术讲座。这些讲座不仅让学生领略了经济大师的风采，更为重要的是带来现代经济金融研究的最新理论前沿，拓宽了学生的学术视野，提高了学生理论与应用相结合的能力。

厦门大学：海纳百川聚贤才①

《福建日报》记者　林世雄　通讯员　李　静

仲秋的一个午后，厦门大学附近的美丽时光咖啡厅内，厦大王亚南经济研究院（WISE）院长洪永淼教授与该院二十多名博士生环坐一圈，倾心交谈。5年前，洪永淼的身份还是美国康奈尔大学的一名教授。2005年，洪永淼被引进厦大，担任WISE首任院长，开始带领该院着手打造一个“亚太地区和中国一流的、与国际接轨的现代经济学教育和研究机构”。

近年来，厦大大力实施人才强校战略和“高层次创造性人才计划”，不拘一格、广纳英才，创造条件、培育人才，营造环境、用好人才。“十一五”期间，厦大共引进各类高层次人才七百四十多人，在学科建设、人才培养、队伍

洪永淼与学生的 teatime 时光

① 本文首刊于2010年9月22日的《福建日报》。

建设等方面有了显著提高，人才集聚效应和示范带动效应日益显现。

提起厦大的广纳贤才，不能不提起李宁教授，他已经成为国际公认的重液态金属冷却技术和材料领域的带头人之一，在业界创造了数个世界第一，曾经获得美国国家实验室成就奖和2006年美国亚裔工程师年度奖。

2008年回国度假，让李宁与厦大结缘。厦大校领导就该校能源学科的发展虚心向他讨教，交谈中李宁也了解了福建省关于核能开发利用的前景及厦大关于能源学科的规划。之后，双方的联系日渐频繁。2009年2月，李宁以极大的勇气从世界上最顶级的国家实验室辞职回国，作为特聘教授走进厦大，出任厦大能源研究院院长。

让洪永淼最终下定决心加盟的同样是因为校领导对待自己的那份真诚。2002年，洪永淼是清华大学经管学院的一名特聘教授。那一年，父亲在厦门生病入院，他无法随身服侍。厦大校领导得知此事后，主动提供帮助。随后的几年中，双方又有过多次接触。2005年，洪永淼下定决心回到厦大。

近5年来，厦大引进的教师中，来自国外知名高校、科研机构的有179人，约占引进高层次人才的四分之一。人才不仅要引得来，还要留得住、做得好。

WISE成立之初，“为了抢时间，必须马上送年轻教师出国培训。”洪永淼回忆说。

2005年6月，该院第一批新任教师通过选拔，8月底便已开始了在国外的学习生活，仅仅两个月时间便完成了联系学校、办签证等各项工作。WISE共选派了15名经济学院年轻教师赴国外高校研修学习。目前，这些教师均已回校工作，成为骨干。

5年来，引进人才中已有一大批成为厦大的学科带头人或学科骨干。其中，“长江学者”特聘教授1人，“长江学者成就奖”1人，“973计划”首席科学家3人，“国家杰出青年科学基金获得者”10人，“国家百千万人才工程”4人，“闽江学者”特聘教授40人，53人入选教育部“新世纪优秀人才支持计划”。

经过5年建设，WISE在洪永淼的带领下，已成为中国南方一个非常活跃的经济学教育教学基地和研究机构。

王亚南经济研究院：充盈着创新的因子[①]

《光明日报》记者　马跃华　通讯员　李　静

近日，欧盟 EGEI（全球化与欧盟一体化）项目学术年会在厦门大学王亚南经济研究院（WISE）召开。

四年前，WISE“加盟”该项目，这一欧洲传统的高等学府学术合作项目中首次迎来了中国伙伴。WISE 也成为该项目第一个来自欧盟成员国之外的学术单位。

WISE 成立于 2005 年，这一新的机构正在“破茧成蝶”，逐渐成为中国乃至亚太地区一个活跃、有影响力的经济学研究机构、高级人才培养基地和国际学术交流中心。

大类招生提生源质量

2005 年 6 月，WISE 正式成立，院长为美国康奈尔大学经济学系和统计学系终身教授洪永淼。WISE 从成立之初便“从头到脚”充盈着创新的因子。

创新首先从人才培养的“源头”——学生入学开始。WISE 规定，按照学科大类方向而不是按照导师个人研究方向进行招生。这就意味着，学生在报考时，压根不知道也不必知道自己今后将要师从的导师是谁，报考的“依据”仅仅是自己的兴趣爱好和学科实力。这种没有固定导师的“状况”要持续整整一年半。在此期间，学生们按照专业大类一起上课，直至第二学年秋季学期结束。

不仅如此，WISE 对导师形式也进行了创新——不再以一个导师而是以导师组的形式对学生进行指导。导师组成员包括：一名资深教授任主导师；1—2

① 本文首刊于 2013 年 11 月 13 日的《光明日报》。

名联合导师，往往是比较年轻且研究领域不同于主导师研究方向的教授担任。

这种模式在厦大研究生院常务副院长陶涛看来，不仅能充分满足学生的研究兴趣，发掘他们的研究潜能，也利于科学研究良好氛围的形成。他说，当一名学生选定导师的那一天起，一个最基础的研究团队便形成了。“这个和谐的团队有着老中青不同年龄且跨不同研究领域，充满创造力、生机和活力。”

数据显示，2005 年 WISE 成立以来，该院在读研究生出版著作（含译著）共计 5 部，获得专利 1 个，发表、被接受论文共计 66 篇，其中包括中文一类核心 19 篇和 SSCI 英文期刊 16 篇。

课程体系奠学术质量

在厦大，提起 WISE，大家的第一印象是：那是个“国际范”十足的学院。

这种“范儿”不仅体现在该院拥有毕业于世界一流名校的全职“海归”教师四十余人，更体现在它国际化的办学理念和课程设置上。

据厦大经济学院副院长、原 WISE 院长助理方颖介绍，WISE 的所有课程都是根据北美一流研究型大学经济学课程设置模式和要求以及中国高校经济类教学实际，由 WISE 学术委员会确定。

在整个课程体系“主框架”定下后，WISE 还在第二课堂上“铆足劲”，每学期推出几十场高水平学术讲座，并作出规定，要求每个学生至少从中选择 10 场参加。

这些高水平、高密度的讲座是主课程的有益补充，为学生们打开了另一扇“绿意盎然”的窗口。

全程监控保培养质量

今年 7 月，王霞从 WISE 博士毕业，来到中国科学院大学管理学院任教。中国科学院大学看重这个 28 岁姑娘的正是她突出的科研能力——博士四年间，她已在 SSCI 国际期刊 *China Economic Review* 和国内核心期刊《经济研究》发表了数篇高水平论文。

回想起自己的博士生涯，王霞说，自己在 WISE 接受了严格的学术训练，为未来的学术之路打下了良好基础，“四年间，总感觉有一双无形的‘眼睛’在盯着自己，不敢有丝毫松懈”。

其实，“盯”着王霞的不是“别人”，正是 WISE 一套完整且严密的质量监控体系。

据 WISE 院长助理牛霖琳介绍，为保证学生培养质量，该院已建立起含短期、中期和长期在内的完整质量监控体系，形成了分流、淘汰和退出机制。

洪永淼说，通过环环相扣的环节，WISE 对学生实现了培养的全过程监控和时时跟踪，确保了学生培养的高质量。

据了解，从 2011 年第一批博士毕业生起，WISE 培养的博士分别在复旦大学、山东大学、华东师范大学、湖南大学、对外经贸大学、西南财经大学等国内著名高校担任教职，其中 2012 届毕业生魏立佳还被武汉大学经济管理学院破格聘为副教授。

厦大经济学科的历史性发展机遇[①]

洪永淼

1776年，亚当·斯密（Adam Smith）发表《国富论》成为经济学科诞生的标志。两百多年来，经济学已按照科学的规范建立了自己的语言、文字的逻辑系统，渐成显学。中国经济学起步较晚，改革开放后获得了长足发展，其作用日益重要，影响力日益增强。理论来源实践，反过来又指导实践，经济学领域同样如此。随着改革开放的深入和经济的持续增长，我国经济学学者获得了前所未有的研究素材和实证土壤，中国经济学也迎来了历史性的发展机遇。

经济学科是高招最热门的专业之一，多年来考生报考的热情都持续高涨。就厦门大学来说，经济学院在近年来的高招录取分数线都是厦门大学最高的学院之一。厦大经济学院设有经济学系、统计系、财政系、金融系、国际经济与贸易系、经济研究所、宏观经济研究中心与中国能源经济研究中心。借助理论经济学、应用经济学一级学科国家重点学科（全国仅有3所高校拥有此殊荣）以及首个教育部文理交叉的重点实验室（计量经济学）等平台，以及开放的、宽容的、创新的、国际化的学术环境，厦大经济学科协同创新能力不断提高，教学质量不断提升。

2005年，厦大为了推动经济学科国际化，设立国际化办学窗口的王亚南经济研究院（WISE），与国外一流大学完全接轨、实行全英文教学。目前WISE已成为中国南方乃至亚太地区一个高级经济学人才培养基地和国际学术交流中心，已逐渐成为具有国际影响力、活跃创新的一流经济学研究与教学机构。2011年起，WISE与经济学院经济学系联合开设国际化本科试验班。每年第一学期开学前，WISE通过高考成绩、个人陈述、综合面试等环节，从考进经济学院的一年级新生中筛选出40名学生组成两院合办的经济学本科国际化

---

① 本文首刊于2014年6月16日的《光明日报》，原题为《经济学：经世济民之学》。

试验班。试验班采用与国际接轨的课程设置，使用英文教材，专业课实行全英文授课。凭借国际化平台，与外国院校的密切交流合作，给试验班的学生提供了大量外出交流的机会。

2013 年起，厦门大学实行本科大类招生。应届高考生如果报考厦大经济学科，在填志愿时不需要直接填报某个具体的系所和专业，如金融学、经济学、财政学、统计学、国际经济与贸易等，只需要填写“经济学类”即可。在入学后，所有学生都会一起学习宏观经济学、微观经济学、计量经济学等基础课程。经过一年课程学习并对学院内各个专业充分了解后，学生可以按照政策与规则，再在大二时进行分专业选择。

展望未来，我国必将成为世界经济大国、强国。目前我国正在经历着一场前所未有的制度变迁，这为广大经济学者提供了一个极其难得的社会科学实验场；我国在发展进程中不可避免地会遇到大量新问题，这又为经济学理论和方法的创新提供了广阔的空间。伟大的实践必将催生伟大的理论。我们有理由相信，中国经济学也必将成为一门既与现代经济学接轨、又能为中国经济改革和全球化实践提供理论指导的科学，形成具有广泛国际学术影响力的中国经济学派。

学科变革从思想观念的变革开始[①]

慧赢传媒

洪永淼是一个非常平易近人的学者，虽然在美国多年，依然乡音未改（洪永淼是厦门翔安人），且出语质朴，目光坦诚。

位于厦大经济楼五楼的三味咖啡厅一角

7 月底，在厦大经济学院五楼咖啡厅，我们进行了一次短暂而愉快的交流。说短暂，是因为洪永淼是在百忙之中挤出一个小时让我们采访。他前一天还在福州，而一小时后又将奔赴德国；说愉快，是因为洪永淼有问必答，真诚坦率。

---

① 本文系慧赢传媒采访报道，首刊于 2014 年 8 月 6 日的慧赢传媒，原题为《穿越时空，活在当下——访厦门大学经济学院院长洪永森》。

当传统遇到变革

什么是经济学？著名思想家、经济学专家陈世清这样定义：经济学是研究价值的生产、流通、分配、消费的规律的理论。经济学的研究对象和自然科学、社会科学的研究对象是同一的——客观规律。他还特别强调：经济学是一门科学，不是科学的经济学说、作为政治意识形态组成部分的政治经济学只是前经济学而不是真正的经济学。

从这个角度来说，当中国从计划经济转为市场经济的同时，中国的经济学也面临着从注重生产关系的政治经济学转向注重提高生产力的现代经济学，而此时中国高校的经济学科，即面临着这种变革的阵痛。

洪永淼即是在这种阵痛时接过创办王亚南经济研究院（WISE）的重任的。学科要变革，首先从思想观念的变革开始。而在西方接受过系统的、现代化的经济学教育又在国际计量经济学领域享有盛誉的厦大校友洪永淼，就成了厦大重振经济学科的不二人选。

2005年成立的WISE，因为洪永淼的坚持，也因为厦大领导的支持，已成为厦大一面鲜明的旗帜。首先，WISE完全实行与国际接轨，并且和中国实际相结合的新机制。教学上，洪永淼率先在厦大对研究生培养制度进行改革，精心设计了独具特色的培养方案和教学计划，使用英文教材授课，邀请海外学者来学院讲学；同时实行硕博连读制度，推动硕博招生改革，为学院人才培养的国际化打下根基。师资建设上，养精蓄锐，为青年教师提供国际化的教学和科研环境，大力选派和支持他们赴国外名校进修；同时，远赴北美招聘，高薪聘请海内外优秀学术人才加盟，全面提升厦大经济学科的研究水平。

对外交流与合作方面，则采用“请进来，走出去”的模式，努力扩大厦大经济学科的学术影响力。2006年4月初，WISE刚刚成立一年之际，就成功举办了“宏观计量经济学国际会议暨宏观经济与金融市场实证研究研讨会”。洪永淼邀请了2003年诺贝尔经济学奖获得者克莱夫·格兰杰（Clive Granger）

爵士，美国耶鲁大学经济学教授、*Econometric Theory* 主编彼得·菲利普斯（Peter Phillips）等一批享誉世界的宏观计量经济学家出席。同时，来自美国、加拿大、英国、法国、德国、瑞典等 17 个国家和地区的近百位海内外学者云集厦大，共同探讨宏观计量经济学理论的最新发展。作为厦大 85 周年校庆的重要活动之一，这次高水平的国际研讨会也成为厦大经济学科走向国际化的重要契机。2009 年，WISE 获批教育部第一个文理交叉学科的重点实验室。而在此之前，这种实验室都是倾向纯理科的。

2010 年 11 月，洪永淼又被任命为厦门大学经济学院院长。身兼两院院长，他对于两院各自的使命有明确的想法。比如他坚持 WISE 要相对独立，不能成为经济学院的附属机构。因为在他看来，WISE 要变成一个与国际接轨的窗口，就要尽量避免与体制内的经济学院冲突。洪永淼说："有所为有所不为，我们目前是先发展具有相对优势的计量经济学，等计量经济学发展巩固了，将其优势延伸至其他相关学科。当 WISE 对学科发展做了一些探索，取得了一定的经验后，再输送到经济学院。我希望 WISE 的优势，能跟体制内的经济学院优势实行优势互补，达到增量改革和体制内存量改革的完美结合，最终实现一体化。在这改革方面，厦大已经摸索出了一条独特和成功的模式。我们的目标是：国内领先，国际一流。"

当东方遇到西方

经济学科本来是厦大的强势学科，在 20 世纪 90 年代中期以前，在国内高校名列前茅。但随着与国际经济学的接轨，北京、上海等高校的经济学研究渐渐走在了前列，在这种情况下，厦大才决定成立 WISE。洪永淼到任后才发现，许多老师还沉浸在以前经济学院的光环里，并没有意识到学科改革的必要性，而无论从学科研究、学科设置及学术氛围等方面看，经济学院与国际水准确实存在较大的差距。

研究计量经济学的科学家洪永淼把一丝不苟的科研精神运用到了管理上，很多方面，他都以国际高校的标准来重新设计，而这其中许多都是细节。

洪永淼告诉我们:“在两院工作感受最深的是注重细节。我们非常注重教学管理。比如以前每年春节放假之后，许多学生都会借口迟归，而快放假时，又有许多学生早早就溜回家了，这样截头去尾，很影响教学效果。而在美国，从来都是开学第一天就开始上课了。所以我们实行严格的教学管理，比如开学注册当天不报到，就会影响奖学金的评选，就算有人走后门也不为所动。再比如，我们把以前每周一次，一次 4 节的专业课，按国外的标准调整到了一周两次、一次 2 节，这一个小小的改动，结果是学生说课程的压力大了，老师说他们多备了 1/3 的课。”

早在 2002 年在清华等高校当教授的时候，洪永淼就发现，中国学生一个学期能修 8—10 门课，而在国外修 5 门课是极限。接任经济学院工作后，洪永淼做了一项重大改革：优化本科生和研究生的课程设置。这学期，他把博士生原本一百六十多门的课程砍到 80 门不到。原来他发现，很多课程是因人设课，导致博士生和本科生有的课一样，浪费时间与精力。改革之后，学科结构更加优化、合理，学生也有更多精力精修课程了。

“有人说我作为院长不要抓小事，我说正是这些细节，把两个院的管理工作提到一个高度。”洪永淼笑着对我们说。坚持专业课全英文授课，也是洪永淼的改革之一。有人说中国人为什么要学英文，洪永淼解释说:“现在是一个经济全球化的时代，足不出户也要和外界打交道，我们的企业家更要走出去交流谈判乃至竞争，都需要通用语言，而英语就是通用语言。更重要的是，掌握了英语，也就能更好地了解欧美文化，接触外面的事情就容易很多。学生不用出国，也能享受到全世界的教育。‘知己知彼，百战不殆’①，这样学生更有竞争力。”他还提到，很多中国留学生就是因为英语不好，上课的时候很少问问题，而到毕业找工作的时候，遇到的最大问题也是英语。

对于中美两国教育理念的差别，洪永淼表示，美国有很多好的教育理念值得借鉴，比如比较注重人的综合素质及差异化、个性化的发展，在高校录取环节，除了高中的成绩，还要看 SAT（Scholastic Assessment Test，俗称“美国高

① 语出《孙子·谋攻》。

考”成绩）、高中校长的推荐信，以及表达个人志趣的短文等。多种标准的筛选方式，能从多方面考核学生的综合素质。

话虽如此，但洪永淼也知道，简单地移植美国的教育理念，并不一定见效。因为中国是一个广义的人情社会，中学校长推荐信等环节很有可能出现“走后门”漏洞，所以目前看来，高考可能还是比较公平的。在厦大经济学院，洪永淼再三声明，严禁走后门。在录取时，无论哪个领导来说情，一律不准。要让全院教师都能抵制得住诱惑，严禁收礼，绝非易事。洪永淼坚持了这几年，虽然成效显著，但也隐约听人说，这也就是洪永淼在任时能坚持，一旦他离任，一切又会恢复原状。

离任以后的事，洪永淼管不了，但当下的事，他还是要执着干下去。

当梦想遇到现实

提到中美两国高校的异同，洪永淼很感慨，一到美国高校，马上会感觉到一种很宁静的氛围，那是一种非常适合做学问的氛围。但一回到中国来，就较难感受到这种氛围了。一方面，当然是管理事务繁忙；另一方面，他也确实感觉到改革开放 30 年以来国内到处弥漫着的“向钱看”的浮躁气息，往往比欧美国家更甚。

对于国内高校的管理工作，洪永淼虽然已身处其中多年，但依然有许多不适应之处，比如，许多临时性的会议、评审，往往会打乱本来的计划；又如，有许多自上而下安排的课题，也会干扰老师本来的研究。洪永淼也理解，这种干扰是体制性的，也是很难改变的。

“我其实更愿意做一名学者。”洪永淼坦率地说。他坦言，在从小到大的梦想中，他从来没有把“做官”列入其中。他就愿意做一个自由的学者，研究一些自己感兴趣的问题。谈到研究过的一些课题，他显得兴致勃勃。很多人都认为计量经济学比较枯燥，但事实上这是一种与现实生活联系很紧密的方法论。也就是通过观测到的经济数据，建立一个数学模型，从而得出各个经济变量之间的关系。就像生活不能被实验一样，经济学也是不能被实验的，只能通过观测现实生活中的数据来计量，这与以前那种理论性的经济学大相径庭。

洪永淼告诉我们，两院在计量经济学研究方面走在国内前列。2013 年，洪永淼和本院老师韩乾教授一起做了一个课题，即根据上海证券交易所提供的上市公司的数据，评估 2010 年国务院为推动七大新兴产业而出台的产业政策的实际效果。他们的想法是，产业政策如果真的对产业有推动作用，那一定会吸引投资者，最终反映在上市公司的股票价格中。结果，通过他们对政策出台 18 个月以来股票价格的观测，最终发现，价格前后几乎是一样的。也就是说，这些政策并没有达到实质性的效果，只是造成财富转移，不能真正推动产业的发展。洪永淼认为，这种研究就能体现出计量经济学的威力，说明它确实能为政策的制定提供可靠的依据。

2013 年，洪永淼获得一个国家社会科学基金的特别委托项目——“‘中国梦’的系统结构、操作层面及国际比较研究”。即用定量研究方法，提出中国梦的量化指标，并分析其变化原因。洪永淼认为，“文革”以后，传统的价值观受到了很大的破坏，改革开放 30 年来，又让大家的价值观都集中在了“向钱看”上，如今，发展新的价值观就显得非常有必要，也很有意义。这个课题目前还在研究中。

洪永淼告诉我们，他在物理学本科及在经济学硕士期间，一直都为不可知的前途而迷茫，直到他发现了计量经济学这门学科，这门既有广阔前景又能同自己的兴趣特长结合起来的学科，他才算看到了希望。现在，计量经济学已成为世界范围内经济学的主流之一。在国外，一篇经济学的论文，如果没有数据的支持，是很难发表的。

洪永淼认为，管理只是一个过程，高校真正的产品，一个是研究，另一个是人才。他非常希望，等两院的管理框架都真正建立起来了之后，他还能回归教师老本行工作，潜心做学问。

频繁在中美两国之间穿梭，洪永淼都觉得自己没有时间锻炼身体了，如果说还有什么娱乐休闲，可能就是与朋友们一起打打牌。除了专业书籍，他最喜欢读的书是历史，尤其是中国近现代史。他最近读了《毛泽东文集》，使他对这位伟人每个阶段的想法比较明了。

“那您景仰毛泽东吗?”我问道。

“景仰，当然景仰,”洪永淼爽快地回答:“上个月我去长沙开会，还专门去毛泽东的故乡韶山看了看。”

看来，喜欢中国历史的洪永淼，也有着很深的中国情结。

WISE：用十年让“智慧”扬名①

《厦门日报》记者　佘　峥　通讯员　邓晶晶

厦大经济楼咖啡厅里咖啡飘香，桌子的玻璃板下压的都是诺贝尔经济学奖获得者到厦大演讲的彩报。他们之所以来厦大，是因为“厦大王亚南经济研究院”。

上周末，厦大王亚南经济研究院（WISE）举行10周年院庆，它的英文缩写“WISE”，在英文中是“智慧”的意思，这一足智多谋的简称被很多人称道。事实上，它就是WISE英文名称“Wang Yanan Institute for Studies in Economics”的简称。王亚南是新中国成立后厦大第一任校长、《资本论》的中文译者之一。

这个以王亚南命名的研究院是在10年前成立的。当时一度有争议——王亚南是马克思主义经济学家，新办的研究院从事的却是计量经济学这样一个西方现代经济学研究；更有人担心如果它办得不是很好，怎么对得起“王亚南”三个字？

如今，10年前的争议已经不再是问题了。咖啡厅玻璃板下面的彩报，应该是人们认识厦大WISE的一个视角——单靠钱，没有一定的学术高度，是请不动诺贝尔奖获得者的。

当然，WISE的价值，绝不仅仅体现在它能邀请到诺奖获得者，它用了10年，使自己成为中国乃至亚太地区一个活跃、有影响力的经济学研究机构，同时也是高级计量经济学人才培养基地和国际学术交流中心，最终，它扩大了厦大经济学科在国际上的学术影响力。

国际范：WISE九成全职教师留过学

在厦大，WISE最有“国际范”——目前拥有的50多名全职教师，九成

① 本文首刊于2015年6月8日的《厦门日报》。

是留学归国人员。

它似乎可以很轻松地和研究领域里最权威的学者打交道。诸如普林斯顿大学邹至庄教授、南加州大学萧政教授等经济学界的国际“大牌”都是 WISE 的兼职教师。10 年前，美国康奈尔大学经济学与国际研究讲席教授洪永淼出任 WISE 院长。和厦大签的合同中有一条，要求他一年要请 4 位国际知名学者。6 年前，他已经很轻松地表示，他一天能邀请的人都远不止这些。2011 年，厦大九十周年校庆，WISE 一口气邀请了 4 位诺贝尔经济学奖得主来厦大演讲。

在国外执教多年的洪永淼明白国际视野和国际竞争力的重要。院方统计数据显示，WISE 的硕士研究生中，每年有近 20%的学生出国深造。

2011 年，WISE 和经济学院联手开办本科层次的经济学专业全英语教学试点班，首届毕业生今年毕业，52%出国深造。同一年，厦门大学成为欧盟“伊拉斯莫斯全球化与欧盟一体化（EGEI）”联合培养硕士项目联席学校，是国内唯一参加的大学，也是该项目当时唯一的非欧盟大学，WISE 是厦大具体承担该项目教学任务的学院。

某种意义上，最近 10 年，也是厦大国际化办学的 10 年，而在这其中，WISE 的贡献功不可没。2008 年，WISE 面向厦大其他学院学生，开办全英文教学的双学位本科专业。目前，超过 25%毕业生凭借双学位背景出国深造。

WISE 还把国际化办学的触角伸出校园。2007 年起，它靠着自己和国际诸多知名研究型大学的合作，开办硕士留学预备课程项目。截至目前，这个项目已经为海外的经济学名校输送千余名学生。

最前沿：WISE 的学科排名上升

WISE 在厦大经济学科恢复往日雄风中发挥着重要作用。近年来的不少学科排名显示，WISE 和经济学院开始脱颖而出，有两组数据值得关注，从 2005—2014 年，以 SSCI（社会科学引文索引）论文数量计算，WISE 和经济学院一起，对厦大的贡献率是 42%左右；根据荷兰蒂尔堡大学的一项研究排名，厦门大学经济学科显示了作为推动国际化研究的先行者的优势。该排名显示 2005—2012 年间，厦门大学经济学科在国际权威学术期刊发表论文，在内地最好排名是第三，在中国（包括香港和台湾）的最好排名是第六，在亚洲最好排名是第十六，而厦门大学在国际经济学主流特别是顶尖学术期刊上发表的论文，主要贡献者来自 WISE 的教师。

洪永淼认为，除了国际化背景，WISE 这些令人印象深刻的学术研究生产力，源自它从事的是最前沿的研究。

出人意料的是，WISE 并非只是清高地在象牙塔里从事最前沿的研究，近几年，它越来越主动地参与国家、福建和厦门的建设。“福建自由贸易试验区研究院”就是一个例证。早在去年 11 月，厦大经济学科的学者就已经开始启动自贸园区的政策研究和人才培训准备，在五月份福建自贸试验区获准建设前，厦大经济学科早就以迅雷不及掩耳之势，成立了“中国（福建）自贸试验区研究院”。

洪永淼认为，学问没有大小之分，更重要的是把 WISE 的社会影响力传播出去。

够专业：教学设置与美国一流大学接轨

有人问在 WISE 学习是什么样子的？答案之一是：上的课程是“八高”（经济学专业课程），大多选用北美名校主流教材，如果英语跟不上，往往只能猜对一半。这段描述的可靠性得到证实——WISE 的本、硕、博课程设置和教学难度与美国一流研究型大学完全接轨，全部课程使用美国一流研究型大学通用的教材，并全面推广英语教学。

不过，WISE 不仅引进教材和教法，还把制度也安插进来，譬如说，它规定：一门课一个星期要分两次上，一次两节，不能四节课合在一起上。一些人嘀咕：这有什么区别？到了期末，老师看出了门道，一位老师估计，他因此多备了三分之一的课。

WISE 还在一些小细节上较真，譬如，老师最多只能调两次课，超过两次，将扣除部分薪资；每位老师的工作室都配一张沙发，让他们中午有地方午休，这样就不用跑回家。洪永淼说，大学不是教完书就可以回家的地方，师生要经过交流才能获得灵感。他说，对比中外教育的差别，有不少就差在这些细节，它们关系到教学质量。

同时，这所注重现代经济学研究的研究院，也非常重视学生的品德修为教育，它以坚定态度杜绝毕业生更改学习成绩单和找工作过程中“违约”。

精细的打磨使得 WISE 获得信任和认可。WISE 迄今为止共培养了 36 名博士毕业生，其中有到世界银行任职的，也有在国内知名高校任教的，诸如北大、中科大、复旦大学、武汉大学等等；还有的在澳大利亚国立大学、新加坡国立大学、挪威卑尔根大学等海外科研机构任博士后研究员。

王亚南经济研究院的国际化探索[①]

《科学时报》通讯员　张兴祥　宋江红

21世纪是以知识经济为主旋律的时代。在经济全球化的大背景下，厦门大学提出“走向世界”的办学理念，用朱崇实校长的话说，就是国际化、学术化、入主流。作为这种办学理念载体之一的王亚南经济研究院（WISE），于2005年正式成立。这个以前厦门大学校长、著名经济学家、教育家王亚南教授名字命名的学院，这个凝聚了厦门大学决策层无数心血并被寄予厚望的“新兵”，一跻身于厦门大学院系队伍中，就引起了广泛的关注。作为一名在国际计量经济学领域声名卓著的中青年学者，洪永淼慨然担当了筹建WISE的重任，正在倾力打造一流经济学家的摇篮。从创立之日起，WISE便采用与国际接轨并与国内实际相结合的培养、研究新机制，通过面向国际招聘优秀学者专家任教，举办系列高水平高规格的学术活动，创造一流的教学科研环境等，致力于成为亚太地区和中国一流的、与国际接轨的现代经济学研究机构。

学术盛宴　荟萃顶级名家

刚运作两三个月，WISE就接连不断举办高层次、高水平的学术讲座和培训班，真可谓顶级名家荟萃，学界精英云集。2005年7月下旬，WISE举办了计量经济学国际培训班。授课者系该领域的一流学者，包括香港科技大学经济学系教授陈松年，克拉克奖得主、麻省理工学院经济学系教授杰瑞·赫斯曼（Jerry Hausman），南加州大学经济学系教授萧政，中国台湾地区“中央研究院经济研究所”管中闵等著名计量经济学家。这样的学术盛宴不能不令国内学子

① 本文首刊于2006年6月7日的《科学时报》(现更名为《中国科学报》)，原题为《厦门大学王亚南经济研究院：注重与国际接轨》。

2005 年 7 月，WISE 举办首届计量经济学国际培训班

2005 年 7 月，刚成立两个多月的 WISE 举办首届计量经济学国际培训班，三百多名来自全国各地的青年教师和博士研究生参加培训；图为当时负责会议组织的工作人员合影，从左至右依次为：时任 WISE 院长助理杨志勇、洪永淼、时任经济学院行政副院长陈光、WISE 首位秘书张虹

怦然心动，从“学”如流。消息发布不久，就吸引了北京、上海、广东等全国各地高校六百多名教师、博士生和硕士生踊跃报名。经过遴选，最后共有三百多名学员参加。这是继中国计量经济学发展史上具有标志意义的1980年颐和园讲习班之后，国内该领域举办的规模最大的高层次培训班。这次培训班取得良好效果，在海内外引起重大反响。

2006年4月初，即厦门大学85周年校庆期间，WISE又举办了中国本土第一个具有国际水平的宏观计量经济学国际会议，来自二十多个国家的一百多位海内外经济学家云集厦门，并邀请到被公认为世界上最伟大的计量经济学家之一、2003年诺贝尔经济学奖获得者、美国加州大学圣地亚哥校区荣誉教授克莱夫·格兰杰（Clive Granger）爵士，德国洪堡大学计量经济学教授沃尔夫冈·哈德勒（Wolfgang Härdle），美国南加州大学经济学教授萧政，丹麦哥本哈根大学计量经济学教授索伦·约翰森（Søren Johansen），耶鲁大学经济学教授、*Econometric Theory* 主编彼得·菲利普斯（Peter Phillips）等一大批国际上享有盛誉的宏观计量经济学权威专家。同时，继去年暑假培训班后，今年暑假期间WISE又将举办大型的计量经济学培训班，再次在国内掀起“计量风暴”。

人才招聘　打造科研团队

刚运作不久，WISE就把构筑人才高地作为重要战略，以在中国境内最有竞争力的待遇，向海内外公开招聘一批受过现代经济学系统训练的学术带头人和青年学者，打造一支精干的科研团队，全面提升厦大经济学科的研究水平。WISE将根据申请人的条件，特别是教育背景、教学经验、学术论文的质量和数量以及国内外同行的评价，给予在中国经济学家人才市场最好和最有市场竞争力的薪酬和待遇：助理教授的年薪最高者可达24万元人民币，副教授的年薪最高者可达32万元人民币，正教授的年薪最高者可达40万元人民币，讲座教授的年薪最高者可达60万元人民币。特别优秀者，将由厦门大学校长直接决定其薪酬。厦门大学对所有受聘者提供在中国有竞争力的住房补贴。此外，WISE将按照国际惯例，为聘用人员提供良好的教学科研环境（包括科研启动经费），创造浓厚的学术氛围，提供与国际国内学术界广泛、频繁和深入的交流机会。国内毕业的受聘者将被优先考虑选送到国外名校从事访问、深造和研究。

2006年1月，WISE组团到美国波士顿人才市场“招兵买马”，大有斩获。现在，已有5位在海外受过一流经济学训练的青年学者前来应聘，加盟到WISE。特别值得一提的，WISE把在香港浸会大学经济系执教的冼刍荛教授聘请过来。冼教授毕业于美国加州大学，师从2003年诺贝尔经济学奖得主克莱夫·格兰杰教授。他看中的是WISE的计量经济学学术环境，以及广泛的国际学术联系。

精英培养 挑战学习极限

在人才培养上，WISE力争在国际化模式下积极探索各种精英培养途径，在课程设置、教学互动、第二课堂和培养模式等方面进行独具特色的创新与突破。主干课程全部使用国际流行的英文教材；同时，通过小班教学、高密度课时等方法来加大对主干基础课的教学引导力度。WISE不间断地邀请国内外著名的经济学者如美国南加州大学萧政教授、普林斯顿大学范剑青教授、北卡罗来纳大学蔡宗武教授、英国南安普敦大学陆懋祖教授、法国勒阿佛大学前校长皮埃尔-布鲁诺·鲁菲尼（Pierre-Bruno Ruffini）教授、加拿大卡尔顿大学陈智琦教授等，为学生做学术讲座或授课。这样，学生虽然没有走出国门，但却享受到国外一流经济学者的教育训练。

2005级金融实验班是WISE的首个“试验田”，硕士生们积极配合研究院国际化的培养模式，在逆境中咬紧牙关、争分夺秒、迎难而上，挑战学习极限。有个男生刚进WISE时，觉得学习压力非常大，很不适应，想打退堂鼓。在老师和同学的热心帮助下，经过他本人的努力，慢慢调整了心态，现在成了班里的学习骨干。WISE的同学很团结，他们建立了互动学习的交流平台，如在厦大BBS上申请设立专门的讨论板块，并建立班级QQ聊天群，用于课后的切磋交流和解疑答难。由于良好的互动，在分组学习时，他们取长补短，充分发挥个人优势，在分工和合作方面配合默契。大家都铆足了劲，学习气氛和研讨氛围异常浓郁。前一段时间，他们中间甚至还流传着这样一句话："每天休息超过5个小时就表明你在偷懒！"可见，高压力所带来的学习大动力效果是显著的，它彻底颠覆了许多人心目中"研究生成日优哉自在"的刻板印象。当然，经过一个学期的磨炼，同学们逐渐摸索到高强度学习的门路，不搞疲劳战术，讲究效率优先。WISE在这块"试验田"上进行别具匠心的耕耘，为实现国际化、系统化培育精英的战略迈出坚实的第一步！

尖端设施 拓宽合作渠道

一流的学科建设需要一流的现代技术支撑，WISE充分利用研究院现有的资源，积极与社会各界开展各方面的合作，引进世界领先的资源及技术，以加快研究院的发展步伐。

2005年12月6日，美国最大的软件公司SAS与WISE签署了共建厦大SAS计量经济学卓越中心的备忘录。该中心是美国SAS公司继与北京大学合作建立数据挖掘合作中心后与国内知名高校建立的另一个专业合作研究中心。该中心的建立将有力地推动中国计量经济学师资及高级人才的培养工作，为国内高校研究机构以及实际部门提供计量经济学方面的高级咨询及培训，促进计量经济学在学术界及实务界的应用，共同探索计量经济学领域的前沿研究领域，并在世界顶级的学术刊物上发表相关研究结果。WISE和美国SAS公司还将进一步联合知名的硬件与操作系统供应商合作建立中国最大的SAS经济数据模拟分析及计算中心，通过建立高速的计算机群集，再利用SAS高效的海量数据处理能力，为科研工作者提供世界顶级的研究环境，加快科研成果的产出，为业界提供高级的计量经济相关海量计算服务与咨询，使象牙塔里的学术成果与商业应用更紧密地结合起来。

此外，全球顶级财经资讯提供商路透社为中心提供3套德励全球财经资讯系统，通过该系统研究院可以获得全球所有金融市场的实时资讯及行情，并提供完整的历史数据供研究人员进行分析与数据挖掘。WISE还与国内第一财经

洪永淼远程授课

资讯提供商世华国际金融信息有限公司和美国最大在线健康保险公司合作，开展金融市场实证分析和在线保险相关数据的计量分析及数据挖掘。

2006 年年初，WISE 又与厦大经济学院共同出资兴建了“远程实况国际报告厅”。该报告厅是 2005 年 7 月洪永淼教授与新加坡管理大学经济与社会科学学院及中国台湾“中央研究院”经济研究所三方共同达成协定并签署备忘录而筹建的。报告厅可以实时转播厦门大学、新加坡管理大学和中国台湾“中央研究院”三地的经济学国际学术讲座。2006 年 2 月 13 日上午，WISE 2005 级金融硕士班的同学在新建成的报告厅开始了他们新学期的第一堂课。远在大洋彼岸、万里之遥的洪永淼教授给他们授课。洪教授的表情清晰，声音洪亮，同学们觉得仿佛在与他进行面对面的交流。

学生更要学习怎么做人[①]

洪永淼

厦门大学经济学科一直以来重视学生的品德教育，尤其强调诚信教育。

本文系洪永淼教授在2014年12月3日于厦门大学经济学院2014级新生班主任会议上关于学生品德教育的部分发言讲稿。洪永淼教授特别强调，教育不仅仅是知识的传播，同时也要加强学生的品德教育。文稿中提及的大部分问题，在2017年中央开展高校巡视工作之后得到了改善或正在逐步改善，为了保持文章原貌，不对该文进行修改。现摘录如下：

长期以来，对中国现代高等教育有各种各样的批评，例如，教育创新不

2019年9月，厦大经济学科新生集体签署诚信承诺书并庄严宣誓

① 本文系2014年12月3日洪永淼在厦门大学经济学科2014级新生班主任会议上关于学生品德教育的部分发言讲稿，原题为《洪永淼：转型时期的中国大学生品德教育》。

足、专业划分过细、学生人文素养缺失、文理学科交叉不够等等，这些都是事实。这里集中说说高等教育中一个非常重要的问题，即大学生的品德教育问题。

过去30年，中国社会处于非常快速的转型过程，中国高校中旧的教育理念、教育模式、教育方法，有些已经失灵，有些已经不能适应时代和形势发展的需要，而先进的教育理念、教育模式、教育方法，还没有很好地确立并系统地发展起来。另外，中国高校中，教育管理者和教育工作者的一些具体做法与学校的规定存在一定的偏差，甚至截然相反，给大学生的品德教育带来负面影响。与此同时，社会环境对中国的高等教育也产生很大影响。高校行政化、“官本位”思想、“潜规则”、人情社会等渗入高等教育中，凡此各种，均不可避免地影响了大学生的品德培养。下面不妨举几个例子：

首先，考试作弊。考试作弊古今中外都有，包括古代的科举考试。在某个阶段，中国学生作弊范围可能比其他国家的学生要广一些，但最重要的问题出在学生的心态上。一些中国学生认为作弊并不是什么严重的事情，没什么大不了。任课老师、教育管理者及学校教育部门的教育者，不少人睁一只眼闭一只眼，常常不敢对作弊的学生严格按照学校的规章制度执行。他们担心学生由于作弊被处罚，导致心理出现异常甚至做出极端行为，为了避免可能引发的严重后果，而不敢或不想按照学校的规定严厉惩处作弊学生。由于没有太大的惩罚成本，作弊之风就难以刹住。

第二，篡改成绩。一些中国学生在申请出国留学时，经常篡改某些课程的成绩，以求成绩单上达到较高的GPA（平均成绩绩点），从而顺利被国外名校录取。曾经出现过这样一件事：一个学生为了能申请上一所国外名校，请求一位非常关爱学生的大学校长帮他圆梦，他向校长提出能否将他的学习成绩都改成A，以便成功申请国外名校，学生在提此要求时甚至没有意识到他做错了什么。中国高校的学生群体中，一部分少数民族、港澳台、外国留学生，由于与普通中国大陆（内地）学生基础不同，考试的成绩常常比较低，满分一百分的试卷经常考20、30分甚至更低，一些任课教师为了帮助这些特殊学生，就将他们的成绩提高到了及格线上。但是，从受教育者的角度来看，学生看到有“途径”可以改变成绩，自己的努力就会打折扣。当受教育者以某种方式请求任课老师更改课程成绩，在人情、“官本位”和利益关系交错复杂的影响下，这种“请求”就可能实现。可以想象，学生虽未进入社会，但思维惯性一旦形成，对未来的人生道路会产生多大的负面影响！

第三，捏造虚假材料。一部分学生在申请出国留学、寻找工作以及申请一些奖励所准备的材料中，存在着这样那样的做假现象。有些学生只看结果，不顾过程，甚至为达目的不择手段。例如，在申请出国时，一些学生和家长请留学中介帮忙，留学中介为了“服务到位”，帮学生写个人自传、申请书，这些申请材料中很多都存在虚假现象。曾经有一段时间，申请出国攻读经济学博士学位的中国学生，自传中描写的家庭背景不外乎两种模式化类型：一类是出生于贫穷的农民家庭，从小刻苦学习；另一类父母是高校教师特别是数学教师，在他们的熏陶下学生从小就热爱数学，因而数学功底很好。再如，学生在写学术论文获取学位时，在网上复制一些已经发表的文章，进行“学术剽窃”，更有甚者直接找“枪手”代劳。

第四，诚信度不足。例如，不少中国高校通过推荐免试研究生的方法招收研究生，应届本科毕业生在申请到某一高校读研究生时，由于各高校招录顺序有先有后，学生参加多所学校的招录考试，常常对最先给予录取通知书的高校回复确认接受录取。但是，一部分学生又继续去参加更加心仪学校的招录，一旦被更好的学校录取了，他们就把已经接受录取的学校踢到一边。有些学生被其他学校录取后还会告知原先的学校，另外一些学生甚至不联系也不回复，对先前已经完成录取工作的学校造成了录取名额的浪费，其他候补的学生又丧失了宝贵的入学机会。同样的问题还体现在大学毕业生求职上。学生在找工作时，先向已对他们发出录用通知书的单位确认接受录用，甚至已经签了有法律效力的承诺书，但是他们又继续找工作，希望能找到比原先更好的单位。一旦找到了，就以能跟家人、伴侣在一起或以地域关系为由，毁约之前已签订的就业协议。而且这种违约有时不仅仅是一次两次，甚至多次。此外，在找工作时，北京、上海等一线城市的部分用人单位，要求学生在所在年级或班级排名在一定百分比以内才能获得落户资格，这样学生就会想方设法通过各种途径要求所在的系所、学院、学校提供证明，以“符合”相关单位的具体要求。

第五，急功近利行为。在中国高校里，有各类志愿者组织，为各种学术活动和校园活动提供志愿性服务，但是很多学生对志愿活动其实并不感兴趣，也不是真正自愿参加，他们是“醉翁之意不在酒也”。因为一些高校教育工作的管理者，为了激发学生“自愿”参与的积极性，常常以一种交换作为条件，比如用报酬、评奖资格等方式鼓励学生做志愿者，这样一来，“志愿者”的性质就完全变味了。更为重要的是，这种有交换条件的志愿工作，对学生来说是一种极不良的行为教育。可以想象，这些学生带着强烈的功利心，毕业后迈进社会，其行为模式就有可能固化。

第六，在人际交往特别是师生交往中，一部分学生缺乏基本的礼貌和礼仪。例如，发送电子邮件给老师，常常“没头没尾”，既不称呼老师、也不留下自己的姓名。更有甚者，个别学生在与老师面对面走过时，假装没看见老师，连招呼都不打就扬长而去。

第七，自我中心主义倾向。一部分学生以自我为中心，不顾他人的感受及利益，无视周边的环境。有些学生随地乱丢垃圾，移动后的桌椅不挪回原位，甚至会说这是为了给保洁工人提供就业机会，让他们有机会去打扫。一部分学生在上课时还会出现迟到、随意进出教室、吃东西、玩手机游戏等情况，根本不把老师和周边同学的情绪和感受放在眼里，也破坏了上课纪律。

以上列举的几种有关学生的品德问题只是冰山一角，虽然这些事发生在学生身上，但其根源不全在学生本人，教育管理者和教育工作者也难辞其责。在大学校园里，学生不仅要学习知识，更要学习怎么做人。在当前复杂的国内外竞争环境下，大学作为人才培养的高地，德育显得非常重要。问题的关键在于，如何进行制度创新，如何更新教育工作者的教育理念和工作方式等，从而有效地改进中国大学生的品德教育。

首先，教育工作者的理念。例如篡改分数一事，对部分少数民族、港澳台和国际学生而言，由于和其他学生基础不同，把实际很低的分数大幅拉高到及格线，这在某种程度人为制造了一种不公平，归根结底，应该说是教育工作者本身的理念出了问题。事实上，对于基础较差的部分少数民族、港澳台和国际学生，在一些较难的核心课程上，可以通过开设难度较低的专班和设置课外辅导等方法，因材施教，让这部分学生在学习上获得真正的进步，这种制度安排可较为有效地解决篡改分数所引发的一系列后遗症。为了让学生能报名参加志愿工作，以升学、奖学金、金钱报酬等条件作为交换，这其实是在助长学生的功利心，不可否认，这也是教育管理者的理念出了问题。

其次，不少中国高校的管理制度存在着显著的制度“软约束”。有些制度规定明明在那里，但在执行过程中却大打折扣，执行者没有严格遵照规定执行，甚至常常不执行。例如，一旦出现教学事故，一些教学单位首先想到的不是如何解决问题以及今后如何防微杜渐，而是一门心思放在“家丑不可外扬”上，千方百计将教学事故隐瞒下来。学校教学主管部门的一些人有时也会因为教学事故较多，怕影响到部门形象或上级领导对部门的工作评价，因此处理上较为宽松，这其实是一种制度刚性不强的表现。如何增强制度刚性，是中国高校管理面临的一大难题。

第三，在相当一部分中国高校中，存在着行政色彩非常浓厚的“官本位”现象，一些老师接到所在的系、所、中心、学院领导或者是学校领导的招呼后，就不顾已有的制度规定，私下修改有关学生的成绩，甚至违规操作。

第四，一些人做事并不完全按照制度办事，而是认为某些制度是可以修改或者“绕行”的。在这样的社会大环境下，中国高校也不免受到各种“潜规则”的侵蚀。

第五，失信的成本太低。这是中国高校教育制度的一个根本缺陷。例如，对于一些有造假、随意篡改分数、考试作弊等行为的学生，有关部门或管理者发现后常常以批评教育为主，没有进行严格处罚。由于担心学生不能接受惩罚结果而做出过激行为，只好“从轻发落”。企盼稳定、害怕出事，很多教育工作者就是抱着这样的心态在管理学生。

那么，中国高校如何改善、改进对大学生的品德教育呢？

首先，对弄虚作假、违背诚信、违背道德准则、违背制度的行为必须有严格的惩罚措施，应该提高作假作弊的成本，让存在侥幸心理的学生知难而退。

第二，强化制度刚性，做到有规必依，严格按照制度办事。

第三，对帮助学生作假作弊的说情者、帮忙者也应给予相应的严厉惩处。

第四，教育者、学校管理者特别是各级领导应以身作则。加强中国共产党群众路线教育实践中的反“四风”作风建设。除了反对“四风”外，在高校管理中应该再加上反“走后门”之风，特别是各级领导干部应该率先垂范，不“走后门”，对各种“走后门”现象及违反学校规定的应该给予批评教育并适当曝光。

第五，努力探索大学生品德教育的规律。要避免枯燥无味的说教，要以理服人、以情动人，高校的管理者、教育者应该言行一致，为学生树立榜样。如果教育者和管理者表面说一套背后做一套，那么对学生的品德教育是不可能成功的。大学生正在心理成长和人格塑造的阶段，大学时期的品德教育将对学生有深远影响甚至影响其一生。应该采用案例教学，例如 20 世纪 60 年代的全国“学雷锋运动”就是比较成功的案例。

第六，最大限度地降低社会环境对高校品德教育的不良影响，这必须依靠制度本身的完善。例如，以前一些社会人士都会通过各种渠道和手段向高校索要考试试题。随着题库的建立，索要考试试题的做法行不通了。再如面试，为了避免面试者与被面试者之间的利益交换，通过随机抽取面试小组分配，就可以很大程度上杜绝二者之间可能存在的利益交换。

不管哪个国家、哪个时代，对受教育者进行全面的德、智、体等各方面的教育，都是不可缺少的。德育是教育非常重要的一个方面，其重要性不亚于专业教育、知识教育。在中国当前社会大环境下、在不良历史积弊的影响下，处于转型中的中国高校由于制度不完善等诸多原因，教育工作者和教育管理者的理念还不能完全适应整个社会需要。因此，对大学的品德教育不可能一蹴而就，一劳永逸，这就需要所有教育工作者和教育管理者一起探索中国大学生品德教育的内在规律，而这个探索过程将是一个实践的过程、一个长期的过程。

厦大经济学科：对教学“眼里揉不得一粒沙”①

《中国教育报》通讯员　李　静

加大对不调课教师的奖励，加大“金课”奖励且最高奖金超国家社科基金重点项目奖励额度，出台新规奖励教学技能突出教师……近期，厦门大学经济学科的几项针对教师和教学的举措新规，在厦大校园里及兄弟高校经济学院中产生了不小的“涟漪”。

高教周刊

中国教育报 05

该奖的要大张旗鼓地奖，该罚的也要毫不留情地罚

厦大：对教学“眼里揉不得一粒沙”

通识教育关键在“通”

师傅带徒弟，带出新未来

“牛精英”创新农牧人才培养体系

《中国教育报》刊载的文章版面图

厦大经济学科涉及三个实体教学科研单位：经济学院、王亚南经济研究院（WISE）、邹至庄经济研究中心。三者实行特色发展，统一管理，集中办公，形成了“三轮驱动，相互呼应”的人才培养格局。

近年来，厦大经济学科以学生成长为中心，紧紧盯住教学主体——教师，通过“奖惩”分明的制度、“大小”兼顾的模式、“软硬”并施的服务，最大限度地调动起全学科近230名教师的积极性，让教师敬畏教学、尊重教学、热爱教学。

“奖惩”分明的制度

在厦大经济学科内部，教师对这些新近出台的制度举措，却很平静。在他

① 本文首刊于2019年2月25日的《中国教育报》05版，原标题为《该奖的要大张旗鼓地奖，该罚的也要毫不留情地罚——厦大：对教学“眼里揉不得一粒沙”》。

们看来，经济学科对教学的重视是一贯的，已经习以为常。

据了解，自2011年以来，该学科陆续出台的与教学相关的奖励制度达二十余项，其中包括：对每个长学期课程（厦大一年有三个学期，两个长学期，一个短学期）在规定的14个教学周内按既定日程上课，未请假、未调课的教师予以未调课奖励；对每学期学生测评分数位于前30%的优秀任课教师、助教予以优秀测评奖；对于开展精品实验课程教学的任课教师予以实验教学奖；激励教师在前沿性和时代性课程、创新性课程、挑战性课程、社会实践项目上积极作为的“金课”奖励，最高可获15万元，超过该学科对获得国家社科基金重点项目配套支持12万元的奖励力度……多项奖励构建起一个全方位、立体化、多层次的教学奖励体系。仅以近两年为例，经济学院每年投入在教学上的奖励就达250万元，超过该学科对论文奖励和科研奖励两项合起来的数值。

在厦大经济学院、WISE院长洪永淼看来，奖励背后的导向意义要远远大于金钱意义。“这些奖励是在给老师们释放一个强烈清晰的信号和导向：在厦大经济学科，对待教学应该有着怎样的态度，你该怎么教、教些什么、你的教学要如何与时俱进。”

该奖的要大张旗鼓地奖，该罚的也要毫不留情地罚。洪永淼介绍，在厦大经济学科，一旦发现教学事故，第一时间不是向学院报告，而是直接向学校报告，这种“一杆捅到底”的做法，就是要杜绝老师们找学院领导说情的念头。

与奖励体系对应的是，厦大经济学科也有着一整套对教师教学的刚性制度体系，包括《任课教师教学管理条例》《教师出差请假管理条例》《助教管理条例》《教学秘书管理条例》等。

两套体系奖惩分明，相互呼应，交织成了一张保障教学良性运行的制度网络。

“大小”兼顾的模式

除了大处立规以外，对待教学，厦大经济学科也是“眼里揉不得一粒沙”。

他们总是在一些外人看来是小事的细节上和老师们“斤斤计较”。

对每学期不调课教师的奖励，便是一个例证。这项制度始于2011年。当时，学院领导发现，一些老师会因为学术会议、外出交流等原因，给学生们随意调课，有些甚至还多次调课。虽然事后，老师们会找机会补上，但这样的做法终归对正常的教学产生了冲击。为此，经济学科出台了此项不调课的奖励，即针对这个学期未调课的教师，每门奖励1000元。今年初，学科进一步加大奖励力度，由之前的1000元/门上调至2000元/门。

很多人心里不服气，调一次、两次课又有什么关系呢？但是，在洪永淼看来，教学很神圣，对待教学不能有丝毫马虎。不能随便调课是一名教师的基本职业要求。如果一名教师总是调课，学生们至少会认为这名教师不认真，在学生心里无形中也会种下“不认真”的种子。厦大对不调课教师的奖励甚至已不仅仅停留在“钱”的层面上，在教师要高聘或者评奖时，同等条件下，学科是会优先给那些平时坚持不调课的教师。

在厦大经济学科，还有一个教学规定是：一周内，同一门课不能一个上午或下午上完，必须要分两次上，每次两节课，而且中间要间隔至少一天。

洪永淼记得，《条例》刚出台时，不少老师私下嘀咕，“这有什么区别？”但一个学期下来，大家看出了“端倪”——老师们为此多备了1/3的课。“这也就意味着，学生们多学了1/3的知识量。”

更重要的是，分两次上，让学生们有了充足的时间来消化吸收，知识掌握得更扎实。

如果细翻厦大经济学科的规定，你会发现，它的最大特点是所有的奖惩措施都直接规定到具体操作层面和细节上，很少出现“原则上”三个字。洪永淼解释说，这样做是以免为违规行为留下各种解释空间。

“软硬”并施的服务

2018年春季，一项名为《厦门大学经济学科期中期末试卷统一印制暂行办法》（以下简称《办法》）推出。根据这项办法，学科所有课程的期中期末试卷的送印、取用等工作将统一由学院指派的行政人员承担，教师只要在规定的时间到规定的地方去签字取用试卷即可，大大减少了教师在这项工作上的运输往返等烦琐小事上的时间。《办法》一出，立刻赢得了全体教师的一致好评。

这样"得人心"的事例在厦大经济学科很常见。现在，"一切为了教学服务，一切为了教师服务"的理念在整个学科已经深入人心，学科推出的一系列"暖心、细心、贴心"的服务，让教师可以心无旁骛地投入到教学中。

在厦大经济学科，有一条不成文的规定，即：周一至周五的工作日，行政人员在通知教师事情时，能用邮件通知的就不要打电话通知，除非事情紧急，万不得已。

在该学科青年教师孟磊看来，举措虽小，却透射出尊重教师、重视教师的理念。"之所以这样做，就是害怕教师正在思考时，一个电话进来，思路被打断。"

厦大经济学科对教师的服务不只有"感性暖人"的一面，也有"理性细致"的一面。他们借助大数据平台，将经济学擅长的"资源配置最优化"的理念应用于服务教师上，大大减少了信息不对称、不透明、工作没有预见性等现象。

这一点，是最让 WISE 副院长牛霖琳津津乐道的。

这套名为"厦大经济学科用户中心"的系统于 2015 年上线，包括数据中心、教学科研和行政管理三个子系统，涵盖了数据库资源、教学评估、课程管理、科研管理、论文答辩、讲座面谈、助教招募、教师服务、请假出差报备等方方面面。

牛霖琳说："通过这个系统，可以帮助教师更有效地安排时间。譬如说，教师服务系统可以把一个月甚至是本学期能预见的教学型服务工作和信息都公开在平台上，邀请教师报名参加，并由行政人员综合信息、预先统筹和确认安排，教师就会明确预知自己这段时间有什么活动要参加，可以提前做好准备，而不是由行政人员突然慌慌张张地通知老师明天要参加什么活动，让老师们措手不及。"

不仅如此，通过大数据的沉淀，还能反映出一些规律性的信息，利于学科做整体性的科学管理和规划。譬如，系统显示，每年需要教师参加的面试、答辩等教学型服务在春季比较多，在秋季比较少，这样，学院就会提醒教师春季多留意参加这些活动，合理规划好自己的外出访学、学术交流等时间。

成复合型人才，积累人脉资源[①]

《厦门晚报》记者　朱惠嫣

经济全球化的时代已经到来，资本和人才在全球范围内流动，世界经济金融市场日趋一体化。在这样的大环境下，找到人力资本投资的最佳途径尤为重要。

近日，洪永淼在厦大做了一场关于“全球背景下的人力资本投资”的讲座，现场座无虚席，同学们反响热烈。

谈复合型人才：拥有国际视野，IQ 与 EQ 相结合

1988 年到 1993 年，洪永淼在美国加州大学圣地亚哥校区（UCSD）经济学系学习，并获得经济学博士学位。洪永淼教授说，出国留学是他最重要的一项自我投资，这促使他走上了计量经济学的道路。

洪永淼提出，拥有国际视野，了解行业、专业领域最新发展以及世界发展的趋势是必不可少的。此外，掌握外国语言是掌握与世界交流的工具，是就学就业的基础。在此基础上我们更应该努力成为复合型人才，做到 IQ 与 EQ 相结合，专业知识与一般知识相结合，理工基础与人文素质相结合。

谈人品与人脉：人品很重要，人脉是宝贵资源

“性格决定命运，人品在任何时候都是重要的，同时，人是社会关系的总和，健康的人脉关系就像统计学概念中‘独立同分布’一样，是不可缺少的宝

---

① 本文首刊于 2014 年 12 月 23 日的《厦门晚报》，原题为《做复合型人才，积累人脉资源——世界计量经济学家洪永淼谈“人力资本投资”》。

贵资源。”洪永淼说，王亚南经济研究院（WISE）和经济学院能够邀请许多海内外知名学者前来讲学，依靠的正是学院老师的人脉关系。

对于个人来说，人脉将影响未来职场道路的走向。洪永淼建议同学们从现在开始就要积累自己的人脉资源，这也是人力资本投资。如何建立自己的人脉关系？洪永淼说，你要获得别人的认可，首先要懂得尊重别人，要了解别人的文化，不然你得罪了他还一头雾水；其次，还要多参加活动，多认识人，不要“闭门造车”。

谈美国大学申请：不光看成绩，还看个人的综合素质

出国留学，学习世界先进的文化和知识，的确是自我投资的途径之一。作为康奈尔大学的终身教授，洪永淼还参与了学生的录取工作。如何成为康奈尔大学的学生？洪永淼教授说，康奈尔大学的本科录取，不仅要看学生的 SAT 成绩，还看学生在社团工作中的表现，看他是否具有领导能力，是否具有团队精神，是否有专业技能，如是否会某项乐器等。总的来说，就是看学生的综合素质。

洪永淼说，老师的推荐信也非常重要。如果有曾经教过你的老师给你写推荐信，那么他写的推荐信一定有重点，能突出你某方面的能力，比那种泛泛而谈的推荐信好得多。

打造中国经济研究的“厦大学派”①

厦大党委宣传部 李 静

经济与工商管理学科群下辖理论经济学、应用经济学、工商管理三个一级学科，是学校重点规划建设的学科群中为数不多的设立了两个负责人的学科群。

俗话说“火车跑得快，全靠车头带”。为了充分展示该学科群里两位领头人对“双一流”建设的认识、理念和思路，我们此次特地派出两名记者与这两位负责人一一对话。

本周先刊出的是洪永淼教授关于经济学科“双一流”建设的看法和思考。在洪永淼看来，经济学科对“双一流”的追求和建设，不是从去年学校入选“双一流”建设名单才开始的，而是一个长期的、一以贯之的过程，里面凝聚了几代经济学人的光荣和梦想。

问：能否谈谈您对“一流”的理解？

答：对于这个问题，不同的人有不同的看法。我们提出的“双一流”包含两个内容：一个是建设世界一流大学，另一个是建设世界一流学科。那么，在这样的目标设定下，你的“一流”标准就只能是国际同行公认的标准。

具体到经济学科，我认为，它的国际标准有这样两个内容：第一，要有一批杰出的学科带头人。这些人要在国际最顶尖的一流学术期刊上发表论文，通过学术观点和前沿论文来引领整个经济学科的发展。当然，单单引用率还不够，它虽然是一个量化标准，但并不能全面反映一个学科或者一个学者的学术影响力，有一些学术影响力是体现在同行评价上，因此，国际上非常看重“同行评价”。第二，这些学者能够培养出世界一流、具有国际视野、原创能力的经济学家。在国外，判定某个学校的经济学科是不是一流，一个主要判定标准

① 本文首发于2018年12月3日的厦门大学新闻网。

是看你的毕业生到高校、学术研究机构工作的“质”和“量”。应该说，这样两个标准跟研究内容没有关系，不论你研究什么，关键看你在这个领域能否达到学术界公认的一流标准。

因此，如果想真正建设世界一流，那么我们必须按照国际同行能够接受的一流标准来建，而不能淡化和弱化国际一流的标准。如果你建设的“一流”学科，国际同行并不承认，又如何证明自己的学科是世界一流呢？

问：在学校的“双一流”建设方案中，明确提出我校的建设目标是“中国特色、世界一流、厦大风格”。我们也注意到，在经济学科的“双一流”建设方案中，也多次提到“中国特色”和“世界一流”两个词，请问您如何看待并理解这二者的关系？

答：我们讲国际标准、国际一流，某种意义上其实是给出了一个参照系，就是我们期望的目标在哪里。通过对照这个参照系，你就可以看出差距在哪里、短板在哪里甚至自身特色在哪里。从这点上说，国际标准和中国特色一点都不矛盾。

纵观经济学发展史，你可以看到，每个特定历史时期的经济学家所提出的经济理论，背后都有国家利益的影子。亚当·斯密（Adam Smith）最喜欢到英国议院去发表演说。他对谁发表演说？是对那些立法者和政治家，他是想通过演说影响政府政策。在那个时代，他主张国际分工、自由贸易，其实就是当时的英国人在工业革命下有技术优势，英国人的商品要扩大世界份额，所以主张自由贸易当然对英国人有利。在德国，也有另外一个经济学家——弗里德里希·李斯特（Friedrich List）。他提出一个国民经济理论，主张关税保护。这是因为当初德国的经济、工业比英国等先进的资本主义国家落后得多，所以这时德国不能搞自由贸易，而是必须先保护起来，发展起来再去跟人家竞争。美国也一样。美国现在说公平贸易，其实美国在18世纪的时候，工业发展还很“幼稚”。美国的第一任财政部部长亚历山大·汉密尔顿（Alexander Hamilton），也是主张关税保护。所以，可以看出，基本上每个时期的理论背后都有一个国家立场的影子。

同样，我们讲中国经济学科的建设，也应该站在中国人的立场上，要从中国人的利益考虑，从国家民族的利益考虑，但是要有国际视野，也就是说要站在中国人的立场上用国际视野来阐述对中国与世界重大经济问题的看法。这些看法如果采用国际通用的语言和研究范式，就可以成为一套比较完整的理论体系。如果这个理论体系能够让国外同行接受，那可能就会产生国际影响力。

那么，中国人能够为世界经济学做什么贡献呢？在我看来，可以在两个方面“大有作为”：第一，在国际上把中国特色社会主义市场经济的模式讲清楚。如果你能把过去 40 年保证中国经济快速发展的模式从学理上讲清楚，那么这就是中国经济学家对世界经济学的最大贡献。第二，在数字经济、互联网经济方面，中国人也有研究优势。因为中国的规模大、人口多，在数字经济和互联网经济方面发展的速度也是最快的，有着丰富的研究“素材”。数字经济会产生很多复杂的数据，而且相较于以前，数据的种类已经变了，原来只是一个“点”的数据，现在可能是一个区间、一个函数，甚至是非结构化的，例如文本、图形、音频这种数据。新型的数据就需要新的计量方法。那么在这个过程中计量的理论和方法的创新就有了可能性，也就有望出一些原创性的成果。如果真能做出来，这就是中国经济学家为世界经济学做的第二个贡献。

有一句话说，“越是民族的越是世界的”，我觉得这是非常有道理的，但要强调的是，这并不意味着你的研究方法、叙述方法等可以不国际化。你也必须用国际同行可以接受的语言来表述，用国际同行认可的方法和范式来研究，这样才能产生中国特色的、世界公认的原创性一流成果。

问：那还有一个“厦大风格”，对此，您又是如何理解的？

答：王亚南教授创立了具有鲜明厦门大学特色的马克思主义政治经济学学科，并运用马克思《资本论》中的基本立场、观点、方法来研究中国经济问题。

几十年后的今天，我们也在不断反问自己，我们现在该做什么？目前厦大的特色和优势在哪里？我们发现，我们的优势其实是在研究方法上。与其他高校的经济学相比，厦大的计量经济学、统计学这几个“方法论”学科还是名列前茅的，但是，不能说为方法而方法，这些方法要应用到具体研究中。所以，我们希望用这些厦大优势的“方法论”学科来研究中国经济问题，用国际语言讲好中国经济故事，希望这样的努力可以转化成特色鲜明的厦大风格。

从这一点上来说，我们现在所做的跟王亚南教授的科学精神是相通的。王亚南在那个时代就把最先进的经济理论，一些分析的方法、观点等运用到中国经济问题的分析中。同样，我们现在也是把国外先进的研究方法、研究范式引进来，来研究中国的问题。

问：从去年到现在，整个学科群建设进展如何？有何成效？

答：实事求是地说，我们并不是因为有了“双一流”建设，才开始建一流的经济学科。一直以来，厦大经济学科的目标都是要建立国际一流的经济学科，因此，厦大经济学科的一流建设一直具有连续性。

事实上，我们自己也一直在“从多种维度”观察这些年经济学科的建设成效。譬如说，一个维度是我们看国际顶尖学术期刊论文发表情况。2017 年，我们在此方面的数量相当多，在全国高校中也是名列前茅。另外一个维度就是看厦大在《经济研究》这一国内最顶尖的经济学期刊上的论文发表情况。据统计，2017 年，经济学院和王亚南经济研究院（WISE）在《经济研究》上发表了 15 篇论文。这是什么概念呢?《经济研究》每年出 12 期，每期大概 12—14 篇文章，这相当于《经济研究》去年有一期是厦大经济学科的“专刊”。

当然，在“双一流”建设的第一年，我们也有一些突破：有了“杰青”项目，国家自然科学基金的项目较以往也有增加等。

问：在您心中，希望经济学科通过“双一流”建设达到一个什么样的目标?

答：有三个愿景：首先，是在国际上要有影响力。希望国际的经济学者在谈到中国经济学界的时候，他们能想到中国南方有一个厦门大学。某种程度上说，厦大计量经济学科已经达到这样的水平。但是我们希望不仅仅是一个学科、“一枝独秀”，我们希望有更多的学科或方向在国际上有相当的学术影响力。

其次，我希望厦大的经济学科能在服务国家重大需求、咨政建言上发挥作用。我们希望能够通过长期建设、积累与实践，建立起“厦大品牌”的科学智库，用量化的现代科学方法来研究、评估社会经济政策，并为各级政府提供有价值的政策建议。

最后，希望厦大经济学院和 WISE 能培养出经济学的“厦大学派”。我这里说的“厦大学派”是指，我们有越来越多的博士生毕业后到中国高校或是世界其他国家的高校去，因为他们在厦大受过训练，带有厦大的鲜明印记，慢慢地，在一个地方厦大经济学人多了之后就会形成一个特殊的学术风格，这就是“厦大学派”。现在，WISE 的毕业生在国内的学术圈子里，特别是在计量经济学这个圈子里，已经小有名气，形成了一道独特的学术景观。

【故事】

走出书斋经世济民

厦大党委宣传部　李　静

▲ 这些年，越来越多的厦大经济学人走出校门，走进社会，将自己的智慧和才学融入中国经济发展的洪流中。今年暑假期间，经济学科“厦楚研经”博士团深入湖北黄冈调研革命老区经济发展，为当地提供政策建议。

在刚刚过去的 10 月底，经济学院宏观经济研究中心在英国伦敦大学召开发布会，发布今年下半年及明年 4 个季度中国宏观经济主要指标的预测更新及相关政策模拟结果，并提出政策建议。

这是该成果的第 25 次发布。经过多年发展，该中心已形成“春季在北京，秋季在海外”的成果发布模式。宏观经济研究中心也已成长为中国核心智库之一。

随着智库建设被列为经济学科“双一流”建设的重要抓手之一，可以预见的是，今后，在经济学院和 WISE（以下简称“两院”），像宏观经济研究中心这样的高质量智库将会越来越多。

洪永淼说，现在，越来越多的“两院”老师开始走出书斋，关注并研究国家经济建设的重大和前沿问题，提出自己的研究成果和政策建议。“在自贸试验区建设、‘一带一路’相关经济问题、人民币汇率、惠台经济政策等重大经济问题上，都有厦大经济人的声音。”

最近几年，“两院”中一个十几个人的学术团队和中科院预测研究中心开展深度合作。双方通过对现代经济所产生的复杂大数据进行建模，对中国重大社会经济政策进行量化评估，继而提出科学的政策建议。洪永淼说：“这些复杂数据中，很多都是新型数据，这就为计量经济学新的原创性的理论与方法的产生提供了可能性。”目前，这项研究中的一些成果已经开始运用并发挥作用。

洪永淼希望，未来，“两院”科研人员能在大量个案研究的基础上，提炼出中国经济发展模式的规律，提供给政府参考，譬如说在哪些方面政府能够起作用，哪些方面政府介入了可能起反作用，政府在什么条件下能够发挥好作用，什么情况下必须把手收回来……

用“国际语言”讲好中国经济故事①

《经济日报》/中国经济网记者　薛志伟

他曾是经济学的“门外汉”，一次偶然机会让他“窥见”经济学的门径，误打误撞中他将物理方法引入计量经济学的研究中，竟收获了自己对于经济学研究的一片广阔天地。

他是站在中国计量经济学塔尖的人物，开拓性地提出的用于非线性时间序列分析广义谱函数被诺贝尔经济学奖获得者克莱夫·格兰杰（Clive Granger）等著名学者在其著作中予以详细介绍。

他也是厦门大学王亚南经济研究院（WISE）的创院院长，同时担任厦门大学经济学院院长。

12 人物

厦门大学经济学院院长洪永淼：

用“国际语言”讲好中国经济故事

经济学人

焦点人物

摆脱资本依赖症

思享汇

深耕创新 迎接行业洗牌

《经济日报》刊载文章的版面

他就是洪永淼，拥有发展中国家科学院院士、世界计量经济学会会士、美国康奈尔大学经济学系终身教授等头衔的国际知名经济学家。

2005年，洪永淼受聘到母校厦门大学创办WISE。在这个一开始就注定具有鲜明“国际化”特色的研究院，洪永淼将自己国际化办学的思路和想法运用得淋漓尽致。短短几年，小小的研究院已成为中国乃至亚太地

① 本文首刊于2018年6月12日的《经济日报》第12版“人物”，并载于中国经济网；2018年6月13日新华社新闻客户端转载。

区一个活跃、有影响力的经济学研究机构、高级人才培养基地和国际学术交流中心。2010 年，厦门大学任命洪永淼同时兼任该校经济学院院长。从此，洪永淼致力于“用国际语言讲好中国经济故事”的学术道路更具挑战、更为漫长。

求知者，勤字当头

1981 年，洪永淼进入厦门大学物理系学习。在大环境的影响下，洪永淼开始对经济学产生了浓厚兴趣。

1985 年，国家教委和美中经济学教育与研究交流委员会在中国人民大学设立了“经济学培训中心”，介绍现代西方经济学。作为物理系一年级的硕士研究生，洪永淼以优异成绩考上了该中心，成了第二期学生，从此结缘经济学。

在 20 世纪 80 年代，作出这样的决定并不容易，这之间的跨度很大，要付出的努力也可想而知。

结束了人大一年的培训，洪永淼回到厦门大学经济系，捧起了政治经济学的专著潜心钻研。1988 年，厦门大学政治经济学专业硕士毕业后，洪永淼继续赴美深造。

到了美国加州大学圣地亚哥校区以后，洪永淼发现该校最强势的学科不是货币经济学，是他之前从未听说过的计量经济学，而该校也是当时在全世界享有盛誉的少数几个计量经济学的“学术高地”。

两年经济学专业博士基础课程学习结束之后，洪永淼决定从事计量经济学研究。

世上无难事，只要肯攀登。零基础的起点并没有难住他，反而成为他更加勤奋的动力。

出人意料的是，物理背景出身的洪永淼，借鉴物理学的分析方法，竟为他从事计量经济学的研究提供了巨大帮助。他首次提出的广义谱函数分析方法，可用于分析各种形式的非线性时间序列，这个方法是对物理学频谱分析的一个创新。

为师者，教人求真

进入 21 世纪以来，在经济全球化浪潮的推动下，中国经济学的教育与研究如何国际化并与本土化相结合、如何打造“中国特色、世界一流”经济学科，成为国内学界探讨的热门话题。

2005 年，厦门大学计划成立一个与国际接轨的现代经济学研究机构。身为厦门大学校友的洪永淼成为校方看重的不二“掌门人”人选。经过慎重考虑，洪永淼决定接受母校邀请，筹建一个新型的研究院。

当时，关于研究院的命名，有过各种不同的提议。洪永淼希望这个研究院在全国能充分体现厦大特色，“王亚南”无疑是最有特色的“元素”。王亚南是中国现代著名经济学家、教育家，曾与郭大力合译了《资本论》，创立了具有鲜明特色的“厦大经济学派”。“以他来命名，别人一听就能想起厦门大学经济学的辉煌历史。同时，我也希望我们能够学习王亚南的治学理念和科学精神。”洪永淼说。

怀着“要建设一个国内最好的经济学研究机构”的目标，洪永淼在 WISE 的小天地里大展拳脚。他立足厦门大学与中国经济学教育和研究现实，以“国际化”为主线，从师资队伍、课程体系、人才培养质量等关键方面入手，创制度、立规矩，让 WISE 从一开始便从头到脚充盈着“创新”因子。在洪永淼和同事们的用心经营管理下，短短几年，WISE 开始在“圈内”声名鹊起。

2010 年，洪永淼被学校任命兼任厦门大学经济学院院长。从此，他肩上的担子更重了，开始了更为忙碌的工作。

面对一个走过近 30 年历程的大院，洪永淼的经济学院院长之路，从一系列建新章立新制开始。

“第一刀”便对准了教学。一上任，洪永淼花了两个多月的时间深入各系、所和中心，大走访、大摸底，了解经济学院教学现状及存在的问题。3 个月后，《经济学院教学管理条例》(以下简称《条例》)“出炉”。这本改了十几稿、近百页的绿皮小册子对该院学生管理、考试管理、任课教师教学管理等涉及教学的十四个方面作出了详细而具体的规定。

在研究生课程体系上，学院在原来课程基础上，将原来一学期修完的“三高”增加到两学期修完，同时增加数理经济学、金融经济学共8门课（学生戏称“八高”）。学业负担陡然加重，这让不少学生产生了意见。“然而，一段时间后的实践表明，这些经济学基础课程大幅提高了学生的水平。”学生们开始渐渐理解学院的“良苦用心”。

不仅在大事上“计较”，洪永淼还常在一些“小事”上“较真”。他注意到，不少学生毕业找工作时缺乏契约精神，与一个单位签署三方协议之后，继续寻找更好的工作，等找到更好的单位，又以各种理由抛弃原来的单位。“这其实是诚信缺失的表现。”洪永淼说。

为此，学院出台了找工作不能随意违约的制度，即学生只要跟一家单位签署三方就业协议，一段时间内便不能再找其他下家。几年过去，现在厦门大学经济学科的学生在就业市场上已经初步树立了“诚信”的金字招牌，更被用人单位青睐。这个做法后来被推广到全校。

在洪永淼内心，他希望从厦门大学经济学院和WISE走出去的学生，不仅有着一流的学术素养，也具有诚信、守时、尊重他人等一流品格。

创新者，家国情怀

从1980年厦门经济特区设立，到成为国家“一带一路”倡议的新起点，厦门始终站在中国改革开放的前沿，成为中国对外开放的一大窗口。

为了让厦大经济学教育与国际接轨，在学校有关领导与部门支持下，洪永淼在经济学院创办国际化试验班，从本科一年级起便实行专业课程全英文教学模式。让他没想到的是，这居然也会招致一些师生甚至外界的批评，有个别人甚至指责这是“自我西化的教育”。

这些“莫须有”的指责，曾让洪永淼的内心承受着巨大压力。在他看来，与其他国家的学生相比，中国学生在国际交往中一个比较突出的问题是表达与沟通能力，其中一个主要原因是语言障碍。专业课全英文教学的初衷是希望培养既熟悉中国国情，同时又懂国际规则、有国际视野，今后能参与国际竞争的经济学家和企业家。

“‘一带一路’倡议是更全方位的开放，不仅是外资引进来，更是中资‘走出去’。这就需要熟悉各个国家的文化和规则等。”在他看来，专业课程全英语教学所要教会学生的不仅仅是一门外国语言，更希望学生能够将中国的经济发展成就和经济学研究成果用国际同行能够听得懂的语言向世界传播。

原因在于，经济学领域，经济学家本身是一个学术团体，做研究都有一定的学术规范，所用的一些术语和研究工具，一般要经过专业的训练，才能看懂。

为什么用“国际语言”讲中国故事如此重要？他进一步解释，现在全世界没有人否认中国的经济发展成就，但是，大多数西方国家至今还不承认中国的市场经济地位。这有很多原因，其中一个重要原因就是中国经济学在国际经济学界“话语权”还不强。

如何破解这一困局？洪永淼认为，中国经济学家们一定要用国际语言，让国外同行了解中国经济和中国经济学，特别是中国特色社会主义政治经济学，通过理论阐释向全世界展示中国特色社会主义市场经济模式“魅力”。当然，我们还要像习近平总书记所说的那样：“要善于提炼标识性概念，打造易于为国际社会所理解和接受的新概念、新范畴、新表述。”①

洪永淼一直提倡用现代方法来研究政治经济学。除了历史分析、逻辑分析等研究方法，还应该借鉴现代西方经济学的定量分析方法。洪永淼提倡用科学量化方法来评估政策，帮助政府部门设计出更科学、更精准的经济政策。

同时，洪永淼也强调，经济学家运用计量分析等现代方法研究中国特色社会主义政治经济学时，要坚持站在中国人的立场来研究经济现实问题，服务国家的改革开放与经济全球化实践。

洪永淼希望将自己的学术研究与国家经济发展相结合，为政府的经济决策提供更科学的建议。他更希望，厦门大学能发挥优势和特色，通过创新和探索，为中国新时代发展作出经济学人应有的贡献。

---

① 习近平：《习近平谈治国理政》第二卷，外文出版社 2017 年版，第 346 页。

采用国际标准的中国经济学才更容易获得国际认同[①]

《文汇报》记者　刘　迪

十年以后，中国高校将会进入高度的“生源竞争”阶段。这一点，现在已经初见端倪。到那时，你如果跟学生说“我们校园有多大，有多漂亮”，可能就不管用了。管理与文化软实力才是高等教育的核心竞争力，其中包括“润物细无声”的思想教育、人文教育与诚信教育的能力。

一个人不论走得多远，他的起点总归虔诚地守在那里。洪永淼——一个经济学界响当当的名字，却从不敢忘故乡厦门翔安勤劳本分的耕读家风，并把

厦门大学经济学院与王亚南经济研究院院长洪永淼：

采用国际标准的中国经济学才能获得国际认同

文汇网　文匯報

版面导航 | 标题导航 | 日期检索 |　2017年06月23日 星期五

3　文汇学人;访谈录;资讯

WEN HUI BAO

厦门大学经济学院与王亚南经济研究院院长洪永淼：

采用国际标准的中国经济学才能获得国际认同

2016年底，普林斯顿大学经济学荣誉教授邹至庄夫妇决定在厦门大学设立“邹至庄经济学教育基金”，以进一步推动中国和厦门大学经济学教育与研究的发展。

本报记者 刘迪

版面概览　‹ 上一版　下一版 ›

《文汇报》刊载文章的版面

---

① 本文首刊于2017年6月23日的《文汇报》。

它解读为："读书耕田都要老实本分，耕田时踏实肯干，做学问也需稳扎稳打，一步一个脚印，来不得半点虚假。"

厦门大学是他学业和学术事业的起点，一切从 1980 年秋，16 岁的洪永淼迈进厦大物理系的那一刻开始。如今，他是美国康奈尔大学经济学与国际研究讲席教授、发展中国家科学院院士。光环背后，是一个经济学人谦为人师、勤以治学的本分。

故土难离，母校情重。今天，作为厦大经济学院和王亚南经济研究院（WISE）两院院长，他砥砺前行，只为探索一条中国经济学教育的改革与转型之路。转型永远伴随着"阵痛"，对于寻找出路的人而言，掌声背后或许会有质疑声做伴，但也唯有如此才能不断修正前行的方向。

2016 年 12 月，世界著名经济学家、美国普林斯顿大学教授邹至庄偕同夫人为厦门大学捐赠 1000 万美元设立"邹至庄经济学教育基金"。有人问邹先生，为什么把个人积蓄交予 WISE？他的回答简单，更坚决——"因为我看好这块经济学教育的试验田"。

洪永淼主张用国际语言讲好中国故事，强调研究方法与研究工具的规范性与科学性，提出管理与文化软实力才是高等教育的核心竞争力。如何理解中国经济发展与经济学教育发展之路？近日，洪永淼教授接受了本报记者的采访。

经济学并非只是研究"经济增长"问题，还有一个更重要的概念叫作"经济发展"

文汇报：据国家统计局网站消息，经初步核算，2016 年我国全年国内生产总值达 744127 亿元，按可比价格计算，比上年增长 6.7%。普林斯顿大学经济学荣誉教授邹至庄此前接受本报采访时曾谈到过这个数据，他的观点是："我们不必过分执着于中国宏观经济数据的绝对值。不论 6.7%，还是 6.5%，数字本身都并没有那么重要。其核心还是要看老百姓的生活水平，看老百姓切身的生活体验是好还是不好。"邹先生多年来从事数据研究，却也会道出这般感性的理解，同为计量经济学家，您是如何看待经济增长的？

洪永淼：经济学并非只是研究“经济增长”的问题，还有一个更重要的概念叫作“经济发展”，其维度要更广一些，包括经济增长模式、收入水平、收入差距、生态环境、生活质量、幸福感，等等。其实，这是经济学常识，但在实际中却很难把握。人们常常把注意力放在GDP增速上面，中国GDP增速曾长时间保持在平均9%以上，如今降到6.7%，而美国的GDP增速通常只有2%—3%，相比之下中国经济可谓全速前进。于是，有些人不免沾沾自喜。但若比较两国人均GDP，恐怕又会得出另外的结论。

美国的经济增长主要依靠创新，而不是要素投入，其增长看似“低速”，但经济附加值却是相当大的。以苹果手机为例，美国企业设计，中国企业组装生产，然后再运回美国销售。中国企业在整个价值链中大概只分得4%左右的增加值，而美国企业则拿走了60%左右的利润。过去一段时间，中国主要是依靠要素投入带动经济增长。单位要素、特别是单位劳动力创造的增加值相比发达国家要低很多。从长期看，我们不必执着于经济增长速度，而应该更加关注经济发展的质量。那么，是不是说经济增长速度真的不重要了？我们是不是要减少要素投入，完全依靠创新拉动经济增长呢？答案则不尽然。中国经济体量大，其惯性也是巨大的。要从目前的现实状况跨越到主要依靠创新拉动经济增长的新常态，中间存在一个必经的过渡期，而且这个过渡期可能会比较长。

创新能力的培育受教育、文化、制度建设等诸多因素制约，不可一蹴而就。我们需要在发展中实现创新转型，增速绝不能掉得太快，更不能把原来经济发展的动力一下子全部抽掉。

2008年，珠三角地区产业转型升级率先提出“腾笼换鸟”的概念。但是，一段时间“新鸟”迟迟没有进笼，纺织业等劳动密集型产业却已转移到了东南亚、南亚地区。从某种意义上讲，我们急于转型，无奈却客观为自己培养了若干竞争对手，瓜分走了我们一部分国际贸易市场与外国直接投资份额。

文汇报：近年来，经济学界对于产业政策“好”与“不好”的争论很是热闹。由于经济政策的实施具有不可实验性，我们似乎永远无法知道，倘若一项政策没有实施，那该是怎样一番天地。您认为，这些关于产业政策的争论是否存在积极意义？

洪永淼：一项经济政策，包括产业政策，对经济有无效果，或者效果有多大，不仅仅取决于政策本身的设计，还取决于实施政策的时机、环境、具体条件，有无配套措施，等等。例如，减税等扩张性财政政策，在经济下行、需求不足时可能有效，但在经济过热时则可能有反向效果。政策效应评估是一道难题。

计量经济学有一个专门的领域，被称为政策评估计量经济学，主要是应用计量经济学的方法与工具，在经济数据的基础上对社会经济政策进行量化分析，测度其实施后对某个群体、某个行业或某个地区的“因果”影响。的确，经济政策的实施具有不可实验性，政策评估计量经济学的核心便在于尽量客观地估计无法观测到的虚拟事实，即政策没有实施的情况下的经济状态。某项政策的效应可测度即为政策作用下的实际效果与虚拟事实之差。

例如，著名华人经济学家、南加州大学教授萧政提出了一个基于面板数据的政策评估方法，并应用于评估内地与香港的经济关系。经过科学的量化分析，萧政教授得出结论，虽然回归祖国后香港经济并没有显著增长，但是内地和香港《关于建立更紧密经贸关系的安排协议》对香港地区实际 GDP 增长的贡献约为 4%。

经济政策争论本身具有积极意义，特别是启发公众的思考。但是，更重

洪永淼与美国南加州大学经济学教授萧政在一起

要的是，我们应该用数据与计量方法对政策的效果进行客观评估，“让数据说话”，并分析解读其原因，以提高政策设计的科学性与政策实施的有效性。

管理与文化软实力才是高等教育的核心竞争力

文汇报：对于大学而言，本科教育具有基础地位。有人说，在大学的职能中，科研、社会服务等职能完全可以由科研院所来发挥，唯独本科教育这项职能，任何社会机构都无法取代。于是，校园里没有本科生的教育机构很难被视为主流。WISE 未设有本科，是否也遭遇了类似的尴尬？

洪永淼：尴尬在所难免，例如，学校一些部处机关发通知时，常常会把 WISE 漏掉。本科教育确乃大学之“本”。所以，WISE 要求其教师一定要积极参与到本科教学、本科生培养当中去。

2011 年，WISE 与经济学院合办了一个全英文教学的经济学专业本科国际化人才培养试验班。现在，已经在经济学院 5 个系开办了 5 个本科专业的全英

2017 年 11 月 25 日，WISE 本科经济学专业国际化试验班学生与韩国成均馆大学本科生举行研讨会，交流研究心得

文教学国际化试验班，每个班有40名左右学生。这里所谓的“全英文教学”是指专业课程全英文授课，其目的在于培养具有国际视野，通晓国际规则，能够进行国际交流、合作与竞争的经济专门人才，甚至未来成为国际一流的经济学家与具有国际视野的企业家。我们希望若干年内，专业课全英文授课的范围可以扩展至经济学院每年入学的全部新生，人数规模大致在500人左右。

事实上，单单开办一个试验班进行英文授课并不新鲜，但是要实现整个年级各专业学生的全英文授课，势必需要全面创新本科国际化人才培养模式。我们的国际化试验班绝非仅仅是教学语言的调整，不单单是学生培养形式的创新，更多牵涉的是机制与体制的改革。有人质疑，用英文上课，这不是全盘西化了吗？其实，此举确是在全球经济一体化和增强文化自信的大背景下，适应了培养国际化经济专门人才的迫切需要。

举个例子，目前在国际组织中，中国雇员比例很低。例如，世界银行1万名员工中，约有200名中国人。中国驻联合国粮农组织在全球聘用了大约3200人，其中约有50名中国人。中国职员在国际组织供职比例很低的一个主要原因是严重缺乏“善于交流”的专业人才。这在一定程度上影响到中国在国际组织中的影响力与话语权。另一个例子，美国一流大学要求其本科生到国外大学交流学习一个学年，学分可以互换。很少美国学生到中国高校学习交流，一个重要原因就是中国高校至今还无法实现专业课程全英文教育，从而失去了向外国学生传播中国价值观和中国声音的机会。

文汇报：按照国际通常的说法，高等教育毛入学率15%以下的属于精英化阶段，15%—50%的叫作大众化阶段，毛入学率50%以上的被称为普及化阶段。今天，我国的高等教育毛入学率为40%，计划2020年提高到50%。在高等教育普及率越来越高的今天，提升教学质量就显得尤为重要。您对于提升本科教学质量方面，有哪些思考？

洪永淼：在国内，一个经济学专业本科生一个学期能够修8到10门课。在国外，如果一个学生一个学期内修5门以上课程，大概已经不堪重负了。以康奈尔大学为例，22个学分是条“警戒线”——不允许，或者说不鼓励学生修课过多，以防囫囵吞枣的现象出现，影响学生的学习成绩乃至学业的完成。

如果一个学生选课超过 22 个学分，则需经过学院主管教学的副院长特批。按一门课 4 个学分计算，22 个学分对应 5.5 门课。

一个学期修 10 门课，学生到底是如何做到的？对此我不甚知情，但是可以肯定的是，每门课的内容都不会太充实，学生的学习不可能太深入。到厦大经济学院后我才发现，本科生也好，研究生也罢，很多课程每星期只上一次课，一次课三四小时。老师开心，因为下了课这一周就轻松了；学生也开心，因为下了课他们就可以把这门课丢在一边了。

但是，这样的学习效果肯定不好。于是，我们把一次课拆成两次课，且安排隔天上课，这样学生才有消化的时间。经济学讲究“边际效用递减”。学生在课堂上坐得越久，其吸收知识的能力就变得越差，教学效率与质量都会有所降低。

我们在经济学院启动这项改革的时候，一、二年级的本科生还在与厦大思明校区隔海相望的漳州校区学习。老师们每次上课，都要一大早乘了轮船赶去漳州，其中的辛苦不言自明。原来教师上一门课一周赶一趟漳州校区，现在变成一周两趟。于是，那时候有个笑话，说每天早上在去漳州校区的轮船上都能听到在抱怨我的声音。一个学期下来，很多老师反馈说，他们的备课量增加了 1/3。课程效率提升后，学生的课量、作业量也同时加大。听了这个消息我很高兴。我们想要的效果达到了。于是，我们得出结论：一个学生一个学期修 10 门课是不科学的。

过去一段时间，我们着手进行包括课程设置在内的一系列改革工作。去年年底，我们刚刚集齐经济学院所有课程的中、英文介绍。令人惊愕的是，这个成立了三十多年的学院竟从来没有一份完整的中文版课程介绍。对于国外高校而言，这些材料是最基本的。它们告诉学生，某一门课在哪个学期开设、课程内容大致如何、占几个学分、前修课程包括哪些，等等。这些清清楚楚的标注，对于学生选课很有指导意义，同时，也提供了更大的选择空间。相比较而言，国内多数院校的教学安排往往只从“供给侧”出发，忽视了学生的“需求”。

我想，10 年以后，中国高校将会进入高度的“生源竞争”阶段。这一点，现在已经初见端倪。到那时，你如果跟学生说“我们校园有多大，有多漂亮”，可能就不管用了。管理与文化软实力才是高等教育的核心竞争力，其中包括“润物细无声”的思想教育、人文教育与诚信教育的能力。可惜，今天很多人还没有意识到这一点。

文汇报：去年底，邹至庄夫妇决定为厦门大学分批捐款1000万美元，设立“邹至庄经济学教育基金”。采访时，我曾问邹先生，为什么把积蓄交给WISE？他的回答很简单——“因为我看好这块经济学教育的试验田”。“试验田”里播散着创新与改革的种子，自然也少不了挑战与质疑。作为试验田的耕耘者，请您谈谈WISE的不同寻常之处。

洪永淼：筹建WISE，学校最初的设想是把它作为经济学院的下属单位。当时，我的意见很明确——WISE需要相对独立。国际化办学就是需要跳出当时的体制，尝试一条不太一样的路。幸运的是，我们得到了学校领导的大力支持。后来证明，这第一步恰恰是最为关键的一步。

“国际化”绝非生硬地模仿国外高校，需要结合国内实际，否则只能是徒有其表。提升学术管理水平，无疑是最为重要的一环。细节决定成败。很多时候，我们喜欢谈论大的、方向性的东西，却往往忽视了那些“鸡毛蒜皮”的小事。办学是大事，但绝不可以忽略管理细节在其中所能够发挥的巨大影响。例如，为了改善学术环境，我们花在构建行政技术团队上的精力比其他方面要多得多。

WISE成立之初，我曾邀请一位美籍华人学者过来讲学。这位学者给研究院秘书发了一封电邮，告知其机票信息。秘书收到邮件后，就马上着手安排酒店、接送车辆等一系列事宜，唯独没有及时回封邮件给这位学者。人家左等右盼，就是不见确认信息，时间安排无法落地，最后只好再来问我。可以说这是文化上的差异。我们常常习惯于把事情都安排妥当以后再告诉人家。但是，不可否认这就是专业性缺失的表现。可能有人觉得，这不过小事一桩，但是国外学者就是会通过这种细节来进行比较，然后做出选择。

今年年初，康奈尔大学两个即将毕业的学生告诉我，他们收到了国内很多高校的加盟邀请，唯独WISE的人事秘书的那封信写得最“走心”。其实也不过一个小小的细节，就是人事秘书把收信人的名字端端正正地写在了信首，而不是用一个冰冷的模板拿去群发。

WISE 对行政技术人员的一项基本要求是，有事通知教师时，除非是紧急事项，否则请不要打电话或者直接去敲门，发电子邮件就可以了。因为教师在办公室里，可能正在思考一个问题、证明一个定理，电话或者敲门声一响，思路可能就中断了。

我每年都会邀请一两位国内学者到康奈尔大学去做访问学者，一年后我会问他们，中美学术环境最大的差别在哪里？他们的回答往往就两个字——“填表”。国内很多学人都在抱怨填表多、难、烦，尤其是年终的时候，各种表格要填。人事处、研究生院、社科处等等，各个职能部门又不联网，于是表格满天飞。所以我们需要做的是，打通行政、外事、教学等网络，真正连成为一体，信息共享。

WISE 很多学术活动都是在晚上或者周末进行的，几乎每个周末都有学术活动。每场活动背后都有一个行政技术服务团队在加班加点地运作。除了机制体制创新外，WISE 主要依靠行政技术人员的奉献与努力，确保教学研究与学术交流等活动高效率地运转。

年轻学者的学术思想还没成型，不宜过早地热衷于建言献策

文汇报：如今，越来越多的中国学人从海外学成归来，回国投身高等教育事业。“海归院长”成了一个醒目且重要的群体。作为厦门大学经济学院、WISE 两院院长，您如何处理行政管理工作与个人的学术研究之间的关系？

洪永淼：2005 年，我到厦大参与创建 WISE，从此开始了繁复的日常学术行政管理工作。我每年还有一部分时间在康奈尔执教。十几年来，人在国内时，全身心投入厦大经济学科，而因为时差原因，人在美国时，则白天为康奈尔工作，晚上为厦大工作，因为行政管理是不能够中断的。

我本人的学术研究，毫无疑义地受到很大的影响。我已经几乎有十年没有发表过独立署名的英文论文了。由于精力有限，我已经无法像以前那样靠一

己之力，完成从理论证明到实证研究，以及数据收集、建模、计算机模拟、数据分析等所有的研究工作了。很多事情只好依赖合作者以及所指导的学生来完成。对年轻学者来说，独立署名论文是一个非常重要的评价标准，因为它所体现的是一个学者的独立研究能力。

中美高校对院长等管理角色的期待是不同的。美国高校的管理者比较职业化，主要看重的是院长的学术眼界与学术管理能力，并不苛求院长的学术水平。而国内的情况则不同，首先看院长在学术贡献与学术能力上是否可以服众。

文汇报：您曾经在文章中提到，经济学未必要通俗易懂。您认为，经济学家有责任发表一些通俗易懂的科普性文章吗?

洪永淼：经济学家有责任发表大众化、科普性文章，但要区分不同的群体。只有当一名学者在某一领域的研究已经很深入、很成熟的时候，才具备全面总结的条件。他才可能对于专业问题有深刻的感悟与理解，才有能力用深入浅出的语言阐释抽象的经济学原理。所以，写普及性文章，编写教科书、学术论著，应该是一个学者到了研究生涯比较高级的阶段才可以做的事情。

对于年轻学者而言，他们的学术思想还没成型，学术地位还没有建立起来，所以应该把精力更多地放在学术研究上面。如果一个年轻学人过早地热衷于建言献策，忙于大众化、通俗化的演讲，或者发表散文式的经济学文章，那么很可能会浪费其宝贵的科研时间，甚至断送其科研生命。毕竟科学研究的黄金岁月一去不复返。

评价一个经济学家的学术水平、学术贡献，最主要的标准就是学术论文。现在很少有经济学家是通过写书来体现自己的学术研究与学术能力的。

文汇报：2016 年 4 月，教育部正式公布了第四轮学科评估指标体系，确定了相关学科的 A 类期刊名单，此后便在学界引起了轩然大波。有经济学人质疑“中国经济学为什么一定要用国际标准”。对此，您有何看法?

洪永淼：中国作为全球第二大经济体，已成为全球经济一体化的主要推动者与领导者。然而，与中国经济相比，中国经济学在国际上的话语权还是比较弱的。我们今天要建设“中国特色、世界一流”的经济学科，只有采用国际标准，才更容易获得国际同行的认同。另立标准，或将会导致偏差。

中国经济学的中国特色主要体现在其研究内涵，特别是在马克思主义理论指导下，构建中国特色社会主义市场经济理论，形成“中国经济学派”，提升中国经济学在国际上的话语权与影响力。为此，需要用国际语言讲述“中国故事”。而用国际语言讲好“中国故事”，离不开国际通用的、规范化的研究范式。

中国经济学向前发展，只靠思想创新是不够的，研究方法与研究工具也必须与时俱进，这方面是中国经济学的“软肋”。

在全球化的今天，任何一个先进的理论都需要、同时更有责任进行国际交流，争取国际同行的认可，不断扩大其在世界范围内的影响。学者发表学术论文，这是现今同行之间交流的最有效形式之一。国外经济学的学科评估体系相对成熟、规范，其中自然不乏我们可以借鉴的经验。

遗憾的是，今天国内经济学界不少人对于数学等定量分析工具的使用依旧存在偏见。研究过程中，如果学者对于数学工具的使用多了一些，难免招致“故弄玄虚”“故意让人家看不懂”的指责。我本科读的是物理学专业，一直纳闷为什么从来没有人抱怨物理学家写的东西晦涩难懂呢？其实，每个学科都有一套自己的语言体系，学者应该运用共同的语言、研究工具与同行进行交流。

在国内一些高校，一篇媒体文章、一个政策报告，如果获得各级政府领导的批示，可能就可以顶一篇甚至几篇A类期刊的文章。我认为，这种做法在学术上是不够严谨的。在美国，经济学家在《华尔街日报》《纽约时报》、CNN等知名媒体发声，永远都不会成为他们评定“终身教职”的依据。家喻户晓的公众影响力，也不能替代专业的研究能力和教学水平。在学术上，学术贡献才是评价学人的唯一依据，至少是最重要的评价标准，否则恐怕会产生消极的示范效应，不利于改善目前国内相对浮躁的学术风气。

厦门大学举办中国经济学南方论坛[①]

《厦门日报》记者　佘　峥　通讯员　王瑛慧

由南方9所著名高校的经济学院和一家出版社发起的“中国经济学南方论坛”昨日在高温中诞生，论坛的使命是不仅要让南方经济学家声音更加嘹亮，还要把脉诸如“中国经济是否是‘低温条件下的高烧’”之类的现实问题。

为老百姓关心的问题而研究

昨日在厦门大学成立的中国经济学南方论坛，由复旦大学经济学院、南京大学经济学院、山东大学经济研究院、上海交通大学安泰经济与管理学院、四川大学经济学院、武汉大学经济与管理学院、厦大经济学院与王亚南经济研究院（WISE）、浙江大学经济学院、中山大学岭南学院九家经济学院和研究院，以及上海世纪出版集团共同发起。

“这类区域性经济学论坛可能是国内第一个。”中国社科院顾问、WISE名誉院长王洛林昨日在开幕式的致辞，可以帮助人们了解论坛成立的背景。王洛林在厦大工作生活32年，曾经任厦大党委书记，后任中国社科院常务副院长。2005年成立的王亚南经济研究院是以他的父亲——著名经济学家王亚南的名字命名的。不过，王洛林说，这个论坛引起他兴趣还有另一个重要原因。他说，由于历史原因，中国很多重要高校都集中在北方，南方经济学研究力量相对薄弱，这和南方改革开放以来蓬勃发展的经济不相适应。王洛林说，事实上，经济学家面临很多急需解决的问题，例如，目前高速发展的经济并没有带来全球高通货膨胀的原因，有人认为这是因为经济全球化产生的影响，还有人

① 本文首刊于2007年7月26日的《厦门日报》，原题为《南方经济学家将有更多话语权》。

王洛林在中国经济学南方论坛上演讲

认为是“低温条件下的高烧”。

王洛林饶有兴趣地引用了他在电梯里和一位老太太的对话。老太太问他：现在全球流动资金过剩了，我手上的股票是否要抛了？这个问题把王洛林问得哑口无言，也问得感慨万千。

他说，经济学和金融学已经越来越进入人们的生活了，但是，经济学家对目前面临的很多经济问题还是找不出答案。王洛林说，对于老师来说，我们总不能老是跟学生说：这个问题是没有定论的。

他鼓励南方论坛能在此方面有所作为，找出这些问题的答案。

论坛“推手”是WISE

有消息说，论坛的“推手”是WISE。WISE院长洪永淼表示，论坛的成立可以追溯到两年前，当时厦大和上海交大等高校开始讨论成立论坛的可能。洪永淼说，论坛成立的初衷之一，的确就是想让南方经济学家们的声音能更响亮些。还有一些更务实的考虑。洪永淼举例说，论坛的一大好处是我们可以共同分担对外交流成本的可能，例如，可以共同邀请国外学者讲学，几家分摊就节省了。当然，意义远非如此。昨日论坛发表的声明中还指出，要探讨提高经济学教育与研究水平的合作的可能。洪永淼说，下一步预备举办博士论坛——每所学校的培养方式不尽相同，例如，复旦强项在于宏观经济学，厦大强项在于计量经济学，通过交流，博士生们可以互相学习；此外，论坛还酝酿老师之间的交流，弥补各校师资配置的不足。

论坛要成为规则的制定者

虽然名为“南方论坛”，但是，山东大学也加入其中，所以，北大光华管理学院院长张维迎一看到山东大学经济研究院院长黄少安，张口就问他：你怎么会到南方来？惹得哄堂大笑。

洪永淼说，这也是我们要追求的一个目标——我们不是要形成小集团，论坛最终要形成开放式的。

张维迎的出现本身就是一个很好的注解。他在发言中鼓动论坛成为游戏规则的制定者，而不是追随者。他说，大家聚在一起，如果仅仅是为了按原来的游戏规则去玩——比赛谁的基地最多，重点学科有几个，或是“××学者”有几位，那就没有意义了。

张维迎说，如果论坛能联合起来，大家都不屑于仅仅做一些事，那么，你们自己就能制定游戏规则。

解读“中国梦”，推动“接地气”的普惠改革[①]

人民网福建频道　林长生

正在海南举办的博鳌亚洲论坛向世界传递中国进一步推出改革开放新举措的强音，2018 年 4 月下旬将在福建举办的首届数字中国建设峰会将体现大数据时代的互联互通，而首届习近平新时代中国特色社会主义经济思想研讨会 9 日在经济特区厦门顺利落幕，这些都跟中国坚持在新时代“以人民为中心”的发展思想紧密相连。

首届习近平新时代中国特色社会主义经济思想研讨会成功举办后，洪永淼接受人民网专访。这位国际知名经济学家谈了大数据时代厦门大学经济学科“接地气”的改革尝试、计量分析“以人民为中心”的发展思想。

大数据时代：计量分析“中国梦”和“幸福感”

4 月下旬，首届数字中国建设峰会将在福建举办，这是党的十九大之后我国信息化领域最高规格的盛会。洪永淼认为，在经济与管理领域，计量经济学等数量分析方法与工具的应用可以为“数字中国”作出更大贡献，在大数据时代发挥更大的作用。

就数据产生和收集而言，中国的规模在全球是领先的，而且发展速度非常快。《中国互联网 + 数字经济指数（2017）》的报告显示，2016 年全国数字经济总量已占到全国 GDP 的 30% 了。中国互联网用户达到 7.3 亿，超过美国和欧盟人口的总和。他表示，中国每天都在产生大量的数据，这么庞大的数字规模是中国特色的优势。这些复杂数据包含非常有价值的一些信息。怎么去挖掘

① 本文首发于 2018 年 4 月 12 日的人民网——福建频道，原题为《在大数据时代计量分析“中国梦”》。

这些信息，挖掘其复杂现象背后的因果关系，对我们预测经济的走向，对经济政策进行客观评估，包括对金融风险管控和经济管理精细化都非常有帮助，在这些方面，计量经济学等定量分析方法将大有可为。

计量经济学不是唯一的研究方法，但在大数据时代是比较重要且有用的一种方法。例如，洪永淼与厦大经济学科同事张兴祥、钟威教授合作的论文《国民幸福感的指标体系构建与影响因素分析——基于LASSO的筛选方法》，以调查数据为基础，构建国民幸福感的定量指标体系，来衡量“中国梦”的实现大致达到什么程度，有哪些比较显著的影响因素。他们合作的论文在本次习近平新时代中国特色社会主义经济思想研讨会上宣读后，引起不少与会者的兴趣。“中国梦”研究涉及“国民幸福指数”，如何用数据来测度人民的主观幸福感，不同的学者可能会提供不同的方法。洪永淼认为，应批判性地借鉴西方经济学、心理学的一些比较先进的研究方法，并加以修正和创新，用比较客观、合理、科学的方法来测度中国人的幸福感。此前，他与张兴祥合作的论文《“中国梦”与“美国梦”网络关注度的相关性研究——基于百度指数和谷歌指数的实证检验》已在《厦门大学学报（哲社版）》上发表，这篇论文也采用了计量经济学方法，考察中美两个“国家梦”的网络关注度。论文发表后，被《高校文科学术文摘》转载。

“计量经济学是以数据为基础，结合经济理论，通过统计方法进行比较客观的推断分析。”洪永淼认为，这种实证定量分析方法是中国社会科学包括政治经济学比较缺乏的。将定性分析和定量分析两者结合起来，可以比较精确研究经济变量之间的关系，特别是因果关系以及变化趋势，这也是在学科建设上“补短板”。进入21世纪以来，厦门大学经济学科一直在“补短板”，同时加快包括政治经济学在内的传统优势学科的转型升级。

洪永淼一直提倡用现代方法来研究政治经济学。他说，除了历史分析、逻辑分析研究方法，我们还可以批判性地借鉴现代西方经济学的定量分析方法。洪永淼也提倡用量化方法对经济政策进行评估。用科学的量化方法来进行政策评估，帮助政府部门设计出更科学、更精准的经济政策。

当然，洪永淼强调，经济学家运用计量分析等现代方法研究中国特色社会主义政治经济学，要坚持站在中国人的立场，做好马克思主义中国化的研究。

坚持马克思主义：站在中国人的立场落实共同富裕

这次举办的习近平新时代中国特色社会主义经济思想研讨会暨改革开放四十周年回顾与展望，将国内政治经济学界不少大咖邀请过来，延续了以王亚南为代表的老一辈厦大经济学家开创的学术好传统。洪永淼表示，1923 年，厦门大学设立政治经济学；20 世纪 40 年代，王亚南开设并主讲马克思主义经济学，他创立的"厦大经济学派"也是中国经济学派的一个重要组成部分。王亚南是在中国经济学家里最早提出"中国经济学"这个概念并坚持"站在中国人的立场上来研究经济"的。

"王亚南勇攀高峰、学以致用的科学精神，就是厦大四种精神之一。中国年轻一代经济学家，应该好好学习王亚南站在中国的立场去研究问题的治学态度。"洪永淼认为，王亚南是马克思《资本论》的翻译者之一，他不但翻译《资本论》，还运用马克思主义经济学基本原理与方法来分析中国经济问题。西方的经济学家，像亚当·斯密（Adam Smith）写《国富论》宣扬自由贸易，服务于英国资本主义的工业革命，是为了英国的国家利益服务；弗里德里希·李斯特（Friedrich List）是德国的经济学家，由于德国是后发国家，他提出贸易保护理论，其实也是为了德国的国家利益。而马克思主义政治经济学，就是工人阶级和社会主义国家的理论武器，同样要为国家、人民的利益服务。

"站在中国的立场看问题，就不容易迷失方向。"洪永淼说，在全球化时代，我们原先的"三来一补"加工和出口原材料，在全球价值链中所获得的附加值是很低的。现在中国的一些高科技公司如华为、中兴通讯等，与美国的思科等公司相比，在一些高端技术上可能已不相上下了，这对跨国资本和西方国家的高科技公司形成一定的竞争压力，不可避免地导致利益再分配的博弈。因此，在经济全球化的时代，中国经济学家应该站在中国人的立场，提出解决因应之道。

中国特色社会主义政治经济学，产生于中国 40 年改革开放的伟大实践。

洪永淼指出，中国过去 40 年以市场化为导向的经济改革，比较注重资源配置的效率，使经济得以快速发展，已成为世界第二大经济体。但是，在经济快速增长的同时，中国也出现大部分国家存在的贫富差距拉大和腐败现象，劳动收入的份额在 GDP 中的占比也在下降。要解决这些问题，实现共同富裕的目标，就必须以新发展理念为指导，坚持“以人民为中心”，用改革和发展的眼光来分析和解决问题。

改革普惠身边人：“同工同酬”打破体制大锅饭

清明节期间，厦门大学 97 周年校庆系列活动中有两场活动特别引人瞩目：首届厦门大学“一带一路”发展论坛和首届习近平新时代中国特色社会主义经济思想研讨会暨改革开放四十周年回顾与展望。这两场活动交叉开展并顺利谢幕，赢得来自四面八方的专家学者和宾朋的交口赞誉，彰显厦门大学经济学科学术研究水平和高效的行政技术服务能力。

参与编辑本书的部分工作人员

“我们一直致力于打造一支高效专业的行政技术服务团队，为我们的老师和同学们服务。”洪永淼提到，厦门大学经济学院与WISE主办的两个大型的会议顺利举办，最重要的是有一支非常可靠且高效的行政技术服务团队。

在不少地方，行政、技术人员有编内编外之分，体制外的人在工作过程中多多少少有一种被歧视的感觉。厦门大学经济学院和WISE率先打破体制樊篱，对行政技术人员实行“同工同酬”，让从市场招进来的有能力的人的工作贡献得到肯定，从而激发了更多人的工作积极性与主动性。随后进行的各项改革，也激发了更多人的积极性和主动性。

“我们坚决打破过去的平均主义‘大锅饭’，设立了一套比较有效的绩效考核方案。”洪永淼说，教学数量和教学质量分别纳入考核，充分体现多劳多得、优劳多得，国家级课题获得立项，在国内外顶尖期刊发论文，也都有相应奖励，真正体现了社会主义按劳分配的原则。

经济学科每年拨出600万元用于绩效奖励，其中450万元用于教学奖励，这种做法也让不少同行艳羡。老师上课的课时数跟教学奖励成正比，教学质量评估也与奖金挂钩。在课程评价体系中，为了更加客观，学生打分最高的10%和最低的10%去掉，避免异常值带来的偏差。

改革的成果也是显著的。厦门大学打造世界一流的经济学科，学术研究成果也得到国内外同行的认可。2017年，经济学院与WISE两院教师在《经济研究》上发表了15篇论文，创下厦大经济学科历史上的最高纪录。

这些改革成果的取得，是厦大经济学院与WISE广大师生共同努力的结果。

世界级学者的家国情怀和邹至庄经济研究中心[①]

洪永淼

2016年12月4日，厦门大学邹至庄经济学教育基金暨邹至庄经济研究中心成立与揭牌仪式在厦大颂恩楼隆重举行。这是厦大经济学科的一件盛事，也是中国经济学界的一件盛事。教育基金和研究中心，实际上是由邹至庄教授与夫人邹陈国瑞女士共同资助设立，这从相应的 Gregory and Paula Chow Foundation for Education in Economics 与 Gregory and Paula Chow Center for Economic Research 的英文名称中体现出来。

邹至庄经济学教育基金主要来源于邹至庄教授与夫人的个人捐赠、厦大配套经费以及关心中国经济学教育热心人士的捐赠等，其中邹至庄教授与夫人将

邹至庄经济研究中心成立揭牌仪式

① 本文首发于2016年12月7日的厦门大学经济学院官网，原题为《洪永淼：家国情怀思盛举，学林琴瑟筑高台——祝贺厦门大学邹至庄经济学教育基金暨邹至庄经济研究中心成立》。

邹至庄经济研究中心牌匾

分批捐资总计1000万美元，首批捐赠已经到位。厦大对捐给邹至庄经济学教育基金的款项将按1∶1比例提供配套资金。邹至庄经济学教育基金实行专款专用，用于厦大经济学科特别是厦大邹至庄经济研究中心的运行以及经济学科开展学术活动所需的费用。

邹至庄经济研究中心共有20个专任教师编制，并且将采取双聘甚至三聘形式，聘请经济学院与王亚南经济研究院（WISE）符合中心要求的优秀教师为邹至庄经济研究中心研究人员。邹至庄经济研究中心的中英文网站（www.chowcenter.xmu.edu.cn）已经建好并投入使用。

很多人问我，为什么世界级学者邹至庄教授与夫人将邹至庄经济学教育基金与邹至庄经济研究中心设在厦大？我说，这是因为他们对厦大经济学科的厚爱。同时，这也是厦大经济学科的荣光。

厦大经济学科已有近百年的历史。95年前，厦大建校伊始便设商学部，其中的银行科和贸易科就是现在经济学院的金融系和国际贸易系。20世纪40年代，以王亚南、郭大力为代表的厦大经济学者创立了具有鲜明特色的厦大马克思主义经济学派，在国内负有盛名，厦大也因此在改革开放之后的1982年，在全国综合性大学中第一个成立经济学院。

进入21世纪以来，厦大在全国率先推行国际化办学战略方针，一个与国际接轨的新型的现代经济学教育研究机构——WISE 于 2005 年应运而生，成为厦大经济学科的一个国际化办学窗口。十多年来，WISE 与经济学院一道，在学校以及机关各部处的大力支持下，坚持改革与发展，坚持国际化，在学科建设、师资队伍、科学研究、人才培养、社会服务以及对外交流各方面取得长足的进步，同时也深刻改变了厦大经济学科的学术文化，并与国内其他兄弟院校一道，改变了中国经济学的学术生态。在 WISE 建设与发展过程中，邹至庄老师作为研究院的学术顾问与客座教授，作出了重要的贡献。自 WISE 成立以来，他几乎每年都来授课、交流，与本科生共品下午茶，与年轻教师合作研究，为他们提供学术指导。邹至庄教授的敬业精神是非常值得我们后辈学习的，就拿这一次到厦大讲学来说，因为上课、讲座等活动排得满满当当的，邹至庄教授都没能好好休息，身体不大舒服。我们劝他上课暂缓一缓，但他说，

2016 年 12 月，邹至庄教授、邹陈国瑞女士与洪永淼在经济楼邹至庄经济研究中心牌匾前合影

其他活动可以取消，唯独上课不能取消。WISE 目前在国际上有一定的学术声誉，也是与邹至庄教授的亲切关爱与大力宣传分不开的。他除了撰文在英国《金融时报》(*Financial Times*) 中文版等媒介专门介绍 WISE 外，还在普林斯顿大学以及其他很多学术场合，一有机会就介绍、宣传 WISE。我遇到不少外国学者，他们都知道 WISE 以及我在 WISE 工作，他们当中很多人的信息是从邹至庄教授那里来的。

众所周知，随着 20 世纪 70 年代末开始的改革开放，中国经济学迎来了一个大转型、大发展，邹至庄教授正是中国现代经济学教育的精神领袖与实际推动者。早在 1980 年，他就参与组织“颐和园计量经济学讲习班”并亲自授课，这个讲习班培养了中国本土第一代计量经济学家。随后，邹至庄教授在北大组织“微观经济学讲习班”。我们现在使用的“微观经济学”这个中文词就是邹至庄教授从英文“Microeconomics”翻译过来的。20 世纪八九十年代，邹至庄教授担任美中经济学教育与交流委员会的美方主席，与当时的中国国家教委合作，发起、推动“邹至庄留学项目”，以及历时 11 年的“经济学培训中心”。目前在北美、欧洲、亚太地区世界名校担任终身教授的华人经济学家，以及回国推动中国经济学教育改革，或者直接参与中国经济金融改革实践的海归博士，其中很多人都是当年参加过邹至庄教授发起、推动的这些项目，我本人也是“经济学培训中心”项目的直接受益者。可以这么说，邹至庄教授除了其世界性学术贡献与影响之外，他在过去近 40 年对中国经济学教育的杰出贡献也是大家有目共睹的，而且他对未来中国经济学教育的贡献与影响，也将会由他培养的学生们，一代又一代地传下去。

邹至庄经济研究中心在厦大正式揭牌成立，标志着厦大经济学科进入了一个新的历史发展时期。今后的厦大经济学科共有三个组成部分，即经济学院、王亚南经济研究院和邹至庄经济研究中心，可谓是“三位一体”，或曰“一体两翼”，充分体现了厦大经济学科历史与现代、本土化与国际化的完美结合。

在国内，学习过经济学特别是政治经济学的人，无人不知王亚南与《资本论》。在国际上，学习过现代经济学的人，无人不知邹至庄与邹氏检验。王亚南和邹至庄这两位学术大师，是厦大经济学科的亮丽品牌、无形资产和珍贵的精神财富。王亚南和邹至庄属于不同时代的人，研究领域也不一样，但他们有很多共同点。例如，他们都是站在中国人的立场上，以开放的胸怀，应用他们所处时代的先进经济理论与分析方法，研究中国经济现实问题。几十年来，邹至庄教授是美国经济学术界公认的研究中国经济问题的权威学者，而且他非常善于应用理论来指导实践。20 世纪六七十年代在中国台湾地区，80 年代在中国大陆，邹至庄教授先后为两岸经济改革与发展建言献策，作出了重要贡献。虽然长期居住美国，邹至庄教授的中国心与家国情怀也是大家公认的。这里我只讲一件事。1989 年北京“政治风波”过后，以美国为首的西方国家制裁、封锁中国，中断了与中国的各种正式交流与合作。就在当年 8 月，邹至庄教授率领美国科学家代表团，顶着各种压力，访问中国，确保中美经济学交流合作项目的顺利进行，这在当时是需要有极大政治勇气的。这次捐资成立邹至庄经济学教育基金暨邹至庄经济研究中心的盛举，也是他家国情怀的一种最真挚的表达。

仰仗邹至庄教授世界级学术大师的学术声誉与社会影响力，新成立的邹至庄经济研究中心无疑将成为厦大经济学科更高层次国际化的新引擎，为厦大经济学科的全面发展提供新动能。邹至庄经济研究中心将参照国际成功经验，创新体制机制，除了聘任一批全职精干的青年学者以及与经济学院、WISE 合聘优秀研究人员外，还将聘任一批世界级学者作为学术顾问与资深兼职研究人员，并且通过各种访学计划，经常性地邀请国内外具有巨大学术影响力的学者前来访问、交流、合作研究，在经济学基础理论与经济政策研究方面，做出原创性的国际化的学术成果。同时，坚持教研结合、教学相长，培养一批国际一流的青年经济学家，打造中国经济学人才高地。

中西合璧，共襄盛举。邹至庄经济研究中心的目标，是成为立足中国、世界一流的经济学教育、研究与交流中心。吾辈勠力同心，必臻其远，必致其高，为厦大经济学科，为中国经济学教育与研究，为实现中华民族伟大复兴的中国梦，贡献一分力量。

第三篇 理念

洪永淼认为中国经济的转型与改革，包括国际化、“走出去”做得非常成功，但相对中国经济发展的成功，中国经济学教育与研究的国际化水平尚处于起步阶段。国际化水平的提高，不是某个形式上的训练就可以实现，而必须在教学理念上进行根本性变革。

洪永淼主张学习引进、消化吸收海外先进的教育理念、课程体系、研究范式和研究方法等，以国际标准推进改革，积极参与国际合作与竞争，通过在国际主流学术刊物发表学术论文、联合办学等，提升国际学术影响力。现在的经济学教科书或者理论很多来自西方，因此，国内的经济学教育虽然目前还必须以学习、借鉴国外比较先进的经济学理论为主，着眼于国际化，但在国际化过程中，要注意从中国现实经济问题和实践当中总结理论。

同时，洪永淼还认为，中国特色社会主义市场经济的伟大实践可以提炼出原创性经济理论。过去 40 年中国取得的经济进步是举世瞩目的，但西方国家很少有人承认中国是市场经济国家。中国特色社会主义市场经济的伟大实践是人类经济发展史上的伟大奇迹，为经济学研究提出了全新的时代命题，也提供了丰富的素材。对此，我们既要充满自信，更要加快理论创新步伐。

中国特色社会主义伟大实践可提炼为原创性经济理论[①]

洪永淼

一、新中国成立70周年取得的巨大经济成就

据经济史学家麦迪森（Angus Madison）《世界经济千年史》估算，鸦片战争前的1820年，中国GDP占世界经济总量的32.9%，居世界首位，其时西欧各国的总和为23.6%，美国和日本分别占1.8%和3%。鸦片战争后，由于帝国主义列强的侵略，中国经济长期遭受掠夺，加上战乱频仍，国力日益衰微。新中国成立时，中国GDP占世界经济总量已降至5.2%。受"文革"影响，到1978年改革开放之初，中国GDP跌至历史低谷，占世界经济的比重为1.8%，只有美国的9.4%，排在世界第11位；人均GDP是排到世界第134位。

党的十一届三中全会确立了以经济建设为中心的基本国策，开始探索中国特色社会主义市场经济发展模式，中国经济从此驶入快车道，国民经济以年均9%的速度增长。2010年，中国超过日本，成为全球第二大经济体。2018年，中国GDP达13.6万亿美元，占世界经济总量的16.2%，是美国GDP的66.3%；人均GDP达9608美元，跃升至世界第68位。改革开放40年来，中国主动参与经济全球化，发展成为第一大工业国、第一大货物贸易国以及第一大外汇储备国，重新回到世界经济舞台中心。中国建立了全球最完整的制造业体系，生产任何一种产品的原材料、中间材料，都可以在中国找得到，而且从产品设计、生产加工到销售等各个环节，均具备成熟的供应能力。中国的科技

---

① 本文系作者应《经济研究》"中国经济学70年：回顾与展望——庆祝新中国成立70周年笔谈"的邀请而写，首刊于《经济研究》2019年第10期。作者感谢厦门大学经济学院和厦门大学王亚南经济研究院张兴祥、王艺明、薛涧坡教授的帮助。

实力进一步增强，主要科技创新指标稳步提升，2018 年全社会研发经费支出 3184 亿美元，研发经费占 GDP 的比重超过欧盟 15 个比较发达的成员国的平均水平，成为全球第二大研发大国，而研发人员总量、发明专利申请量和授权量均居世界首位。虽然整体上与西方发达国家技术水平还存在相当大的差距，但是中国在一些关键领域比如电子商务、金融科技、大型装备、高铁、核电、5G 等，已实现“弯道超车”，开始领跑世界。

作为世界第一人口大国，中国经济长期保持高速增长，这在全球范围内找不出第二个。值得一提的是，中国反贫困的成就举世无双。根据世界银行早前公布的数据，中国极贫人口占世界极贫困总人口的比例，从 1981 年的 43% 降至 2010 年的 13%。按照中国官方的统计口径，通过反贫困措施尤其是实施“精准扶贫”后，中国贫困人口已由 1978 年的 7.7 亿下降至 2018 年的 1660 万，贫困发生率也由 1978 年的 80%锐降至 2018 年的 1.7%。

无论是纵向还是横向比较，中国经济进步都是举世瞩目的，全世界没有人否认中国改革开放 40 年来所取得的巨大经济成就，但西方国家很少有人承认中国是市场经济国家。这里有很多原因，最主要在于中国经济学理论的国际话语权太弱。中国特色社会主义的伟大实践是人类经济发展史上的伟大奇迹，为经济学研究提出了全新的时代命题。原创性理论是中国经济学进入国际学术殿堂的“入门券”，也是学术高质量发展的标志。从这个意义上说，中国特色社会主义经济建设的伟大实践值得认真归纳和总结，并将之提升到原创性的经济理论高度。

二、中国经济学原创性理论与中国取得的经济成就不匹配

早在 20 世纪 40 年代初，王亚南就意识到开创中国经济学原创理论的重要性，提出建立“中国经济学”的想法。鉴于当时中国经济学界总体研究水平落后于西方，对舶来品的理论学说表现出模仿盲从或“人云亦云”的征象，他发出“我们应以中国人的资格来研究政治经济学”的呼声，并希望“我们要由政治经济学的研究，逐渐努力创建一种专为中国人攻读的政治经济学”。从中国

经济学发展的历史轨迹看，王亚南提出的命题至今仍未过时。

新中国成立后，由于深受苏联政治经济学教科书理论形式和方法论的影响，中国经济学界偏重于研究生产关系，忽视资源配置问题，实际上是按照“苏联模式”进行社会主义计划经济建设。改革开放后，中国经济学家大胆拨乱反正，从传统计划经济的思想桎梏中解放出来，对中国确定社会主义市场经济体制，探索适合本国国情的发展道路，尤其是推动中国模式在实践上的不断完善和理论上的不断自觉，发挥了巨大的理论指导作用。同时，中国经济学家积极学习借鉴西方现代经济学的有益成分，“洋为中用”，经济学一跃成为中国社会科学中最为国际化的一个学科。

不过，应该看到，与70年来中国经济所取得的巨大成就以及所产生的国际影响力相比，中国经济学理论研究要逊色得多，与中国取得的经济成就极不匹配。中国经济学虽也取得重要的进步，但远不如中国经济转型那么成功，尤其是学理意义上的理论原创性不足。改革开放以来，国内经济学界提出不少重要理论观点，如社会主义与市场经济兼容、双轨制、渐进式改革、土地“三权分置”等，但这些还称不上是原创性的经济理论，未被国际同行所熟悉与认可，需要进一步提炼与体系化。总体上看，中国经济学还处于一个较低的发展阶段，国际学术影响力与话语权较弱。在实际应用方面，中国经济学服务国家经济发展的能力也明显不够，包括国家推动建设的新型智库在内，综合研判能力不足。

诺贝尔经济学诺奖得主罗纳德·科斯（Ronald Coase）曾说：“在过去，经济学曾是英国主导的一个学科，现在美国成了经济学的主导。如果中国的经济学家能有正确的态度，那么经济学就会成为中国主导的一个学科。”中国经济学家值得为这样的宏大愿景而努力。

三、哪些研究领域中国可以做出原创性的理论突破

中国经济学的原创性贡献，必然根植于中国特色社会主义伟大实践。中国经济学家既要继承与弘扬马克思主义政治经济学的研究范式，又要批判吸收西

方现代经济学的有益成分，实现对后者的超越。尤其在以下几个研究领域，中国经济学最有可能实现理论突破：

第一，中国经济发展模式。随着中国经济在全球经济体系的重要性日益凸显，中国经济问题日益成为世界性的经济问题，中国经济学家需要对此提出中国观点与中国方案。改革开放40年的经验表明，中国模式是一条成功的发展道路，但这条道路是否具有普适性？是否可以为广大发展中国家提供经验借鉴？这就需要我们将其学理化、理论化、系统化，从概念、基本假设、理论推演到实证检验，都要做到逻辑自洽。

第二，政府与市场的关系。全世界没有一个国家像中国这样拥有这么多政策工具。中国政府所掌握的经济资源，以及通过各项法律与政策对经济活动进行调节的深度与广度，全世界也没有哪个国家能出其右。可以说，在研究政府与市场这一经济学最基本的关系方面，中国经济学家拥有全世界最丰富的“政策数据库”，这是中国经济学的一个主要特色和显著优势。结合改革前后正反两方面的实践，中国经济学家有可能凝练出“看不见的手”与“看得见的手”之间的辩证关系。在政策研究领域，如何利用现代经济学包括行为经济学、实验经济学特别是计量经济学的评估方法，对经济政策进行科学的顶层设计与量化评估，提高政府资源配置的能力与水平，这是中国经济学家必须深入思考的现实课题。

第三，收入分配和共同富裕。经济全球化时代，收入差距日益拉大现象不仅存在于发达国家，也存在于很多发展中国家，这是一个全球性经济现象，也是马克思《资本论》所揭示的资本主义生产方式发展基本规律。西方国家对此都束手无策，甚至出现了“逆全球化”现象。中国则主动抓住了经济全球化的战略机遇，实现了跨越式的发展，同时，因为有以人民为中心的中国共产党的强有力领导，中国正在积极探索解决收入分配差距问题与社会不公平现象，目前的“精准扶贫”即是一个明证。中国经济学家擅长于制度分析、阶级分析和利益分析，因此在发展经济学尤其是收入分配和共同富裕方面，可以作出原创性的理论贡献。

第四，数字经济条件下的经济行为与运行规律。前几次工业革命，中国要么错过，要么跟在别人后面，但以信息技术、互联网、移动互联网、人工智能、云计算为特征的新一轮工业革命，中国不仅及时跟上，而且许多领域已走在前列。信息技术革命正在改变人类的生产方式、生活方式、商业模式等。如何研究新技术条件下人的行为与经济运行规律，已成为经济学必须面对的新命题。进入新世纪，中国及时抓住了数字革命的机遇，大力发展数字经济，具有人口优势和规模优势的超大型经济体奠定了中国数字经济在国际上的领先地位。海量的素材和大数据，为研究数字经济条件下的经济行为提供了丰富的“原材料”。中国经济学家在这方面拥有得天独厚的条件，若能立足于中国伟大实践，把握数字时代脉搏，服务国家重大需求，将大有可为。

习近平总书记指出，当代中国正在进行前无古人的伟大实践，“这是一个需要理论而且一定能够产生理论的时代，这是一个需要思想而且一定能够产生思想的时代。我们不能辜负了这个时代”。在当今 2.0 版经济全球化初见端倪的背景下，中国经济学家需要站在中国人的立场上，肩负起占据经济理论国际话语权的历史使命，从学理上解释中国经济发展规律，提炼塑造中国经济发展模式，在国际学术舞台上传播以中国特色社会主义市场经济理论为核心的“中国经济学派”的理论创见，并将原创性理论用于指导中国经济改革与全球化实践。

“人类命运共同体”思想的经济学基础[①]

洪永淼

习近平总书记在2013年首次提出了“人类命运共同体”的理念，并在随后党的十九大和达沃斯世界经济论坛等一些重要场合中，对“人类命运共同体”的内涵进行了一系列论述。这一理念是习近平新时代中国特色社会主义思想的一个非常重要的组成部分。在这里，我基于经济学的视角，阐述“人类命运共同体”理念的经济学基础，特别是从经济全球化的视角理解其背后的经济利益基础。

我们观察到，在过去40年的经济全球化过程中，经济利益分配在各个国家之间和一个国家内部各个群体之间发生了一些重要分化。如何妥善处理这些利益矛盾和利益分化，使“人类命运共同体”建设拥有坚实的经济基础，从而延长中国和平崛起的战略机遇期，实现中华民族的伟大复兴，是当今我们面临的重要课题。

一、经济全球化的背景

过去40年的经济全球化，其实是资本和技术在全球范围内的大规模流动。从马克思主义政治经济学的角度来看，这其实是资本主义的生产方式在全球范围内的大发展。西方发达国家的资本、技术流动到中国及其他发展中国家，使

---

① 本文根据作者2019年7月27日在复旦大学召开的第二届习近平新时代中国特色社会主义经济思想研讨会上所作的主题发言整理，收录于洪永淼、周文主编的《中国特色社会主义政治经济学新境界——习近平新时代中国特色社会主义经济思想述论》一书，即将由复旦大学出版社出版。本次研讨会由复旦大学马克思主义研究院、复旦大学马克思主义学院、厦门大学经济学院与王亚南经济研究院联合主办。

发展中国家富余的剩余劳动力和自然资源得到了有效的利用。这不仅对于那些在利润分配上占大头的跨国公司和跨国资本有利，也帮助了包括中国在内的原来缺少资金和技术的发展中国家更有效配置资源。中国之所以能够在过去40年里迅速发展成为世界第二大经济体，创造了持续40年平均9.5%左右的经济快速增长的奇迹，应该说，这与中国主动融入世界市场，积极参与国际分工，成为经济全球化的一个主要受益者是紧密相关的。

当代经济全球化的一个根本性标志，就是通过高度专业化的国际分工，实现了有效的资源配置，也就是通过在全球范围内形成了产业链、供应链，从而产生了全球价值链这么一个全球市场经济体系。我们通过下面两个例子，就可以看出各个国家的国际分工已经达到了一个密不可分的状态。

第一个是中国的华为公司。在美国将华为列入“实体清单”之前，华为手机产品的配件只有30%由自己生产，其他的主要就是依靠全球供应链实现。我相信这里肯定有比较优势和比较成本的考虑。比如说华为手机的安卓系统是美国谷歌的，CPU采用了英国ARM公司的系统，内存基带是用韩国三星的，显示屏主要用韩国三星和日本公司的，部分组装则在中国的富士康进行，等等。总体来说，华为的整个生产是高度全球化的，原材料中间产品来源大部分是跨国的，不是单单由一个国家提供的。华为的科研和技术人员也是高度国际化的人才队伍，很多顶级科学家都是“全球户籍”，其中包括七百多名数学家和八百多名物理学家，分散在全球各个角落。过去20年，以华为公司为杰出代表的中国通信业实现了快速的发展，现在5G技术更是引领世界新潮流，在世界通信技术领域形成了高度全球化的产业共同体和利益共同体。

另外一个例子是美国的苹果公司。苹果公司的市值很高，大约相当于美国GDP的1/18，是中国腾讯公司市值的2.5倍。苹果手机是由苹果公司在美国加州设计，在中国富士康组装生产，其原材料与中间产品来源于日本、韩国、中国台湾、欧盟等国家与地区，也是高度全球化的产业布局。从它的全球价值链分布图来看，中国虽然是最后生产的终端，组装生产到最后出口是在中国完成的，但中国占苹果手机附加值的比重只有4%左右。58.5%的利润主体部分被美国苹果公司拿走了。这也表现出生产全球化背景下，利益分配高度不平衡的态势。

二、当代全球化经济利益分化的新特点

过去40年的经济全球化，已经形成了高度紧密联系的全球产业链、全球供应链与全球价值链。那么，伴随着经济全球化的推进，全球产业链、全球价值链，特别是经济利益的分化，出现了哪些重要变化与特点？

第一个利益分化的特点是贫富差距扩大。正如前面提到的，西方资本流向发展中国家，促进了当地劳动力与自然资源的有效配置和经济增长。但是我们也看到，西方国家依靠它们的资本和技术的垄断地位，赚取超额垄断利润，使得西方国家和发展中国家之间的贫富差距不断拉大。另外，不论是发展中国家还是西方发达国家，在每个国家内部，伴随着经济增长和人均收入的增加，不同群体之间的收入分配的状况也出现分化，表现出贫富差距拉大的现象。

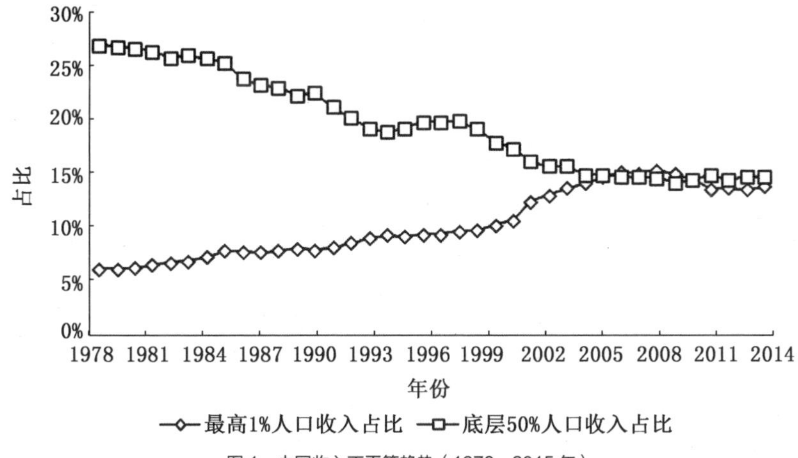

图1 中国收入不平等趋势（1978—2015年）

资料来源：World Inequality Database.

从图1数据中，我们不难看出，新中国从1978年到2015年收入水平前1%的人口，收入占GDP的比例一直呈上升趋势。相反地，收入在50%分位线以下的人口，收入占整个国家GDP的份额一直呈下降趋势。这样的故事不

单在中国上演，在其他发展中国家与新兴市场国家也是一样，更不用提美国及其他西方发达国家了。

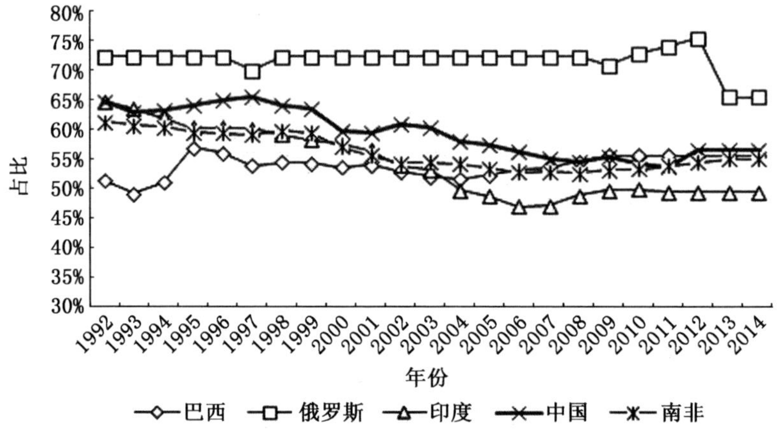

图 2 金砖国家劳动收入占 GDP 比重（1992—2014 年）

资料来源：佩恩世界表（Penn World Table 9.0），以下各图同。

注：1990—2007 年，俄罗斯劳动收入份额占比长期为 72.5%，疑有误，图 3 的俄罗斯资本收入份额占比类似。

如果我们考察资本与劳动的收入占比，可以清楚看出，马克思一百多年前在《资本论》里所揭示的资本与劳动对立的根本性矛盾，到现在依然存在。图 2 是一些金砖国家的劳动收入占 GDP 比重，从总体上看呈下降趋势。而金砖国家的资本收入占 GDP 的比重，则呈上升趋势（如图 3 所示）。

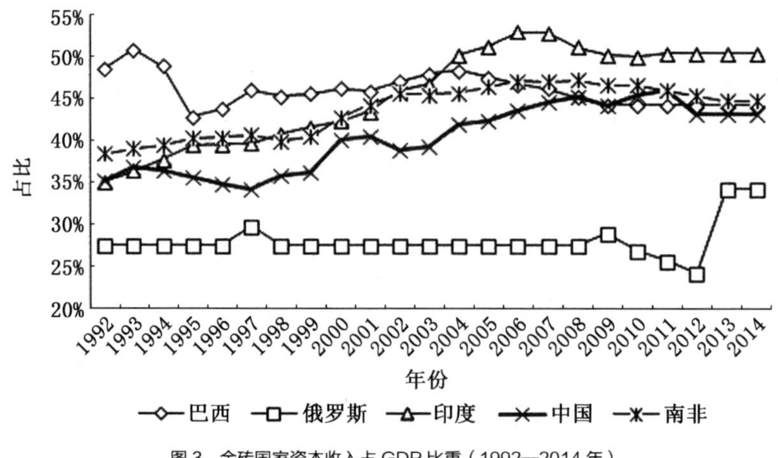

图 3 金砖国家资本收入占 GDP 比重（1992—2014 年）

同样地，发达国家七大工业国（G7）其劳动占比也是呈下降趋势，而资本的占比呈增加趋势，虽然出现一些短期波动（如图4和图5所示）。这是“占领华尔街”运动、英国脱欧、特朗普当选，以及法国“黄马甲运动”等重要事件背后深层次的经济原因。

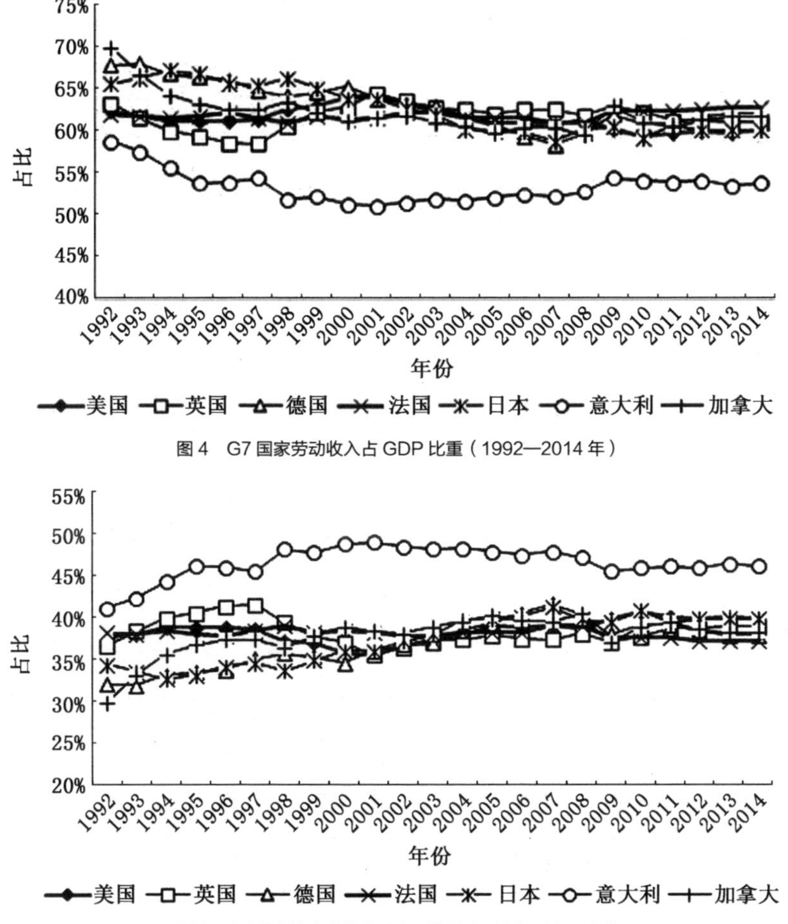

图4　G7国家劳动收入占GDP比重（1992—2014年）

图5　G7国家资本收入占GDP比重（1992—2017年）

第二个利益分化是西方发达国家和发展中国家之间工人阶级的利益分化。30年前美国国会每年讨论是否给中国最惠国待遇时，最支持这个政策的都是那些与中国做生意的跨国公司，比如波音、沃尔玛，反对最强烈的则是代表美国产业工人阶级的劳联—产联等。这是因为在经济全球化时代，中国输出了大量具有竞争力的劳动密集型商品，对美国和西方发达国家的劳动密集型产业形成很大的挤压，影响他们的工人就业。我们因此可以看出，西方发达国家劳动密集型行业的产业工人阶级的利益跟中国产业工人的利益在当今经济全球化时代出现了严重的分化与矛盾。这与172年前《共产党宣言》号召“全世界无产者联合起来”的时代相比，已经呈现出另一幅图景，出现了新的变化，这种现象值得我们深思和研究。

第三个是发展中国家之间在争夺西方市场时，也开始出现了利益冲突。这次中美贸易争端，获益最多的可能是墨西哥。因为有不少美国、欧洲、日本的公司，为了避免美国的高关税，从中国迁移出来，到墨西哥投资去了。再一个就是越南。很多跨国公司与境外投资者正在转移到越南设厂。美国等西方国家的消费市场很大，但他们的市场容量基本上饱和了，增速比较慢。因此，墨西哥和越南等一些发展中国家现在在争夺西方市场时，跟中国存在一定的此消彼长的利益冲突。

最后一个变化，是中国企业和西方发达国家的跨国公司、跨国资本之间，也开始出现了争夺世界市场和抢占科技制高点的短兵相接的矛盾。过去，我们和发达国家的产业劳动者已有一定的矛盾，现在中国企业通过“一带一路”建设到全世界各个地方投资，包括到发达国家并购，到发展中国家搞基础设施建设，已经动到了西方跨国资本、跨国公司的“奶酪”。中国企业正和他们在全球范围内争夺市场，争夺资源。此次中美贸易冲突，可以看到美国的大公司，没有再像20世纪90年代那样，主动到美国国会去游说支持中国。这其中一个重要的原因，是因为我们经过40年的快速发展，现在有了一定的资本积累，中国的资本和企业开始走出去，和西方国家的跨国资本与跨国企业在世界市场范围内开展竞争，从而产生了比较尖锐的利益矛盾，特别是在争夺全球资源和技术方面。这个矛盾，将成为今后主导中国对外经贸利益关系的最主要矛盾的最主要方面。

三、小结

在经济全球化时代，建设“人类命运共同体”是化解中国对外经贸利益矛盾与冲突的一个行之有效的根本思路。我们应该正视当前中国对外经贸利益关系中的深刻变化，认真思考如何采取比较有效的措施，去协调各种矛盾与冲突，使中国拥有比较稳定友好的国际环境，从而以较小的代价实现中国的和平崛起和中华民族的伟大复兴。比如，中国现在已经拥有跟美国差不多一样大的消费市场，如果我们能够扩大从发展中国家的进口，相信会在一定程度上缓解中国和他们在西方消费市场的一种竞争态势。又如，现在我们强调在第三方市场上跟发达国家的企业与资本开展合作，特别是在“一带一路”建设过程中，中国企业可以和发达国家的跨国资本与跨国公司共同合作，互利共赢，这可以缓解与他们在世界市场竞争中的利益矛盾冲突。此外，长期存在的北南关系的矛盾，特别是发达国家与发展中国家贫富差距不断拉大所产生的矛盾，也需要国际治理与国际合作。中国在这方面也可以发挥重要作用。还有就是西方发达国家内部的一些矛盾，特别是资本与劳动的矛盾，是西方资本主义国家所固有的根本矛盾。但我们需要警惕的是，随着经济全球化的深入发展，这些矛盾在15—20年后会不会也在中国出现。我们应该发挥中国特色社会主义的制度优势，尽早地去协调或者妥善地处理这些矛盾，特别是资本收入与劳动收入的比例关系。应该说，我们现在的扶贫攻坚在这方面起到了很大的作用，但不能止步于此。

总之，经济全球化给中国和世界大多数国家带来了不同程度的益处，推动了世界经济和各国经济的快速增长，同时经济全球化也在资本与劳动之间、在西方发达国家和发展中国家之间，在不同国家之间，在同一个国家内部不同群体之间，都产生了不同程度的经济利益分化与矛盾。作为经济全球化的一个主要受益者，中国经济在过去40年保持了持续快速增长，但在对外经贸利益关系中也出现了深刻的变化，出现了新的矛盾。我们应该正视新的历史条件下出现的这些变化与矛盾，与世界各国人民一道，共同建设具有深厚经济基础的“人类命运共同体”，为中国和平崛起创建稳定友好的国际环境，尽快地实现中华民族的伟大复兴。

中国大国崛起，但中国经济学的国际影响力还不够强[①]

洪永淼

进入21世纪后，中国作为大国崛起（2005年被誉为“中国崛起年”[②]），在国际事务中扮演越来越重要的角色。2010年，中国超越日本，成为全球第二大经济体。

现在，我从国际视角来看中国特色社会主义政治经济学的贡献。过去40年的改革开放，中国从自身的历史和现实出发，通过实践摸索到一条适合中国实际的发展道路，即中国特色社会主义市场经济模式，形成了中国特色社会主义政治经济学。这个理论成功地解决了社会主义和市场经济的兼容问题，对马克思主义政治经济学，以及对世界的社会主义经济理论，是理论突破和理论创新。

中国发展模式本身不同于西方，为广大发展中国家提供了可借鉴的发展道路，对发展经济学作出了贡献。

中国特色社会主义政治经济学对全球的经济学研究与发展另外的贡献，主要在于证明市场经济学的最基本的关系。古典经济学和新古典经济学，推崇市场这只“看不见的手”的作用，现在西方经济学研究政府的作用，比如有效需求不足、垄断、存在外部性，以及信息不对称等等。在中国，政府是非常重要

① 本文根据洪永淼在2018年5月17日举行的“经济研究·高层论坛（主题：2018——纪念改革开放40周年暨《经济研究》复刊40周年）”的“中国特色社会主义政治经济学”主题论坛上的发言整理而成，首发于2018年5月30日的中国社会科学网，原题为《洪永淼：中国是市场经济但中国经济学的国际影响力还不足够强》。

② 郑必坚：《对中国和平崛起新道路与中美关系的十点看法》，《中国报道》2005年第9期。

的经济主体，掌握了大量的经济资源，包括政策制定的权力，对资源的配置，对经济发展的影响非常巨大。

中国特色社会主义政治经济学有思想方法的优势，特别是在历史分析、逻辑分析、规范分析等方面，如果从研究的角度来看，特别是研究方法、研究工具，也存在一些短板。我们应该在坚持历史分析、逻辑分析、定性分析、规范分析的基础上，重视实证分析、经验分析，坚持从现实问题出发，大胆采用定量的分析方法。坚持用现代方法来研究中国特色社会主义政治经济学，我们就可以把中国的经验理论化、学理化，上升为系统的经济理论。这样就可以让更多的人，包括世界同行、国际同行能够理解和接受。全世界没有人会否认中国过去 40 年经济发展的成就，但是在西方国家，很多人还不承认中国是市场经济，有很多原因。我相信跟中国经济学的国际影响力还不够强是有关的。在这方面，我们任重而道远。

将新时代中国特色社会主义政治经济学研究推向一个新高度[①]

洪永淼

由厦门大学经济学科、复旦大学马克思主义研究院与中央和国家机关工委《紫光阁》杂志社共同举办的首届“习近平新时代中国特色社会主义经济思想研讨会”就要圆满结束了。过去 3 天，来自全国各地的经济学者，紧紧围绕习近平新时代中国特色社会主义经济思想这个主题，讨论了习近平经济思想形成的历史背景、主要内容与理论体系，讨论了中国特色社会主义政治经济学的发展及其与西方经济学的关系，同时也探讨了新时代中国特色社会主义政治经济学的研究范式、研究方法及研究工具。

这次研讨会开得非常成功。习近平新时代中国特色社会主义经济思想是党的十八大以来，通过对中国经济发展进行系统总结而形成的理论结晶，也是对改革开放 40 年来中国特色社会主义市场经济以及新中国成立 70 年来中国社会主义经济建设的伟大实践的理论总结。可以说，习近平新时代中国特色社会主义经济思想为中国特色社会主义政治经济学奠定了一个坚实的理论框架。我们现在喜欢说“四梁八柱”。如果我们把中国特色社会主义政治经济学比喻成一座理论大厦的话，那么现在“四梁八柱”都已确立了。中国的经济学家，特别是研究中国特色社会主义政治经济学的经济学家需要一起努力，共同将这座理论大厦建造得更加雄伟、更加气派、更加漂亮。

首届研讨会本身开了一个好头。参加研讨会的学者中，不仅有长期从事马

---

① 2018 年 4 月 7—9 日，中央和国家机关工委《紫光阁》(现改名为《旗帜》)杂志社、厦门大学经济学院与王亚南经济研究院、厦门大学习近平新时代中国特色社会主义思想研究院、复旦大学马克思主义研究院，在厦门大学联合举办首届习近平新时代中国特色社会主义经济思想研讨会暨改革开放四十年回顾与展望。本文根据作者在研讨会闭幕式上的讲话整理修改而成。

克思主义政治经济学研究的学者，而且有一些虽然不是这个领域、但对政治经济学具有浓厚兴趣的学者，大家齐聚一堂，互相交流，共同探讨。这种不同背景学者之间的开放式、交叉式的学术交流研讨，比较容易因思想碰撞而产生新的理论火花。这是我们本届研讨会的一大特色，也是一大收获。

首届研讨会还有一个特点，就是刚才好几位专家提到的，大家这几天看到不少中青年学者采用新的研究方法，特别是批判性借鉴了西方现代经济学的一些有益的理论成分和分析方法，来研究中国特色社会主义市场经济。例如，有几位学者将马克思的劳动价值论、剩余价值理论、积累和扩大再生产理论等，与西方现代经济学的一般均衡方法、经济增长理论等结合起来进行研究，并应用经济数据进行实证检验，得出令人耳目一新的结论。运用数理模型和计量经济学方法研究马克思主义政治经济学，这些尝试在很大程度上丰富了马克思主义政治经济学的研究范式和研究方法。昨天大家也看到，厦大经济学科的一位中青年学者在研究中国人的幸福感这种主观的感受及其决定因素时，照样可以使用量化方法，通过建立指标体系和评分量表来测度幸福感，并利用调研数据与最新的 LASSO 统计分析方法进行实证研究。如何对待西方经济学，如何处理西方经济学与中国特色社会主义政治经济学的关系，一直是中国经济学界争议较大的问题。国内一部分经济学者对西方经济学抱有不同程度的成见，认为中国特色社会主义政治经济学与西方经济学水火不容。在这方面，习近平总书记是我们学习的表率。他在担任福建省省长期间，就在《经济学动态》《东南学术》等学术期刊发表学术论文，主张可以借鉴西方经济学有益的理论成分。他指出："马克思主义经济学的发展和完善，应当吸收西方经济学有关市场经济理论的研究成果。西方经济学虽然是从资本主义私有制的角度研究市场经济的，但它们也分别从不同层次、角度对市场经济的一般原理和规律进行了探讨和研究，形成了一些适合于不同社会形态的优秀成果。""社会主义市场经济理论必须以马克思主义经济学为基础、为主干，通过对新古典主义经济学、凯恩斯主义主流经济学中优秀成果的兼收并蓄，成为一种新的科学理论。"[①] 从那

① 习近平：《对发展社会主义市场经济的再认识》，《东南学术》2001 年第 4 期。

时到现在，他一直没有改变过自己的观点。从哲学的角度看，中国特色社会主义政治经济学和西方经济学这两种理论体系存在对立，但在一些具体理论成分和分析方法上，二者其实是可以兼容的。我们不妨实行“拿来主义”，将西方经济学的有益成分用来研究马克思主义政治经济学和中国特色社会主义政治经济学。如果不加具体分析，直接将西方经济学有用的、合理的理论成分挡之门外，很容易导致固步自封，无益于自身理论的发展。习近平总书记说过：“对一切有益的知识体系和研究方法，我们都要借鉴，不能采取不加分析，一概排斥的态度。”① 我们正在建设新时代中国特色社会主义市场经济体系，发挥市场在资源配置中的决定性作用，而西方经济学是对过去几百年西方资本主义市场经济运行规律的理论总结，毫无疑问有不少值得学习和借鉴的地方。无论是资源配置还是市场运行，社会主义市场经济与资本主义市场经济都存在一定的共性，因此，对于西方经济学的一些有益的理论成分是可以吸收的。例如，西方经济学的信息不对称理论对经济运行与资源配置效率的影响具有很强的解释力，研究国有企业中的委托—代理关系，就可以借鉴这个理论。当然，我们不能盲目照搬照抄西方经济学理论，而要批判性地借鉴其合理、有用的分析方法，以便更好地研究中国经济现实问题。

我们应该鼓励借鉴、运用现代经济学分析方法来研究新时代中国特色社会主义政治经济学。定量分析属于现代研究方法。事实上，数学工具在经济学研究中已经使用一百多年了。过去 40 年，由于计算机技术的发展，兼因数据的获得变得更加容易，以数据和统计推断为基础的计量经济学实证分析，已成为西方现代经济学最主要的研究方法，这也是为什么过去 40 年西方现代经济学研究范式出现了所谓的“实证革命”。当然，计量经济学实证研究要结合经济理论、经济解释，讲述模型背后的经济含义和经济故事。我们在研究中国特色社会主义政治经济学的时候，毫无疑义地必须坚持并继续使用历史分析方法、逻辑分析方法，但与此同时，我认为更重要的是需要鼓励中青年政治经济学者使用量化分析方法，除了学习使用数理模型分析方法，更要学习使用计量

① 习近平：《习近平谈治国理政》第二卷，外文出版社 2017 年版，第 341 页。

分析方法。之所以说更重要，是因为在政治经济学领域的研究，使用定量分析方法，特别是计量经济学实证研究方法，目前还非常少。实证研究本身就是理论联系实际。一个理论，一个假说，能不能解释经济现实，需要通过数据来验证，这本身就是一种科学的研究方法，虽然不是唯一的研究方法。

我们对现代研究方法不应该一味拒斥，而应该秉持理性态度，该“拿来”就应该大胆“拿来”，批判性地借鉴，并在使用中根据实际情况改进创新，这样才能有助于提升国内政治经济学的研究水平。有不少研究政治经济学的学者抱怨说，政治经济学特别是马克思主义政治经济学在过去相当长一段时间被边缘化，一个标志就是要在经济学领域顶级的学术期刊——不管是国际或者国内的——发表政治经济学论文，是一件非常困难甚至近乎不可能的事。细论其原委，原因自然是多方面的，其中最重要的是研究方法没有与时俱进，研究水平没有很好地提上去。整体来讲，中国的社会科学，使用定量分析方法还较少，这是制约我们研究水平与研究质量的一个最重要的因素。在经济学中，像劳动经济学、金融学等基本上都已转向以数据为基础的实证研究，但在政治经济学领域，采用实证研究的还属于“小众”。我们应该大声呼吁，鼓励使用现代方法来研究政治经济学，包括马克思主义政治经济学和新时代中国特色社会主义政治经济学，这样才能把我们的理论研究做实做强。而且，现代研究方法本身就是我们所说的国际经济学界通用的研究范式，使用这些研究范式和研究方法就便于中国经济学者同国际同行交流探讨，有利于提升中国政治经济学科的国际学术影响力。在 2016 年 5 月 17 日的哲学社会科学座谈会上，习近平总书记就指出，“对现代社会科学积累的有益知识体系，运用的模型推演、数量分析等有效手段，我们也可以用，而且应该好好用”①。我从来没有见过世界其他国家的最高领导人这么具体地说，要使用定量分析方法来研究社会科学。当然，习近平总书记也提醒，“在采用这些知识和方法时不要忘了老祖宗，不要失去了科学判断力”。②

除了借鉴西方经济学的有益的理论成分和采用现代分析方法研究政治经济

①② 习近平：《习近平谈治国理政》第二卷，外文出版社 2017 年版，第 341 页。

学，我们还应该主动推进政治经济学领域的国际学术交流。昨天中央党校原副校长赵长茂教授说，我们这个研讨会如果坚持下去就可以形成一个品牌。我们听了深受鼓舞。这 3 天大家都看到了，我们邀请到了不少来自全国各地政治经济学重量级的学者，某种程度上可以反映政治经济学领域中国学者的研究水平。不过大家可能也注意到，这次研讨会没有国外学者参加。实事求是地说，相对于经济学其他领域，目前国内召开的绝大部分政治经济学研讨会，国际交流是很少的。我曾经说过，哪一天中国政治经济学研讨会如果有众多感兴趣的外国学者前来参加，将是中国特色社会主义政治经济学走出国门的时刻。现在我们责怪外国人不理解我们，老是骂我们，抱怨中国经济学家的国际话语权很弱。其实改变这种现状最关键的一点就是通过国际学术交流，“请进来，走出去”，从学理的角度跟国际同行进行交流探讨。交流当然也包括学术争论与交锋。如果能够这样的话，就可以很好体现了我们常说的用国际语言讲述中国故事。用中国语言讲述中国故事也可以，但主要是讲给中国人听，国际交流当然要使用国际语言。以前周恩来总理请外宾看《梁山伯与祝英台》，外宾不知道梁山伯、祝英台是何许人也，周总理就解释说，他们是中国的罗密欧和朱丽叶，外宾一听马上就明白了。所以，使用国际语言，特别是使用国际同行能够理解的语言与他们进行交流，才能提升中国经济学家的国际学术影响力与国际话语权。你看各国央行在讲货币供给时，都使用 M1、M2 等，这些符号其实是诺贝尔经济学奖得主米尔顿·弗里德曼（Milton Friedman）在芝加哥大学上课时使用的数学符号，他说这个叫 M1，那个叫 M2，用来代表他所定义的货币供给。因为他的货币理论影响力大，各国央行都采用与借鉴，所以 M1、M2 就变成大家非常熟悉的符号了。匈牙利的经济学家雅诺什·科尔奈（János Kornai），借鉴采用现代西方经济学的分析方法（如局部均衡分析方法），研究东欧传统社会主义计划经济的运行规律，在国际经济学术界影响很大，他发明了一个名词叫“软预算约束（soft budget constraint）”，这个名词后来被西方经济学界接受并广泛使用。不言而喻，我们应该跟国际同行进行平等的学术交流，这样可以慢慢地让他们理解中国，慢慢地影响他们，而不是只有单方面的“输入”却没有“输出”。

最后，我要特别感谢复旦大学马克思主义研究院和《紫光阁》杂志社，在我们三方的共同努力下，首届“习近平新时代中国特色社会主义经济思想研讨会”取得了圆满成功。有了首届，就会有第二届、第三届，我们希望这个研讨会能够持续办下去，通过三方合作，坚持以研究习近平新时代中国特色社会主义经济思想为主题，共同将新时代中国特色社会主义政治经济学研究推向一个新高度！

构建中国特色国际政治经济学①

洪永淼

今天我主要想立足于经济全球化背景以及全球价值网络的形成，谈谈构建中国特色国际政治经济学的必要性。

大家知道，经济全球化促进了以资本和技术为核心的生产要素在全球范围内的流动，有效提升了世界资源配置的效率，特别是使发展中国家的劳动力得到了有效利用，从而推动了世界经济的增长。积极参与经济全球化的国家，包括以 G8 成员国为代表的发达国家和以金砖国家为代表的发展中国家及新兴经济体，均从经济全球化中获益。不言而喻，中国是经济全球化的主要受益者之一。改革开放 40 年来，中国人均国民收入增长速度非常快，不过与西方发达国家相比还存在差距。西方国家的获益主要凭借资本和技术的垄断，而中国则凭借“人口红利”与经济规模。

通过积极融入世界经济全球化的进程，中国对世界经济版图的影响与日俱增。麦肯锡全球研究院以各国的 GDP 为权重，对各国的地理中心到地球地理中心的距离进行加权平均，计算出不同时期的世界经济引力中心，结果表明目前世界经济引力中心正移向以中国为主的亚太地区。公元 1000 年，世界经济引力中心位于亚欧大陆中部，之后一直向西移动，1950 年到达大西洋，此后向东回迁，现位于西伯利亚（俄罗斯境内）。世界经济引力中心的东移由多个东亚和东南亚国家的经济发展共同驱动，其中中国的影响举足轻重。

① 2019 年 5 月 17—18 日，由中国社会科学院经济研究所主办、《经济研究》编辑部承办的“经济研究所建所 90 周年国际研讨会暨经济研究·高层论坛 2019”在北京举行。本文根据洪永淼在 5 月 17 日下午“中国经济·知识体系·学科发展”圆桌论坛上的发言整理而成，收录于胡乐明、张晓晶等编辑的《中国经济·知识体系·学科发展》一文中，首刊于《经济学动态》2019 年第 6 期，收入本书时有删改。

经济全球化的结果和标志是全球产业链与全球价值链的形成，这也使世界各国不可避免地结成了产业共同体和利益共同体。我们可以通过全球价值链跨境生产份额的演化历程，回顾一下中国如何在经济全球化进程当中成为“世界工厂”。2000 年的跨境生产网络中，欧洲和亚太地区的网络还处于分离状态，相互之间并没有联系。美国是亚太网络的核心，与加拿大、墨西哥、巴西和澳大利亚联系紧密，并且通过韩国与日本相连，通过韩国和中国台北与中国大陆相连。加入 WTO 之前，中国在全球价值链中所占的跨境生产份额很小。2005 年，亚太地区分化为两个网络，美国主要与加拿大和墨西哥保持联系，而中国已成为东亚和东南亚的核心，与日本、韩国紧密相连。至 2011 年，各国之间的联系进一步增强，中国的份额超越美国，成为亚太地区的核心。但是，从 2015 年开始，随着西方国家“逆全球化”思潮和贸易保护主义的抬头，全球价值网络开始出现退行倾向，东亚—东盟和欧洲重新呈现分离态势。近年来的中美贸易摩擦进一步加剧这一趋势。

从全球价值网络的生产份额来看，中国已然成为一个“世界工厂”，但中国在全球价值网络中的地位却不占优势。例如，1995 年到 2009 年期间，中国电机及光学设备出口总值增长了 10 倍，但在这 15 年间，中国在该产业国际生产链中的分工一直是组装，附加价值低，处于该产业“微笑曲线”的底部。又如，在中国组装生产的苹果 iPhone 手机全球价值分布中，中国劳动力的投入仅获得相当于产品价值 1.8%左右的报酬，而美国苹果公司的利润却高达 58%以上，其市值于 2018 年 8 月 2 日史无前例地突破万亿美元，相当于美国 GDP 的 1/18。

中国凭借大规模的劳动力投入成为经济全球化的受益者之一，但细化到参与经济活动的个体层面，谁是经济全球化的受益者呢？从中国国民收入分布可知，中国收入最高 1%人口的平均收入和占 GDP 的比重一直在增加，而收入位于中位数以下的人口的平均收入虽然也有增长但增幅并不大，占 GDP 的比重也呈减少趋势。不但中国如此，美国也一样。换言之，劳动的供给者，无论是宏观层面的经济体还是微观层面的经济活动参与者，都一直居于全球价值链的中低端。从政治经济学的角度来讲，西方发达经济体主导的经济全球化，其实是资本主义生产方式在全球范围内的扩张，马克思（Karl Marx）《资本论》所揭示的资本主义生产方式的规律，以及劳资对立的矛盾依然适用于解释上述经济现象。特别是2008年全球金融危机后，世界经济下行徘徊，增长与分配、资本与劳动、效率与公平的矛盾更加突出。

在经济全球化进程中，中国已成为低技能劳动密集型产业、中等技能产业和高技能创新产业的最大出口国，与此同时，中国对外经贸利益关系也出现了新变化，例如，中国的劳动者与其他国家的劳动者之间的利益冲突，中国与发展中国家和新兴经济体之间出现了利益分化，中国与处于全球价值链中高端的发达经济体之间开始出现竞争，等等。我们知道，经济理论具有阶级性，每个国家在不同时代提出的经济理论，本质上都是为国家利益服务的，如亚当·斯密（Adam Smith）的《国富论》宣扬自由贸易，李斯特（Friedrich List）的《政治经济学的国民体系》提出贸易保护主义政策主张，都是国家利益的考虑。在经济全球化时代，即使国际分工使全球产业链、全球价值链的联系更为紧密，其背后的利益冲突也依然没有消停。因此，我们非常有必要从中国人的立场出发，研究经济全球化背景下国际生产力与生产关系之间的内在逻辑及历史变化规律，比较中国与西方经济发展的模式，从而构建中国特色国际政治经济学理论体系，提升中国在经济全球化时代的经济理论国际话语权，为中国进一步改革开放与经济全球化实践服务。

这里，我想特别强调的是，我们需要基于系统的、严谨的实证研究，用国际同行“听得懂的语言”讲述中国经济故事，用国际学界通行的研究范式与表述方式来推广中国特色国际政治经济学。

如何建设中国特色、世界一流的经济学科[①]

洪永淼

2015年11月，国务院印发了《统筹推进世界一流大学和一流学科建设总体方案》。建设世界一流大学和一流学科（简称“双一流”），是党中央、国务院在新的历史时期，为提升我国高等教育发展水平、增强国家核心竞争力、奠定长远发展基础而做出的重大战略决策。

“双一流”建设由政府推动，从中央到地方政府将投入资源扶优扶强，并指明了建设“双一流”的方针、政策与路线。这一由政府主导推动而非由市场力量自然竞争的做法，本身也是中国高等教育建设的一大特色。这是一个难得的契机。中国高校有可能借此实现“弯道超车”，迅速迈向与接近世界一流大学行列。

“双一流”建设的目标非常清晰，即培养世界一流人才，产出世界一流成果，推动中国高校走向世界一流。打造世界一流学科是“双一流”建设的重要支撑。经济学科在“双一流”建设中如何坚持“中国特色，世界一流”？本文讨论建设世界一流经济学科的一些重要问题，其中包括：什么是世界一流的经济学科？中国经济学科与世界一流经济学科相比存在哪些差距？中国高校经济学科的主要特色是什么？如何建设世界一流的经济学科？建设世界一流经济学科的关键问题是什么？本文将就这些重要问题提出个人的看法，期望能够起到抛砖引玉的作用，共同探索如何建设中国特色、世界一流的经济学科。

---

① 本文根据作者在2017年5月北京大学国家发展研究院举办的“林毅夫教授回国从教30周年研讨会”上的发言整理而成，首刊于《中国社会科学内部文稿》2017年第5期。感谢崔庆炜、王瑞芳、王艺明、许文彬、袁东、张建安、张兴国、张永山、周颖刚、朱孟楠的建议。

一、什么是世界一流的经济学科

目前，全世界没有一套标准的学科评价体系，可用于精确评估世界一流经济学科。世界一流经济学科需要从多维度进行刻画，其标志主要体现在：

（1）拥有一支世界一流的师资队伍。这支师资队伍不是依靠各种人才计划头衔，而是凭借其自身的学术能力与学术影响力，具体体现在能够在国际顶尖和一流经济学期刊发表学术论文，其学术带头人在本专业领域具有引领学科发展方向的学术影响力以及培养国际一流经济学家的能力。世界一流的经济学科首先要有世界一流的学术研究实力，能够在国际公认的顶尖经济学学术期刊发表论文，重质不重量。例如，美国芝加哥大学经济学系网站列出其教师发表在经济学最顶尖学术期刊（即所谓 top general interest journals）的论文。从 2010 年以来，荷兰蒂尔堡大学发布世界经济学研究机构在 30 多种经济学顶尖与一流学术期刊上所发表的论文数量的排名，很多研究机构引用此排名说明其学术研究能力。

（2）所培养的学生就业表现优秀并且日后学有所成或业有所成。特别是，博士毕业生能够在世界一流大学等学术机构找到教职或在国际机构找到工作，其中相当一部分人日后将成为世界一流经济学家。博士研究生是以学术就业导向为主，而非业界就业导向。例如，美国麻省理工学院经济学系保罗·萨缪尔森（Paul Samualson）和罗伯特·索洛（Robert Solow）培养的不少学生，包括劳伦斯·克莱因（Lawrence Klein），罗伯特·默顿（Robert Merton），乔治·阿克尔洛夫（George Akerlof），彼得·戴蒙德（Peter Diamond）与约瑟夫·斯蒂格利茨（Joseph Stiglitz）等日后均先后获诺贝尔经济科学奖。当然，对本科生和硕士研究生（特别是专业硕士生）的培养，就不一定以学术就业导向为主。例如，如果一个大学的经济学专业本科生，日后大多成为各行各业成功的创业者，或者说其金融专业硕士生日后大多成为中国与世界各大金融机构的高级管理人员，那么这样的本科生与硕士生的人才培养也是世界一流的。

上述世界一流经济学科的评价标准主要是学术标准，不论是师资队伍，还是高层次人才培养的评价标准，均是如此。这其实也就是我们常说的研究型大学的主要评价标准。应该指出，研究型大学并不是指研究生的数量一定要超过本科生的数量，或者研究生数量越多越好，事实上，绝大多数世界一流大学的本科生人数都超过研究生人数。

二、中国经济学的现状

近40年来，中国通过对内改革从计划体制转变为社会主义市场经济，通过对外开放主动融入全球市场经济体系，经济持续快速增长，已成为全球第二大经济体，以及经济全球化主要推动者与领导者。

与此同时，中国经济学也处于深刻转型过程中，在学科建设、人才培养、科学研究、社会服务、文化传承创新、国际交流合作等方面取得了巨大进步，这主要体现在以下几个方面：

（1）经济学课程设置发生重大转变，从深受苏联教科书影响的政治经济学和传统社会主义计划经济理论课程转变为具有中国特色的马克思主义政治经济学和现代市场经济理论为主的课程体系，并培养了大量高质量经济金融专门人才。

（2）研究范式逐步规范、严谨，并且从定性分析转变为定量分析为主，特别是比较严谨的以数据为基础的实证研究已成为经济学研究主流。

（3）经济学教育与研究国际化程度越来越高，国际学术交流日益频繁，中国经济学者已经能够在国际主流经济学期刊包括 *American Economic Review*, *Econometrica*, *Journal of Political Economy*, *Quarterly Journal of Economics* 和 *Review of Economic Studies* 等这些经济学最顶尖的学术期刊发表关于中国经济的学术论文。

可以说，不论是课程体系的转型、人才培养模式的创新、国际化师资队伍（包括海归博士加盟）、国际学术论文发表，还是国际学术交流等方面，经济学已经成为中国哲学社会科学中最国际化的一个学科。

但是，与中国经济的转型及其国际影响力相比，中国经济学的转型不如中国经济的转型那么快速和成功，其国际影响力远不如中国经济在世界经济中那样举足轻重。这从一个侧面反映了中国经济学的国际化程度，特别是国际学术话语权和影响力，还处于一个较低的初级阶段。与世界一流经济学科相比，中国经济学还有相当大的差距，主要体现在以下几个方面：一是鲜有中国原创性经济理论为国际经济学界所熟悉并承认；二是鲜有在国际经济学界具有重大学术影响力的中国本土经济学家，中国学者在经济学最顶尖学术期刊发表的论文数目还不多；三是鲜有中国大学自己培养的经济学博士能够到世界知名大学任教和国际机构任职。

这些从不同侧面反映了不论是中国经济学教育，还是中国经济学研究，和世界一流经济学科相比，还存在相当大的差距。最近，美国普林斯顿大学生物学博士与博士后、在清华大学任教 10 年的颜宁教授，受聘为普林斯顿大学终身讲席教授，这件事在中国学术界引起很大关注。普林斯顿大学社会学教授谢宇在其个人微博评论说："清华大学出了实实在在的世界一流大学的教授。很可惜，清华大学、北京大学这样的教授很少，社会科学更少，社会学、政治学根本没有。"

三、如何建设世界一流的经济学科

（一）坚持国际标准，遵守国际规则

建设世界一流的经济学科必须坚持国际标准。所谓国际标准就是全世界公认的世界一流经济学科的水平。只有采用世界公认的国际标准，遵守国际规则，才有可能得到国际承认。这个道理，与通过参加国际体育赛事（如奥林匹克运动会）证明自己的实力是一样的。

美国前总统乔治·布什（George W. Bush）的科技顾问、纽约州立大学石溪分校前校长约翰·马伯格（John Marburger）曾说过，只能按照国际公认的标准来达到一流，单独搞一流标准只会偏离方向。另立标准，顶多就是国内一流。

世界公认的国际学术标准是参照系、对标地。通过参照国际标准，才能知

道我们的差距在哪里，差距有多大，才会有明确的努力方向。同时，还需要遵守国际学术规则与国际惯例，在国际学术舞台上与国际同行进行对话、交流、合作与竞争。国际标准以及相应的国际规范与国际惯例，是国际学术界在交流、合作、竞争中形成的大家共同遵守的学术规则。这些规则并非一成不变，而是会随着时间的推移与经济学的发展而变化。在国际化的初级阶段，我们是这些国际规则的接受者。但是，随着中国经济学家的国际学术话语权与影响力的提升，我们将不可避免地参与制定、影响国际学术规则。例如，在 MBA 与 EMBA 教育方面，越来越多中国高校的管理学院已在参与制定相关国际规则与评估活动。

（二）通过国际交流获得国际承认，才能更快地提升国际学术影响力

国际一流的学术成果，在达到国际标准之后，还需要得到国际同行们的普遍承认。只有国际同行承认了，才有可能在国际经济学界传播，才能更快地提升国际影响力与话语权。

并非达到国际标准的学术成果，均会自动或马上得到国际同行的普遍认可。例如，屠呦呦由于发现青蒿素而获得 2015 年诺贝尔医学奖的成果是在 20 世纪 70 年代取得的，但长达 40 多年没能得到国际同行的承认。

国际交流是获得国际承认的最佳途径。例如，2009 年，中国中医科学院研究员廖福龙在 *Molecules* 用英文发表社论，明确指出青蒿素的发现归功于屠呦呦。2011 年，从事疟疾研究的美国国家卫生研究院科学家路易斯·米勒（Louis Miller）和苏新专（Xinzhuan Su）在 *Cell* 发表了关于屠呦呦工作的综述文章。这些介绍以及饶毅等其他科学家的帮助，对国际同行逐步认识与承认屠呦呦的科学贡献，发挥了非常重要的作用。

（三）坚持用“国际语言”讲述“中国故事”

目前，包括经济学在内的中国哲学社会科学的国际影响力与话语权还很小，这是一个公认的事实。对中国怀有偏见的英国前首相撒切尔夫人甚至称，中国只生产电视机，不生产思想。

影响中国经济学在国际经济学术界的话语权与影响力有很多原因。其中一个重要原因是，中国经济学家由于英文水平不能有效地与国际同行交流。可能有人会问，为什么中国经济学家需要使用英文与外国同行交流？为什么外国同行不能使用中文与中国同行交流？我只能说，这确实不公平，我也希望这个时刻早日到来，但一个现实是：目前国际学术界主要是用英文交流。屠呦呦获得诺贝尔奖之后，有人解读为不发英文期刊论文也可获诺贝尔奖，更有相关部门发文大力支持由我国各类公共资金资助的优秀科研成果应优先在国内期刊上发表，以提升中国学术期刊的国际影响力。事实上，正是由于发表在中文期刊而没能及时得到国际同行承认，才导致屠呦呦“迟来的获奖”。屠呦呦的科研成果最初获得国际同行的关注，并不是来自她发表其研究成果的中文期刊，而是来自宋庆龄主持创办的英文杂志《中国建设》1979 年的一篇介绍文章，特别是之后国内外科学家的帮助，屠呦呦的研究成果才被国际学术界逐步认识与承认。从这个意义上说，国内学术期刊应该尽快国际化，包括与国际出版集团合作发布英文版，以迅速增强国际影响力与传播力。

用国际语言来阐述中国的思想，才能具有国际性的影响。新中国很早就在战略高度上推动本土思想的国际化传播问题。一个成功的案例是《毛泽东选集》英文版的发表。《毛泽东选集》从 1950 年开始就组织大规模的英译工作，1953 年在英国出版后，在欧美乃至亚洲、非洲、拉丁美洲等地区产生了深刻影响，在六七十年代成为西方以及亚非拉等地区一股重要的思潮，深刻影响与改变了全球政治走向。当然，毛泽东思想在全世界的广泛传播，也是与毛主席本人的崇高威望与个人魅力分不开的。

语言本身是一种交流工具。由于国际社会在交流过程中主要使用英文，中国经济学家在推动国际化时若能够使用英文从事教学、发表论文、与国际同行交流合作，将可以迅速扩大中国经济学的国际影响。中国绝大部分高校的经济学科目前还没有能力实行专业课程全英文教育。因此，中国高校在吸引外国留学生到中国交流与学习时，存在着不少语言障碍，从而影响了中国经济学教育与研究的国际交流。美国一流大学大都要求其本科生要有一学期至一学年的时间到国外伙伴大学交流学习，学分可以互换。很少美国学生到中国高校交流学习，一个重要原因就是中国许多高校至今还缺少全英文教学的课程。

早在 2001 年，当时兼任清华大学经济管理学院院长的朱镕基就提出过希望清华大学经济管理学院今后改用英语授课。根据《朱镕基讲话实录》第一卷记载，朱镕基说："我绝对不是崇洋媚外，因为现在经济在全球化，你不能跟外国人交流，又怎么能融入全球的经济呢？我们的经济发展就是靠改革开放，不会英语是绝对不行的，特别是管理。"

由于中国经济学教育国际化水平相对落后，越来越多的中国学生选择了美、加、英、澳等英语国家作为留学目的地。据教育部的最新统计数据显示，2016 年度中国自费出国留学人员总数超过 50 万人，是全球第一大国际生源国。中国高校不但面临与西方国家的高校争夺外国留学生生源的问题，也还面临着与他们争夺中国学生生源的问题。中国高等教育只有迅速提高其国际化教育水平，才能在这场国际竞争中赢得主动权。

除了英文外，影响中国经济学研究水平与国际传播的更大障碍是经济学的国际通用研究范式。任何学科都需要有共同的术语，公认的研究范式。经济学家是通过这些"国际语言"互相对话、交流、交锋，共同推动经济理论的发展。研究范式的核心或内核是研究方式与研究工具。西方现代经济学除继承西方经济学研究传统，特别是历史分析与逻辑分析之外，还创新了现代定量分析方法，特别是数学建模与以数据为基础的计量分析。国际主流经济学术期刊约 80%甚至更多的论文都是以数据和计量分析为基础的实证研究。

这些研究范式特别是数学建模与计量实证研究等研究方法是西方经济学界长期以来为了使经济学能够成为一门符合科学认知的学科。所谓科学认知，就是透过现象抓住客观本质，通过样本信息推断系统内在规律。从这个角度看，经济学是社会科学中最接近自然科学的一个学科。这些研究方法本身没有阶级性或意识形态色彩，完全可以借鉴并且用于研究中国经济。正如习近平总书记在 2016 年"5.17"哲学社会科学工作座谈会上所指出的："对现代社会科学积累的有益知识体系，运用的模型推演、数量分析等有效手段，我们也可以用，而且应该好好用。"此外，西方现代经济学主要是研究资本主义市场经济条件下稀缺资源有效配置的问题，西方经济学的很多术语及相关分析方法，例如帕累托改进、卡尔多—希克斯改进、消费边际倾向、一般均衡等，也可用于分析社会主义市场经济的稀缺资源配置问题。这些中性术语，可能是经济学相对于其他哲学社会科学较为不同的地方。

中国经济学特别是政治经济学具有历史分析与逻辑分析的传统优势，但是在定量分析等研究方法方面相对落后。三十多年来，计量经济学在中国取得巨大发展，以计量经济学为方法论基础的严谨的实证分析已逐渐成为中国经济学研究主流，但应用计量经济学方法时还存在照搬照抄、生搬硬套的现象，特别是适合研究中国经济的方法创新严重不足。这些影响了中国经济学家在国际上发表学术论文，进而影响中国经济学研究成果在国际上的传播与影响。2010年，中国留美经济学会在厦门大学王亚南经济研究院（WISE）召开中国经济学教育与科研研讨会，时任英文经济学期刊 *China Economic Review* 主编、美国俄亥俄州立大学经济学教授贝尔顿·弗莱舍（Belton Fleisher）指出，投稿到 *China Economic Review* 的学者中，有中国本土学者，也有海外研究中国问题的学者（包括华人与外国人），但海外、海归学者能够将中国经济问题讲得清楚、透彻，而大多数中国本土学者还做不到这一点。这应该与英文写作水平以及研究范式密切相关。

四、中国经济学的主要特色是什么

“双一流”建设必须坚持“中国特色，世界一流”。那么，中国经济学在国际化过程中如何保持并彰显中国特色？按照国际标准，采用国际语言，是否会导致中国经济学成为从属于国际经济学的一个分支？甚至像一部分人所担心的，国际化是否会导致经济学教育与研究的“西化”？

中国加入WTO后，遵守其国际贸易规则，但中国经济并没有因此成为附属于西方资本的一部分，相反地，已经快速成为全球第二经济体，并且成为经济全球化的主要推动者与领导者。同样地，中国经济学在国际化过程中，也将会拥有越来越大的国际话语权与影响力，并且保持鲜明的中国特色。坚持国际评价标准与保持中国特色并没有矛盾。中国大学不能也没有必要对西方大学亦步亦趋，丧失自己的特色。正如习近平总书记2014年5月4日在北京大学师生座谈会上所指出的：“办好中国的世界一流大学，必须有中国特色。”他说：

“世界上不会有第二个哈佛、牛津、斯坦福、麻省理工、剑桥，但会有第一个北大、清华、浙大、复旦、南大等中国著名学府。我们要认真吸收世界上先进的办学治学经验，更要遵循教育规律，扎根中国大地办大学。”

在作者看来，中国经济学的中国特色主要体现在以下几个方面：

（1）中国经济学以研究中国经济为主，这是中国经济学的最大特色。随着中国经济在全球经济体系的重要性日益凸显，中国经济问题正在日益成为世界经济问题，因此中国经济研究的重要性也日益得到国际经济学界的关注。当然，随着中国日益融入世界市场经济体系并成为经济全球化的主动推动者与领导者，世界经济的很多重要问题也变成中国经济问题。中国经济学家需要对世界重要经济问题提出中国观点与中国方案。

（2）中国经济的转型与改革为经济学家提供了大量研究政府与市场之间的关系这个经济学重要命题的素材与数据。这是中国经济学的一个主要特色，也是中国经济学最能够取得原创性突破理论的所在之处。中国经济具有世界大部分国家特别是西方国家所没有的特征，特别在政府与市场的关系方面，中国政府所掌握的经济资源，以及其通过各项法律与政策对经济活动进行调节的深度与广度，在全世界找不到第二个。

（3）中国有不同于西方国家的政治经济制度和社会历史文化。在这些不同制度与背景下的经济行为与经济现象，也存在其显著不同的特点。市场经济一般原理与一般规律，在中国特有的社会主义政治经济制度与社会历史文化背景下，可能会以这样那样的特殊性表现出来，这从西方经济学教科书中找不到答案。中国经济学家在创建中国特色社会主义市场经济理论方面大有作为。

（4）中国经济学家还可以在经济学其他具有比较优势的领域作出自己的贡献。例如，在互联网与移动互联网使用方面（如金融科技，即 Fintech），中国经济由于其规模等原因，在国际上处于领先地位。与之相对应的是，中国在大数据与复杂数据的产生、收集、分析与应用方面，也有不少明显优势，这些新型数据特别是非结构化数据的产生，呼唤着计量经济学理论与方法创新。而与这些大数据相关的重要经济问题，既有中国特色，也将是经济学研究前沿问题，是中国经济学家实证研究的理想课题。

（5）中国经济学家需要站在中国人的立场上，针对中国与世界重大经济问题提供具有严谨理论支持的观点与解决办法。经济学是一门社会科学。过去二百多年，英国和美国长期充当全球化的领头羊并获益巨大。这除了其自身市场化与自由贸易等开放政策外，一个重要原因，是他们拥有众多的经济学家创立了各种自由贸易与全球化经济理论，占据着经济理论的国际话语权与制高点。在当今新的经济全球化背景下，中国经济学家肩负着解释中国经济发展规律，提炼塑造中国经济发展模式，在国际学术舞台上传播以中国特色社会主义市场经济理论为核心的"中国经济学派"，并将经济理论用于指导中国经济改革与全球化实践。这方面的一个实例，是中国科学院预测科学研究中心陈锡康、杨翠红团队，从全球价值链的视角开拓性地提出应以贸易增加值作为计算国与国之间的贸易额。这种新的贸易核算方法，克服了基于进出口贸易总额的传统贸易核算方法的缺陷，是国际贸易理论和经济统计学的一个新的突破，同时也为中国在世界与亚太地区倡导以贸易附加值作为贸易核算方法提供了理论支持与方法论支撑。

五、建设世界一流经济学科的若干关键问题

建设中国特色、世界一流经济学科，是中国高校一项长期的系统工程，面临许多困难与挑战。以下讨论若干关键问题。

（一）如何妥善处理国际学术评价标准与中国特色学术评价标准之间的关系

建设世界一流学科必须坚持国际公认的国际学术标准。在坚持经济学国际学术评价标准时，一个重要的问题是，如何理解构建与完善中国特色的世界一流学科评价体系，特别是如何理解建立与健全具有中国特色的哲学社会科学学术评价和学术标准体系？

中国经济学的主要特色是以中国经济为主要研究内容，以及中国经济学家应该站在中国人立场研究中国经济问题，但是学术评价标准应该遵从国际评价标准。世界一流经济学科的国际评价标准主要是以学术为导向，极少考虑其他非学术评价标准。几年前，作者曾经参与康奈尔大学艺术与科学学院评估社会

科学领域某位教师是否有资格获得终身教职的工作。康奈尔大学鼓励其教师在媒体发声，以扩大康奈尔大学的社会影响力。这位教师经常在报纸发表文章和在电视台接受采访。但是在决定其是否符合康奈尔大学终身教职条件时，评估委员会只考虑其学术研究与教学，没有考虑其“社会影响”，虽然评估报告也肯定其在媒体发声。

20 世纪 90 年代，一位时任美国前总统克林顿（William J. Clinton）的经济顾问委员会成员求职美国康奈尔大学经济学系，经济学系招聘小组在认真评估申请人的学术贡献后，建议不予考虑，虽然申请人作为美国总统经济顾问委员会成员有助于提升康奈尔大学经济学科的社会影响力。

国外高校经济学家以学术研究为主，这些学术研究大都是经济科学领域的世界学术前沿问题，与政策研究距离比较远。在中国高校“双一流”建设中，国家需求包括智库建设是一个重要目标。这是中国经济学科建设世界一流学科时需要重视的一个重要方面，也是一个中国特色。因此，中国高校的世界一流经济学科建设，在创新经济理论学术研究的同时，也需要将经济理论用于指导实践，特别是经济政策研究。那么，对经济政策研究的评价标准是什么？什么样的政策研究评价标准才能提高经济政策研究水平，并且获得国际经济学界的认同？长期以来，中国智库研究的独立性与客观性经常受到质疑。目前中国不少高校将各级领导人的批示作为政策研究一个最主要评价标准，甚至将其等同于发表多少篇重要学术期刊论文。应该采用严谨的研究范式来研究经济政策，特别是提倡以数据和计量方法来量化分析与评估政策效应，“让数据说话”，而不仅仅是一些观点的陈述。以数据为基础的严谨的政策研究，包括政策评估与政策设计，比较具有客观性与科学性，同时也是重要的经济理论应用，具有其学术价值，并且可以推动政策评价方法论的发展。作为计量经济学国际前沿的一个新发展，政策评估计量经济学就是针对社会经济政策评估的需要而发展起来的方法论学科。

（二）如何处理使用“国际语言”或“中国语言”讲述“中国故事”之间的关系

我们常常听到这样的话，即打造中国特色的话语体系，以及用中国语言讲述中国故事。这里，一个重要的问题是如何理解使用中国语言与国际语言两者之间的关系？首先，应该指出，不管是使用中国语言还是国际语言，目标是一致的，都是为了讲好中国故事，传播中国声音，提升中国经济学在国际上的影响力与话语权。但是如果使用中国语言而外国同行听不懂，则有可能变成自说自话。

那么，使用国际语言特别是西方语言是否可以讲好中国故事？

有一个经典案例，即美国记者埃德加·斯诺（Edgar Snow）在20世纪30年代亲自采访刚刚胜利完成长征的中国工农红军而写成的《红星照耀中国》，其中译本书名为《西行漫记》。这本纪实传记，通过一个西方记者的视角与语言，向广大西方读者介绍了红军、中国共产党及毛泽东等中共领导人。这本书当时在西方引起了强烈反响，很多西方人因此认识了中国共产党、中国革命及其领导人。这是用适合西方人的语言讲述中国故事的经典案例。还有，中国人曾创造性地采用芭蕾舞这一来源西方的艺术形式深刻诠释"红色娘子军"这一中国革命英雄事迹，并且用中国元素极大丰富了芭蕾的舞蹈语汇，使西方人耳目一新，获得西方芭蕾舞界的普遍认可，创造了世界芭蕾舞历史上的一个奇迹，被誉为"中华民族20世纪舞蹈经典作品"。

1937年出版的*Red Star over China*

可能有人会担心，西方主流经济学期刊是否会拒绝关于社会主义经济理论的文章？事实上，中国经济学家比较熟悉的社会主义经济学家兰格（Oskar Lange，波兰人）和科尔奈（János Kornai，匈牙利人），其大部分学术论文均发表在西方经济学主流期刊上。问题的关键是论文的研究范式，而不是其研究内容。应该大力提倡用国际研究范式研究中国特色政治经济学问题，这样才不会自说自话，才能在经济学国际学术舞台上传播中国特色社会主义政治经济学。

那么，使用国际语言是否会导致对西方

亦步亦趋，从而丧失自己的话语权？中国加入 WTO、IMF 等国际组织的经验给我们重要的启示，即现有的国际体系虽然不合理、不公平，我们可以先加入，先参与，然后不断提升影响力与话语权，逐步主导与引领。这是一条成功经验。在国际交往中，当我们的话语权比较小时，全面性另起炉灶很少有成功的可能。事实上，学科话语权是与学术贡献、学术影响力密切联系的。例如，在计量经济学中，诺贝尔经济学奖得主罗伯特·恩格尔（Robert Engle）所提出的波动模型（ARCH），ARCH 这一术语，不仅为经济学家，也为国际金融业界所熟悉，甚至在大众化的商业杂志也不必解释。同样地，诺贝尔经济学奖得主克莱夫·格兰杰（Clive Granger）所提出的 Granger 因果关系（Granger Causality），在预测科学中也广为人知。家喻户晓的宏观货币政策中的货币供给 M1、M2，其实来源于诺贝尔经济学奖得主米尔顿·弗里德曼（Milton Friedman）在美国芝加哥大学上课时的课堂符号。而匈牙利经济学家科尔奈提出的“软预算约束”这一术语，用于分析传统社会主义计划经济特有的制度特征与短缺现象，现在已为西方经济学界所共用。这些例子表明，学术话语权与影响力，取决于经济学家所提理论的学术贡献，而非仅仅学术术语本身。中国经济学家应该通过国际语言讲述中国故事，创造为国际同行所承认的理论创新成果，从而提升中国经济学的国际影响力与话语权。在这个过程中，国际标准与国际语言中中国元素的比重也必将随着中国经济学的理论创新与学术贡献而日益增加起来。

应该指出，强调用国际语言讲述中国故事并不是说中国经济学家就不用中国语言。使用国际语言、遵从国际规则是指在经济学术研究上，在与国际同行合作与竞争时，应该采用的方法，以达到在国际上最大传播中国声音的效果与目的。其实，经济学有很大外部性。例如，经济学知识的大众化，可以帮助那些没有受过经济学严格系统训练的政府决策者、企业家、投资者、社会公众等，在日常工作与生活中，更好地进行经济决策。如果我们的目的是使他们能够掌握经济学基本知识，学以致用，那么没有必要使用只有经济学家才能理解的术语、模型等，相反地，我们必须采用通俗易懂的语言与方式。因此，中国经济学家既要会讲国际语言，也要会讲中国语言，应该视对象与目的的不同而选择最合适的语言体系。

（三）尊重学科与学者特别是具有国际视野的学术带头人的首创精神，赋予他们更多的办学自主权

中国高校“双一流”建设的一大特色是政府推动与主导。中国高校具有很强的行政组织体系与行政执行力。但世界一流学科建设的基础是学科，其主体是代表学科的学院以及广大师生形成的学术共同体。在学校行政部门推动“双一流”建设时，需要充分发挥和尊重学科与学者，特别是具有国际视野的战略科学家、领军人物与学术带头人的意见与作用，包括在学科建设方向，学术评价标准与评价体系，学术考核标准与考核体系，学术资源分配等方面，真正实行“教授治学”。这其中的道理很简单，每个学科及其学者（特别是战略科学家、领军人物与学术带头人），最熟悉自己学科的国际前沿、发展趋势，最熟悉自己学科与国际先进水平的差距与存在问题。应该赋予代表学科的学院与研究院更大更多的办学自主权。

（四）世界一流经济学科建设需要有一流的国际化学术文化支撑

国际化学术文化的内容与范围非常广泛，其中包括（但不限于）：在遵守国家宪法和社会主义价值观的前提下，坚持“政治有纪律，学术无禁区”的原则，营造自由、平等、宽松的学术氛围与环境；提倡学术批判性思维，鼓励学术争论，尊重学术对手；以真正自信、开放的态度推动国际学术交流，批判性地借鉴、吸收国外先进的经济理论与方法，并且在国际学术舞台上与国际同行竞争与合作；真正尊重知识、尊重人才，尽量减少不必要的行政干预与繁文缛节；充分尊重和发挥战略科学家、领军人物与学术带头人的意见与作用，同时坚持在学术制度面前人人平等，防止因行政职务、学术贡献或个人资历而形成特殊权利的学术寡头垄断；正确处理历史传承与创新之间的关系，既要尊重前人的贡献，也要有超越前人的志向，等等。例如，美国麻省理工学院经济学系有一个不成文的规定，虽然实行终身教职制度，但每个教授，包括诺贝尔经济学奖得主在内，到70岁时，便自己主动退休，以便经济学系能够聘用年轻教师。这种符合学术新陈代谢规律的学术文化，值得我们借鉴学习。

六、结束语

本文讨论了什么是世界一流经济学科，中国经济学科与世界一流经济学科的差距，中国经济学主要特色的内涵，如何建设世界一流经济学科，以及建设世界一流经济学科的若干关键问题。特别强调，中国经济学的主要特色体现在研究中国经济以及中国经济学家应该站在中国人的立场研究经济问题，同时应该遵从国际学术评价标准与国际学术规则，用国际语言讲述中国故事，创立中国特色社会主义市场经济理论，形成具有鲜明特色的“中国经济学派”，以提升中国经济学的国际话语权与影响力。

中国经济学教育与研究必须国际化[①]

洪永淼

进入21世纪以来，在经济全球化的大背景下，中国高校经济学教育与研究的国际化已成为广为关注的热点问题，有些学校在国际化办学方面已迈出了坚实的步伐，有些学校还在观望与犹豫。笔者结合自己长期在海外教学与研究的经历，以及在厦门大学推动教学与研究国际化方面的探索和实践，谈谈个人的一些看法。

中国经济学为什么要国际化

与中国经济的成功转型并高速发展相比，中国经济学的转型与现代化相对滞后，特别在研究方法和研究手段上明显落后于西方现代经济学。中国经济学界一直在探索如何提升中国经济学的教育与研究水平，推动中国经济学的现代化。笔者认为，国际化办学是一条迅速而有效的途径。

中国经济学的国际化主要包含三个层面的内容：一是以国际标准指导中国经济学教育与研究的改革，秉承“汲取精华、去其糟粕”的原则，大胆引进、学习和借鉴国外先进的教育理念、课程体系以及经济理论、研究方法、研究手段等，加快中国经济学的现代化进程，这是一个“拿来”或“输入”的阶段；二是积极参与国际学术合作与竞争，通过在国际主流学术刊物上发表论文、举办和参与国际学术会议、开展联合办学与合作研究等多种渠道，使中国经济学的教育与研究成果产生广泛的国际影响，这是一个“输出”的阶段；三是通过国际学术交流，争取并利用国际学术资源，为中国经济学的发展和中国经济改革服务，这是一个与国际完全“融合”并产生巨大效用的阶段。

---

① 本文首刊于2007年9月4日的《光明日报》第10版“理论周刊”。

经济学教育与研究的国际化实质上是中国经济学的对外开放，其目的不是全盘西化，而是批判地吸收西方现代经济理论中对发展中国经济学有益的理论、方法，特别是研究方法与工具，全面提升中国经济学教育与研究水平，并为中国经济改革与发展提供理论指导。以国际标准来指导中国经济学的教育与研究，可以知道目前国内经济学教育和研究与世界先进水平之间的差距。参与国际竞争，特别是与国际学术舞台的强手竞争，可以激发竞争意识，充分发掘自身的潜力；也只有以国际标准参与竞争，才可能在国际学术舞台上占据一席之地。无论是“输入”“输出”还是最终的“融合”，其目的都是为了建设具有中国特色的社会主义市场经济理论。这是中国经济学国际化的归宿和落脚点。

中国经济学国际化还有一个重要原因，就是在中国当前的教育体制下，大多数高校经济学科的教育资源相对不足，由于历史等种种原因，高校之间并非真正在同一起跑线上进行公平竞争。实行国际化办学，可以让有条件的中国高校另辟蹊径，争取和利用国际学术资源，为中国经济学的现代化服务，这对大多数中国高校来说尤为重要。

中国经济学如何进行国际化

以笔者之见，中国经济学国际化有多种途径、多种方式，但最重要的是以下六个方面：

第一，进行中国高校管理体制的改革与创新，并使之与国际接轨。中国高校目前的管理体制，包括人事制度、资源分配制度、财务制度、教学与学生培养制度、对外交流制度、行政管理制度等，还不同程度地存在着计划经济时代高校管理体制的烙印。这一套管理体制需要进行改革与创新，使之能够适应当前的社会主义市场经济运作模式并与国际接轨。但从根本上改革与完善目前的高校管理体制，需要有一个稳定的环境、广大师生观念的转变与支持以及足够的资源等客观条件。这将是一个渐进的漫长过程。为能在较短时间内取得成效，并起示范作用，同时避免全面改革现有管理体制所带来的剧烈阵痛，可考虑实行“双轨制”制度创新。这是指在现行高校管理体制之外，对新成立的经济学教学与研究机构或者新招聘进来的人才，实行一定的灵活特殊政策以及适应市场经济条件并与国际接轨的管理体制。这实际上是一个“教育与研究特区”。近几年来，中国一些高校的实践证明，这种“增量”改革或体制外改革，可在相当程度上避免或减少与现行管理体制的矛盾与冲突，在短时间内取得明显效果，并反过来推动现行高校管理体制的改革，进而形成良性循环。在“双轨制”下，两种不同体制会有一定的矛盾和摩擦，甚至还会表现得比较激烈。但新体制、新机构的出现，为现行体制客观上提供了一个合作竞争的新环境、新氛围，可以有效推动现有高校管理体制的改革和现有经济学科的发展。

第二，拥有一支熟悉现代经济学并具有国际视野和国际竞争力的人才队伍。任何一个学科建设，最关键的因素是人才，特别是学术带头人。在计划经济时代，人才储备和聚集主要是通过行政手段（如20世纪50年代中国高校的院系调整）。在当今市场经济条件下，人才的聚集与流向主要取决于一个学校或一个学科所拥有并投入的资源。一流的学科必须有一流的人才队伍，而吸引一流的人才必须有最好的资源与条件。中国经济学国际化需要有一批在海外受过系统训练的优秀学者，这些学者长期在国外学习、工作和生活，熟悉东西方文化与国际规则，他们本身就是参与国际合作与竞争的一分子，并已建立了一定的国际学术联系，是推进中国经济学国际化进程的骨干。优秀海外学者回国服务的“机会成本”非常高，为吸引他们回国，必须在人才招聘和人事制度中实行灵活的特殊政策，提供具有一定国际竞争力的待遇和工作条件，这是“双轨制”最重要的内容之一。最近几年，国内部分高校通过各种途径积极在海外招聘学术人才，不失为推进国际化进程的有益尝试和有效手段。实践证明，优秀的海外学术人才的加盟可加速中国经济学国际化的进程，在较短时间内迅速提升中国经济学教学与研究的整体实力。

第三，在相当长的一段时间内，大多数中国高校经济学科的师资主体仍将是在国内受过训练的学者。因此，在大力引进海外学者的同时，应积极培养在国内受教育与训练的学者，特别是青年学者，努力为他们创造机会和条件参与国际学术合作与竞争。一个非常有效的途径是选派有潜力的国内青年教师到国外研究型大学或科研机构进修深造，使他们了解、熟悉国外学术环境，同时寻求与国际学者开展联合研究的机会。不少学校的经验表明，对于国内有潜力的青年学者，如果能为他们创造条件参与国际学术合作与竞争，也可以做出一流成果。这些人也是中国经济学国际化的骨干。应建立这样一种制度，不管是在国内还是在海外受过教育与训练的学者，只要有同等的教学研究实力与成果，就应给予大致相同的待遇。从长远来看，“双轨制”只是一种过渡性安排，最终应走向单轨制。

第四，中国经济学国际化必须与现代经济学本土化相结合。在国际化进程中，需要建立一套与国际接轨的现代经济学教育与研究体系，用国际公认的标准评价中国高校现代经济学研究成果，但需要注意保留中国经济学教育与研究的独特性。中国经济学国际化的最终目的是为中国经济改革与发展提供理论指导，为现代化培养人才，并在世界经济学界有一定的学术影响力。只有保留自己的特色，才不会在国际化进程中迷失自己的方向，也才有可能在世界经济学界凸显中国经济学的存在与贡献。

第五，经常性的国际学术交流既是高校学术环境的最重要组成部分，也是中国经济学国际化的最有效途径。对海外学者来说，待遇当然是他们考虑是否回国服务的重要因素，同时，学术环境也是他们认真权衡的重要因素。他们最担心的一个问题是，回国后是否还能与国际学术界保持经常性联系。因此，邀请国际知名学者访问讲学，举办各种国际学术会议，创造条件使“海归”学者经常出去参加各种学术交流活动，将有利于海外人才的引进和人才队伍的稳定。同时，高水平的对外学术活动，可以让相关学科的师生有机会接触最前沿的现代经济学研究课题及发展趋势，与海外学者进行面对面直接交流，并与之建立学术联系。这种建立在学者之间的学术联系是一种极其宝贵的国际学术资源，是中国经济学国际化最重要的纽带。

第六，善于争取和利用国际学术资源为中国经济学教育与研究服务。中国经济学国际化开辟了利用国际学术资源的可能性，特别是发达国家与地区有着丰富的教育与学术资源，他们大多也有国际化的需求与愿望。应该在互利的基础上，积极探索各种形式的合作研究、合作办学和交流计划，最大限度地争取和利用国际学术资源为我服务，弥补很多中国高校经济学科资源的不足。

中国经济学国际化是中国经济的快速发展和经济全球化的必然要求，是加速中国经济学现代化的有效途径，是争取和利用国际学术资源为中国经济学发展服务的重要手段，也是扩大中国经济学在国际经济学界学术影响力的必由之路。我们应该重视研究中国经济学国际化的规律，在实践中探索、总结国际化的经验，以提升中国经济学教育与研究水平。

从国际化看中国经济学教育改革[①]

《中国经济时报》记者　范　媛

经济学人才作为一个群体，其成长体现在经济学教育的扎实度和先进性。经济学教育是国家崛起的基础和方向。近几年，中国高校中经济学教育虽然师从欧美，与国际接轨，但中国经济学的教育和研究却明显落后于经济发展的需要，偏重培养应用型人才，缺少国际性的经济学家。国际经济学界熟悉并承认的原创性经济理论，几乎没有中国本土经济学家所创立的；在经济学国际主流学术期刊上，话语权还是掌握在以美国为代表的西方经济学家手中。

中国经济学教育改革该往哪里走？国际化水平该如何提高？本报就此问题，专访了在教育改革国际化这条路上践行了近 10 年的洪永淼。

中国经济时报：教育改革的国际化转型提出了一段时间了，现阶段我们国家的经济学教育和研究的国际化水平如何？

洪永淼：2010 年，国外研究中国经济的主流英文期刊 *China Economic Review* 主编贝尔顿·弗莱舍（Belton Fleisher）教授在厦大召开的一个研讨会上曾经说过："投稿到 *China Economic Review* 的学者，有海外研究中国经济的学者和中国本土经济学家。海外研究中国经济的学者能够将中国经济问题讲得很清楚透彻，而中国本土经济学家还做不到这一点。"

这主要是和中国经济学教育有关，包括培养模式、研究方法、研究范式、英文写作上，中国都明显落后于西方现代经济学教育。不使用国际同行惯用的术语和方式，就不能很好地达到交流的目的，妨碍了发挥中国本土经济学家研究中国经济问题的优势。

目前我们的经济学教育和研究的国际化水平还处在起步阶段。有些人认为现在我们经济学基础课程体系已经和国外相去无几，其实课程教育只是经济学

---

① 本文首刊于 2014 年 9 月 11 日的《中国经济时报》。

教育的一个方面而已。

中国经济时报：在目前你所参与的两个学院的经济学教育改革中，是如何强化国际同行沟通方面的训练的呢?

洪永淼：国际化水平的提高，不是某个形式上的训练就能达到，而必须在教学理念上进行根本变革，这是我们提倡的国际化办学的主要内涵，也是推动中国经济学教育的现代化的关键。

首先是学习引进、消化吸收海外先进的教育理念、课程体系、研究方法和范式等，以国际标准指导我们的改革。比如美国本科教学是大类招生，专业设置得非常宽广，一个经济系只有一个经济学专业。而国内对应的却是一个经济学院，厦大经济学院就包括金融系、财政系、统计系、国际经济与贸易系以及经济学系，共 11 个专业。因为过专、过细，毕业后一旦工作变动，很多人就不能适应。相反，比较能适应市场变化的是那些发现、分析和解决问题的能力比较强的人。对于教育者来说，重要的是培养学生发现、分析和解决问题的能力，而不是单纯传授专业知识。华尔街有很多金融从业人士原来都是理工科，

经济全球化与欧盟一体化（EGEI）项目 2014 级毕业生

工作之前他们的金融知识可能几乎是零。华尔街主要是看中他们的编程能力和数学能力。几年实践以后，这些人的金融知识可能不会比金融专业的学生少。

其次，积极参与国际合作与竞争，通过在国际主流学术刊物发表学术论文、联合办学等，以增加我们的国际影响力。美国学校通常规定本科生至少要有一个学期作为交流学生到所在学校认可的国外学校学习，培养学生国际视野。中国高校在这方面还有很大差距。

厦大参与了欧盟资助的“经济全球化与欧盟一体化项目（EGEI）”，共有7所欧盟国家的学校和两所非欧盟国家的学校，王亚南经济研究院（WISE）所在的厦大是两所非欧盟学校之一（另外一所来自巴西）。该项目学生一年之内要到3个国家上课，最终获九校联合颁发的硕士学位。此外，WISE还与德国洪堡大学设立了经济学博士生联合培养计划，两校每年选拔几位博士生到对方学校半年或一年，共同合作研究。

中国经济时报：最近两年我们国家的教育投入占GDP的比重在增加，但我想最核心的问题不是给了多少钱，而是我们的教育改革用这些钱去做什么，该往哪里走？

洪永淼：提高教学质量应该是中国经济学教育今后改革的最主要方向。1999年以后，高校扩招为很多高中生提供了上大学的机会，但也带来了教学质量下降的后果。现在提倡教育要走内涵式发展道路，一个关键是提高师生比例，厦大经济学院和WISE的师生比现在是1∶17，按国际标准还是偏低，应该加大师资经费投入，改善师资质量与结构。

因为中国经济学教育与国外存在很大差距，国际化办学也是提升教学质量的一个重要途径。另外一个非常重要的是个性化、差异化教育，现在中国高校包括经济学科在内的学科建设，大都是千篇一律、同一个面孔，高校都在追求综合化，追求完整的学科体系，同质性非常高。WISE成立之初，就重点发展计量经济学，培育以定量分析与数据分析为主的特色学科。

中国经济时报：看来经济学教育改革国际化还有很长的路要走，现在还有哪些问题和矛盾是比较突出的？

洪永淼：经济学教育改革国际化最难的问题就是理念和利益问题。在中国，经济学国际化办学，首先可能会牵涉到理念。对国际化一个常见的批评是海归不研究中国实际问题。事实上，中国高校包括 WISE 的海归，都在应用现代经济学的理论与方法研究、分析中国现实经济问题。其次，更重要的，经济学教育改革和国际化理念冲突的背后常常是利益的矛盾与冲突特别是资源如何配置的问题。10 年前，厦大在经济学院之外创建一个与国际接轨的 WISE，并在发展到一定阶段后又不失时机与经济学院逐步融合，从而实现了通过 WISE 去推动经济学院的改革与发展的目的。现在回过头看，这种双轨制及其融合的制度安排避免了改革初期的一些矛盾与利益的冲突。未来的国际化办学之路，理念和利益问题仍是改革的难点。

此外，中国高校的学术环境与学术文化需要改善。在国外，教师除了教学之外，可以专心致志地从事学术研究与交流；在国内，现在还很难做到这一点，有太多的行政或非学术的干扰。还有，存在着很多非学术的评价标准，这些非学术评价标准对教师产生原创性学术成果是没有多大帮助的。

在中国经济学年会上谈经济学教育与改革[①]

中国经济学教育科研网特约记者　杨美玲

2005 年 12 月第五届中国经济学年会开幕的当天晚上，厦门大学王亚南经济研究院（WISE）、厦门大学经济学院联合举办“茶话会”。洪永淼与海内外的与会代表进行亲切交谈，互动气氛和谐友好。在这样的温馨氛围中，中国经济学教育科研网特约记者杨美玲对洪永淼作了采访。

中国经济学教育科研网：洪教授，您好！您是 WISE 的院长。WISE 是今年上半年才正式成立的，并且力争在不太长的时间内成为亚太地区和中国一流的、与国际接轨的现代经济学研究机构。我想请问您，您认为 WISE 与其他高校同类的研究院相比具有什么样的优势，今后将如何发展？

洪永淼：我们的确有不少优势。WISE 是依托厦门大学经济学院建立起来的。厦大经济学院目前共有 4 个国家重点学科，即金融学、政治经济学、财政学和统计学，一个国家经济学人才培养基地，一个教育部普通高校人文社会科学重点研究基地——厦门大学宏观经济研究中心以及一个国家“985”工程“宏观经济分析与预测”哲学社会科学创新基地（I）。根据 2005 年《中国大学评价》课题组发表的中国大学经济学排名，厦大经济学科在全国名列第四。研究院是背依这样一个优势学科建立起来的，因此就不用像国内一些经济学比较薄弱的院校那样，需要花很大力量进行中国特色的学科建设，如申请硕士点、博士点等等。我们可以省掉很多国内常见的那些烦琐的事情，集中精力做好教学和研究，这是其一。

其二，我们拥有非常好的国内外经济学学术网络。可以说，我们与国外的学术联系与交流不会比中国任何一所大学差。你可能知道，WISE 聘请了一

---

① 本文首发于 2005 年 12 月 26 日的中国经济学教育科研网，原题为《访王亚南经济研究院院长洪永淼教授》。

2013 年，WISE 举行面板数据分析国际研讨会上，组委会向萧政教授的致敬

些世界级经济学家作为学术顾问，包括普林斯顿大学的邹至庄教授、加州大学圣地亚哥校区的克莱夫·格兰杰（Clive Granger）教授、麻省理工学院的杰瑞·赫斯曼（Jerry Hausman）教授、南加州大学的萧政教授，和宾州大学的劳伦斯·克莱因（Lawrence Klein）教授。他们均是在世界上享有盛誉的经济学家，不但常为 WISE 的学科建设与发展出谋献策，而且还充分利用他们的国际学术联系帮助我们。比如，明年夏天我们将举办第二届计量经济学国际培训班，这个国际培训班将和经济学国际顶尖刊物之一 *Journal of Econometrics* 联合主办。这是在萧政教授的大力帮助和支持下促成的。另外，明年夏天 WISE 和厦大经济学院金融学系将与康奈尔大学合作，共同举办一个面向学术界和实业界的“信用风险与风险管理国际培训班”，邀请康奈尔大学、美国财政部和国际货币基金组织的有关专家学者前来讲学，这一学术活动是通过厦门大学—康奈尔合作中心进行的。厦门大学和康奈尔大学签有正式的学术交流协定，是姐妹学校。还有，我们正在与新加坡管理大学经济和社会科学学院、中国台湾科研部门合作，建立一个远程学术报告厅，共享三方的学术讲座资源。总之，

我们正在根据我们学科建设和发展的需要，充分、有效地利用我们的国际学术联系，积极推进厦门大学经济学的国际化和现代化。

其三，厦门大学的社会科学特别是经济学科，是厦门大学的优势学科之一，具有优良的传统和深厚的根基。厦大经济学科之所以能够发展到目前这种水平，是与中国著名经济学家、马克思《资本论》中文翻译者之一王亚南的贡献分不开的。我们这个研究院以王亚南的名字命名，就是要发扬王亚南的科学精神，将王亚南开创的厦大经济学科的优良传统发扬光大。

其四，厦门大学领导、厦门大学经济学院以及学校的很多职能部门对 WISE 是非常支持的。研究院可以从学校那里争取到在绝大多数中国高校暂时还争取不到的一些特殊政策，如采用国际惯例培养研究生，以较高待遇聘请国内外研究人员，选拔青年教师出国深造等等。可以说，WISE 是厦门大学一个外向型的"教育特区"，我们一开始就可以按一些国际惯例运作，这样见效将会快一点。

其五，厦门是一个风景秀美的"卫生城市""文明城市""最适合人类居住的城市"，有中国很多地方无法比拟的生活条件和工作环境；同时，厦门是经济特区，与港澳台、东南亚等也有着天然的历史、文化、经贸联系，非常适合我们进行国际化办学。我们希望能在不长的时间内，建立起一个与国际惯例接轨的现代经济学研究机制，以在中国有竞争力的待遇，聘请并组建一支精干的中青年经济学研究团队，积极在国内外经济学刊物上发表学术论文，培养高级经济学研究人才，积极推进对外学术交流，成为亚太地区一个经济学国际学术交流中心，并成为国家和地方社会经济发展的"思想库"和"智囊团"。

当然，我们也存在不少弱点和缺点。比如说厦门的地理位置相对来说比较偏一点，不像北京和上海，是全国政治、经济和文化中心。这里要获取各方面的信息都比较慢，在不少人的观念里与北京、上海还有一定的差距，而且是不小的差距。另外，厦门大学整体资源相对有限，必须相对集中使用才能见效快，但这样做并不是一件易事，因为有一个综合平衡的问题。还有，WISE 实行新机制，与现有管理体制也有一定的矛盾，需要一个痛苦的磨合过程。

中国经济学教育科研网：这次中国经济学年会的举办，是厦门大学的一件大事。您认为，举办年会对厦门大学来说有什么重要意义？

洪永淼：首先，厦门大学经济学院能举办这种大型会议，说明厦门大学经济学院的实力和举办大型学术会议的组织能力得到了认可和肯定。从厦门大学的角度来看，举办这样一个全国最重要的经济学年会本身是一个机会，展现了厦门大学经济学科的整体实力，同时也可以审视厦门经济学科自身的优缺点，因为那么多场的专题报告，那么多不同领域的论文，代表了现在中国经济学整体的最高水平。厦门大学经济学科哪些行，哪些还需要努力，通过参加这次年会，我们的广大师生都会看得很清楚。其次，不知你是否注意到，很多专题报告的评论人都是厦门大学的年轻老师，这对他们来说是一个非常难得的学习机会。我相信这次年会将大大地推进厦门大学经济学科的全面发展。

这次年会还有很多前几届所没有的特点，比如说，在会议期间举办的首届全国经济学教学科研人才招聘会就是开创性的。国内不少大学的经济学院包括厦门大学经济学院和 WISE 都参加招聘，吸引了不少青年学子。这样的人才招聘会还会吸引更多的经济学子参加今后的经济学年会，而且将形成一个经常性、机制化的、统一的经济学人才市场，这对中国经济学的发展将有极大的推进作用。

中国经济学教育科研网：洪教授，您对中国的股市很有研究。您认为中国的股市存在着哪些风险，今后改革的方向应该是什么？

洪永淼：我虽然对中国股市做过一些实证研究，但是对中国股市了解不是太多。我个人的看法是，中国股市的发展历程有它的特殊性。毫无疑义，中国发展股市是建立中国资本市场的客观需要。但是，过去 15 年的实践表明，目前的中国股市并没有像很多中国经济学家所期望的那样能改变国企运行机制和提高国企效率，相反地，在国企本身机制没有改变、生产效率没有提高的情况下，要使以国企为主体的中国股市能够持续向上蓬勃发展是不可能的，这是目前中国股市无法规避的系统风险。事实上，这已经造成了一个严重的后果，即国企的负担至少一部分由国有商业银行转移到广大中小股民头上。因此，如何减少这个系统风险，应该成为中国经济学家和相关部门决策者的首要问题。比如，什么样的监管机制既能保证真正效益好的企业上市，又能够将只有华丽包装、其实效益并不好的企业排除出去？我想，不论是国有企业、私营企业还是外资企业，如果能够改变中国股市的企业结构，让真正效益好的企业作为股市主体，那么，我们就能大大减少中国股市的系统风险。到那时，中国股市就会成为中国经济的"晴雨表"。做到这一点之前，中国股市还会持续处于低迷状态，虽然可能会有短期的上下波动。

中国经济学教育科研网：对于中国改革发展和和谐社会的建立，在金融领域，您认为最需要改革的是什么，应该如何有效地实行改革？

洪永淼：中国金融领域目前最重要的问题主要就是银行的呆账坏账。这个问题在我国加入WTO后变得更加严峻，必须尽快寻找对策加以解决。中国的商业银行大都是国有银行，因为有政府的保护，这些国有商业银行的破产是不大可能的，可以说，这个概率几乎等于零。不过，如果让滋生呆坏账的现象继续蔓延、累积下去的话，这种情况将有可能变得非常危险，所以，应该尽快构建信用风险管理制度。中国政府过去几年其实已经做了不少工作，取得了不少成效，但尚未有根本性的改变。我认为，应该允许境外与国外银行进来，和国内民营银行一起，与中国国有商业银行进行竞争。竞争比其他手段更有效，可以较为迅速地改变中国国有商业银行的运作模式和管理体制，迅速改变中国国有商业银行效率低下的状况，同时，中国的银行可以在竞争中学习国外银行先进的信用风险管理体制与经验，这样才有可能从根本上解决国有银行的呆坏账问题。

中国经济学教育科研网：那么，您对中国目前实行的国有银行的改革应该是比较赞同的吧？

洪永淼：是的，但还不够。如果国有商业银行仍是大股东，其运作模式和管理机制没有根本性的变化的话，我并不认为股份制可以从根本上改变目前中国国有银行的困境。中国国企股份制改革的经验教训就已给我们留下一些有益的启示。况且，国有商业银行不是一般的国企，关系到中国金融安全，控股权如果被外国人操纵，后果将是不堪设想的。因此，除了股份制改革外，还应该有相应的配套措施。如上面所说的，让境外和国外银行，还有民营银行参与竞争，营造一种公平的竞争氛围，这将有利于促进国有商业银行加速改变其运作模式和管理体制，变得更加有效率，更有竞争性。

中国经济学教育科研网：您对利率市场化有何看法？

洪永淼：如果中央银行和中国政府的目标是利用货币、利率手段间接进行经济调控和优化经济结构、控制经济增长，那么利率市场化是非常重要的。在国外，不仅企业，连一般消费者对于市场利率的变化都是很敏感的。因为不论是买车还是买房子，都需要钱，而这些钱一般都是从银行借来的，因此国外的消费者和投资者对市场利率的变化都是非常敏感的。在中国，利率尚未成为灵活调控经济的手段，其中一个重要原因就是利率期限结构比较刚性，利率传递机制不够敏感。中央银行想通过改变短期利率而及时有效地影响长期利率和长期投资，需要有一个灵活顺畅的利率传导机制。目前这个传导机制需要的时间可能比较长，中间会有一些障碍。如果我们能够建立起一个灵活顺畅的利率期限结构机制，实行利率市场化，我想中央政府通过货币利率手段来间接控制经济供求和长期投资就会比较有效和容易得多。

中国经济学教育科研网：洪教授，您是计量经济学方面的专家。现在很多同学在写论文的时候都运用计量经济学来进行一些实证方面的研究。您认为他们在运用计量经济学的时候应该注意哪些问题？

洪永淼：目前计量经济学在中国经济类和管理类学生中受到广泛的重视，这是中国经济学前所未有的状况。但是，可以说，中国计量经济学的教学、应用与研究，和国外先进国家相比还有一段差距。从学生角度来说，我觉得最关键的是要对计量经济学有个系统的了解。中国不少学生在学习计量经济学时有个毛病，就是比较急功近利，他们可能希望老师在两个星期或者 3 个星期内就教会他们计量经济学，然后马上拿去做研究。事实上，计量经济学不仅仅是完成他们硕士论文或博士论文的实证研究工具，更是经济学研究的方法论。只有对整个计量经济学理论体系有所了解，才能知道什么样的经济问题，需要什么样的计量模型或工具。同时，必须清楚了解每一个计量经济学模型或方法适用的条件与范围。比如说，在检验经济理论或经济假说时，你可能会使用所谓的 t- 检验或 F- 检验，这些检验的前提是，回归模型扰动项必须服从独立同正态分布。如果扰动项不是独立同分布，根据渐近理论，这些检验在样本数很大且扰动项是条件同方差时，还可以使用，但如果存在条件异方差，那么不管样本数有多大，*t*- 检验和 *F*- 检验就不适用了。如果不管条件适用与否而继续使用它们，你得出的结论可能是五花八门的。有时候你还会沾沾自喜，因为有可能结果刚好与你的期望是非常一致的，但是那不是科学的做法。应该说，中国部分学生在学习计量经济学时出现急功近利的现象，同目前中国计量经济学的教学有关。我们计量经济学的教学体系还不完善，现在绝大多数中国高校经济类、管理类的硕士生、博士生都是上一个学期或者最多一年的计量经济学课程。而在国外，计量经济学的课程是整套的、一个系列的，有非常多门的课程。这个差别和中国目前的研究生培养体制有关。北美一般采用“直博”的方式，即从本科生直接挑选博士生，博士生大概有四年到五年甚至更长的培养时间，所以你有充分的时间去教授他们系统的计量经济学。而目前在中国，硕士生学制 2—3 年，不管是硕士或博士生，必修课程只能是一年，第二年开始写硕士或博士论文，第三年就要忙着考博士或找工作了。这种学制不利于高级经济学人才的系统培养。如果能够实行“直博”，我们就可能系统讲授计量经济学课程，这样，中国学生运用计量经济学的时候就会比较得心应手了。

如何看待大学经济学教育改革[①]

吉林省教育科学院院长、研究员　聂海清

1996 年 5 月，我第二次去美国纽约州伊萨卡市（著名常春藤大学康奈尔大学所在地），借探亲的机会进行教育考察，有机会接触到一些在康奈尔大学的中国留学生和教授。其中洪永淼教授是我们家的近邻，又是很亲近的朋友。33 岁的洪永淼，经过康奈尔大学的严格考核后，应聘到康奈尔大学经济系任教。这位年轻的教授，穿着整洁，举止文雅，谈吐风趣，思维敏捷，给人一种良好的印象。我们与洪永淼教授经常在一起，几乎每周都在一起活动一次。他

洪永淼与聂海清在美国纽约伊萨卡

① 本文首刊于《吉林教育科学・高教研究》1997 年第 7 期，原题为《关于大学经济学教学改革问题——美国康奈尔大学经济系洪永淼教授访谈录》。

给我讲了很多关于美国高等教育的情况，使我对美国高等教育有了进一步的了解；他对高等教育一些很有见地的看法，对我很有启发。后来，我提出就大学经济学教学改革问题专门访问他，他欣然同意了。

我同洪永淼教授就大学经济学教学改革问题，谈过五六次，涉及美国大学教师的教学与科研，经济学教学与研究对促进社会发展的作用，美国大学经济学核心课程的设置，美国经济学博士的培养，中国大学经济学专业的发展与现状以及对中国大学经济学教学改革的建议等诸多问题。后来，我用访谈录的体裁写成这篇文稿。我觉得这种有问有答的形式，看起来可能更清晰、更明确，给人留下的印象更深刻。

聂：永淼教授，听说您很喜欢经济学专业。首先，想请您谈谈经济学的教学与研究对促进社会发展有什么作用这个问题。

洪：我原来在大学本科学的是物理，后来改学经济，并先后获得经济学硕士学位、博士学位，就是因为我觉得经济学专业对促进经济乃至社会的发展有着重要的作用。在康奈尔大学任教以来，我逐渐加深了对这个问题的认识。

聂：大学经济学教学与研究是怎样促进社会发展的，请您具体谈谈这个问题好吗？

洪：我认为，美国大学经济学教学与研究在经济社会发展中起着越来越重要的促进作用。这种促进作用主要是通过以下三个途径实现的：一是经济理论对制定国家经济政策的理论指导作用。比如，每届美国总统上台时，都会从美国大学里挑选一些知名经济学教授组成“总统经济顾问委员会”，其成员负责定期向总统报告美国经济整体运行情况；接受总统、副总统及其他内阁成员的经济政策咨询；撰写“美国总统的经济报告”等重要文件。二是通过大学经济学专业培养不同层次的掌握市场经济基本理论和基本分析方法的、熟悉市场经济运作的、具有良好素质的经济学专门人才，以满足经济与社会发展的需要并促使其健康发展。三是通过应用研究成果来制定经济战略、政策与措施等，来促进经济乃至社会的发展。

聂：听说美国研究型大学的教授是很重视科研的。您对教学与科研如何摆法？

洪：的确是这样的，美国研究型大学的教授在科研上是很花力气的。学校把科研成果作为对教师考核与晋升的主要依据。因为，作为一名教师，没有高水平的科研成果就不可能有高质量的教学。当然，学校是培养人的地方，一切都要落实在提高人才培养质量上。因此，我认为一名教师，既要搞好科研，又要搞好教学，而且要善于把两者结合起来。

聂：您能具体谈谈您的教学与科研情况吗？

洪：我在康奈尔大学经济系任教4年来，先后给经济系的本科生与博士生讲授计量经济学、经济统计与数理经济学等课程。同时，在教学过程中，抓了两个方面问题的研究：一是计量经济学理论的研究；二是转型经济理论的研究。

聂：您对自己的科研成果感到满意吗？

洪：说实在话，我在科研工作中是做过极大努力的，4年来，晚上睡觉时间很少。当然，我对科研也很有兴趣，对自己取得的研究成果也比较满意。在计量经济理论研究中，我提出的计量经济学模型检验的两种新方法（即非参数分析方法与时间序列中的频谱分析方法）及其应用，对于检验经济理论是否正确、经济预测是否科学有着重大作用，受到美国经济学界的好评，其中撰写的4篇论文分别发表在美国和英国经济学和统计学的一流刊物上。在转型经济学理论的研究中，以调查数据为基础，以现代微观经济学的新理论和博弈为指导，运用计量经济学的实证分析方法，比较深入地研究了中国国有企业在80年代的改革问题。如中国国有企业的激励机制、国有企业经理人才市场的形成与演变与国有企业改革的配套措施等，其中撰写的2篇学术论文发表在美国经济学一流刊物上。我很高兴地看到有些研究成果曾被多处引用，也丰富了我的教学内容。

聂：除了教学与科研工作外，您还有其他社会工作吗？

洪：美国教授主要精力都放在教学与科研上，一些事务性工作由秘书去做，但也要做些社会工作。我经常应美国、英国和印度经济学和统计学学术刊物如*American Economic Review*、*China Economic Review*、*International Economic Review*、*Econometric Theory*、*Econometric Reviews*、*Journal of*

Econometrics、*Biometrika* 与 *Econometrica* 等的邀请，评审其学术论文。

聂：您对参加学术活动怎么看？

洪：大学教师参加学术活动是非常重要的。我认为它是提高教学质量与科研水平的重要条件之一。在康奈尔大学经济系任教 4 年来，我曾回国访问中国人民大学经济培训中心、北京大学中国经济研究中心、厦门市政府经济研究中心等，并应邀到厦门大学经济系、香港科技大学经济系讲学；同时，应邀到耶鲁大学、普林斯顿大学、伊里诺伊大学等美国的十余所大学和英属哥伦比亚大学等加拿大的 4 所大学讲学，进行学术交流；此外，还应邀参加了 1995 年于东京召开的计量经济学会世界会议与在北京召开的世界华人统计学会学术会议，并在这两个会议上宣读论文；今年 7 月将参加在香港召开的远东计量经济学会学术会议与 8 月在法国召开的欧洲计量经济学学术会议，并将在这两个会议上宣读论文。

聂：永森教授，我认为课程设置（包括课程内容及其结构优化）是提高教学质量的关键问题。不知您怎么看？同时，请您具体谈谈美国大学经济系的课程设置。

洪：我完全同意您的看法。课程内容陈旧、结构不合理，是很难培养出高质量的学生的。美国大学很重视核心课程设置，如康奈尔大学每年都要对课程设置（包括课程的教学内容、重点与要求等）进行修改。现在康奈尔大学经济系的本科新生入学后，必须先修 3 门课程，即初级微观经济学、初级宏观经济学和高等数学；然后再修 8 门课程，这 8 门课程中，包括 3 门必修课程（即中级微观经济学、中级宏观经济学与计量经济学）和 5 门可由学生在学校规定的范围内选择的课程。

聂：您认为这种课程设置有什么特点？

洪：我认为美国大学经济学核心课程设置有这样三个特点：一是从课程的方向上看，它包括微观经济学、宏观经济学和计量经济学。微观经济学研究个体经济人在市场经济条件下如何科学决策；宏观经济学研究市场经济作为一个整体的运行规律；计量经济学研究经济运行中经济变量之间的数量关系。这 3 门核心课程构成现代经济学的理论基础。二是从课程的层次上看，它有普及与提高之分。美国大学经济系学生先修的初级微观经济学与宏观经济学，是用比较通俗、直观的方法，讲述基本概念，介绍基本理论，而中级微观经济学和宏观经济学，不仅深度、难度有很大变化，而且主要是引入了较严谨的数学分析方法。三是从学习课程的条件上看，修较高级的核心课程，学生必须具备较好的高等数学基础。

聂：大家认为，美国教育中，博士生的培养是比较成功的，比如，他们很重视博士生的课程学习、注重研究能力的培养以及培养过程中的严格要求等，是很值得我们借鉴的。我想请您谈谈美国大学经济学博士的培养问题。

洪：康奈尔大学是一所著名的研究型大学，它除了培养本科生外，另一个重要任务就是培养博士生。1996 年康奈尔大学有本科生约 13000 名，博士生约 6000 名；康奈尔大学经济系有本科生 300 名、博士生 75 名。康奈尔大学对培养博士生是十分重视的，而且取得了很大的成绩。

聂：从康奈尔大学经济系培养博士生的实践来看，您觉得有哪些经验是值得肯定的？

洪：我没有很好地总结培养博士生的经验，但我认为以下三条是值得肯定的：一是招生时的“择优录取”，把好入学关。美国大学培养博士生，有极好的生源，便于“优中选优”。例如每年申请报考康奈尔大学经济系博士项目的学生达 700 名左右，而给全额奖学金的一般不到 10 名。1997 年申请报考康奈尔大学经济系博士学位项目的有 605 名学生，其中亚洲 359 名、欧洲 93 名、拉丁美洲 51 名、非洲 4 名、其他洲 98 名，而最后只有 8 名（含中国 1 名）学生获得全额奖学金。二是重视博士生核心课程的设置。康奈尔大学经济系博士生的核心课程有：微观经济学系列、宏观经济学系列和计量经济学系列等，上述每个系列设 2 门主要课程。此外，还有一门数学课程和一门价格理论课程。学生在通过博士资格考试之后，还要再根据自己今后的专业研究方向选修专业课。康奈尔大学经济系的博士生必须选择一个主修方向和一个副修方向，每个方向要选修 2 门专业课，其内容一般都是由任课教授确定，且多是任课教授最新研究的课程和该领域的最前沿研究成果。这种专业课的教学，一般都不用教科书，而是以学术刊物上的重要学术论文作为教材与读物。三是培养博士生的严格考核制度。美国大学的博士生入学是很难的，获得博士学位也是很难的。康奈尔大学经济系的博士生用 1 年时间修完上述核心课程后，要通过微观经济学与宏观经济学这两门课程的考试。学生学习计量经济学系列的每门课的成绩达到 B－以上，可以申请免考计量经济学；考试成绩达到规定要求，便算通过博士资格考试；如果考试成绩没有达到规定要求，学生不能取得博士生资格；系里将给予一次补考机会，若仍未达到规定要求，学生必须退学。大约再经过两年，学生完成专业课学习之后，必须通过严格的对专业课的笔试与口试，考试成绩达到要求，方能进入由教授组成的论文委员会成员指导下的论文研究工作。最后，通过论文答辩，才能获得博士学位。

聂：您在康奈尔大学经济系任教期间曾负责过博士生的录取工作。我想请您谈谈录取博士生的主要依据是什么？

洪：从申请报考康奈尔大学经济系的约 700 名优秀学生中选出几名优秀学生给全额奖学金，这的确是件难事，每年都要花很大的精力。我们录取博士生的主要依据包括：学生大学本科学习的各科成绩（尤其是与经济专业相关的学科的成绩，如康奈尔大学经济系录取时很重视学生的数学训练和数学成绩）；3 位任课教授的推荐信；TOEFL 和 GRE 成绩；申请者的研究计划；其他。对外国学生，还要求必须有英语母语的教授（指美国教授或英语教授）写的推荐信，介绍学生的英语水平，尤其是口语水平与会话能力。教授的推荐信对录取起着极其重要的作用。因此，美国教授写推荐信时很认真地客观介绍学生的学习状况，都很重视"信用"。"信用"成为美国大学教授的一大资本，"失信"教授的推荐信犹如一张废纸。我听说有的国家的教授推荐信，录取时常不被重视，这是因为它往往报喜不报忧，甚至发现有的推荐信是学生自己写后教授签名的。这种推荐信常引起反感，对申请学生反而不利。

聂：最近几年，您多次回国访问、讲学，又同中国学者搞合作研究，还曾获得中国大学经济专业硕士学位，您对中国大学经济系的教学情况是比较了解的。您能谈谈这方面的看法吗？

洪：我认为中国大学经济专业发展很快。20 世纪 50—60 年代，学生主要学马克思主义经济理论，采用苏联教学模式，专业划分很细，学生毕业后分配到对口专业的工作岗位，能很快进入工作角色。这种培养模式，比较适应当时高度集中的计划经济体制，为当时经济建设输送了大批人才。

随着我国实行改革开放政策，经济学界开始借鉴西方经济理论和东欧社会主义国家的经济改革理论，在建设具有中国特色的社会主义经济理论方面取得了重大突破，并有力地推动了经济改革的实践活动。

80年代以来，中国经济改革逐步深入，经济体制逐渐由“计划经济”向“社会主义市场经济”转轨，这既促进了大学经济学的教学改革，也对深化经济学教学改革提出了新的更高的要求，使中国大学经济学教学改革出现十分活跃的局面。

聂：永森教授，您谈了一些很好的看法、很好的经验，对我们很有启发。最后，请您谈谈对中国大学经济学教学改革的建议，好吗？

洪：我希望中国大学经济学的教学与研究工作，能对中国经济与社会发展起到更大的促进作用，希望中国大学经济学教学改革能有更大的进展。从我所了解的情况出发，对中国大学经济学教学改革，我想提出这样几点建议：

第一，拓宽经济学专业面。在市场经济体制下，大学毕业生自谋职业，如果专业面太窄，不可避免地会限制学生寻求工作的范围和机会。同时，市场经济变化很快，人们的工作岗位转换与流动性都较大，专业面窄了，会产生“用非所学”的现象。此外，学生入学到毕业，需要四五年时间，在这几年时间里，由于市场经济的迅速发展，各种专业人才的需求也会发生很大变化，这样会导致有些学生就业的困难。因此，要拓宽大学经济学专业面，应以培养学生具有扎实的理论基础、科学的分析方法与能力以及较宽的经济学知识为主，以增强学生毕业后的工作适应能力。我认为，专业知识在最大程度上是职业知识，只要学生有了一定的理论知识基础和分析问题的能力，工作岗位需要的专业知识是可以通过自学或专业培训获得的。在美国，大学经济系毕业生应聘到公司工作后，常常先被送去听专业知识讲座或是去上专业知识课，这种现象，在科学技术迅速发展的今天，是很正常的。

第二，优化课程结构。我认为，大学课程设置是影响专门人才培养质量的关键性因素，大学经济学教学改革的重点，应放在优化课程结构上，以便与拓宽经济学专业面相适应。中国大学经济系的课程设置应根据中国实行社会主义市场经济的需要，通过教学使学生既懂马克思主义经济学、又懂西方市场经济理论，并且熟悉中国经济的运行规律。这就需要从中国实际出发，以马克思主义经济学、微观经济学、宏观经济学、计量经济学等作为大学经济学专业的核心课程。中国经济学家应在总结新中国成立以来特别是改革开放以来的经济改革实践的基础上，借鉴现代市场经济理论，逐步创建自己的微观经济学、宏观经济学与计量经济学。

第三，重视定量分析方法在经济学教学中的应用。我认为现代西方经济学的一个主要特点就是高等数学在经济学中的应用和采用定量分析方法。这是与现代市场经济的需求分不开的。一个现代企业的发展预测、一个国家经济发展规划的制定、整个经济运行规律的控制等，离开定量分析是不可能的。例如一个国家的经济增长率要保持在 8%，这需要采取哪些具体的财政金融措施及如何控制相互间的制约关系，必须采用定量分析的方法才行。研究与控制经济运行规律，其实质就是研究与控制各种经济变量之间的数量关系。因此，高等数学是研究经济理论与运行规律的重要工具，它是定量分析的基础。

据我所知，中国大学经济学专业的学生，以前所学的经济知识，大多是定性描述；接触到的一些学术论文，也多是定性分析；有的学者提出的经济改革方案也多是比较抽象的几条，并不是从现行经济运行中去调查研究、实证分析，寻求经济变量之间数量关系的基础上，提出的经济改革方案。近几年来，国内大学经济系已经比较重视学生的数学基础，可以说学生所学的高等数学知识水平并不低于美国很多大学经济学专业学生的高等数学水平。但是，这里存在的主要问题是学生不知道这些高等数学知识如何在经济学中应用以及在经济学教学中又很少应用高等数学去分析经济问题。实际上，大学经济学课程中很多理论问题，如消费者如何选择商品、厂商如何决定生产、投资者如何计划投资等，都是经济人为了获取自身利益最大化，这就是数学中的求极大值问题。

我还有个想法，在经济学教学中重视数学基础和定量分析方法，就要加强计量经济学的教学。微观经济学、宏观经济学与计量经济学总是三位一体，构成现代经济学的理论基础。中国大学经济系计量经济学的教学是比较薄弱的，应当设法加强。

第四，积极开展学术交流。我认为，当代社会的科学技术突飞猛进、市场经济日新月异、经济理论迅速发展，积极开展学术交流活动，对于加强经济学学科建设、促进教师队伍优化以及提高经济学的教学与研究水平，都具有重要作用。因此，在经济学教学改革过程中，要把积极开展学术交流活动放在一个重要的位置上。

这种学术交流活动，包括校际间的教授访问、讲学；邀请国外知名教授讲学与合作研究；召开专题学术研讨会。美国大学，例如康奈尔大学经济系每周都安排三四个学术讲座，大多是邀请外校（包括国外）知名教授讲学、进行学术交流。教师和学生都能在参加学术交流活动中，了解该领域最前沿的研究动态和最新研究成果。

我的这些建议，有的可能是无的放矢，仅供参考。但不管它有多大价值，它反映了我希望中国大学经济学的教学改革，能取得更大的成绩，为适应社会主义市场经济的需要培养出更多高质量的专门人才。

聂：这几次访问，占用了您很多宝贵的时间；您谈了一些很好的看法和建议，对我们很有启发，我再次表示感谢。

洪：同您交谈，对我也有很大帮助。我希望今后能再次合作研究一些共同感兴趣的问题。

经济学教改重点在优化课程结构[①]

吉林省教育科学院院长、研究员　聂海清

洪永淼教授在著名的康奈尔大学经济系任教后，曾多次应邀回国访问和讲学，还参与了美国几所大学同中国社科院经济所合作研究中国国有企业的改革问题。近两年来，他还先后邀请几位中国大学经济系教授到康奈尔大学经济系进行访问与学术交流。因此，他对中国大学经济系教学现状是比较了解的，对中国大学经济学教学改革也有一些很好的看法与建议。

洪永淼教授认为，经济学科是一门重要的学科。美国大学经济理论教学与研究工作，对促进美国社会的发展起着越来越重要的作用。首先，表现在经济理论对制定国家经济改革的理论指导作用。比如每届美国总统上任时，都要从美国大学里挑选出一批知名经济学教授组成“总统经济顾问委员会”，负责定期向总统报告美国经济整体运行情况；接受总统、副总统及其他内阁成员的经济政策咨询；撰写“美国总统的经济报告”等文件。其次，通过学校培养熟悉美国市场经济运作的经济学专业人才，来促进美国经济及社会的发展。再次，通过研究成果的应用来制定美国经济发展战略、政策及措施，以保证经济的持续健康发展。正因为如此，美国大学经济学越来越受到重视，发展很快。相比之下，中国大学经济学教学改革面临紧迫的形势与艰巨的任务。

洪永淼教授谈到，随着我国经济的迅速发展，我国大学的经济专业也得到长足进步。20 世纪五六十年代，主要是学习马克思主义经济理论，采用苏联大学细专业、培养专才的教学模式；改革开放初期，经济学界开始引进与借鉴西方经济学说与东欧社会主义国家的经济改革理论；90 年代以来，中国经济体制由“计划经济”向“社会主义市场经济”转轨，它促进了大学经济学的教学

---

① 本文首刊于《吉林教育科学·高教研究》1998 年第 2 期，原题为《对中国大学经济学教学改革的建议——康奈尔大学洪永淼教授访问记（一）》。

改革，也推动建设具有中国特色社会主义经济理论取得重大进展。

洪永淼教授曾在中国获得经济学硕士学位，对中国大学经济学教学改革十分关心，应我的希望与请求，他对中国大学经济学教学改革提出了一些很好的建议，其主要内容，我把它归纳为以下五个方面：

一、拓宽专业面，增强适应能力

大学教育培养出来的学生，大多数将直接上岗工作，衡量大学教育质量，主要看毕业生在工作岗位上的适应能力。而增强学生工作的适应能力，必须拓宽专业面。

中国的一些大学，有的设有经济学院或经济管理学院；学院下又设若干系；每个系又分若干专业方向。学生在校期间，大部分时间是接受专业学习与训练。这种做法，比较适合计划经济体制，因为当时大部分学生由国家统一分配到专业对口的工作岗位。但是，在市场经济体制下，学生自找工作，专业划分过细，不可避免地限制学生寻求工作的范围和机会；同时，在市场经济发展变化较快的条件下，人们的工作岗位转换和流动性都较大，专业面太窄，就会产生“专业不对口、用非所学”的现象。另外，专业划分过细，学校按当时社会对各个专业人才的需求来确定招生名额，但是，由于学生在校期间需要几年时间，而在这几年的时间里，由于市场经济的发展变化，各种专业人才的需求必然随之发生变化，这样就会导致一些学生就业困难。洪永淼教授认为中国大学经济学应拓宽专业面，应以培养学生具有扎实理论基础，科学的分析方法与能力以及较宽的经济学知识为主，以增强学生毕业后的工作适应能力。他还认为，专业知识在很大程度上是职业知识，只要学生有了一定的理论基础知识和分析问题的能力，其工作岗位需要的专业知识是可以通过自学或专业培训获得的。在美国，大学毕业生到工作岗位后，先要去接受专业培训，如大学经济学专业毕业生应聘到公司工作后，常常先被送去听专业知识讲座或是上专业知识课。在科学技术飞速发展的今天，知识陈旧率加快，任何工作岗位需要的专业知识的更新速度都很快。学生在学校学的专业知识，若干年后将被淘汰。今天，这种现象在美国已经比较明显。

二、优化课程结构，开好主干课程

大学文科学生的培养，课堂教学是一条主渠道。大学课程设置是影响专门人才培养质量的关键性因素。洪永淼教授认为，大学经济学教学改革的重点，应放在优化课程结构，开好主干课程上。

美国大学十分重视经济学课程设置及其结构以及课程教学的基本要求。例如康奈尔大学的新生入学后，希望主修经济学专业的学生，必须先修 3 门课程，即初级微观经济学、初级宏观经济学与高等数学，然后再修 8 门课程。这 8 门课程中包括 3 门必修课程，即中级微观经济学、中级宏观经济学与计量经济学和 5 门可由学生在学校规定范围内选修的课程。学校对这些课程的教学都有明确的教学要求，而且这种要求，一两年内都有新的变化。教师对上好这些课程都十分重视。

洪永淼教授建议，中国大学经济系的课程设置应根据中国实行社会主义市场经济的需要，把马克思主义经济学、微观经济学、宏观经济学和计量经济学等课程作为大学经济学专业的核心课程，使学生既懂马克思主义经济学，又懂西方市场经济理论，并且熟悉中国经济运行规律。在目前，微观经济学、宏观经济学与计量经济学等课程的教学，可以借鉴美国大学的教材和教学经验。同时，中国经济学家应在总结新中国成立以来特别是改革开放以来的经济改革实践的基础上，借鉴现代市场经济理论，逐步创建有中国特色的微观经济学、宏观经济学与计量经济学。

三、打好数学基础，重视定量分析方法在经济学教学中的应用

洪永淼教授谈到，中国大学经济学的教学与美国大学经济学的教学，差距是较大的。其主要差距就在于中国大学经济系学生的数学基础较差和教学中没

有很好地落实定量分析方法在经济学中的应用。中国大学经济学专业的学生，以前学的经济知识，大多是定性描述；学生看到的一些经济学方面的学术论文，也大多是定性分析。有些学者提出的经济改革方案，也大多是比较抽象、空洞的条条，缺乏必要的定量分析。这种改革方案，主要是学者“想”出来的，并不是从现行经济运行中去搞调查研究、进行实证分析，从而寻求若干经济变量之间的数量关系，并在此基础上，再提出经济改革方案。

洪永淼教授认为，现代西方经济学的一个主要特点，就是高等数学在经济学的应用和采用定量分析方法研究经济运作规律。这是与现代市场经济的需求分不开的。一个国家经济发展规划的制定，整个经济运作规律的控制，乃至一个企业的发展预测等，都不可能离开定量分析。例如，在某个时期，一个国家的经济增长率要保持在8%左右，这需要采取哪些具体的财政金融措施及如何控制各经济变量之间的关系等，必须采用定量分析的方法才行。如何使经济持续稳定地发展，研究与控制经济如何运行，其实质就是研究与控制各种经济变量之间的数量关系。因此，高等数学是研究经济理论和经济运行规律的重要工具，它是定量分析的基础。重视定量分析方法在经济学中的应用，就要重视高等数学的教学，使学生打好数学基础。

近几年来，国内大学经济系已经比较重视学生的高等数学基础，可以说学生所学高等数学的知识水平并不低于美国很多大学经济学专业学生的高等数学水平，但是，在经济学教学中，教师很少应用高等数学知识去分析“消费者如何选择商品”“厂商如何决定生产”“投资者如何计划投资”以及“如何稳定物价”等实际经济问题，很多学生不知道高等数学知识如何在经济学中应用。同时，中国大学经济系的计量经济学的教学，还是比较薄弱的，应该加强这门课程的建设，因为它是研究经济运行过程中各经济变量之间的数量关系的科学，它与微观经济学、宏观经济学三位一体，构成现代经济学的理论基础。

四、提高课堂讲授质量，组织好小班课堂讨论

洪永淼教授认为，大学文科学生接触社会、接触实际，进行调查研究是十

分必要的。但是，提高课堂讲授质量，组织好小班课堂讨论，对于提高大学文科培养质量有着重要作用。因此，他建议大学经济学教学改革中，要把教师的积极性引导到提高课堂讲授质量、组织好小班课堂讨论上来。

有人认为，“讲授”就是“满堂灌”，就是“灌输”式。这种看法是片面的。应该说，有的教师不从学生实际出发，不注意引导学生思考问题，不给学生思考问题的时间，这种讲授确实是“灌输式”。但有的教师，表面看来从上课讲到下课，但讲授过程中，不断设问，注重引导学生思考。学生听得很有兴趣，积极性很高。这是一种启发式的讲授。康奈尔大学经济系的很多大课，教师讲的内容很多、信息量很大，教师这种启发式的讲授很受学生欢迎。

同理科教学中教师十分重视小组实验相对应，康奈尔大学经济系十分重视小班课堂讨论。主干课程每周设一节讨论课：20名以内的学生为一个小班；每节讨论课有一个主题。学生按教师要求阅读有关课外书籍，写出读书笔记。学生轮流任中心发言人，每节讨论课，中心发言人1—2名，课前写出详细发言提纲。小班讨论由助教（博士生兼任）主持。助教根据学生的读书笔记与讨论中的发言情况，期末给出等级分（指A、B、C、D等），作为学生该门课程成绩的一部分（一般占30%）。如果小班讨论的成绩为D，该生的这门课程不论考试成绩多高，总成绩不能评为A等。我曾参加过康奈尔大学文科的小班讨论课，学生发言十分积极。中心发言人围绕主题发言，常有3—4人举手抢着要求发言。课上常出现中心发言人与同学之间、同学与同学之间、同学与助教之间的热烈争论，课堂十分活跃。我感到这种小班讨论课，学生很有兴趣，积极性很高，对培养文科学生的阅读能力、思维能力、表达能力等都有很大的作用。

洪永淼教授针对中国大学经济系的教学情况，建议我们应借鉴这种启发式的课堂讲授和小班讨论课这种教学形式。

五、大力开展学术交流活动，提高教师队伍素质

教师是教改的主人，只有提高教师队伍的素质，才能把教学改革的任务落

到实处。洪永淼教授认为，大力开展学术交流活动，对于提高教师的科研成果水平和教学工作能力、促进学科建设等都有重要作用，它也是提高教师队伍素质的重要途径。尤其是当代社会科学技术突飞猛进，市场经济日新月异，经济学理论飞速发展，这对大学经济系的学术交流活动提出了更高的要求，因而它的作用也越来越大。

专题学术讲座，是美国研究型大学的一项主要学术交流活动。如康奈尔大学经济学专业每年都有专题学术讲座，年初作出计划，张贴公布。这种专题学术讲座的报告人，大多数邀请美国（包括外国）著名大学的教授或企业界的知名专家学者。报告内容多是这些教授专家学者近期研究的最新成果和介绍有关领域的前沿研究动态。此外，大学的学术交流活动，还包括校际教授访问、讲学，开展校内与校际教授合作研究，召开专题学术研讨会，参加国内外学术会议等。教师参加这种学术活动，能开阔眼界、活跃思想、受到启发，从而提高自己的科研水平和教学工作能力。

洪永淼教授谦虚地说：我的这些建议，可能没有多大价值，但它反映出我的一种愿望，这就是希望中国大学经济学的教学改革，能有更大的进展，取得更大的成绩，为适应社会主义市场经济的需要，培养出更多的高质量的专门人才。

他山之石：美国大学的经济学教学与科研[①]

吉林省教育科学院院长、研究员　聂海清

1996 年 5 月至 1997 年 5 月，我在美国探亲期间，经常同美国康奈尔大学经济系的洪永淼教授接触。我曾就“美国大学领导对教师的教学与科研的要求”“大学教师对教学工作与科研工作如何摆法”以及“教师如何把教学与科研工作结合起来”等问题，多次访问了他。洪教授介绍了美国大学教师的教学与科研工作，并结合自己在康奈尔大学经济系任教 4 年来的教学与科研实践，谈了一些很好的看法，对我们研究大学教师的科研工作、加强大学教师队伍建设、提高大学教师素质等问题很有启发。

一、不同层次的大学对教师的教学与科研工作有不同的要求

美国现有大学 3487 所（其中公立大学 1543 所、私立大学 1944 所）。大学之间的差别较大。美国的大学一般可分为社区大学、四年制本科大学与研究型大学。

社区大学，学制两年，主要为当地培养应用型技术人才，以职业性、技术性的专业为主，也有的学生学习两年大学基础课程，毕业后转入四年制大学的三年级继续学习。其教师有助教、讲师，副教授很少。教师的主要任务是教学，即通过教学（包括实践性教学）活动，培养学生的实践能力与应用能力。

四年制本科大学，有助教、讲师、副教授与教授。学校对教师的要求，既要搞好教学，又要出科研成果，并运用自己的科研成果，丰富自己的教学内容、提高教学质量。

---

① 本文首刊于《吉林教育科学·高教研究》1998 年第 3 期，原题为《美国大学的教学与科研——美国康奈尔大学洪永淼教授访问记（二）》。

美国的研究型大学，在国内、甚至在全世界都有很高的声誉，教师队伍强，设备先进，科研成果突出，毕业生受到社会的欢迎。研究型大学［像作为常春藤（Ivy League）盟校的康奈尔大学］，一般来说，没有专职助教（由博士生担任助教；博士生在6年学习期间，担任助教1年），没有讲师。外校博士毕业生被学校聘任，即为助理教授（助理教授可带博士生，即为博士生导师）、副教授（助理教授工作突出，5年后可评为副教授，即为终身教授）、教授（其中极少数知名教授常被以某科学家的名字命名，即“命名教授”）。

研究型大学，对教学工作十分重视，特别重视本科生教学，绝大多数知名教授不仅上研究生的课，也给本科生讲课，甚至连获得诺贝尔奖的教授也是如此。我在康奈尔大学听过政治学系教授（全美政治学会主席）给本科生讲大课，吸引很多外系学生听课。他讲得观点鲜明，内容丰富，材料充实，语言生动、风趣，教学效果很好。研究型大学对科研工作更为重视，教师的科研成果是衡量这类学校办学水平的重要标准之一。助理教授晋升为副教授、副教授晋升为教授的过程中，教师的科研成果水平是十分重要的依据。

二、教师要善于把教学与科研有机结合起来

一位研究型大学的好教师，要善于把自己的教学工作与科研工作有机结合起来。这里包括两层意思：一是教师要根据自己所教课程，选准科研课题，使科研为教学服务；二是教师要有计划地把自己的科研成果引入教学，充实教学内容，提高教学质量。年轻的洪永淼，在教学与科研的结合上做得比较好，科研成果突出，教学质量高，因而他于1993年获美国加州大学圣地亚哥分校（UCSD）经济学博士学位。同年经过康奈尔大学经济系严格考核（包括全面审查其书面材料；向系里教授报告自己的经历、研究成果并回答问题；利用两天时间，分别跟系里近20名教授个别谈话，以便使教授们能具体了解其学识水平与工作能力以及是否易于合作；全系教授投票等）、学校领导批准，被聘到康奈尔大学经济系任助理教授，仅经过4年时间，到1997年末就被破格评为副教授。

洪永淼教授在康奈尔大学经济系任教 4 年来，先后给经济系本科生与博士生讲授计量经济学、经济统计与数理经济学等课程。他在教学过程中，始终坚持教学与科研紧密结合的方向。几年来，他根据课程的内容，重点抓住这样两个方面的问题进行深入的研究，并取得突出的成果：一是关于计量经济学理论的研究。他提出了计量经济学模型检验的两种新方法（即“非参数分析方法”与“时间序列中的频谱分析方法”）及其应用。它对于检验经济理论是否正确、经济预测是否科学等重大问题，有重要的指导作用，受到美国经济学术界专家学者的好评。他在这方面的研究中撰写的 4 篇论文分别发表在美国、英国经济学和统计学的一流刊物 *Econometrica*、*Biometrika* 与 *Journal of Royal Statistical Society* 上。二是关于转型经济学理论的研究。中国经济的转型，受到国外学者的关注，作为一位中国籍经济学者，洪永淼教授对中国经济转型更为重视。他以调查的大量数据为基础，以现代微观经济学的新理论和博弈为指导，运用计量经济学的实证分析方法，深入研究了中国国有企业在 20 世纪 80 年代的改革问题，如研究“中国国有企业的激励机制”“国有企业经理人才市场的形成与演变”以及研究“国有企业改革的配套措施”等。他在这方面撰写的 2 篇论文分别发表在美国经济学一流学术刊物哈佛大学的 *The Quarterly Journal of Economics* 与芝加哥大学的 *Journal of Political Economy* 刊物上。这些研究成果多次被学者撰写论文时引用。

洪永淼教授在教学过程中，注重有计划地向学生讲授本课程领域最前沿的科学知识，特别是在给博士生讲课中，更加重视引入与课程相关的自己的最新研究成果。康奈尔大学经济系的博士生，入学后用一年时间修完系里规定的必修核心课程，参加博士资格考试。通过博士资格考试的学生，根据自己今后的专业研究方向选择一个主修方向和一个副修方向的若干门专业课。每个方向的专业课，一般为两门，其内容由任课教授确定。这种专业课程的教学，一般都没有教科书，而是以学术刊物上的重要学术论文作为教材与课后读物，大多数情况下，是任课教授讲授自己最新研究成果与介绍该领域最前沿的研究状况。洪永淼教授由于潜心钻研、科研工作不断取得有价值的新成果，因而，他开设的本科生和研究生课程都取得较好的教学效果。可以说，在美国的研究型大学，教师没有高水平的科研成果，就很难有高质量的教学水平。

三、积极参加学术活动是提高教师科研水平的重要途径

大学教师的科研工作，是一项创造性劳动过程。作为一项科研成果，必须有新意、有创见、有学术价值和理论与实践意义。洪永淼教授从自己的科研活动中深刻体会到：教师积极参加学术活动，是提高科研水平的重要途径。

近几年来，洪永淼教授曾回国访问中国人民大学经济培训中心、北京大学中国经济研究中心、厦门市政府经济研究中心等，并应邀到厦门大学经济系、香港科技大学经济系讲学。同时，他还应邀到耶鲁大学、普林斯顿大学、罗彻斯特大学、伊里诺伊大学等 10 余所美国大学和英属哥伦比亚大学等 4 所加拿大的大学讲学、进行学术交流。另外，他也积极参加国际学术会议。如他应邀参加 1995 年于东京召开的计量经济学会世界会议与 1995 年于北京召开的世界华人统计学会学术会议，并在 1997 年 7 月参加了在香港召开的远东计量经济学会学术会议与 8 月在法国召开的欧洲计量经济学会学术会议，在这两个会议上宣读了论文。洪永淼教授认为，无论是自己应邀到国内外的大学去讲学，还是参加国际学术会议，都有利于促进思考、开阔眼界、受到启发，对提高自己的科研成果水平起了很好的作用。

近两年来，洪永淼教授还应国内外一些学术刊物的邀请，参加评审学术论文活动。如他应美国、英国和印度等国家的经济学和统计学学术刊物 *American Economic Review*、*China Economic Review*、*International Economic Review*、*Econometric Theory*、*Econometric Reviews*、*Journal of Econometrics*、*Biometrika* 与 *Econometrica* 等的邀请，评审其学术论文。洪永淼教授应这些学术刊物的邀请，审稿、评稿，占用不少时间，但他觉得从审稿评稿中，受到不少启发，学到很多有益的东西。

为了活跃学术氛围、促进科研工作，美国研究型大学都十分重视安排学术专题讲座。如康奈尔大学经济系每周都要安排 3—4 个学术报告，主要包括经济理论，计量经济学，发展经济学，应用经济学等领域的内容。这些学术专题

讲座的报告人，大部分邀请的是美国（也包括外国）著名大学的知名教授或企业界的知名学者。报告内容多是这些教授学者正在进行的前沿课题的学术研究成果。这种学术报告，学术气氛很浓厚。报告人大约讲一个半小时之后，留出半小时，回答听者的问题和开展多种学术观点的交流与讨论。我曾参加过这种学术报告会，报告人讲后，会场很活跃，听者争先恐后提出问题、发表见解、开展交流，甚至出现报告人与听者、听者与听者之间因观点不同而争论起来，使与会者能受到很大启发。洪永淼教授把参加这种学术讲座，作为自己科研征途中的“加油站”，每次听学术报告前，按照报告题目查找有关资料，认真做好准备；听报告时，注意吸收、消化别人的观点；在讨论时，积极提问、积极发表自己的见解，在学术交流中，扩大视野、活跃思想、受到启发，从而不断提高自己的科研水平与教学质量。

新时代经济学海归学者的历史作用[①]

洪永淼

中国现代意义的大学绝大多数都是在20世纪成立的，而且在办学之初均按照西方大学模式兴办。特别是前半叶，中国大学的师资主体主要是由在欧美接受过系统训练的“海归”学者组成，他们在办学理念、培养模式、课程设置、研究范式与方法等方面，都不可避免地烙下西方大学对其深远影响的印记。因此，中国早期的大学，虽然规模较小（若以教职员及学生人数论，那时很多大学甚至不及今天中国大学一个院系的规模），但是，各个学科包括经济学科、商科在内，都与西方大学的模式都比较接近——用现在的话说，就是与国际接轨。比如，现在社会科学逐渐流行的文献引用范式，其实在20世纪20—30年代就已经比较规范了。

新中国成立后，特别是20世纪50年代，我国仿照苏联教育模式对全国大学院系进行调整，这使中国大学的面貌，发生了很大的变化。由于受意识形态的深刻影响，以及因不同经济制度造成的研究对象不同，在新中国成立后的前30年，中国经济学的发展走上了一条与现代经济学（主要是西方经济学）截然不同的道路。这些不同具体表现在教学理念、人才培养模式、课程设置、教学内容、研究对象、研究方法等各个方面。众所周知，以研究市场经济为主要对象的现代经济学越来越重视并广泛使用定量分析方法，包括数学建模与计量经济学实证分析。而在20世纪80年代之前，中国大学经济管理类学生基本不用学习数学课程，注重定性分析而忽视定量分析，强调经济学科的政治属性而忽视其对经济实践的理论指导意义，甚至在文献引用方面，只引用革命领袖的著作而不引用其他学者的文献。可以说，新中国建立后至20世纪80年代前，

① 本文根据作者在厦门大学王亚南经济研究院举办的庆祝世界著名华人经济学家邹至庄教授80华诞暨“中国经济学教育与研究论坛”上的发言整理而成，首发于2010年8月16日的中国经济学教育科研网。

中国经济学发展方向与现代经济学大相径庭。西方经济学说只是作为一种经济学说流派，而且是以“批判”的方式做一点介绍。20 世纪 70 年代末，我国开始实行以市场为导向的经济改革，但改弦易辙后的中国经济学，在为这场轰轰烈烈的伟大经济实践提供理论指导时，显得力不从心。在这样的历史背景下，中国经济学的现代化和国际化便成为一种必然的历史趋势。

中国经济学的现代化、国际化进程可追溯到 20 世纪 80 年代初，以邹至庄教授为代表的老一辈经济学家在其中所起的作用尤其值得称道。进入 21 世纪以来，越来越多的“海归”经济学者毅然回国，报效祖国，加盟中国高校，帮助推动中国经济学现代化和国际化这一历史进程。近些年来，国家各级政府与中国高校出台了各种引进“海归”人才的法规、政策与措施，其中包括新近颁布的《国家中长期人才发展纲要》，这些利好消息正加速“海归”经济学者回国、来华服务的步伐。与 20 世纪前半叶相比，当代“海归”经济学者不论在数量上还是质量上（以在国外获得经济学博士学位为主要标准）应该说都大大超过了当时。他们现在所处的环境、所面临的任务也与早期“海归”经济学者有很大不同。比如，目前中国大学均已拥有比较完整独立的经济学教学培养体系，但是大多数与现代经济学并不接轨，或者接轨的程度较低。在经济全球化的浪潮中，“海归”经济学者肩负着推动中国经济学现代化、国际化的重要责任。具体说来，当代“海归”经济学者的历史作用，主要体现在以下六个方面：

第一，促进中国经济学教育包括经济学课程设置、教学内容等各方面规范化、现代化并与国际接轨。与此同时，“海归”经济学者也将是中国大学经济学英语教学的主力军。他们能驾轻就熟地运用英语进行教学，这是中国大学经济学科将来吸引国外留学生来华学习交流的必要条件。

第二，促进研究内容、研究方法、研究范式的现代化并与国际接轨。年轻“海归”经济学者刚刚接受过系统严谨的、具有国际前沿水平的经济学学术研究训练。他们以前沿的经济理论和先进的研究方法来研究中国经济问题，正在大大提升中国经济学的学术研究水平。

第三，“海归”经济学者是中国大学经济学教育与研究国际交流与合作的桥梁与骨干。海外教育背景使他们可以与相关领域的国际经济学者进行平等对话。而且，他们具备外语优势，熟悉国外高校管理体制、运作模式、人文文化及思维方式，并建立起广泛的国际学术联系与人脉关系……所有这些，使“海归”学者在推动中国经济学现代化、国际化方面，具有天然的优势。

第四，“海归”经济学者是改善、净化中国经济学目前相对浮躁的学术环境的重要推手。绝大多数的“海归”在国外受过系统、严格、科学的训练，具有自觉的社会良知与科学精神。这些学者的基本素质对培养中国学生、改变浮躁的学术环境具有很强的正面示范效应。

第五，“海归”经济学者的一个主要任务，是在国际主流经济学期刊发表文章，这将为提高中国经济学家在国际经济学界的学术影响力作出重要贡献。

第六，“海归”学者是推动中国大学各方面改革的重要力量。“海归”学者加盟中国高校，产生了很多新的问题，如何解决这些问题成为推动中国高校改革的现实迫切需要与重要动力。比如，由于长期在国外学习、工作和生活，“海归”学者对国内高校很多不合理的规章制度较为敏感，加上经济学术市场的竞争较为激烈，导致“海归”学者工作流动性比较大。因此，如何改革大学学术、工作和生活环境以留住优秀人才，是中国大学必须直面和应对的问题。事实上，在市场经济条件下，不论今天还是明天，优秀人才（不论是否“海归”）的较高流动性将成为常态。与其他市场一样，高流动性是学术人才市场成熟与充满活力的重要标志。中国高校必须通过改革，营造良好的学术环境，才能引进并留住优秀人才。另外，随着时间的推移，“海归”学者也将积极参与中国高校的各种改革。他们在国外的学习、工作、生活经历以及从中所形成的理念，无疑将对推动中国高校管理体制与国际接轨发挥不可替代的参照系作用。

综上所述，“海归”经济学者在推动中国经济学现代化、国际化过程中发挥的作用是巨大的。我相信，“海归”一词必将在中国经济学发展史上留下浓墨重彩的一笔！

不过，由于专业及国内外学术市场的竞争、回国或来华工作的机会成本的原因，引进“海归”的成本也是相对比较高昂的，特别是目前经济学、金融学

“海归”的待遇，要比大多数其他学科高很多，这可能造成中国大学内部“海归”学者与国内培养的学者之间的关系有时候会较为紧张，并且对中国高校人才管理造成一定的挑战。国内有关引进“海归”经济学者的争论，包括对“海归”经济学者的作用的争论，也一直没有停止过。然而，在当今市场经济条件下，二流的待遇是不可能招聘到一流学术人才的，尤其是海外一流人才。即使招聘到了，也是留不住的。

“海归”学者待遇高，对其要求自然也高，因此他们的工作压力较大。回国后，许多“海归”面临着融入新的工作、生活环境等方面的问题。特别是对于那些长期在国外学习、工作和生活的“海归”来说，他们已习惯国外的那套思维方式，看问题的角度自然有所不同，需要一段时间才能适应国内的环境，加上论文发表的周期较长、工作流动性高，“海归”学者很容易成为人们批评、指责的对象。客观地说，“海归”学者回国后遇到的困难，与自身的一些因素有关（包括心态、期望过高，对困难的估计不足，对国情不了解等等），他们自身需要作出努力以尽快融入国内工作、生活环境。但是，“海归”学者不适应国内的学术环境，有很多原因不能直接归咎于他们自身，而应该多从中国现有高校管理体制上找原因，应尽快革除不合时宜的高校管理体制，努力创造良好的学术环境。同时，对“海归”应该宽容些，鼓励竞争，允许失败，从宏观、长远、整体的角度看待与评价他们，政治上充分信任他们，事业上大胆任用他们，生活上多方关心他们，使“海归”真正有回“家”的感觉。

需要强调，这里讲“海归”经济学者的作用，并不意味着国内培养的经济学者不重要，他们同样也是中国经济学现代化与国际化的中坚力量。另外，这里我们所讨论的只是“海归”经济学家在中国经济学教育与学术研究中的作用，还未涉及“海归”经济学者在业界与政府管理决策部门中所起的重要作用。

留住师资不能光靠感情[①]

新浪财经

“面向世界的中国金融发展”国际研讨会暨南开大学金融学院成立大会于2015年6月16日在南开大学举行，新浪财经在此期间专访了洪永淼。

中国经济学教育相对经济发展显得滞后

中国经济的转型和改革，包括国际化、“走出去”做得非常成功，但是整体来讲，中国的经济学教育相对经济发展的成功显得比较滞后，金融市场的建设与中国经济发展相对也较为落后，比如现在利率市场化、汇率自由化、人民币国际化，金融还没有对实体经济提供足够的支撑，这些都是一些非常重大的现实问题。对这些进行探讨，就需要金融理论和金融学的教育。

现在的金融学教科书或者理论基本都是来自西方，国内的金融学教育以学习国外比较先进的金融学的理论为主。洪永淼强调，在国际化过程中，要注意从现实金融问题当中总结理论。

其以月饼市场为例，中国有非常庞大的月饼礼券市场，礼券市场是流通的，并且价格随着中秋节的临近而越来越低，这其实是月饼市场的金融衍生产品，是中国人的创造。“中国人其实挺聪明的，只不过我们没有从中国现实的金融问题中总结理论。”

硕士阶段，中国三年相当于国外两年

洪永淼称其一直坚持硕士阶段需要三年时间，“在中国三年的学制就相当

---

① 本文首发于2015年6月16日的新浪财经网。

于国外的两年，在美国或者国外的学校，学生从入学的第一天到毕业的最后一天都能坚持在教室里上课，中国是做不到的。在中国，第三年学生就见不到了，因为都已经跑了，实习去了”。其强调，从这个意义上来理解学制不能缩短。

引进人才双轨制

洪永淼表示，不能用二流的待遇引进一流的人才。在引进国外的优秀师资时，由于存在市场化的竞争，就必须给市场化的价格。“我们国内常常会用感情留人，就是你要爱一个学校，给你待遇再低你要留下来，这种观念其实跟市场经济的观念相违背。你可以讲感情，如果有本事用最低的价格把一个人留下来当然是最好，但是这个我们可能做不到。”

对于本土师资队伍，洪永淼举例称：“当初厦大引进海归的工资跟厦大毕业的博士生留下来在国内拿的工资比例大概是5:1或者6:1。”因此，应该在国内推动师资队伍的国际化，让国内培养的博士尽量发表国际性的文章。并制定相应的定价机制，“虽然是国内培养的，如果能有国际研究的能力，也应该拿到类似海归的市场价格”。

在研究方面，洪永淼认为引进的国外师资与国内师资各有所长，“海归当然主要是以国际文章为主，如果要让大部分国内毕业的人能够在国外发表文章，这种要求跟期望是不现实的。因为这受的训练不一样”。但是在研究自贸试验区和海上丝绸之路这些本土化问题方面，“让海归研究根本不可能，他们对中国的历史和现实还不是很了解，还是要靠国内的师资力量”。

年轻学者不应过早“拥抱”媒体[①]

中国经济学教育科研网　木　南

作为站在中国计量经济学峰顶的人物，洪永淼的名字在海内外学界广为人知。

近年来，人们可以越来越多地在媒体和通俗出版物中看到他的观点，听到他的声音。通过《人民日报》《光明日报》《经济日报》等多家主流媒体，洪永淼教授解读经济形势和政策，介绍厦门大学王亚南经济研究院（WISE）的办学理念和举措。2014 年，他撰写了《中国经济学教育转型——厦大故事》一书，基于亲身经历与案例分析探索中国经济学教育转型的途径及发展趋势，受到了社会各界的广泛关注。

“经济学家有责任发表大众化、科普性文章。”在北京大学汇丰商学院举办的第四届 PKU-NUS 数量金融与经济学国际会议期间，洪永淼教授谈起了自己关于经济学家，尤其是年轻学者如何面对媒体的思考。他十分强调经济学家的社会作用，认为经济学家面向社会公众的一些文章和理念，能够对经济社会发展起到重要作用。正如得克萨斯大学奥斯汀分校经济系教授丹尼尔·哈默梅什（Daniel S. Hamermash）所说，在地方电视台亮相一次，经济学家可以触及并可能影响到（尽管是在很短的时期内）的人数会超过 40 年教育生涯所接触的人数。

“这一点我也看到了，在中国尤为明显。”洪永淼教授认为，经济学家在媒体等公共平台上发声是一种有效的社会参与，表达和传播专业的观点和建议也可为政府提高决策的科学性提供参考，进而推动整个社会资源的有效配置。他

① 本文为洪永淼 2019 年 5 月 10—12 日参加北京大学深圳汇丰商学院和新加坡国立大学风险管理研究所共同举办的第四届北京大学（PKU）—新加坡国立大学（NUS）数量金融与经济学国际学术会议期间，中国经济学教育科研网记者对其的采访稿，首刊于 2019 年 8 月 2 日的中国经济学教育科研网。

认为，这种促进作用主要表现在两个方面。

让决策者认识经济学家

在洪永淼教授看来，当今中国有很多优秀的经济学家，可惜“酒香也怕巷子深”。无论是政府机关、商业领域的决策者，还是各行各业的社会公众，都很难感受或接触到他们。事实上，从社会经济政策的制定，到商业领域公司的日常运营的大小决策，都需要很多高水平的专家学者出谋划策。这时候，那些无法区分学术作品质量高低的学术“圈外人”，自然而然地会把经济学家们在舆论场中的出场频率和声量大小作为选择和判断的依据。

让大众认识经济学

尤其是让年轻人认识和了解经济学研究。比如，在高考填报志愿时，绝大部分学生和家长并不懂得究竟何为经济学，何为经济学研究。此时，一篇通俗的文章或一个电视节目就可以帮助他们走近经济学，甚至可以引领青年学子走上经济学之路。正如凯恩斯在《就业利息与货币通论》的最后一段中所指出的：“……经济学家和政治哲学家的观点，正确也罢，错误也罢，其影响力都比人们通常所理解的更大。事实上，这个世界几乎全部由这些思想主导。”

但同时，洪永淼教授强调，无论是政策咨询、通俗文章还是媒体发言，对于经济学家本身而言都只是“锦上添花”，而且对年轻学者尤其如此。他曾在受访中不止一次地提到两个让他印象深刻的案例。

20 世纪 90 年代，一位时任美国总统克林顿经济顾问委员会成员申请美国康奈尔大学经济学系教职。经济学系招聘小组在认真评估申请人的学术贡献后，建议不予聘用，即使申请人作为美国总统经济顾问委员会成员，可能有助于提升康奈尔大学经济学科的社会影响力。

另一个例子发生在几年前。那时，洪永淼教授参与了美国康奈尔大学艺术与科学学院社会科学领域某位教师是否有资格获得终身教职的评估工作。受评教师经常在报纸发表文章且接受电视台采访。不过，在决定其是否符合康奈尔大学终身教职条件时，评估委员会虽然肯定其在媒体发声对扩大康奈尔大学社会影响力的贡献，但依旧坚持终身教职聘任应着重考虑其学术贡献，而不是“社会影响”。

“年轻学者不宜过早地‘拥抱’媒体。”洪永淼教授强调，年轻学者的学术思想还没成型，学术地位还没有建立起来，所以在学术生涯的最初阶段，应该把精力更多地放在学术研究上面。当今学界，无论是中国还是海外，评价一个经济学家的学术水平、学术贡献，最主要的标准就是学术论文。从职业发展的角度看，作为年轻学者，应该等建立起自己的理论体系或者在自己的研究领域获得一定的学术地位以后，再考虑发挥一些“额外”的作用。

在洪永淼教授看来，同舆论场的交流相比，参加专业性的学术会议，进行同行之间的交流讨论才是精进学术的不二法门。在闪光灯和大屏幕中的摸爬滚打只能提高其社会影响力，对学术水平的增益十分有限。如果一个年轻学人过早地热衷于建言献策，忙于大众化、通俗化的演讲，或者发表散文式的经济学文章，那么很可能会浪费其宝贵的科研时间，甚至断送其科研生命，毕竟科学研究的黄金岁月一去不复返。

进一步说，只有当一名学者在某一领域的研究已经足够深入、足够成熟的时候，才具备全面总结的条件。他才可能对于专业问题产生深刻的感悟与理解，才有能力用深入浅出的语言阐释抽象的经济学原理。所以，洪永淼教授认为，写普及性文章，在媒体上建言献策，乃至编写教科书、学术论著，应该是一个学者到了研究生涯的成熟阶段才可以做的事情。

王亚南和“中国经济学”[①]

洪永淼

王亚南，1901 年生于湖北黄冈，著名的马克思主义经济学家、教育家、社会活动家、《资本论》最早的中文翻译者之一，原厦门大学校长，1969 年去世，享年 68 岁。

王亚南先生是中国马克思主义经济学的开拓者之一，曾担任厦门大学校长达 19 年。我作为厦门大学经济学科培养出来的后学，不仅受益于他所奠定的深厚学术根基，更感到他的治学方向、科学精神、办学理念，已经积淀为一种历久弥新的文化底蕴，沉淀为一种穿越岁月的精神财富，激励着一代又一代经济学人，思考为学与为人的方向。

1954 年的王亚南教授

带有革命意义的挑战，王亚南的学术生涯起步不易。那个年代，不仅战火纷飞，而且欧美学派统治旧中国的经济学论坛，马克思主义政治经济学则被公开指斥为学术异端。但王亚南对马克思主义经济学的传播，却矢志不渝。

很多人都知道，王亚南是《资本论》最早的中文翻译者之一。大

① 本文首刊于 2013 年 7 月 9 日的《湖北日报》，原题为《站在中国人的立场研究经济学——忆著名经济学家王亚南教授》。

革命失败后，他与郭大力先生邂逅于杭州大佛寺，两人一见如故，立下宏愿，历时 10 年，终于在 1938 年完成了《资本论》三卷本的翻译。从那时起，才有完整的马克思主义政治经济学在我国传播。

但王亚南不像一般的翻译家，一本书翻译完了也就罢手，而是把《资本论》的观点，马克思的立场与方法，作为自己研究中国经济社会的武器。如他经济理论体系代表作之一的《中国经济原论》(新中国成立后再版改名为《中国半封建半殖民地经济形态》)，运用《资本论》的体系范畴，从商品经济入手，揭示了旧中国商品形态的经济属性。该书出版后被学术界誉为“一部中国式的《资本论》”，被译成多国文字。

王亚南认为，“经济科学是一门实践的科学，是在实践的应用的过程上形成的科学；是要在实践的应用的意义和要求上才能正确有效地去研究去理解的科学”。实践的观点，在今天已相当普遍相当深入地成为人们检验真理的唯一标准。然而，在西方学术统治理论界的旧中国，王亚南这个观点，对旧经济理论界是一个带有革命意义的挑战。

在《中国经济原论》导言中，王亚南说过的话至今发人深省：“我们是以中国人的资格来研究。中国人从事这种研究的出发点和要求与欧美大部分经济学者乃至日本经济学者是不同的，他们依据各自社会现实与要求，所得出的结论，或者所矫造的结论，不但不能应用到我们的现实经济上，甚至是妨碍我们理解世界经济乃至中国经济之性质的障碍。”

在经济研究方法上首倡“中国经济学”概念，王亚南最鲜明的主张，最突出的贡献，就是极力倡导建立“中国经济学”，“对马克思经济学说加以有效的活用”，使马克思主义政治经济学中国化。王亚南曾经讲述，1940 年在中山大学给经济系学生讲授高等经济学时，因为是选用大卫・李嘉图（David Ricardo）的大著《政治经济学和赋税原理》为讲授底本，学生听来感到枯燥、沉闷和厌倦。后来联系中国经济实际，学生果然活跃起来了。干脆抛开李嘉图的书本，全部讲中国经济问题时，引起学生极大兴趣。王亚南从此立志要“站在中国人立场来研究经济学”，“那就是，我们要由政治经济学的研究，逐渐努力创造一种专为中国人攻读的政治经济学”。

王亚南主张的“中国经济学”，其任务就是要指出“中国社会经济改造途径”，“特别具有改造中国社会经济、解除中国思想束缚的性质与内容”。他认为科学当然不应该筑起民族藩篱，但每种科学的具体应用都应该联系具体实际，因而建立以中国经济实践为研究对象的经济学，是必要的。因此，他提出我们不能光借鉴外国科学，应进行“自我研究”，建立中国“自主的”社会科学，“这是我们中国社会科学研究者不应逃避的责任。”《中国经济论丛》《中国社会经济改造问题研究》等著作，就是这种研究之成果。新中国成立后王亚南在厦门大学倡建中国经济问题研究所和创办《中国经济问题》期刊，都与他先前一贯注重研究中国经济实际的主张一脉相承。

著名经济学家孙冶方在他的晚年曾叹息：“可惜，亚南同志比我们先去见马克思。如果他还健在，一定会像研究半封建半殖民地社会经济形态那样，作出新的贡献。他对中国国情是有研究的，是有创见的。”

求真求实的学术风范

1943 年夏天，英国著名学者李约瑟（Joseph Needham）教授在中山大学访问王亚南。在小镇的一家小旅馆里，宾主两度长谈，临别时，李约瑟请教关于

中国历史上最大的谜题

李约瑟难题

“如果我的中国朋友们在智力上和我完全一样，那为什么像伽利略、托里拆利、斯蒂文、牛顿这样的伟大人物都是欧洲人，而不是中国人或印度人呢？为什么近代科学和科学革命只产生在欧洲呢？……为什么直到中世纪中国还比欧洲先进，后来却会让欧洲人着了先鞭呢？怎么会产生这样的转变呢？”

——李约瑟《中国科学技术史》

王亚南代表作之一《中国官僚政治研究》试图回答著名的“李约瑟难题”

中国历史上官僚政治的问题，王亚南坦陈平素没有研究，未曾作答。但李约瑟的提问却引起了他的深思，促使他以后花了 5 年时间全面系统地研究了这个问题。这就是后来出版的著名的《中国官僚政治研究》一书的由来。这一著作以历史与逻辑相结合之手法，由抽象到具体，由局部到全貌，对中国自秦汉迄于民国的官僚政治形态作了深刻的系统分析，提示出其运动规律及中国封建社会长期停滞的关系，颇多卓越创见，至今仍有重要现实意义，堪与《中国经济原论》并称姊妹篇。

王亚南求真求实的风范不仅见之于他的学术研究，也见之于他的教育理念中。早在 20 世纪 50 年代初，他就认为综合高等院校中存在的“重理轻文”的现象必须纠正过来。他从科学研究的本性和功能出发，主张大学要充分重视科学研究，要创造自由研究的科学风气。他发现和培养陈景润的事迹，曾被著名作家徐迟赞誉是“一个懂得人的价值的经济学家”，在其报告文学《哥德巴赫猜想》中有过生动记叙，广传为教育界的美谈。

在纪念王亚南一百周年诞辰大会暨学术研讨会上，著名经济学家于光远概括先生的两大成就：“一是翻译《资本论》和以此为武器研究中国；二是为厦门大学的事业作出了巨大的贡献。”

短评：

立足中国面向中国

《湖北日报》评论员　李　琼

王亚南先生离开我们已有四十多年。但他建立“中国经济学”的学术呼喊，直至今日，依然清晰、明朗，充满力量。

这是旧中国艰难时世中非同一般的学术主张。它所面对的，是一个与现在截然不同的中国，也是一个与现在截然不同的学术环境。“以中国人的立场”“以中国人的资格”来研究经济学，指出“中国社会经济改造途径”，正是在对“中国经济学”不遗余力的追求中，王亚南先生以坚定的实践立场，高昂的学术勇气，开掘出学术进步的源头活水，开创出中国经济研究的新路径、新天地。

王亚南先生的学术主张并没有过时。国家的发展，社会的进步，学术的基础，虽然早已由贫弱、落后的状态进入了崭新的时代，但立足中国，面向中国，自主研究，永远是颠扑不破的学术研究方法论。在西方话语被一些人重新追捧的今天，这样的主张显得尤其重要和珍贵。

站在中国人的立场上，用现代方法研究中国经济问题①

洪永淼

自从习近平总书记2015年提出建设中国特色社会主义政治经济学之后，中国经济学界便掀起了一股讨论如何发展中国特色社会主义市场经济理论的热潮。本文主要探讨中国特色社会主义市场经济理论的主要内涵及其与西方现代经济学之间的关系。

近40年来，中国经济通过渐进式的改革方式，成功地从传统社会主义计划经济模式转变为以公有制为主导的多种经济成分并存的社会主义市场经济模式，并且取得了举世瞩目的发展成就，成为世界上第二大经济体。与此同时，中国经济学也从原来的研究传统社会主义计划经济理论转变成为研究中国特色社会主义市场经济理论。在这个转变过程中，中国经济学大量吸收了西方现代经济学的有益理论成分，在研究范式与研究方法方面，从原来的以价值判断和政策研究为主的规范经济学，转为以数据分析为基础的实证研究，越来越多的中国经济学家在国际主流英文期刊包括顶尖经济学期刊上发表关于中国经济的学术论文，国际学术交流也日益频繁。

但是，现阶段的中国经济学在国际经济学界的影响力，还远远没有达到像中国经济对世界经济那样举足轻重的地位。国际经济学界的主要话语权与影响力，仍然在西方经济学家手里。那么，中国经济学家在构建中国特色社会主义市场经济理论过程中，是否有可能取得为国际同行承认的原创性经济理论创

① 本文是作者应《经济研究》“学习贯彻‘5·17’讲话、构建中国特色经济学笔谈”邀请而写的笔谈，首刊《经济研究》2017年第5期，原题为《站在中国人的立场上，用现代方法研究中国问题，用国际语言讲述中国故事》。感谢陈国进、崔庆炜、方颖、王艺明、许文彬和张兴祥的建议与评论。

新，从而在国际经济学术界具有重要的影响力与话语权？如果存在这种可能性的话，那么如何实现这一目标？

中国特色社会主义市场经济与西方资本主义市场经济的最大共同点是两者均为市场经济，即市场机制在经济活动中发挥着基础性乃至决定性的调节作用。在社会主义市场经济条件下，经济主体，无论是公有制企业还是非公有制企业，无论是生产者还是消费者，均有自己的不同利益，都是在维护自己利益的前提下，根据市场价格信号，进行生产、交换、分配与消费。既然中国是市场经济，那么在总结西方资本主义市场经济几百年发展历史的基础上建立起来的西方现代经济学，对创立中国特色社会主义市场经济理论，就有重要的借鉴意义。市场经济理论，就是研究在市场条件下，经济主体如何对稀缺资源进行优化配置的科学，其基本原理、基本分析方法是无国界之分的，可用于研究实行不同政治经济制度但同样运用市场调节机制的所有经济体。换言之，市场经济的基本原理只有一个（如价值规律、供求规律、边际效益递减规律、信息不对称下逆向选择与道德风险等），中国特色社会主义市场经济理论，是市场经济一般原理在社会主义中国的应用。这样的“应用”是一种理论创新。改革开放以来，中国对国际社会主义经济理论与实践的一个重大贡献是证明了在以公有制为主导的社会主义混合经济中，可以用市场机制替代计划机制作为基础性调节手段，更有效地配置稀缺资源。

在现实生活中，不同政治经济制度和社会环境下的经济主体的行为方式会有很大差别，因此存在着与政治经济制度及社会历史文化环境密切相关的独特经济现象。这些不同经济现象，是市场经济一般规律在不同条件下的具体表现。中国特色社会主义市场经济与西方资本主义市场经济最大的区别是以公有制为主导的混合经济制度，以及政府通过法律与各种经济政策对经济的干预与影响的广度与深度。当然，还有不同的社会历史文化背景。因此，在稀缺资源的配置与分配等方面，公共利益与个人利益之间的相互关系，以及政府与市场之间的相互关系，是中国经济的最显著特点。如何在市场经济条件下，探索政府与市场各自的调节边界以及它们的互动关系以达到稀缺资源的最优配置，探索公共利益与个人利益在每个历史时期的最佳结合点以达到最终实现社会主义共同富裕的最终目标，是中国经济学最有可能的重大原创性理论贡献，将极大地丰富市场经济理论与社会主义理论。二战之前两百年左右，英国一直是先进的经济思想的发源地与学术中心，从亚当·斯密、马克思到凯恩斯，均是如此。二战之后，随着英国的衰弱和美国的崛起，美国逐渐取代英国，成为经济学世界学术中心。现在，中国经济持续稳定快速增长，日益融入全球经济体系并在其中扮演领导角色。在这样的经济全球化背景下，以解释中国经济发展模式为己任的中国经济学有可能成为下一个世界经济学术中心。

但是，毋庸讳言，在现阶段，很少有中国经济学家创立的被国际经济学界所熟悉并承认的关于中国经济的原创性经济理论。究其原因，我认为，研究范式与研究方法未能与国际接轨，导致研究成果未能以国际经济学界普遍认知的方式表达，是一个根本原因。因此，一个关键的问题是，有无必要使用国际同行普遍认可的研究范式与研究方式来研究中国经济？用通俗的语言说，即是否有必要使用“国际语言”来讲述中国故事？很显然，如果不用“中国语言”讲述中国故事，可以想象，在相当长一段时间内，将很难把中国经济学家的经济思想与理论传播出去，很有可能变成自说自话，更不用说提升中国经济学家的国际话语权与影响力。

现代西方经济学的一个显著特点是定量分析方法的广泛使用，特别是数学建模和以数据与统计分析为基础的经验研究。数学建模可以从复杂经济现象中去掉次要因素，抓住主要经济变量之间的逻辑关系与本质联系。更重要的是，对经济理论的数学建模是使用经济数据进行严谨统计推断的必要手段与桥梁。以数据与统计分析为基础的经验研究可以验证经济理论或经济假说的正确性或有效性，从而使经济学成为可用数据验证的一门科学。与经济理论本身相比，研究范式与研究方法只是研究工具，本身并不带有任何阶级或制度属性，没有意识形态色彩。长期以来，中国经济学，特别是中国政治经济学的研究方法相对落后，一直是以定性分析为主。中国政治经济学研究的一个优点是注重定性的历史分析与逻辑分析，但同时严重缺少数学建模与经验研究的定量分析。我们应该学习西方现代经济学那些比较先进的研究方法与研究手段，大力提倡用现代方法研究中国经济学。正如习近平总书记“5.17”讲话所指出的：“对现代社会科学积累的有益知识体系，运用的模型推演、数量分析等有效手段，我们也可以用，而且应该好好用。”只有采用国际同行通用的“语言”，才能够使外国人理解中国经济与中国经济学说，才能提升中国经济学在国际学界的影响力与话语体系，从而传播中国经济思想与理论。事实上，马克思主义经济学本身不仅不排斥，而且采用了不少定量分析方法，例如著名的剩余价值理论。

应该指出，借鉴西方现代经济学的有益成分，包括研究范式与研究方法，并不是说照搬照抄。照搬照抄从来无法产生原创性经济理论。我们必须立足中国经济现实，坚持问题导向，从中国经济实践中探索中国经济运行规律。在借鉴西方现代经济理论时，需要注意将市场经济基本原理与资本主义私有制及相关的资本主义政治制度剥离开来。此外，作为一门社会科学，中国经济学必须能够为中国经济改革发展和全球化实践提供理论指导。为此，中国经济学家必须站在中国人的立场上研究中国经济，才不会迷失方向。例如，在经济全球化条件下，在国与国经济交往中如何更好地维护中国的自身利益？如何设计合适的产业政策，使中国从全球价值链中低端迅速转移到中高端？在发展中国金融体系的过程中，如何在金融监管与金融开放之间找到最佳平衡点，以保证中国金融市场不出现系统性风险？在国企改革过程中，如何应用信息经济学特别是“委托—代理理论”更好地保护国家利益？在这些方面，马克思主义经济学的基本分析方法是非常有用的。

综上所述，我们应该站在中国人的立场上，用现代方法研究中国问题，用国际语言讲述中国故事，提升中国经济学的国际影响力与话语体系，最终形成具有广泛国际影响力的中国特色社会主义市场经济理论。

中国拥有世界上最大的劳动力市场，应重视劳动经济学研究[①]

《厦门日报》记者　佘　峥　通讯员　王瑛慧

在中国，劳动经济学专家总是被人问一个问题：你们到底是干什么的？

昨天在厦大举行的“2007 当代劳动经济学国际研讨会”是寻找这个问题答案的最好地方——在中国起步相对较晚的劳动经济学，事实上和人们生活密切相关——它研究的是就业、工资、教育回报等问题。例如，它可以通过建立一个经济模型，来回答本科毕业后读研与工作哪种选择更合算等现实问题。

以“劳动市场动态与贫困问题研究”为主题的研讨会吸引了美国、加拿大、德国、丹麦、比利时、埃塞俄比亚、澳大利亚、新加坡等国家和中国香港、中国台湾等地的近 50 名专家。专家们的一些讨论十分有趣，譬如，香港中文大学的一位男性教授探讨了男女人口性别比例失调和犯罪率的关系。

人口出生性别比指的是每新生 100 个女婴相对应的男婴数量。从国际经验来看，正常范围在 103—107。不过，在中国，人口性别比已经从 1992 年的 105 达到了第五次人口普查公布 118。这位教授通过一系列令人眼花缭乱的数学模型，利用官方公布的 1998—2004 年犯罪率统计，得出一个结论，16—25 岁的性别比每增加一个百分点，犯罪率就会上升 5%—6%。当然，研究也指出，和一些人想象相反的是，性别比增高并未导致和“性”有关的犯罪的增加。

研究的结论有一些是外行人也很容易理解的，例如，已婚男人的犯罪率普遍低于未婚男人——为了能在婚姻市场上保存有竞争“实力”，一些男人很容

---

① 本文首刊于 2007 年 12 月 9 日的《厦门日报》，原题为《读研与工作，哪个更合算？——2007 当代劳动经济学国际研讨会在厦大举行，专家用经济模型回答现实问题》。

易被违法勾当所引诱。这个题为“更多男人，更多犯罪”的研究昨日被作为主题发言，引起大家的兴趣。类似的研究，在研讨会上比比皆是。还有人探讨了劳动力的流动对流入地妇女工资的影响，特别是对高收入妇女工资的影响。一些专家在接受采访时表示，会议的意义并不只在于研究的结论，更重要的是这些著名学者带来的先进的方法论。

这也是厦门大学王亚南经济研究院（WISE）第二次举办劳动经济学国际会议。WISE 院长、美国康奈尔大学教授洪永淼说，中国经济学家比较愿意关注宏观经济、金融市场，但是，中国是个劳动力市场大国，解决就业压力等问题，可以通过劳动经济学寻找到对策。这位地道的同安人说，打开党的十七大报告，里面关于建设和谐社会所涉及的收入分配等等，其实都在劳动经济学研究的范畴内。洪永淼说，这也是成立于 2005 年的 WISE 把劳动经济学作为优先发展学科之一的重要原因。

现代经济学的十个理解误区[①]

洪永淼

当前我国经济持续发展，处在市场化改革的攻坚阶段。由于理论突破和实践跨越的双重需要，中国的经济学工作者们获得了前所未有的广阔发展空间。毫无疑问，与发达市场经济国家相比，中国的经济学无论在理论体系还是在研究方法上均存在较大的差距。中国的经济学界应该怎样才能快速追赶上先进思想并引领潮流？该如何立足本土、研究国情、开拓创新？这是经济学研究必须重视的问题。当然经济研究工具的选择也显得十分必要。

当前，中国经济发展面临着许多前所未有的新挑战，特殊的国情也为中国经济学的发展提供了难得的机会和挑战。我国的经济学研究起步晚于市场经济发达国家，因此在经济学研究中如何才能后来居上？首先，应该密切关注我国经济学发展中存在的一些问题。如理论体系、研究工具、研究方法的规范、创新等。但是，目前经济学研究过程中存在许多误区，只有从误区里走出来，走出困境，才能朝着正确的方向前进。本文总结了十个误区，以下一一分析。

误区之一：经济学必须通俗易懂

在中国，长期以来有一种流行的观点，认为经济学必须通俗易懂。高深难懂的，特别是那些大量使用高深数学的经济理论只不过是某些经济学家的故弄玄虚罢了。似乎经济理论应该像民谣那样让人朗朗上口才达到经济学服务于社会的目的。

---

① 本文首刊于《经济资料译丛》2014 年第 3 期。文章写于 2005 年王亚南经济研究院成立之初，旨在澄清当时比较流行的对经济学教育与研究的一些理解误区。15 年来，中国经济学教育与研究发生了巨大变化，文章的一些观点在现在看来已经变成基本常识。为了保留当时的历史原貌，本文除个别文字外保留原文风貌。

首先应该承认，经济学属于社会科学，因而具有社会科学的共同特点，但与此同时，经济学又是社会科学当中最接近自然科学的，因而又具有自然科学严谨的特点。现代经济是个复杂系统，对复杂系统的研究需要复杂的分析工具与方法，简单的方法已不适用了。由于经济系统和研究方法的复杂性，现代经济学家便有了明显的分工，并且分工进一步细分，因此也产生了在经济学领域内“隔行如隔山”的现象。因此，现代经济学的发展已经达到了这样一个阶段，即没有经过系统专门训练的经济学家就没有办法看懂经济学期刊的学术论文。这种现象，与物理学等其他自然科学是类似或一样的。如果要求经济学必须通俗易懂，首先必须将分析工具或方法简化，这样就没有办法对复杂的经济系统进行深入透彻的分析，只能停留于事物的表面现象，而不能深入了解规律本质及进行预测。我一直在思考这样一个问题，物理学理论充满大量公式，比起经济学来有过之而无不及，但我从来没有听过有人要求物理学必须通俗易懂，也从来没有听过物理理论深奥难懂（如爱因斯坦的相对论），是物理学家在故弄玄虚。

事实上，要求经济学必须通俗易懂，在一定程度上是将经济理论的专业性研究与经济知识普及化、大众化、实务化混为一谈了。列宁说过，一个理论只有被广大群众掌握以后，才能产生最大的物质作用。经济理论也不例外，特别是经济理论研究的是广大人民的经济活动，与所有人密切相关。如果经济理论能够为广大人民所理解、所掌握，那么这将极大地促进整个经济的高速、高效发展，也能够提高每个人的生活质量与福祉，因此经济理论需要普及。但是这种普及不能替代专业化的经济研究，这与医学知识的普及是一样的。如果一个社会能够普及医学养生知识，那么整个社会大部分人的健康水平将大为提高，但是这不能替代医生的作用和医学工作者对医学知识的探索，正如对艾滋病的预防及传染渠道的知识宣传普及，并不能取代医学界对艾滋病疫苗和药物的研发一样。社会有一个合理的分工，少数人进行更专业的研究，使大多数人只要了解知识的普及就足够了。

因此，经济学是否需要通俗易懂，需要视对象而定。对于初学者或者实际工作者，如果只是想了解经济学的一般原理与理论，通俗化、大众化的介绍与教学就可以达到目的。如果是想了解经济学理论研究的最前沿及最先进的研究方法，则必须阅读经济学学术期刊的学术文章，这些文章都是深奥难懂的。记得我在中国人民大学“经济学培训中心”学习期间，对经济机制设计的文章感到深奥难懂，就问来自斯坦福大学的任课教授，需要多长时间的训练才能看得懂？他简单回答说，5 年。很多年以后，我才明白他是指必须经过经济学博士学习阶段（在美国，大约为 5 年）的系统训练，才能看得懂所学专业的学术论文。

误区之二：现代经济学不适合指导中国经济实践，西方经济模型不适合描述中国经济运行，因为中国经济有西方经济没有的特殊性

这种论断的主要依据是中国经济体制与西方资本主义经济体制有本质上的区别。所谓西方经济理论，实质上就是私有制市场经济理论。在计划经济时代，市场经济理论确实不适合指导我们的经济活动，因为经济实践者主要并不是也不用对市场价格的信号作出反应。市场这只“看不见的手”给束缚住了，不能发挥其应有的作用。比如，在计划经济时代，一个工厂生产什么、生产多少都由国家说了算，厂长不用自己去找市场、找原材料，不用担心自己亏损或盈利，因为盈亏都由国家承担。但是，经过 30 年的改革开放，中国经济走上了混合经济制度之路，建立了以国有经济为主导、多种经济成分并存的社会主义市场经济制度，市场机制深刻地影响着经济的每一个环节与每个方面。如果还抱着现代经济理论不适合中国经济运行的观点，那么显然有失偏颇。

不管是私有制，还是中国目前的混合经济制度，都有一个共同点，即都是通过市场机制进行生产、交换、分配与消费。而且，即使在社会主义市场经济条件下，经济实践者，无论是公有制企业的法人代表，或者私人业主，还是消费者个人，均有各自不同的利益，都是在维护自身所代表的利益前提下，根据市场价格信号进行经济活动。所以，在目前这种市场经济制度下，西方市场经济理论或者现代经济学有相当部分可以用来借鉴并指导中国的市场经济建设，

深化经济改革。例如，在全球经济一体化条件下，在国与国经济交往时如何维护中国的自身利益？在充满风险的国际市场上，如何利用金融衍生产品规避风险？在发展中国金融市场的过程中，如何在金融监管与金融开放之间找到最佳平衡点？在国企改革过程中，如何应用委托—代理理论与信息经济学维护国家利益？这些根本性或非常重要的经济问题，均可以从现代市场经济理论中得到有益的启示。

现代经济理论是建立在一定的假设前提基础上的。中国经济有西方经济所没有的特殊性，但共性寓于个性之中。我们所观察到的中国各种经济现象都是一般经济规律在中国特定条件下的具体表现。中国经济学家在相当长一段时间的主要任务，是运用现代经济学先进的理论与研究方法，从理论上解释中国经济现实并指导中国经济实践。在这一过程中，必须吸收全世界包括西方发达国家在经济实践上的经验教训和经济理论上的所有合理成分，为我所用。

有一个研究令我至今还印象深刻，这就是中国国企承包制的研究验证了信息经济学的正确性，证明了西方经济理论——信息经济学在中国经济转型时期也是适用的。诚然，有一些西方经济理论不能适用于中国经济问题的研究，但具体哪些理论不适用，必须具体问题具体分析，既不要因为有若干个西方经济理论可适用于中国经济研究，就全盘接受所有西方市场经济理论；也不能因为有一些理论不适用于中国，就全盘否定西方经济学的合理成分。我们的最终目标就是建立起具有自己特色的中国经济学的完整理论体系，在这一过程中，必须吸收全世界包括西方发达国家在经济实践和经济理论上所有的合理有用的成分，为我所用，然后超越别人。

经济模型是现代经济学的基本表述形式与基本分析方法，这种分析方法也适合于中国经济研究。西方经济模型的研究起步比国内早，发展相对成熟。他们几十年前的经济模型有时候现在拿到国内来看，也仍是很先进的。他们能把制度、产权这些变量都量化，这些都有不少可借鉴之处。我们学习借鉴的是现代经济学先进的抽象思维与研究方法，至于具体经济模型的前提假设条件、参数取值范围、解释变量数量的多少、函数形式等均有可能与西方经济模型不同。我们应借鉴其模型的理念，并结合我国实际，改造成适合我国国情的模型，以便为我所用。

在对待国外经济理论与研究中国经济的关系上，王亚南先生是他那个时代应用国外先进经济理论来研究中国经济的典范。他的《中国经济原论》被誉为“中国式的资本论”,《中国官僚政治研究》则回答了“李约瑟难题”，这两部著作都是应用马克思政治经济学分析方法来研究中国经济的范本。

误区之三：研究生培养教育应该是创造性研究的训练，而不是应试教育

“应试教育”，似乎早就成了众矢之的，现在流行的是“素质教育”。然而即使是素质教育，也是在保证掌握好基础知识的前提下才能实施。

研究生教育确实应该是培养创造性研究的专门人才，但是这与考试教育并不矛盾。所谓应试教育，主要是指核心课程的学习和考核。经济学的核心课程有大量的数学模型、数学推导，因此数学基础比较差的人学起来比较吃力。为什么需要上这些课？就是为学生奠定坚实的理论基础和分析方法。学完这些课程以后，学生才掌握了今后进行他们所认为的创造性研究的理论基础和分析工具——这是建设任何一个学术大厦的基石。

一个问题是，可不可以不要上核心课程，不要考试，直接进行创造性研究？如果目标是培养具有现代经济学素养的创造性经济学人才，写出高质量的硕士、博士论文，那么核心课程的系统训练是不可避免的。这是敲门砖，现代经济学人才是不能用中国传统的私塾或是工匠学艺的方法，即一个师傅带几个徒弟的办法来培养的。基础核心课程的学习和考核是经济学研究生培养的关键，核心应试当然是难免的而且是必需的。

事实上，单单学完宏观经济学、微观经济学与计量经济学这些基础核心课程，要马上进行创造性学术研究是非常困难的。在国外，学生上完基础核心课程以后，一般还要上一些前沿课程，这些前沿课程不是通过使用教科书，而是阅读某个领域的经典文献与最新研究动态的文献，由任课教师讲授，也可能通过教师学生互相讨论。在中国，这样的前沿专题课程很少。其实，这是训练学

生如何进行文献查阅、如何进行选题、如何进行学术研究的过程，与基础核心课程的教学方法与要求有很大的不同。这样的课程，不但不会妨碍学生从事创造性学术研究，恰恰是帮助他们如何做研究。在中国有不少人，包括职能管理部门，常常将研究生所得学分，看成与从事研究无关或对立，其实是不了解基础核心课程与前沿专题课程之间的区别。

误区之四：使用高深数学会妨碍经济思想的发挥

经济思想（idea）是做经济研究的必要条件。首先应该指出，一个经济思想的产生，通常并不是通过数学推导出来的。换言之，数学推导通常不会产生新的经济思想。经济思想的火花，通常是经过细心观察经济现象、阅读大量文献资料、长期思考、讨论、争论等，才能产生出来，而且产生的思想火花具有偶然性。比如，有人是在很长一段时间的思考后，突然在某一天的睡梦中得到某一个想法的。但是数学在一个经济理论的形成过程中起着非常重要的作用。一个想法产生以后，必须通过论证、提升、系统化才能最终成为一个理论。有很多想法似是而非，需要严谨地识别其真伪，还有很多想法均是在特定假设条件下才能够成立。列宁说过，真理越过半步，就会成为谬论。因此必须严格界定各种理论成立的前提条件，数学在这一过程中起着非常重要的作用。例如，里昂·瓦尔拉斯的一般均衡论，假设在完全竞争条件下，通过价格调节可以达到均衡状态，这个理论的重要性是不言而喻的。但假设不等于理论，因为现实世界不是完美世界，必须清楚经济系统是否真正存在一个均衡价格体系。最终这一个论证由肯尼斯·阿罗（Kenneth Arrow）和吉拉德·德布鲁（Gerard Debreu）通过运用数学上的固定点定理（fixed point theorem）完成，从而真正让一般均衡论成为一个经济理论，并成为经济学理论体系的重要部分。

今年夏天克莱夫·格兰杰（Clive Granger）访问上海时曾说过，数学是一个信念（belief）。为什么这样说？因为经济系统非常复杂，要透过大量的、复杂的经济现象去看到本质的规律，必须进行抽象的理性思维，而数学正是抽象理性思维最佳的工具。经济学如此，其他学科也如此。前不久一个搞音乐舞蹈的人告诉我，他获得数学博士学位的这一经历对他的音乐创作很有帮助。

虽然数学推导不能产生新的经济思想，但是这并不意味着数学公式没有任何经济思想或含义。许多数学公式包含着极其丰富的经济含义，也就是说，数学公式是经济思想的载体。这就像在物理学中，数学公式大都可以赋予丰富的物理含义一样。我们现在举一个例子，就是合理预期学派的欧拉方程（Euler equations），这个方程包含很丰富的经济含义。

理性预期（rational expectations）学说是当代宏观经济学的核心基础。假设有一个代表性经济人，他在第 t 时期消费额为 C_t，获得即时效用为 $U(C_t)$。这个消费者的目标是使一生的效用最大化，即他将选择一条消费路径（其实也是要决定投资路径）使其一生期望效用最大化。如果用 β 代表时间折现因子，它将未来消费而获得的效用折算为效用的“现在值”，那么这个数学问题的一阶条件为：

$$E\left[\beta R_{t+1}U'(C_{t+1}) \mid I_t\right] = U'(C_t)$$

上式中，R_{t+1} 是从第 t 时期到第 $t+1$ 时期的资产回报率，I_t 是第 t 时期经济人做决策时所拥有的信息，这个一阶条件一般称为欧拉方程。

欧拉方程有很丰富的经济含义，它代表消费或投资达到了最佳配置状态。一方面，右边表示如果在第 t 时期将最后一单位货币用于消费时，所得到的效用为 $U'(C_t)$。另一方面，如果在第 t 时间最后一单位货币不用于消费，而是用于投资，则从第 t 时期到第 $t+1$ 时期资产回报率为 R_{t+1}。如果将这个 R_{t+1} 用于消费，则在第 $t+1$ 时期，所得的效用为 $R_{t+1}U'(C_{t+1})$。由于 R_{t+1} 是随机的，经济人在第 t 时期，所做决策时不知道 R_{t+1}，因为必须使用期望值，同时乘以 β，将它折算为现在值。

因此，欧拉方程表示，当消费与投资配置最优时，经济人对最后一单位货币，到底是用于消费或用于投资，所得效用是相同时，如果右边大于左边，意味着在第 t 时期消费不足，需要增加消费；如果右边小于左边，意味着在第 t 时期投资不足。

事实上，在物理学上，发射卫星或宇宙飞船的最佳运行轨道，也是由欧拉方程来描述的。

误区之五：学习经济理论只要掌握经济理论实质，无需了解详细数学推导过程

如果只是对经济理论有一个大概的了解，而且时间有限，那么详细的数学推导过程完全可以免去。但是，如果想对经济理论有深刻的理解与掌握，那么数学推导过程就显得非常重要。严格的数学推导，可以让学生认识到某一经济理论得以成立的前提条件，知道某一经济理论在什么条件下可以得到什么样的结论。同时，在数学推导过程中，假设条件、一阶条件、结论与推论常常可得到很好的经济学的解释，这对深刻理解经济理论极有帮助。对今后立志从事现代经济学研究的学生来说，数学推导过程本身是一种基本功训练，只有通过这种训练才能掌握如何进行经济理论研究的钥匙，尤其是教科书上的许多数学推导均是一些非常重要的经典性的数学方法，非常具有启发性。

经济学教科书里的这些数学推导是一种经济学的基础训练，只有在认真掌握的前提下，才能更透彻地了解经济学的严谨性，为以后的深入研究奠定良好基础。在中国，不少教师上课只介绍理论、思想，不进行必要的数学推导。这种教学方法是有缺陷的，特别是对培养学术型人才更是如此；当然，在进行数学推导时要给予经济学上的解释，并举例说明，以避免枯燥无味的数学证明。

误区之六：数学和计量经济学均是数学工具，在经济学研究过程中所起作用是一样的

在经济学研究中，数学是经济学理论的最严谨的逻辑语言，是经济学理论规范化的最重要标志。为什么需要数学？任何一个理论要成为一门科学，需要有两个条件：其一，理论本身要有逻辑一致性；其二，理论和现实要有一致性。要保证一个理论本身的逻辑一致性，即推导上没有自相矛盾，数学是一个很理想的工具。因为它是最严谨的逻辑语言与工具。马克思说过，任何理论如

果达到可用数学表达的程度，就意味着这一理论已达到相当成熟的阶段。在20世纪，数学在经济学中的应用非常广泛，使得经济学这门学科的逻辑更严密，表达更准确。

但是数学并不能保证经济理论成为一门科学，因为它不能保证理论与现实的一致性。一个理论，如果建立在与现实相去甚远的假设基础之上，那么这一理论就不可能解释现实和预测未来。要验证一个经济理论是否能够解释现实，必须用计量经济学。计量经济学就是使用经济观测数据，采用适合经济数据特点的统计方法，估计、验证经济理论或经济模型，解释现实经济现象的有效性。计量经济学是联结理论与现实的桥梁。经济学发展的历史可以看作是这么一个过程：在一定时期内，某一经济理论与当时的经济现实相吻合，即没有出现与现实相违背的情形，这时理论可以解释当时的现实，但是一段时间以后，新的经济现象出现，现有的经济学理论不能解释新的现象，这时候就必须提出新的观点，产生新的理论，以解释新的现象，如菲利普斯曲线（Phillips curve）；抑或是对旧现象提出新的理论解释。在这样一个经济理论发展过程中，计量经济学起着数学无法替代的作用。即它可以检验一个理论是否与当时的现实相一致，而数学是做不到这一点的。随着计量经济学的发展，除可直接量化的因素外，还可以把制度、法律、婚姻等纳入经济学研究中来。

数学是一门纯理论的逻辑工具学科，而计量经济学则扮演着不同的角色。它能运用数学工具，并结合经济学理论知识来剖析现象，得出更本质的结论，并检验历史和预测未来。作为一种数量分析方法论，计量经济学不是数学或统计学的一个分支或应用。正如计量经济学会创始人欧文·费雪（Irving Fisher）所说，计量经济学的重要目标，“是促进以定性与定量方法、经验实证与定量方法相结合的经济研究范式的发展；促进在自然科学领域广泛使用的富有建设性的严格思维方式在经济学领域的应用。但是，经济学的定量研究方法有很多方面，任何单一方面均不能独自存在，必须与计量经济学相结合。因此，计量经济学不是经济统计学，也不能等同于一般的经济理论，尽管这些理论中有一部分具有数量特征。同时，计量经济学也不是数学在经济学中的应用，尽管这些理论中有相当一部分具有数理特征。实践证明，统计学、经济理论、数学这三个要素是真正理解现代经济生活中数量关系的必要条件，但不是充分条件。只有三个要素互相结合，才能发挥各自的威力，才构成了计量经济学。”

误区之七：计量经济学只是一门课程，不是学科

在国内，有种观点认为计量经济学只是一门课，而不是一个学科。事实上，计量经济学作为经济学的一个学科，大约成形于 20 世纪 30 年代。

那么，什么是计量经济学呢？简单地说，计量经济学是基于经济观测数据，采用适合于经济数据特点的统计科学的理论与方法，估计经验模型并检验经济理论是否与观测数据相吻合。计量经济学是经济学研究的一个基本方法论，已广泛用于经济学所有领域与分支。

在经济研究中，绝大部分的学术研究均是实证研究（empirical study），均需要使用计量经济学。与自然科学不同，现实的经济系统与观测到的经济数据具有非实验特点。我们不能像自然科学那样通过重复实验来验证不同经济理论的有效性，因此，计量经济学在经验研究中所起的作用，变得更加独特与重要。比如说，不同的研究人员使用不同的实证研究方法，得到不同的结论，到底哪一个理论是正确的呢？在自然科学中，这个问题可以通过重复实验给予回答。但在经济学中，我们只能通过判断哪个研究人员所使用的计量经济学实证研究方法更好、更有一般性，来判断他的结论更有科学性。

鉴于计量经济学的重要作用，当今世界上主要研究型大学经济学博士培养项目，一般均将宏观经济学、微观经济学与计量经济学三个学科列为经济学理论核心课程系列。每一系列至少有两门课程，甚至更多。在美国加州大学圣地亚哥校区，计量经济学系列就包括 6 门课（学季制），需要整整 2 年才能修完。

除了基础课程以外，计量经济学还有不少分支，如时间序列计量经济学（主要用于宏观经济的实证分析）、微观计量经济学（主要用于微观经济的实证研究）、金融计量经济学（主要用于金融市场的实证研究）等，这些大致是根据应用领域来划分的。也有根据经济数据特点来划分的，如面板数据计量经济学、空间计量经济学等。以研究对象看，可划分为理论计量经济学与应用计量

经济学。还有根据研究方法来划分的，如非参数计量经济学等。

总之，计量经济学不是一门课程，它是一个学科，是现代经济学中兴起的一门交叉学科，是经济学实证研究的基本方法论。

误区之八：学术讲座特别是国际学术讲座的听众越多越好

初一听，这种想法似乎符合经济规模效益。因为邀请一位国外或国内学者，尤其是知名学者，要花相当大的财力、物力和人力。但是，如果要求有很多听众，这种讲座就只能是大众化的、介绍性的、综述性的讲座。这种讲座是有用的，特别是对本科生或应用型硕士生，我们应该时常举办这种讲座。但是如果只有这种讲座，我们在研究上只能是跟在别人后面，而不可能赶超并引领潮流。

真正具有国际水准的讲座是国际知名学者介绍自己现在的研究，通常是未发表的研究报告。能听得懂的人，只能是同一领域的研究人员，因而人数不可能太多，这就是所谓的“曲高和寡”。这种讲座值得不值得去办？表面看来听得懂的人少，故而经济规模效益差。但是科学研究不能只用直接的经济规模效益来衡量。如果请了一个知名学者讲座以后，有少数几个人能够应用其方法、模型写出高水平的学术论文，发表在顶尖学术期刊上，这就非常值得。

学术讲座一般代表最新、最前沿的研究。由于经济学学术论文发表周期较长，即使是最近发表的学术期刊，所刊载的文章也是二三年前写出来的，已经不是最新的研究前沿了。积极主动参加学术讲座是一种学术习惯与学术素养，它的作用是“润物细无声”，潜移默化的。

事实上，不可能有大部分人均听得懂的高水平的学术讲座。听不懂没有关系，有个大致（哪怕是模糊）的印象就可以了。因为如果想从事同一方向的研究，你就可以知道哪些是前沿，并据此准备知识，这样可以避免走很多弯路，能很快上道。今年夏天 WISE 举办计量经济学国际培训班，有一个同学告诉我，他听不懂，但知道了要学习计量经济学，应该修哪一些数学、概率、统计课程。这样的心得就是一种收获，值得。因为不可能每个人都听得懂并能消化前沿的理论，而且听学术讲座本身是一个学习的过程，开始可能是没有任何感觉，这需要一段时间和过程。如果因为一开始听不懂就放弃，那就很难有长进了。

误区之九：国际学术研讨会需要有五个国家以上的学者参加

在目前中国高校管理中，大多存在一种简单的数量管理模式。比如，教师职称晋升，必须有若干篇所谓一类核心刊物或权威刊物的论文；博士生毕业之前也需要发表若干篇一类或几类刊物的论文。召开所谓国际会议，也是采用数量管理的简单方法，即要求必须至少有多少个国家的学者参会。上述规定或做法其实反映了传统的思维习惯。“国际学术研讨会需要有 5 个国家以上的学者参加”是一个典型的计划经济的例子。没有 5 个国家的学者就不能称为国际研讨会？有 5 个国家的学者参加的研讨会就一定是高水平的研讨会？一个国际会议水平、质量如何，当然与参会学者来自多少国家没有必然的关系，而是取决于会议内容的水平。国际研讨会的“国际性”说的是学术研究水平的国际性，而并非国籍的国际性联盟。

记得改革初期刚开始允许个体私人业者雇佣工人时，规定雇工在 7 人或 8 人以下不算剥削。根据在哪里？究其根底，原来在《资本论》里。马克思用英国的例子，算出在当时英国的经济技术条件下，资本家如果雇佣 7—8 人，剩余价值大致为零，没有剥削发生。但是，英国在马克思所处的时代与中国 20 世纪 80 年代一样吗？中国的各个地区情况一样吗？我们不能不顾实际情况而照搬一切。我们应研究的是在我国特殊国情下的实际，而非照搬西方的经验。

中国经济学正处于国际化过程中，国际交流是促进中国经济学现代化、规范化的快捷途径。国际交流有很多种途径，其中一个重要途径是召开国际会议。在中国，举办国际会议的动机或目标有时是为了今后统计上报参加教育部等全国性评比。其实，这样做，掩盖了召开国际会议的初衷。国际会议是为了让校内与国内的学者、学生能够及时了解国外研究的前沿及最新动态，与国际同行建立学术联系，并扩大中国经济学在国外的学术影响力。WISE 过去 5 年举办了很多高水平国际会议。在举办这些国际会议时，我们从来没有考虑到需要邀请多少个国家的学者，以后是否要上报等问题。但是，我们从这些国际会议中获益良多。

误区之十：知名经济学家是经济学各个领域的专家

在中国，有不少知名经济学家常常对并不属于他们研究领域的经济问题发表意见与看法，就好像一个人一旦成了名，就变成万事通了。同时社会大众也有这样一种看法，即知名经济学者对所有经济问题均了解掌握，并能对所有问题找出症结，并提出正确的解决方案。有供有求。因此，我们也就看到不少上述现象。

2003 年诺贝尔经济学奖得主克莱夫・格兰杰曾经谈起他获奖前后的差别。获奖前与常人无异，但获奖以后，很多人特别是新闻记者和一般人都期望他所讲的每句话均富有哲理，对所有问题均有正确的看法。去年他被邀请到泰国，泰国国王接见了他并要他对泰国经济增长做出预测。但是格兰杰对泰国的经济运行状况不了解，怎么能轻率地做出预测呢？——经济学家有了通用的分析工具，但不等于他就是可以随便开包治百病“药方”的“万事通”。

事实上，知名学者不可能成为万事通。有一个故事，在 1989 年北京“政治风波”之后，西方国家对中国实行经济制裁。前几年已经去世的诺贝尔经济学奖得主米尔顿・弗里德曼在旧金山的报纸上发表文章，预测中国经济将崩溃。邹至庄教授看到该文后，就写信给弗里德曼提出不同意见，认为中国经济不会崩溃。弗里德曼后来给邹至庄教授回信，承认邹至庄教授是正确的，并说这件事给他一个教训，就是对他不太熟悉的事情，今后不能再轻率做出评论。

另一个例子，就是美国长期资本管理公司（Long-Term Capital Management，即 LTCM）。LTCM 成立于 1994 年 2 月，是一家主要从事定息债券工具套利活动的对冲基金，为国际四大“对冲基金”之一。LTCM 聚集了一批学界与业界精英，包括 1997 年诺贝尔经济学奖得主罗伯特・默顿（Robert Merton）和迈伦・斯科尔斯（Myron Scholes）。LTCM 建成一套较为完整的电脑数学自动投资系统模型，建立起庞大的债券及衍生产品的投资组合，从事投资套利活动。在 1994 年模型建立年间，该公司每年投资回报率分别为 28.5%、42.8%、40.8%及 17%，业绩骄人。但 1998 年亚洲金融危机期间，预测失误，最后到了破产的边缘，该基金在 2000 年已倒闭清算。这个例子说明，即使是诺贝尔经济学奖得主，虽然在经济理论上能独领风骚，可以设计出近乎完美的模型，并用这些模型进行实际操作，实际运行的结果也会不尽如人意。因此，经济学家，即使是知名经济学家也不可能是“万事通”。

结束语

本文讨论了中国经济学专业学生与学者对现代经济学存在的十大理解误区。正确理解现代经济学及其与中国经济研究之间的逻辑关系，有助于我们更好地学习、掌握现代经济学的理论与分析方法，并用其合理的理论成分与科学的研究方法来研究中国经济，从而从理论上解释并指导中国经济实践。

数学更能确保经济理论逻辑正确与严谨[①]

《经济学家茶座》主编　金明善

如何运用现代经济学理论和方法来研究中国经济问题？这不是一个新鲜的话题。1995年，林毅夫教授就曾在《本土化、规范化、国际化：贺〈经济研究〉创刊四十周年》一文中，系统阐述过这一问题。十多年来，随着现代经济学在中国的经济学研究领域应用程度的不断加深，海内外经济学者、留美学生围绕这一问题展开过多次讨论，《经济学家茶座》也刊登过大量的相关文章。

今天，这一问题又引起了大洋彼岸的一位西方著名经济学家——加拿大西安大略大学的约翰·沃雷（John Whalley）教授的注意。沃雷教授是可计算一般均衡模型的主要开创者，在国际贸易、可计算一般均衡、公共经济学和发展经济学等研究领域享有盛誉。近年来，沃雷教授十分关注中国经济和中国的经济学研究。这组文章最初就是源于他与在其政策模拟实验室工作的中国学者之间的一次日常学术讨论。当一些国内学者看到这次讨论的记录稿后，均建议将其发表出来，以期引起国内的经济学者和学生的再次关注。沃雷教授担心自己对中国的经济学研究现状理解不全面，建议邀请余永定、汪同三、李实等几位与他熟识的国内著名经济学家进行补充和评论。我们还邀请了田国强、陈智琦、洪永淼等海外著名华人经济学家，王诚、姚洋、张军等经济学期刊主编，以及多位青年学者共同汇聚畅谈。

与以往几次讨论不同，本次讨论起源于一位深谙现代经济学理论的西方著名经济学家的谈话，讨论跳脱了早期的“中国经济学”和“西方经济学”之争，泛用模型问题，探讨了中国经济问题研究与纯理论研究之间的关系处理问题，探讨了国内青年学者在全球化背景下从事经济学研究过程中的路径选择

① 本文首刊于《经济学家茶座》2009年第39期，原题为《全球化背景下的中国经济问题研究——跨越大洋的对话》。本文仅节选了洪永淼发言的内容。

问题。

在这篇文章中，既有经济学名家的点拨传授，也有知名青年学者的科研体悟：既包括学理的、方法论方面的讨论，也涉及与学术研究相关的更广泛的话题。

以下为洪永森的观点：

从方法论上来看，现代经济学研究可以归纳成以下这样一个路线图：（1）观察经济现象、收集数据并从中总结出典型化的经验特征事实（empirical stylized facts）；（2）建立经济理论模型以解释经验特征事实；（3）将经济理论模型转化为可用数据检验的计量经济模型并进行模型估计与检验；（4）用通过检验的模型解释经济特征事实，验证经济理论和经济假说，预测未来经济变动趋势以及提供政策建议。

可以看到，对经济理论进行数学建模和对经济现象进行计量实证分析已成为现代经济学的两个基本分析方法，并统称为数量分析（quantitative analysis）方法。数量分析的广泛运用是经济学家努力使经济学成为像自然科学（如物理学）那样一门科学的必然结果。并非所有经济理论都要使用数学模型，但是，数学作为一种严谨的逻辑语言，相对其他表述工具（如文字描述）更能够确保经济理论逻辑的正确性与严谨性；特别是在分析较为复杂的经济问题时，数学更是能够显示其威力。一个典型的例子就是沃雷教授作出很大贡献的CGE模型。事实上，经济学研究的最主要目的，是从大量复杂的经济现象中找出最为本质的规律性的内在联系。这是一个从具体到抽象的思维过程，而数学作为一种抽象的逻辑工具，非常适合这一思维过程，数学的使用非常有助于经济理论思维。当然，在使用数学工具时，必须注意数学模型重要参数的经济含义，以及数学公式所包含的经济思想，不要将两者割裂开来，甚至对立起来；同时，并非数学越复杂越好。在能够解释所研究的经济问题的前提下，数学模型越简单越好。计量经济学中就有这样一个模型选择准则，叫“KISS”准则，即“Keep It Sophistically Simple”，这一准则也适合于经济理论建模。

经济学数量分析的另一基本方法是计量实证研究，即使用计量经济学的方法与工具，通过经济数据来检验经济理论模型是否与观测到的数据相吻合。同样地，并非所有实证研究均必须使用计量分析，比如案例分析也可以使用。但当经济现象比较复杂，而可获得的数据又很有限时，计量分析可以保证实证分析的严谨性和科学性。

30年前，中国经济学研究主要是定性分析，在研究方法上与现代经济学有着极大的差距。30年来，中国经济学研究取得了长足的发展，数量分析方法已占据主流地位。但是，中国经济学的进步，仍然处于初级阶段。这主要体现在沃雷教授所说的，很多中国年轻学者常常照搬西方经济理论模型来研究中国现实，没有将中西制度差别考虑进来，这种现象可能是中国经济学研究的一个必经阶段。因为至今为止还没有比较完整的可用来解释中国经济现实的经济理论体系，年轻人首先看到和想到的，当然是他们所学的从西方市场经济为主要研究对象的现代经济学理论。另一个原因是，中国教师在讲授现代经济学时，可能没有强调现代经济理论成立的条件与前提，特别是没有强调现代经济理论的前提假设与中国经济现实的可能差异。还有，批评照搬现代经济理论的学者在强调中国经济的特殊性的同时，没有提出建设性意见，即如何去修正现代经济理论模型以适合研究中国经济现实，甚至不少人强调中国特殊性的主要出发点是为了说明现代经济理论不适合于研究中国经济。事实上，从方法论看，经济学理论思维没有中国外国之分。如果中国和美国经验特征事实不同，相应的理论或模型当然也会不一样，否则将很难通过数据的实证检验。因此，研究中国经济问题确实需要考虑中国制度因素等特点。相对应的，在借鉴现代经济学的具体理论与模型时，一定要考虑这个理论或模型产生的历史背景、成立的前提与条件，以及其解释数据的能力。如果假设前提与中国经济现实相去甚远，这个理论或模型当然不可能解释中国经济现象。其实，即使是同一个经济理论，也可能解释不了美国经济不同时期发生的现象。如约翰·凯恩斯“需求不足”理论可以很好地解释20世纪50—60年代典型的菲利普斯曲线，但对于80年代的“经济滞涨”现象以及90年代信息技术革命背景下的“低通货快增长”现象，则无能为力。

在我看来，现代经济学研究方法，特别是数量分析，完全适合于研究中国经济问题。强调数量分析与强调中国制度因素或中国经济特殊性并不矛盾，两者是有内在统一性的。将两者有机地结合起来，才能够更好刻画中国经济的本质。这是一种具有挑战性的经济理论创新，需要建立在对现代经济学的全面理解和对中国经济制度与现实的深刻洞察的基础之上，这种理论创新对现代经济学将是一个极大的贡献。

中国经济学研究仍然处于初级阶段的另一个标志表现为中国社会科学院王诚教授近几年来一直强调的一个重要问题，即中国经济学者对总结中国经济典型化经验特征事实没有给予应有的重视。现代经济学理论研究的主要出发点是为了能够解释在观察经济现象基础上归纳总结出的重要典型化的经验特征事实，如宏观经济学的"菲利普斯曲线"、微观经济学的"恩格尔曲线"等等。在中国，很少有基于中国经济现象和中国数据而提炼出的典型化经验特征事实，这首先是中国经济学界对此重要性认识不足。经验特征事实是经济学家"对话"的基础，总结中国经济经验特征事实是一项艰苦的基础性研究工作，需要研究者对中国经济制度、历史与现实有深刻的认识，这项工作本身具有很高的理论价值。其次，这也可能与中国经济数据的可获得性有关。因此，构建高质量的中国经济数据库特别是各种微观数据库，对推动中国经济学研究将发挥非常重要的作用。

由于绝大多数观察到的经济现象和经济数据具有不可重复性（或不可实验性）的特点，使用科学有效的研究方法在经济学研究中具有决定性的作用。结论的科学性取决于研究方法的科学性，而很多新的发现常常是因为使用了新的研究方法。从这个角度看，中国经济学研究的发展取决于适合研究中国经济的研究方法的现代化。促进中国经济学研究方法现代化的一条有效的途径是国际化，所谓国际化有多方面多层次含义，它包括开展各种国际学术交流、合作与竞争，例如参加高水平国际学术会议与学术讲座、开展合作研究等等，其中最为重要的是在国际主流经济学术期刊上发表论文。国际化可以让我们看到中国经济学研究与目前世界先进水平之间的差距，取彼之长补己之短，并激发竞争意识，充分发掘自身潜力，从而在现代经济学研究的国际舞台上占有一席之地，争取一定的"话语权"。从这一角度看，中国年轻经济学者应该积极争取在国际主流经济学术期刊上发表论文。要在国际期刊上发表论文，就必须采用国际经济学界公认的论文写作范式、研究方法和语言表述，服从国际上普遍公认的比较客观的学术评价标准。这些，十分有助于中国年轻经济学者培养严谨、细致、认真的科学研究素养与能力，有助于他们在现代经济学研究舞台上获得学术影响力与“话语权”，为现代经济学发展作出中国经济学界的应有的贡献。中国青年学者在国外经济学期刊发表论文的选题不必仅仅局限于中国经济问题。中国经济当然是今后相当长一段时期中国经济学者首先需要研究的最重要问题，但是，中国经济正日益融合于全球经济发展中，研究全球性经济问题或世界上其他经济学家共同关心的经济问题对中国来讲，也是非常重要的。这一点，将随着时间的推移更加清晰地显现出来。

高深数学阻碍经济学理论创新吗[①]

《第一财经日报》记者　宋易康

有一种观点认为主流经济学进入21世纪有“作茧自缚”的趋势，而这层茧壳就是数学模型和定量分析方法。由于过度强调数学模型和定量分析方法以致忽略了一些重大的经济学课题，不可量化的制度与创新因素该如何用数学模型分析呢？

在中国当代经济学研究领域，把经济学研究工具与理论创新对立起来的看法也十分普遍。有经济学家诟病中国经济学的博士论文像是“做习题”，套用一个西方模型，再把中国本土的数据带进去，缺乏创造力。就此，北京当代经济学基金会和第一财经联合专访了洪永淼。

不该将数学模型和理论创新对立起来

第一财经日报（以下简称“日报”）：主流经济学派强调数学模型和量化分析的研究方法。有人说这种模型和工具把当代主流经济学研究限制住了，一些因素如“创新”“制度”无法量化，阻碍了当代经济学的理论创新。您如何看待经济学中数学模型和理论创新的关系？

洪永淼：30年来，国内一些批评者认为经济学数学模型和量化分析方法与经济学原理在某种程度上存在着对立关系。中国过去经济思想的争论，主要都集中在观点的争论上。这种观点争论的逻辑性并不强，有时甚至在争论过程中双方并不清楚对方和自己基本的假设前提是什么。从这个意义上说，用数学的方法能够把经济理论成立的前提与边界划定清晰——我们常常说任何真理跨越半步就成为谬论了。确实，很多经济思想并不是通过数学推导产生的，但是，

① 本文首刊于2016年2月的《第一财经日报》“基金会专栏”。

数学分析能更好地指导理论成立。现代经济学中的一般均衡理论、博弈论、期权定价理论等等，都是借助数学而发展起来的很好的例子。

数学是理论分析的工具，从希腊的苏格拉底开始，全世界的思想家发现，数学模型会帮助理清紊乱的思维，只是一般人没有受过严格的训练，不懂得使用这个分析工具。

中国为什么会出现把数学模型和量化分析与研究方法和经济思想对立起来的现象？在我看来，主要原因在于中国传统经济学的教育方式存在问题。1980年以前，经济管理类专业的学生是不用修读数学的，经济学教育内容以定性分析为主。在很长一段时间，中国经济学理论阐释也不需要借用任何数学工具。

虽然数学只是逻辑工具，但是当经济现象越来越复杂时，数学可以帮助我们抽象与简化分析。经济理论就是从很复杂的经济现象中抽取最本质的经济关系。最本质的经济关系需要剔除很多支离的东西，这个去除过程若用到数学模型，就会事半功倍。数学是高度抽象的逻辑学，非常符合这种思维模式。数学的抽象符号，能突出问题的本质，让讨论不牵扯一些无关紧要的细节。有一种观点，认为我们现在研究的经济学范围和领域可能还没有超出亚当·斯密《国富论》的研究范畴，但是每一次分析方法的创新与提升，都会带来一些新的洞见。

我在教学中发现，很多中国学生并不清楚计量经济学模型的适用范围和边界条件是什么。他们会将西方经济学教科书和学术文献的计量模型照搬过来，然后套入中国的数据，得出结论。这不是一种科学的做法。但这并不代表量化分析方法本身有错误。上述做法应该归结为经济学教育的问题和经济学研究者在应用时产生的错误。

经济学的思想创新如果想真正成为一个理论的话，就必须能够用比较简洁的逻辑语言予以表述。这种逻辑语言可以不借助数学，但是数学是一种非常严谨的方式。如果单单有思想，没有把它升华为一种逻辑严密、可以被数据和经验验证的理论，这种理论本身就很难推广，也很难能够在共同的理论框架内深入探讨与积累，最后可能变为各说各话。

至于说到“创新”“制度”等因素不能量化，谁说这些因素不能量化呢？

比如，最近一二十年在微观计量经济学中兴起的政策评估计量经济学，就是专门为了对各种社会经济政策进行量化评估而发展起来的。创新和制度变革，其效果是可以量化研究与评估的。

日 报：计量经济学与经济现实之间联系的紧密程度如何？

洪永淼：为回答这个问题，我举一个例子。现代计量经济学有一个模型叫作波动模型，这个模型的最早提出是在1982年，产生的背景就是20世纪70年代的经济危机与石油危机。由于欧佩克成立导致世界原油价格大幅上升并剧烈波动，美国从固定汇率转向浮动汇率管理，导致很大的汇率波动，还有美联储的高利率政策等等，造成了西方经济的波动。波动实际上导致经济不确定性以及由此带来的风险，于是，很多政府部门都需要量化、估计、测量不确定性有多大。波动模型就是在这种背景下产生出来的。很多经济学的论文一般都不会明确提及当初的时代背景与现实意义，但是从计量经济学的发展历史来看，经济研究与当时经济现实的大背景大都是紧密相关的。大部分经济理论的产生都有其时代背景。

数理模型在中国经济学界需要推广

日 报：您认为造成人们把经济学理论创新和数学工具对立来看的原因是什么？是学派风格不同还是现实因素？

洪永淼：任何经济理论的发展都是为了解释社会现实问题，特别是新近发生的经济现实问题。追随哪个流派实际上只是经济研究的路径依赖问题。

有些人受到某个或某些经济学派的影响比较深，比如现在的美国经济学家，主流经济学的论文基本都是采用数学模型和量化分析的方法，这是因为美国的经济学者大都是在美国的经济学教育背景环境下成长出来的，数学模型和量化分析成了美国经济学研究的规范。自从二战之后，世界经济学学术中心从英国转移到美国，因此其他地方的经济学研究如果没有按照这种规范表述出来，就很难得到以美国经济学家为主的国际经济学术界的承认，这是我们在现阶段面临的一个现实。应该说，美国严谨的经济学研究范式有其合理成分。并非对经济学感兴趣的人都可以成为合格的经济学家。经济学家需要经过系统训练（这不排除自我成才）。他们以这个领域中共同的专门术语、共同的研究范式，来探讨、交流经济学术问题。如果没有经过专门的系统训练，当然可能就看不懂当代经济学学术文献。在国内，需要将经济学的专门研究与经济学知识的普及相互区分开来。

任何一种现象的出现都是符合了社会的某种需求。国内过去 30 年，数量分析能够在中国经济学研究中快速推广，其实是一种客观需要。并不是现在年轻人数学好，就愿意去做数量分析。1980 年以前中国经济学定性分析居多，定量分析严重缺乏，现在定量分析多了，是对以前研究不足之处的一种补充，极大地提升了中国经济学研究的质量与水平。

但当代中国经济学中数理模型和量化分析的发展会不会走向另外一个极端？上面提到，国内一些经济学专业的学生在国外期刊看到模型以后，马上套用中国数据，这种生搬硬套的方式在国外经济学家和计量经济学家眼中也是严重错误的。

应该指出，并不是不懂数学的人专门生产思想，懂数学的人就不能产生思想。在经济学中，数学公式本身包含着非常丰富的经济含义，这就跟物理学中数学公式包含丰富的物理含义一样。我在上计量经济学概率统计课时，会将数理概念和模型方法给予经济学解释。我会教授学生哪些工具可以应用到经济学的哪些领域，而这些应用内容在纯粹的数学概率统计课中是没有的。我认为对中国经济学教育来讲，经济思维的训练和模型方法论的训练需要齐头并进，不可偏废。现在国内有不少学生，一方面经济思维的训练不够，另一方面数学的基础又比较差。在这种情况下，一些人在学习经济学数学模型和量化工具的时候，就可能会把注意力只集中在数学功力的提升上，而缺少对经济思维的重视和训练。同时，在学习数学建模与量化工具时，注意加进中国元素，如制度、历史文化等因素，使数理模型“中国化”。我们应该学会用国际经济学界通用的语言来讲述中国故事，而不是自说自话。

日　报： *您认为当下中国经济学的痛点和难点是什么？*

洪永淼： 国内经济学的痛点在于，中国经济学家的成名方式与西方经济学家有很大的不同。西方经济学家一般都是经过长期专注于某一个经济领域的严谨研究，通过一系列学术论文在学术期刊中的发表来建立自己在学术界的影响力。

中国经济学的学术标准是什么？有不少学校，学者写一个政策报告和建议获得有关领导批示，就可以顶替 A 类学术论文的发表。政策建议非常重要，但应与学术研究区别开来。如果这种标准依旧延续下去的话，对中国经济学理论的研究与创新肯定有很大的负面影响。

中国经济学需要有一个共识，有大家公认的客观学术标准。比如，很多专家都喜欢对中国经济发展趋势做出评论，这值得欢迎。但是，如果缺乏严谨有效的逻辑分析与数据支持，那么这些评价或看法在一定程度上就可能沦为臆测。虽然也可能使会用图表和数字，但是在讲述结论时很少有比较科学的数据量化分析和严谨的推论过程。

中国应该提倡科学的社会经济政策研究特别是对政策成效的量化实证评估。中国经济未来发展确实包含许多潜在的重要的经济理论问题。对这些重要问题的探讨如果只停留在社会公众层面，可能不需要用非常严谨的方法。但在经济学术界，还是应该提倡使用比较严谨的研究方法和比较客观的学术评价标准。唯有如此，才能提升中国经济学研究质量与水平。

日　报：对于近期即将成立的北京当代经济学基金会，您有何期望？

洪永淼：北京当代经济学基金会的成立，对中国经济学的研究和教育将有很大的推动作用。中国的经济学在过去几十年发展过程中很多内容都是从西方引进来的，从外面引进的理论，如何与中国的实际相结合，进行新的理论扬弃与创新，我们在这方面已经做了一些工作，但做得还不是很好，这是中国经济学家需要认真思考的问题。

中国在国际上得到广泛认可的本土经济学家很少，也鲜有在国际上提出比较知名理论的中国经济学家。所以，以经济学创新为主要目的的经济学基金会，正好切中了中国经济学研究和教育的要害。在中国推动设立一个大家普遍接受的与国际经济学学术界接轨的经济学评价标准，将能够创造有利于中国经济学理论创新的学术氛围。

概率论与统计学在现代经济学分析中的重要作用[①]

洪永淼

本文论证了概率论与统计学在现代经济学分析中所起的重要作用，强调概率论与统计学应该与微积分和线性代数一样，成为经济管理类专业研究生经济数学课程的重要组成部分。本文还通过若干经济学例子，说明讲授、学习概率论与统计学这门课程时，应该从经济学视角对概率与统计学的概念给予经济学解释，并注意概率统计理论与方法在经济分析中的具体应用。

一、引言

在中国高校，经济学专业研究生（包括博士生与硕士生）核心课程一般包括宏观经济学、微观经济学、金融经济学与计量经济学，其中宏观经济学、微观经济学与金融经济学是现代经济学理论基础课程，而计量经济学是现代经济学方法论课程。

但是，在经济学专业研究生（特别是博士生）核心课程中，概率论与统计学这门课程似没有得到足够的重视，大部分学校并没有将这门课列为经济学研究生（特别是博士生）核心课程。不少学校仅是在讲授计量经济学课程时，介绍、复习学习计量经济学时所必需的概率论与统计学基本知识，并没有系统、完整讲授概率论与统计学这门课程。与此同时，有相当一部分研究生认为已经在经济学专业本科阶段学习过概率论与统计学这门课程，因此没有必要再学习一遍。

事实上，本科阶段的概率论与统计学课程，涵盖内容和难度跟研究生（特

---

① 本文系作者根据在2016年12月24—25日召开的厦门大学统计学教育发展论坛的发言整理而成，感谢崔丽媛、付中昊、邱东和宋伟的讨论与建议。

别是博士生）阶段有很大不同。例如，研究生阶段的概率论与统计学课程需要比较系统地介绍各种收敛（convergence）概念、大数定律、中心极限定理以及各种大样本分析（或渐进分析）的方法与工具，这些知识对学习现代计量经济学是不可或缺的，但在本科阶段的概率论与统计学课程中，会比较少涉及讨论。此外，概率论与统计学不仅仅只应用于计量经济学中。现代经济学的其他领域，包括宏观经济学、微观经济学、金融经济学等，也大量使用概率论与统计学的思想、概念、理论与方法。与微积分和线性代数一样，概率论与统计学应该成为经济学专业研究生经济数学课程的重要组成部分。

本文将通过经济学例子，说明随机思维与统计思维在经济学各个领域的重要作用，论述将概率论与统计学这门课程作为经济学专业研究生（特别是博士生）核心课程的必要性，并介绍概率论与统计学这门课程的基本内容，以及如何讲授好这门课程。本文特别强调，在学习概率论与统计学时，应该从经济学角度对概率论与统计学的概念与方法进行直观解释，并指出其在经济学中的各种可能应用。

二、随机思维在经济学的重要性

现代经济学一个最显著特点是定量分析（或数量分析）的广泛使用。定量分析包括数学方法，例如数理经济学、数理金融学，其在经济学所起的作用类似于物理学中的数学方法在物理学所起的作用。数学方法在推动经济理论的发展发挥了巨大作用。一个著名例子是阿罗和德布鲁（Arrow & Debreu，1954）应用数学固定点定理证明瓦尔拉斯一般均衡的存在，另一个例子是数学在博弈论发展过程中的作用。但经济学的定量分析更多的是以观测数据为基础的实证研究（empirical studies）。作为以数据为基础的实证研究的方法论，计量经济学自然成为经济学研究最主要的方法论。而作为计量经济学的理论基础的概率论与数理统计学，在国外高校经济学专业博士生课程体系中便成为计量经济学专业的基础课程与核心课程。但是，概率论与数理统计学并不是仅对计量经济学有用。事实上，概率论与数理统计学对现代经济学理论是不可或缺的。其根本原因，是经济现象充满着大量不确性。现代经济学是研究在市场不确定条件下，经济稀缺资源如何配置与分配，而描述不确定性最好的数学工具是概率论与统计学。

事实上，现代经济学大部分理论均是用概率论与统计学的概念与工具来描述的。宏观经济学中的理性期望（rational expectations）学派，其主要思想是：在不确定经济环境下，经济主体的主观期望值与实际发生的平均值相吻合，即经济主体不犯系统性偏差。用概率论语言来描述：

$$E_s(X_{t+1}|I_t) = E(X_{t+1}|I_t)$$

其中，$E_s(\cdot|I_t)$ 是经济主体的主观条件期望，$E_s(\cdot|I_t)$ 是代表客观期望的数学条件期望，而 I_t 是经济主体在时期 t 所拥有的信息集合。理性期望是现代宏观经济学的一个基本假设。经济主体之所以存在期望，是因为经济系统中存在不确定因素，例如收入不确性、资产价格不确性等等。著名的动态随机一般均衡（dynamic stochastic general equilibrium，DSGE）模型，就是在市场不确定条件下，研究宏观经济资产价格及其各个部门如何达到均衡状况，研究经济政策如何影响宏观经济运行。

绝大部分微观经济学标准教科书，在介绍消费者理论、厂商理论、垄断与寡头垄断时，并不涉及任何不确定性。事实上，经济主体在作决策时，一般都不知道后果如何。微观经济学中，博弈论大量使用概率分布来描述博弈竞争者可能的策略。作为微观经济学的一个重要分支，在不确性条件下决策研究（decision making under uncertainty）中，经济主体选择一个最佳决策以使其期望损失最小化。用概率语言描述，经济主体在第 t 时期，选择最佳决策 a：

$$\min_a E[L(Y_{t+1} - a)|I_t]$$

其中，$L(\cdot)$ 是所谓的损失函数，Y_{t+1} 是决策时还不知道的结果，a 是决策。损失函数一个常见例子是二次项：

$$L(e) = e^2$$

在这个对称的损失函数下，经济主体最优决策：

$$a^* = E(Y_{t+1}|I_t)$$

即 a^* 等于 Y_{t+1} 的条件期望。另一个损失函数的例子是所谓的 Linexp 函数：

$$L(e) = \frac{1}{\alpha^2}[\exp(\alpha e) - (1 + \alpha e)]$$

其中，$\alpha>0$，这是一个非对称损失函数。当 Y_{t+1} 的条件分布为高斯分布时，经济主体的最优决策：

$$a^* = E(Y_{t+1}|I_t) + \frac{\alpha^2}{2}\text{var}(Y_{t+1}|I_t)$$

即 a^* 是 Y_{t+1} 的条件期望与条件均值的线性组合。非对称损失函数在经济学和计量经济学中应用广泛［如瓦里安（Varian，1975）；泽尔纳（Zellner，1986）；克里斯托弗森和戴博（Christoffersen & Diebold，1997）；格兰杰和佩萨兰（Granger & Pesaran，2000）］。

概率论与统计学在现代金融学中应用非常广泛。现代金融学一个最主要问题是如何识别、测度金融风险，以及对金融风险进行定价。对金融风险的测度，都是通过概率论与统计工具。例如，一个测度风险的经典方法便是使用方差。1996 年，摩根（J. P. Morgan）在其著名的 Risk Metrcs 框架中提出用风险价值（Value at Risk）测度极端下滑风险，这已经成为全世界大中型商业银行关于风险的标准测度方法。事实上，风险价值对应于统计学的临界值（critical value）这一概念。在微观经济学中，经济学家认识到方差测度的局限性，提出用整个概率分布刻画风险。这就是所谓的 mean preserving spread（MPS）的概率分布。假设二个随机变量 X 和 Y 均值相同，但 Y 的分布等于 $X+\varepsilon$ 的分布，其中 X 和 ε 相互独立，则厌恶风险的经济主体将偏爱 X 的分布，因为 Y 的分布向两端扩展，因而风险较大。可以这样说，现代金融理论若将其中概率论与统计学概念与工具抽掉，将成为一个“空壳”（empty box）！事实上，社会学科其他领域也大量应用概率论与统计学。例如，保险学在计算保值时大量应用大数定律与中心极限定理，而会计学在计算金融资产的公允价值时也依赖于对市场不确性的概率分布预测。

在社会经济政策研究方面，以数据为基础的政策量化评估日益受到重视，相关的评估方法（econometrics of program evaluation）突飞猛进［因本斯和伍德里奇（Imbens & Wooldridge，2009）；赫克曼（Heckman，2000，2001）］。所谓社会经济政策的量化评估，是指在数据分析的基础上，评估某个社会经济政策在其他影响因素不变的条件下，对某个群体的影响有多大。例如，某个扶贫政策对某个特定群体的收入效应（treatment effect），等于所观测到的该政策实施时特定群体的收入减去该政策没有实施时（但其他条件不变）同一群体的收入。这里测度的一个主要困难是当政策实施后，我们便无从观测到该政策不实施时同一群体的收入。为了估计该政策不实施时同一群体的收入，人们可能会想到采用没有享受该政策的社会上其他群体的收入作为参考比较。但是其他群体可能与特定群体差别很大（如群体特征、地区差别、其他条件等），此时若使用其他群体的收入作为参考，便很可能会产生很大的政策效应估计偏差。如果研究人员能够设计随机化实验（randomized experiments）或调查方法，使其他群体与所研究的特定群体具有相同或类似的特征，这样便可以使用没有享受优惠政策的其他群体的收入作为参考或比较，从而得到比较科学的政策效应评估。在这里，随机思维（特别是独立同分布的随机样本）对理解样本选择偏差，寻找比较科学的政策效应评估方法，以及识别正确的因果关系，发挥了关键作用。

三、概率论与统计学课程的重要作用

在经济学专业研究生课程设置中，有一门课程是数理经济学或通常称经济数学，专门介绍经济学所需要的重要数学方法与工具。经济数学主要是指微积分与线性代数。

现代经济学有两大基本分析方法，一是优化分析，一是市场均衡分析。一方面，经济稀缺资源的优化配置，特别是经济主体理性假设下的最优化目标与行为，决定了作为优化数学工具的微积分在经济分析中的基础重要性。另一方面，线性联立方程是均衡分析的一个基本数学方法。因此，将微积分与线性代数作为经济数学的主要内容无可非议。

但是，经济数学仅有微积分与线性代数是远远不够的。在现代经济学中，经济现象充满着大量不确性，随机思维与统计思维不可或缺。而随机思维的训练需要概率论与统计学作为经济学研究生教育的一门核心基础课程。概率论与统计学，不仅仅讲授几个著名分布（t- 分布，F- 分布，χ^2 分布）以及相应的估计方法与检验方法，更重要的是随机思维与统计思维的系统训练，包括将经济系统视为一个随机实验或随机过程。

概率论与统计学是关于数据分析的一门科学，是关于从具有随机性的样本信息如何推断母体或整个系统的本质特征的方法论。其中，概率论对理解数据的随机性质奠定了理论基础，也为严谨的统计推断提供了数学概率模型，是现代经济学之所以能够成为一门科学的最重要方法论基础。概率论与统计学这门课程，主要是讲授概率论与数理统计学的基本思想、概念、理论、方法与工具。具体地说，它涵盖概率论基础、随机变量及其分布、数学期望与分位数、

洪永淼的研究生教科书 *Probability and Statistics for Economists* 和《概率论与统计学》，分别由新加坡 *World Scientific Publishing Co.* 和中国统计出版社出版

矩、矩生成函数与特征函数、重要离散与连续概率分布、多元随机变量及其分布、相关性分布、条件期望、统计抽样、正态分布下经典统计理论、大样本分析及极限定理、参数估计与评估、参数假设检验、最小二乘法经典理论等等（参见洪永淼，2017）。从这些内容看，这是一门实实在在的数学课程。

四、如何讲授、学习概率论与统计学课程

但是，作为面向经济管理类专业研究生（包括博士生与硕士生）所开设的概率论与统计学课程，必须从经济学视角对概率与统计学基本概念、理论与方法进行直观解释，并如何将这些数学知识应用于经济学分析中。从这个角度上看，这门课并不是一门单纯的概率与统计学课程。在讲授、学习概率论与统计学知识时，应该注重对这些知识提供经济解释，并且通过例子说明如何应用于经济金融分析中。为了方便说明，以下提供若干经济学例子。

例 1：累进分布函数、洛伦兹曲线与基尼系数

在刻画随机变量及其概率分布时，一个基本工具是累积分布函数（cumulative distribution function，CDF）。除了探讨 CDF 的数学性质外，可用 CDF 为基础的洛伦兹曲线以及相关的基尼系数来说明如何用 CDF 来测度收入差距程度。所谓洛伦兹曲线是指：最低收入 x%的人口比重（y%）有多大，这实际上是一个 CDF。这里 45%线（均匀分布的 CDF）代表着绝对平均分配，因此洛伦兹曲线越靠近 45%线，就代表收入分配越均等。著名的基尼系数定义为 45%线和洛伦兹曲线之间的面积与 45%线的下方面积之比（如图 1 所示）。

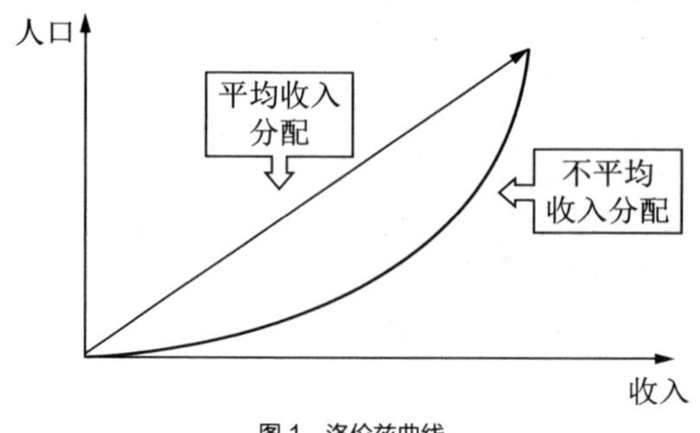

图 1　洛伦兹曲线

例 2：均值、方差与投资组合理论

为了说明均值与方差在经济学的应用，我们考察 Markowitz（1952）的经典投资组合理论。简单起见，假设只有二个资产，一个无风险资产，一个有风险资产。

假设一个投资人有 I 万元，其中 w 万元投资于收益率为常数 r 的债券市场，其余（$I-w$）万元投资于收益率为 X 的股市，这里 X 是均值为 μ_x，方差为 σ_x^2 的随机变量。投资人的总收益为：

$$R=(I-w)\cdot r+w\cdot X$$

这里，期望收益为：

$$\mu=E(R)=(I-w)\cdot r+w\cdot \mu_x$$

方差（风险）为：

$$\sigma^2=\operatorname{var}(R)=w^2\cdot\sigma_x^2$$

那么，投资者如何决定组合权重 w？假设投资者的效用函数：

$$U(\mu,\ \sigma^2)=a\cdot\mu-\frac{b^2}{2}\cdot\sigma^2$$

其中，常数 a，$b>0$ 为风险偏好系数。投资者将选择 w 以使 $U(\mu,\ \sigma^2)$，最后得到的最佳投资组合权重：

$$w^*=\frac{a\ (\mu_x-r)}{b\sigma_x^2}$$

是 r、μ_x、σ_x^2 的函数。假设 $\mu_x>r$，即股市平均回报率高于无风险债市回报率。一方面，当 $b=0$ 即投资者为风险中性（risk neutral）时，他将不介意风险大小而最大化期望回报率，此时他将全部投资于股市。另一方面，当厌恶参数 b 很大时，投资者将会把全部或大部分投资投于债市。均值、方差因此提供了一个简单又方便的投资组合分析框架。

例 3：样本均值的方差趋零与风险分散

统计学中，有一个经典理论，即当容量为 n 的随机样本 $\{X_1$，X_2，…，

$X_n\}$ 为独立同分布，且 $E(X_i)=\mu$，$\mathrm{var}(X_i)=\sigma^2$ 时，样本均值 $\bar{X}_n$ 的方差 $\mathrm{var}(\bar{X}_n)=\frac{\sigma^2}{n}\to 0$，当 $n\to\infty$ 时。金融学有一个理论，即任何个别的异质风险，都可以通过分散化投资加以消除。这实际是建立在上述经典统计理论基础之上。假设共 n 个资产（assets），每个资产收益率为：

$$R_i=\alpha+\beta_i R_m+X_i,\ i=1,\ 2,\ \cdots,\ n$$

其中，R_m 是市场收益率，X_i 代表个体异质风险。假设个体异质风险 X_1，X_2，…，X_n 为独立同分布，均值为零，方差为 σ^2。现在考虑构建一个权重相等的投资组合：

$$\bar{R}_n=\sum_{i=1}^{n}\frac{1}{n}R_i=\alpha+\bar{\beta}R_m+\bar{X}_n$$

其方差（代表投资组合的总风险），

$$\mathrm{var}(\bar{R}_n)=\bar{\beta}^2\mathrm{var}(R_m)+\mathrm{var}(\bar{X}_n)$$

当 $n\to\infty$ 时，由于 $\mathrm{var}(\bar{X}_n)=\frac{\sigma^2}{n}\to 0$，我们有 $\mathrm{var}(\bar{R}_n)\to\bar{\beta}^2\mathrm{var}(R_m)$。换言之，当资产个数很大时，投资组合的风险只由市场风险（即系统风险）决定，不依赖于任何个别异质风险，而这个金融学原则，其理论基础就是经典统计理论 $\mathrm{var}(\bar{X}_n)=\frac{\sigma^2}{n}\to 0$ as $n\to\infty$。

例 4：大数定律与“购买并持有”交易策略

在独立同分布假设下，容量为 n 的随机样本 $\{X_i\}_{i=1}^n$ 的均值 $\bar{X}_n$ 将会随着样本容量 $n\to\infty$ 而依概率趋于总体均值 $\mu=E(X_\mathrm{i})$，即对任意小的正数 $\varepsilon>0$，总有：

$$P(|\bar{X}_n-\mu|>\varepsilon)\to 0,\ 当\ n\to\infty$$

这就是所谓的大数定律。

金融学中的“购买并持有（buy and hold）”交易策略，为我们理解大数定律提供了一个很好的实例。所谓购买并持有交易策略，是指投资者购买一个资产或资产组合后，长时间持有。假设投资者持有期为 n 天，持有期内第 i 天的随机回报率为 X_i。显然，持有期内日平均回报率为样本均值 $\overline{X}_n$。当持有期很长时（即 n 很大），大数定律保证 $\overline{X}_n$ 非常接近总体均值 μ。因此，总体均值 μ 可解释为购买并持有交易策略的日平均回报率 $\overline{X}_n$，或市场长期平均回报率。

大数定律在日常生活中有很多应用。例如，过去几年，由于经济下行压力，中国很多商业银行对小微企业信用贷款呆账坏账大量增长，导致不良率大幅上升。其中一个原因，是由于很多商业银行对小微企业实行了“联保”政策，导致一家企业倒闭便可能连累很多连保企业。这实际上，是由于“联保”政策，导致大数定律发挥作用的前提条件（独立性）不成立。

例 5：线性回归模型估计的 R^2 及其经济意义

我们现在以资本资产定价模型（capital asset pricing model，CAPM）为例说明线性回归模型的 R^2 的经济意义。考虑一个资产或投资组合 i 在时期 t 的回报率 R_{it} 由以下方程决定：

$$R_{it}=\alpha+\beta_i R_{mt}+\varepsilon_{it},\ t=1,\ 2,\ \cdots,\ T$$

其中，R_{mt} 为市场投资组合的回报率，ε_{it} 代表资产或投资组合 i 的个体异质风险，常数 α 与 β_i 为著名的 α 因子与 β 因子。给定资产 i 容量为 T 的时间序列数据 $\{R_{it},\ R_{mt}\}_{t=1}^{T}$，我们可用最小二乘法（OLS）估计未知参数 α 与 β_i，并获得线性回归模型的拟合（goodness of fit）测度：

$$R^2=\frac{\sum_{t=1}^{T}(\hat{R}_{it}-\bar{R}_i)^2}{\sum_{t=1}^{T}(R_{it}-\bar{R}_i)^2}$$

其中，$\bar{R}_i$ 为资产 i 回报率的样本均值，$\hat{R}_{it}$ 为资产资本定价模型关于资产 i 回报率的预测值（predicted value）或拟合值（fitted value）。在计量经济学中，R^2 可解释为因变量 R_{it} 的变动中，有多大比例可被自变量 R_{mt} 的变动可解释。在这里，分母 $\sum_{t=1}^{T}(R_{it}-\bar{R}_i)^2$ 可视为资产 i 的（样本）总风险，而分子 $\sum_{t=1}^{T}(\hat{R}_{it}-\bar{R}_i)^2$ 可视为市场风险或系统风险。因此，R^2 可理解为资产 i 的总风险中有多大比例是来自不可避免的市场风险或系统风险。

五、结论

计量经济学是现代经济学中以数据分析为基础的实证研究的方法论。作为计量经济学的理论基础，概率论与统计学对计量经济学这门学科的发展、特别是对计量经济学的理论与方法的创新与应用，发挥着十分重要的作用。

但是，概率论与统计学的作用不仅仅局限于计量经济学领域。由于经济现象充满着不确定性，经济学其他领域，包括宏观经济学、微观经济学、金融学等等，在理论分析中，随机思维与统计思维提供了很多新的洞见，对经济理论发展与创新发挥了巨大推动作用。作为定量描述不确定性的最佳数学工具，概率论与统计学在经济科学中不可或缺，应该与微积分、线性代数一样，成为经济数学的重要组成部分，成为经济管理类专业研究生特别是博士生教育的核心课程。

计量经济学是一种方法论[①]

第九届中国经济学年会学生采访团　苑亚朝　赵书男　刘　青

2009 年 12 月 12 日，在第九届中国经济学年会上，洪永淼接受了学生采访团的一次专访，再次谈及了他对计量经济学的理解。

记者：洪教授，您曾经多次强调计量经济学是一种方法论，而非仅仅是一种技术手段。那么，您对于刚刚接触计量经济学的同学有哪些好的建议，以帮助他们尽快地建立"计量经济学是一种方法论"的思想呢？

洪永淼：在学习过程中你会看到计量经济学实际上包含了概率理论、统计理论等很多数学知识的应用。在刚开始学习的时候同学们的注意力就很容易被这些技术性的东西吸引过去，特别是概率统计基础不好的同学，这样就会忽略计量经济学内部的一些东西，以至于许多人说计量经济学就是统计学。但是如果我们从计量经济学的发展来看，你就会发现计量经济学有它自己的一套历史逻辑，而并不是简单地从统计学中搬过来。

计量经济学的很多方法，包括我今天讲到波动模型时提到的 2003 年诺贝尔经济学奖得主罗伯特·恩格尔的思想，之所以会在 20 世纪 80 年代提出来，是因为 20 世纪 70 年代的石油危机、汇率波动以及美联储当时实行的高利率政策造成经济活动不确定性的增加。经济活动参与者在这些条件下就要考虑不确定性的因素有多大，要考虑风险。这自然就会在学术上有所反映，要求经济学家预测或者说测度这些风险。自回归条件异方差（ARCH）波动模型也就是在这种历史条件下产生的。其实早在 20 世纪 70 年代的统计学就已经出现类似 ARCH 模型的思想，但它没有产生像在经济学和计量经济学领域产生的这样大的影响。另外一个例子就是广义矩估计（GMM）方法。广义矩方法其实

---

① 本文根据洪永淼出席第九届中国经济学年会时接受学生记者的采访整理而成，首发于 2009 年 12 月 15 日的中国经济学教育科研网，原题为《洪永淼：计量经济学是一种方法论》。

就是专门为了解决理性期望模型。怎么去估计理性期望模型？在1980年以前，一般都是最小二乘估计（OLS）与最大似然估计（MLE）这两种主要方法。而GMM就是利用由欧拉方程组成的一些特定的矩条件进行参数估计，这个模型就是非线性的，解决了OLS与MLE所不能解决的问题。而对于统计学来说，就不存在类似欧拉方程这方面的需求。欧拉方程现在已经是宏观经济学的核心内容了。还有20世纪80年代初有两个经济学家进行了一项实证研究，对宏观经济数据进行单位根检验方法后发现大部分的宏观经济数据都是一个单位根过程，因此在计量经济学上就产生了一系列有关单位根过程的计量理论。不难看出，计量经济学的发展是一种需求导向型的。

另外，统计学在研究的时候常常假设回归误差项的分布是独立同分布，但是这在经济系统里往往是很难满足的。比如说信息流入市场在大部分情况下是不均匀的，这就导致市场上存在波动，讨论条件异方差就显得非常有必要。因此，我们在学习、研究一种计量经济学模型或者方法的时候一定要首先研究它的背景：它是在什么条件下产生出来的，这种理论成立的前提与范围是什么。

我在说明这个问题时常常举的一个例子便是对有效市场理论的研究。很多人使用Box-Pierce的Q检验方法，而这种Q检验的方法实际上只是在信息流入分布符合独立同分布的情况下才成立的。但是对于高频数据，独立同分布的假设显然不成立。如果错误地使用了一个计量方法，并且求出的结果恰好是比较显著的话，那么这个影响就会比较坏。我常常把这种现象比喻成“吸毒”：你明明知道这是错的，但是还坚持在用，就是仅仅为了得到你所想要的东西，而不一定是正确的东西。

记者：洪教授，您作为世界知名的计量经济学家，一直在关注国内计量经济学的发展。那么，您认为国内学界在计量经济学应用方面还存在哪些问题或者说误区？

洪永淼：我觉得现在国内的经济学研究到你们这一代已经好多了。我记得国内一家著名的经济学学术期刊在1994年发表了第一篇研究中国股票市场有效性问题的文章，在当时产生很大影响。这篇文章的结论是中国股票市场不是有效的，因为前后两天股票价格的相关系数接近于1。这其实是一个错误的结果。因为我们在讨论市场有效性的时候应该关注的是股票价格波动的相关性，而并非是价格水平本身。那么中国学者为什么会犯这种比较初级的错误呢？一个很重要的原因就是国内计量经济学的讲授没有系统化，也就是说，一般都是学生自己在学习，甚至有些学校是学生在帮老师讲。如果学生早期没有对计量经济学形成一个系统性认识的话，就很容易产生照搬或者是盲从国外文献的问题。在国外的一些期刊上，包括像 *Journal of Finance*、*Review of Financial Studies* 上，有些文章的计量方法也有可能是错误的，这就会误导一部分国内的学者。国内的学者一般都比较推崇 *Journal of Finance* 以及 *American Economic Review* 上面的文章。但是我们应该注意到这两个期刊的受众面都比较广，所以对文章所使用的模型、方法的要求相对比较低，犯错误的可能性就比较大一些。所以，我建议你们在学习计量经济学的时候一定要系统化。

我感觉一部分中国学生在学习的时候有一种急功近利的心态。国外的计量经济学课其实并不是只有一门，它是一个系列的课程，既有微观计量，也有宏观计量。如果你只是想在宏观经济学或者微观经济学中使用计量经济的方法，也就是说做一个计量经济学的消费者而不是生产者，那么大致了解计量方法的参数分布、检验原理还有成立前提等等就可以了，没有必要知道每种方法的具体推导过程，这属于学术研究上的分工。

同时，国外还有一种比较好的教学制度。比如说对于博士生，一般都要求有一个导师组，也就是除了主导师之外，还要有两个导师组成员。如果学生是研究实证宏观的，那么他的导师组里就一定要有宏观经济学方面的老师，但是还要有计量经济学甚至金融学等方面老师的指导。所以，我建议你们在做研究的时候，就一定要多去请教老师，并且不要局限于你的主导师。

记者：还有一个关于学术研究的问题想请教您。成为研究生之后，很多同学开始尝试着做一些研究工作，但是在研究的途径上却存在一些迷茫。有些同学认为应该先系统学好整个学科知识，然后再去观察现实问题，而有的同学则倾向于先找到一个感兴趣的问题，再去学习相关的理论。您怎样评价这两种思路？

洪永淼：其实这两种思路确实都存在，我个人认为它们本质上并没有优劣之分。像提出 Hausman 检验的麻省理工学院经济学教授杰瑞·赫斯曼就喜欢先找到一个问题钻研下去，开始时并不关心其他学者的观点。但是对于学生来说，这种方法可能要求是很高的。如果是想继续读到博士或者做长期研究的话，我还是建议要先把基础打好，这一点非常重要。

我自己有一个比较深刻的体会，就是在加州大学圣地亚哥校区（UCSD）读博士学位的时候［记者注：1993 年洪永淼教授在 UCSD 经济学系获经济学博士学位］，学习宏观、微观、计量三个经济学核心系列课程。我是在一年级的时候通过了宏观经济学的资格考试，因此免修了余下的宏观经济学课程。我对凯恩斯的新古典经济学就比较熟悉，但是对其后的理性预期学派理论就不是非常熟悉。后来我关注到资本定价模型时，发现它假设方程的误差扰动项是服从独立同分布的正态分布，因此，我就去追问资本定价模型最开始的时候给定的条件是什么，最初的表达式是什么。通过这种追问，我才知道资本定价模型与欧拉方程以及理性误差模型有关，最初只是提出了资产价格的矩条件，并没有提出具体的分布形式，至于后人加上独立同分布正态分布的条件只是为了估计的方便。由于我原来不是十分了解这些来自宏观经济学与金融学的理论，因此在刚开始的时候就很难去区分这些问题，只能花大量的时间再去补充这方面的知识。因此，我觉得微观、宏观、计量以及金融学的基础理论一定要打扎实。

同时在国外的大学里，二年级开始就要学习专题课程，或者说是前沿课程。像我现在在教的一门课叫作“非线性时间序列分析”，这与我现在所做的研究很有关系，来听的学生大部分是对计量经济学感兴趣的。这门课里面有许多问题是学术界还没有解决的，因此学生在学完一个学期之后，一般就会找到一个研究的题目了。与此做对比，我发现国内的许多研究生教育是脱节的：在基础课程结束之后就要求学生马上开始做研究、写文章，没有一个类似于专题的课程来进行衔接。或者说要举办所谓的讲座，组织类似的讨论，都没有。在康奈尔大学的时候［记者注：洪永淼教授现任康奈尔大学经济学系及统计科学系终身教授、金融工程中心教授以及应用数学中心博士生导师］，我们就经常组织学习小组。老师给出一些文章，学生选择一篇去做宣讲，有很多同学的题目就是通过这种形式找到的。

所以说，国外的一些教学制度设计得比较好，有助于学生一步步成长起来。在国内我们就需要采取一些补救的方法，比如说在这样的经济学年会上了解自己感兴趣的领域最新成果。国外大家都是在工作论文里面寻找感兴趣的题目，那些发表出来的文章一般是 3 年前的成果，而不代表最前沿。在康奈尔大学经济学系一般每周会有 4 次学术讲座，涵盖了宏观、微观、计量等领域，每次也会请来一些前沿的经济学家进行演讲，使同学有机会接触并思考比较前沿的问题，甚至进一步研究。

采访手记：

在与洪永淼教授交流的过程中，我们采访组成员都深深感受到了他对计量经济学科的热爱，特别是对国内计量经济学教育的密切关注。洪教授曾说，他的座右铭是“止于至善”四个字。因此，在学术上他精益求精，以缜密的思维去审视那些我们认为“理所应当”的问题，从而打开了一个又一个的新天地。“没有真才实学，其他一切都无从谈起。”洪教授一直在践行这样的信念，更是努力将这样的信念与严谨的计量经济学知识一起讲授给国内的经济学学子。自从回国之后，洪教授一直奔走于国内各大学之间，以传道授业解惑为己任，为学生热心解答学习中所遇到的问题。在本次采访中，洪教授更是告诫我们要学会深入思考，克服浮躁心态，潜心做好学问，用心学会做人，这样才能把握好每一次成功的机会。

无计量，不学术[①]

洪永淼

1986—1987年，我参加国家教委和美中经济学教育与研究交流委员会在中国人民大学开办的经济学培训班第二期，授课的老师都是美国大学的资深教授，他们其中一些人要求学员看一些刊发在国外经济学学术期刊上的论文。当时我还看不太懂，就向一位来自斯坦福大学的教授请教："到底要花多长时间才能看懂这些学术论文？"他的回答是："5年！"

很多年以后，我已经在美国攻读完经济学博士学位、担任教职了，有一天突然醒悟过来，那位教授讲的5年正好是美国博士的学制。他的意思是，当你经过博士研究生系统的学术训练，也就是大概5年的时间之后，才能够看懂本专业的学术论文。而大部分美国大学经济学博士的学术训练中，计量经济学所占的比重不小。比方说，我在加州大学圣地亚哥校区（UCSD）攻读经济学博士学位时，经济学博士研究生的基础课程包括宏观经济学、微观经济学和计量经济学的系列课程，其中计量经济学系列的课程系列是最多的，共有6门课，需要两年的时间才能学完。这不仅体现了计量经济学方法在经济学学术研究中的重要性，同时也说明了如果要掌握计量经济学理论与方法并且达到能够应用的程度，的确需要相当长的一段时间。

现代经济学研究需要以数据为基础

一百多年前，德国的两位学者在进行了激烈的争论之后，最终达成了一个

① 本文根据中国经济学教育科研网记者乔雅君、费玉新、冯秋月在第十届中国经济学年会上对洪永淼的采访整理而成，首发于2014年12月10日的中国经济学教育科研网，采访题目由采访者拟定。收入本书时做了部分文字修改，以更好地表述洪永淼本意。

共识：科学研究最好不要涉及任何主观的价值判断，只有客观地研究整个过程，才可能发现真正的真相、真理。经济学研究也是如此，而想要客观地描述经济现象，需要以经济数据为基础。特别是在经济现象比较复杂的情况下，必须相应地使用复杂的数据分析工具特别是计量经济学的方法，进行实证研究。数据是理论联系实际的桥梁。

相较于以历史分析和逻辑思维为基础的定性分析，定量分析在经济学的广泛应用是现代经济学研究方法论的一种进步，而定量分析的基础就是数学和数据。马克思曾经说过，一门科学只有到了可以应用数学时，才是成熟的科学，但是，在 1980 年之前的 30 年间，中国经济管理类的学生是不用学习数学的。那时，传统政治经济学的教学与研究偏向于定性分析。事实上，马克思本人非常注重数学的应用，他给我们留下了近千页数学手稿，其中有读书摘要、心得笔记和述评，以及一些研究论文的草稿，详见人民出版社 1975 年出版的马克思《数学手稿》一书。而他《资本论》中有关两大部类非均衡理论模型的分析，则是应用数学研究政治经济学的范例。改革开放之前，很多政治经济学研究带有很强烈的价值判断，例如批判马歇尔的新古典微观经济学是“庸俗经济学”，全盘否认了其中一些合理的成分和分析方法（如局部均衡分析），从而妨

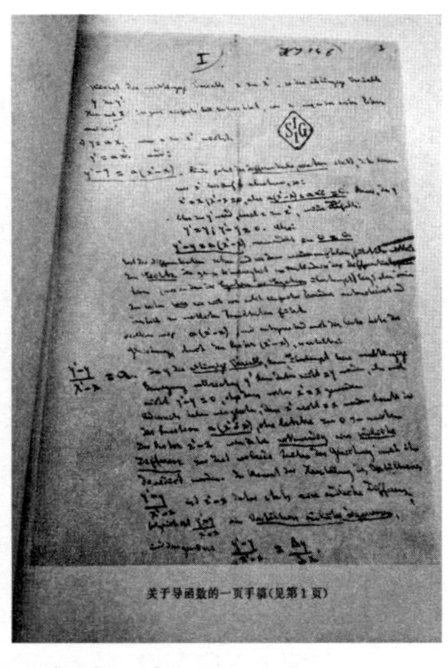

1975 年由人民出版社出版的马克思《数学手稿》封面及内页

碍了对定量分析的借鉴与应用。现代经济学的定量分析除了数学工具的应用之外，更主要地体现在以经济数据为基础的严谨的实证研究，即以事实为依据、用数据来客观地描述经济现象，不从先验的价值判断出发直接得出研究结论，而是通过严谨的计量建模和统计推断进行实证分析。

现在中国还有不少经济形势判断和政策建议依然建立在不以数据为基础的经济逻辑分析之上。我们知道，这种经济逻辑分析事实上隐含了一定前提，如果前提错了，那么即使逻辑分析正确，所得到的结论也可能与经济现实不符。这就需要进行实证分析，也就是需要用统计方法来验证逻辑分析得出的结论。因为经济系统一般情况下没有办法做实验研究，所以想要判断一个结论的科学性，每位学者的标准大都不一样，如果不用计量经济学实证分析来验证，就可能会出现“公说公有理，婆说婆有理”的情形，难以达成共识。正是由于上述原因，现代经济学研究——据我个人估计——80%左右都是基于数据的实证研究。

需要注意的是，在没有透彻理解计量经济学理论与方法的情况下，如果仅仅机械地照搬别人使用的模型方法来研究中国的经济问题，很可能会得出与中国现实不一致甚至相悖的结论。目前，国内的一些经济学者，包括一些青年学者的研究就存在这样的问题。这给一些批评计量经济学分析方法的人提供了口实，认为“用计量经济学方法预测不准确”“计量经济学实证分析得出的结论与现实不一致”云云。当然，这些批评不足以成为弃用计量经济学分析方法的理由。现在国内很多青年经济学者对于计量经济学分析方法的应用还处于一个必经的“练习”阶段，还没有真正掌握现代经济学实证研究的基本分析方法。即使真正掌握了这些方法，在将其应用于分析我国的具体问题时，也需要结合我国经济的现实情况和具体条件。我坚信，随着国内经济学研究的发展，以数据为基础的计量经济学分析方法终将得到绝大多数经济学者的认可。

研究现代经济学问题需要数学工具

现代经济学研究之所以需要用到数学、计量经济学等分析工具，是因为现代经济学研究是建立在一套很严谨的术语、规范的基础之上，有一个严谨的逻辑分析框架，它的内容和形式是高度统一的。对于一些经济学问题，必须使用数学工具才能进行分析。比方说，现代经济学中一个很重要的范式革命叫marginal revolution，即“边际革命”。所谓边际，对应的数学概念就是导数。又如，中级微观经济学中涉及的效用最大化问题，就需要用到数学中求极值的方法，即需要用到微积分的知识。诸如此类，在经济学研究中使用数学工具是再正常不过的事。

然而，一个不容忽视的现象是，国内一些学生在学了数学、计量经济学等课程以后却不知道怎么运用。我个人觉得这跟国内的经济学科课程设置是有一定关系的。在美国高校，学生正式学习经济学专业课程之前必须学习一些先修课程，比如在学生选修中级微观经济学之前会要求学生必须先学习微积分，这样就为学生提供一种导向：想要理解中级微观经济学的内容，必须先掌握微积分知识，而且还可以提示学生去留意微积分是如何用于经济分析的。相比之下，国内高校经济学科的课程设置中，学生在学习高等数学时并不了解这些课程内容将如何应用于分析经济问题，也就是说，所学的数学知识与之后经济学课程中的数学应用存在一定程度的脱节现象。再者，学生觉得数学和计量经济学难度较大，可能跟中国目前的教学文化有一定的关系。由于计量经济学对数学工具的要求比较高，教师们就容易把注意力集中在这些数学工具的教学上，而忽略了其背后的经济含义。如果能够通过一些典型案例把数学工具同与之对应的经济含义联系起来，我相信中国学生一定会喜欢计量经济学这门课的。

计量经济学所面临的局限也是整个经济学科的局限

过去好几代经济学家一直努力想让经济学成为一门像物理学这样的科学。那么，什么是科学呢？首先是理论体系要有逻辑性，从假设到理论再到推论，一定要逻辑自洽，不能存在逻辑问题。其次，更重要的是，理论与现实要有一致性，就是说理论要与现实相符，并且能够解释现实。就经济学科的特点而言，大多数经济理论成立的前提假设条件一般是无法直接验证的，而验证经济理论与经济现实是否一致正是计量经济学的任务。计量经济学家现在发展出一整套计量经济学的理论、方法、模型和工具，一个最主要的目的，是为了分析经济数据，以此检验经济理论是否与现实吻合。

毋庸讳言，计量经济学自身面临着局限性，并且这种局限性不是计量经济学所特有的，而是整个经济学科所面临的共性问题。为什么这样说呢？最关键的一点就是，在自然科学领域，像物理、化学、生物等学科，可以通过可控实验研究来判断理论的对错和真假。自然科学家通过大量的可控实验来验证某种假说，然后提出理论，而在理论提出之后，其他学者在相同的假设条件下可以重复实验进行验证。

但在经济学研究中，可控实验几乎是不可能的。例如，研究过去 30 年的中国经济转型问题，学者不可能让中国经济回到 30 年前再实验一次。虽然现在也有实验经济学而且已获得很多研究成果，但是相对于自然科学来说，经济学领域的可控实验的范围仍然非常狭窄。对于大多数经济现象，我们只能被动地进行观测，不能主动地通过可控实验来获得数据。因此，如果一位经济学者通过实证研究提出了一种观点，其他经济学者通常无法通过实验来验证这个观点是否正确，只能通过评估研究方法本身来判断，即通过评估哪一种计量经济学分析方法更能够一般化、更具有科学性，从而判断哪一个研究的结论可能更可靠些。

而且，这种评估的科学性也仅仅是相对的。也就是说，也许仅仅是因为受到观测数据的限制，或者所使用的计量经济学分析方法不够完善，我们并不能证伪目前的经济理论。同时，不能伪证经济学理论这一事实也不能作为证实这个经济理论的根据，因为以后有可能通过增加经济数据、完善计量经济学分析方法来推翻现有的经济理论。有鉴于此，很难判断经济学最终能否发展到像自然科学那样完美，或者说完善的程度。我们只能从多方面着手，让经济学在研究方法、研究范式等方面尽量向自然科学研究范式靠拢。虽然要真正达到自然科学的科学水平是相当困难的，但我们仍要清楚地意识到，正是计量经济学分析方法的存在和发展，才使得经济学研究向自然科学研究的靠近成为可能。也正因为如此，才更凸显了计量经济学分析方法的科学性和重要性。

在“人大经济论坛”谈计量经济学方法论[①]

人大经济论坛

萧瑟秋：洪教授，您于2007年在《经济研究》发表的《计量经济学的地位、作用和局限》一文中认为：尽管经济学和金融学研究的一般方法论与自然科学研究的方法论非常相似，都是从观察、抽象、检验到应用这些步骤，但是经济学和金融学还远未达到自然科学（比如物理学）那样成熟的境界。您强调，计量经济学所面临的局限性不是计量经济学本身所特有的，而是整个经济学科所面临的局限性。事实上，正是由于经济系统的非实验性、不可逆性和时变性，以及经济数据的种种缺陷，计量经济学理论本身的发展已相对成熟和全面。请问：

1. 既然经济系统与自然科学研究对象存在那么大的——甚至可以说是本质的差别，为什么经济学和金融学研究的一般方法论，还要与自然科学研究的方法论非常相似？

洪永淼：经济系统和自然系统确实有很大差别，但经济理论和自然科学理论都有一个共同点，即都是为了解释研究对象的现象，而不论是经济现象或自然现象，很多均可用数据来描述，这是经济学一般方法论和自然科学方法论非常相似的基础。更为重要的是，人们在进行经济决策时，常常需要对经济行动或结果进行“量化”。例如，众所周知，厌恶风险的投资者在面临风险时，需要一定的风险补偿，以确定风险补偿的决定因素及大小，这实际上是资本（包括金融衍生品）定价的基本问题。

2. 您谈到，诺贝尔经济学奖得主克莱夫·格兰杰（Clive Granger）2004年被邀请到泰国时，泰国国王让他当场对泰国未来经济做出预测。这些都是不可

---

① 2007年12月—2008年1月，受人大经济论坛（后更名为“经管之家”）之邀，洪永淼教授参加该论坛举办的“康奈尔大学洪永淼教授计量经济学在线访谈”专场活动，为网上经济学爱好者答疑解惑，本文根据当时的访谈内容整理而成。

能做到的事；由2个诺贝尔经济学奖得主创立的长期资本投资公司的破产，就生动地说明学界好手和商界好手完全是两码事。我是不是可以说，即便计量经济学理论本身完美无缺，但它仍然无法让经济学家恰当预测？我们是不是该反省：计量经济学理论，放在经济学这里是不是被糟蹋了？这究竟是谁的问题？您的意思好像是：计量经济学理论没有问题，问题在于经济系统没有为该理论提供准确预测的基础？

洪永淼：即使经济理论包括计量经济学理论本身完美无缺，仍然无法让经济学家做出精确预测，这是因为经济理论或者计量经济学理论所赖以成立的前提假设可能在实际经济系统中并不成立。应该说，这是经济理论或计量经济理论本身尚未发展到那么一个阶段——即其前提假设可以比较符合经济现实。我曾提到计量经济学理论本身发展相对成熟和全面，是相对其他学科而言的，而不是说问题在于经济系统没有为计量经济理论提供准确预测的基础。当然，经济系统的时变性等特点，使得准确预测变得更为困难。

3. 传统的自然科学研究方法以机械还原论为基础。您所谓的计量经济学的两个公理，是不是也反映了在您眼中经济系统也具备可还原性？我想，如果经济系统真的可以还原，那么，“相对成熟和完善”的计量经济学理论必然会大放异彩，不过，对于这一点，经济学家却真的没有什么值得高兴的：随便拉个不入流的数学家或物理学家，可能都足以让99%以上的经济学家汗颜！

洪永淼：是的。计量经济理论是建立在经济系统具备有一定可还原性之基础上的（如在时间维度上的相似性）。但是，这并不意味没有经过经济学系统训练的数学家或物理学家，就可以很好地解释或预测经济现象。经济系统和经济现象有其特点，如人们的心理对经济行为的影响，这是物理学所没有的。

4. 最后问个问题：对于病人自愿到某个医生那里看病的情况，在医患独处条件下医生询问患者病情，总能得到非常翔实的回答。这种“问答”方法对于治病来说非常好。当宠物病了，医生如果用这种“非常好”的“问答”方法，显然无法达到得知病情的目的。我们该归咎于方法不当呢，还是归咎于宠物不说话？

洪永淼：我们不能归咎于方法本身，也不能归咎于宠物。只能归咎于这个医生，他没有看到对象的变化而还使用同一种方法。

东方圣鹰：请问洪教授，您如何看待西方的经济理论在中国的适应性问题？因为每一个理论的产生，都有其社会文化经济政治环境，还有其假设前提。另外，西方经济学的假设前提是什么？其前提是否在中国已完全或部分存在？

洪永淼：西方经济理论是研究资本主义私有制市场经济运行规律的经济理论，正如您所说的，每一个理论的产生都有其社会文化和经济政治历史背景，有其假设前提。一个经济理论能否很好地解释某一经济现象，取决于其前提假设是否适用。每一个西方经济理论都有其特定的假设前提，但可能均有一些最为基本的假设。如私有制，理性行为，市场结构与条件、偏好、技术、信息等等。这些前提很显然不可能已在中国完全存在，但中国正处在向社会主义市场经济转轨的时期，与西方经济理论所研究的私有制市场经济在某些方面有越来越多的共性或者相似之处，例如，国有企业中的委托—代理关系，信息不对称性对人们经济行为的影响，等等。在这些领域，相关的西方经济理论是可以借鉴的。

Singyarn：我想提的问题是：劳动经济学在国外很热门，很多经济学家因此领域而脱颖而出，我国学者却不屑于此，您是怎样看待这种在经济学研究上的得失？作为一名计量及经济学家，应该具备哪些素质？

洪永淼：劳动经济学在国外已经比较成熟，但在中国则相对薄弱，这可能与中国微观经济数据，特别是劳动经济数据较为缺乏有关，同时也在一定程度上反映了中国经济学界对劳动经济学的重要性认识不足。事实上，中国目前构建和谐社会的内涵，很多方面均与劳动经济学密切相关。可以预计，今后对中国劳动力市场的研究将更加广泛与深入。

作为一名计量经济学家，首先应该是一名经济学家，有扎实的经济理论基础，熟悉经济学重要的问题。其次是有扎实的概率论与数理统计学基础知识，特别如果是想学习计量经济学理论，这方面的要求将会比较高。一般需要到数学系修读一些高级课程；如果想学习应用计量经济学（即实证研究），则需要熟悉一两种统计软件的应用及数据处理。第三，有比较系统的计量经济学理论知识，并了解各种计量经济学理论、方法和模型使用的范围、条件和前提。

草原狼：洪教授，您好！您在《中国股市与世界其他股市之间的大风险溢出效应》一文中指出：当金融市场完全分割时，风险不可能在各个市场间传递。这也就是为什么中国能在1997—1998年亚洲金融危机中幸免的主要原因。然而，当市场一体化并受到相同的外界冲击时，风险将在各个市场之间相互传递。风险溢出效应存在的另一可能就是“金融风险的传染性”。投资者往往试图根据一个市场的价格变化去推测其他市场的价格变化，这就使得一个市场价格的巨大变动常常导致另一个市场发生相同的变动而不管其基本面是否发生了改变。请问：前一段时间美国次级抵押贷款市场发生危机并没有对亚洲经济产生像过去那样大的溢出效应，这是为什么？

洪永淼：前不久发生的美国次级抵押贷款危机，由于美联储采取一些措施，缓解了这次危机的进一步恶化及扩散，美国和世界投资者对美国金融体系和美国经济尚有信心，因而对美国总体经济尚未造成严重影响，同时对亚洲经济也没有造成巨大的溢出效应。美国经济和金融市场体系确实强大并且稳健，具有消化较大金融风险的能力。但这次危机对美国经济的影响可能还没有完全暴露出来。亚洲金融市场的投资者可能还需要时间观察判断此次危机对美国经济和世界经济的影响。

荆柯：请问洪教授，如何计算面板TOBIT模型的偏效应？

洪永淼：如果面板TOBIT模型是固定效应（fixed effects）模型，经济变量的偏效应（partial effects）计算则与横截面TOBIT模型计算一样。如果面板TOBIT模型是随机效应（random effects）模型，则需要假设随机效应服从一定分布，将其积分后，再计算经济变量的偏效应。不知这是否回答了您的问题。

qingchang188166：洪教授能否推荐一本有关状态空间模型的计量书？

洪永淼：在时间序列计量经济学中，较少有专门关于State Space Models的参考书，金昌镇和查尔斯·尼尔森（Kim & Nelson，1999）有一本以Regime Switching为研究对象的书：*State-Space Models with Regime Switching*：*Classial and Gibbs-Sampling Approaches with Applications*，主要介绍著名的非线性模型

markov chain regime switching models 及其在经济学中的应用，由 MIT 出版社 1999 年出版。詹姆斯·汉密尔顿（Hamilton，1994）的书 *Time Series Analysis* 第 13 章，蔡瑞胸（Ruey S. Tsay，2005）的书 *Analysis of Financial Time Series* 第 11 章也介绍了关于 State Space Models 一些基本知识。

在统计学时间序列分析中，有一些专门介绍 State Space Models 的参考书，如雅克·康曼德和西姆·杨·库普曼（Commandeur & Koopman，2007）的 *An Introduction to State Space Time Series Analysis*，由 Oxford University Press 出版，以及安德鲁·哈维，西姆·杨·库普曼和尼尔·谢泼德（Harvey，Koopman & Shephard，2004）的 *State Space and Unobserved Component Models*：*Theory and Applications*，由 Cambridge University Press 出版。

active007：请问我们在做实证研究中，对于时间序列模型，有时为了得到很好的结果而去加入一些滞后项或者移动平均项（MA）项等等，目的就是为了得到解释变量比较显著的结果，这样做有时候是缺少理论依据的，但是能够对它进行很好的解释，比如解释成变量的跨期影响、持续性影响等。您对这样做的看法是什么啊？

洪永淼：在时间序列分析中，加入滞后项或者 MA，即移动平均项，一般没有理论依据，但这样做可以比较准确地刻画时间序列的动态变化，这有利于预测和评估变量变化的持续性影响。如果加入滞后项或 MA 项，回归模型的残差可能将不再存在时间序列相关性，这就意味着时间序列的动态变化已经完全被回归模型所刻画，在此基础上的预测将是最优的，变量变化的跨期影响、持续性影响将可以被正确评估。这样的例子还不少，如检验单位根的 Augmented Dickey-Fuller（ADF）检验以及 Granger 因果关系检验。从计量经济学角度看，这是一个时间序列模型设定正确与否的问题。克莱夫·格兰杰教授在其 20 世纪 70 年代的一篇文章中曾经试图从经济学角度对引入滞后项或 MA 项给予解释。

active007：我还有一个问题比较苦恼，这就是：我知道一些数据诊断方面的研究，国内像周建、赵进文老师都是研究这个比较早的人。感觉数据的质量从统计角度真是成问题，有时候仅仅一个异常数据点可能会带来各种检验都不

能通过，但是去掉它时，马上检验全通过了。当然这只是特殊的情况，但是确实有文章显示存在这种现象。我想问的是：

1. 对于数据诊断中异常点，有没有什么办法可以进行经济学的解释呢？

2. 为什么许多实证研究没有进行数据质量的检验呢？是不是说现在这套理论还不是很成熟？还是计量实证一定要尊重客观数据，而不能去寻找数据质量产生的计量模型问题呢？

洪永淼：数据诊断在计量经济学研究中确实不多见，但数据质量这个问题非常重要。您所说的一个或几个异常数据点（outliers）会改变统计诊断的结果，在实践中并不少见。异常点能否进行经济学解释需要具体问题具体分析，例如高频金融数据常出现少数极端观测数据（extreme observations）。这些少数极端数值可能是金融市场剧烈变动产生的，因而并不是 outliers，不能删掉。

金融建模一个通常做法是引入跳跃（jump）项来刻画这些少数极端数据的影响。很多实证研究并没有进行数据质量检验，一个重要原因是计量经济学有关数据诊断的理论与方法还很不成熟，并非这个问题不重要。

经济学菜鸟：我特别想问洪教授的是，如何在学习计量经济学的道路上少走弯路并学得深入和到家呢？洪教授能不能向广大经济学子介绍下学习深造计量的方法和捷径呢？

洪永淼：我不知道学习计量经济学是否有捷径，但我很乐于与同学们交换学习计量经济学的一些心得体会。我 1988 年 10 月到加州大学圣地亚哥校区（UCSD）攻读经济学博士学位时，没有任何计量经济学基础，甚至连最小二乘法（OLS）也不知道（我本科是物理学，硕士是西方经济学说史）。记得那一年我第一次听计量经济学学术讲座时，只记得概率论的大 O 和小 o 符号，其他都不知道，也不记得了。经过在 UCSD 两年计量经济学核心课程系统训练，我在 1990 年夏天便开始博士论文写作，确定了论文题目，阅读了相关学术论文，并在那年秋天获得论文初步结果。我的体会是，在有了比较系统的计量经济学基础知识后，可以开始进行学术研究，边做边学。

边做边学（learning by doing）是一个比较有效的学习方法。我的数学知识和数理统计学知识是原来学物理时打下的，相对于计量经济学理论研究的要求，根本不够用。但我因为在计量经济学研究中知道需要哪些数学、数理统计学知识，便在研究过程中自学。这样做比事先学习数学和数理统计学课程，然后才开始做计量经济学研究的做法，可能时间上会比较短。从事计量经济学理论研究，数理统计学基础固然非常重要，但更为重要的是如何选题（判断所选题目的重要性），以及解决问题的方法，这些需要经济学理论知识和经济学思维。不能只看教科书，应该多看尚未发表的工作论文，多听相关领域的学术讲座。在看和听时，应该有批判性的思维方式，才能提出更好的解决思路与方法。

aris_zzy：计量经济学中大多会用的拟合，回归什么的，当回归模型是非线性的时候，用非线性优化方法求解回归系数的时候会遇到优化问题中的局部最优与全局最优的问题，如何处理？全局最优的问题现在还是 NP 问题，我希望老师能提供些具体经验。

洪永淼：您描述的优化问题中局部最优与全局最优的问题或困难，在实践中常常碰到，特别当目标函数在较平坦时。在这方面，我个人经验比较少。我比较常使用贝恩特等（Berndt *et al.*，1974）的算法（BHHH algorithm）。当样本数较小时，常出现无法收敛的情况，或是估计结果对所选择的参数初始值比较敏感。这个时候，可多选若干个参数初始值，或者选择几个不同的算法（algorithms）。

Wxdlj：我们想请教洪教授下面几个问题：

1. 如何做一个好的 survey design？

2. 如何采取好的途径发觉已有的数据信息，建立合作使用机制？

3. 政府部门的研究人员现在很推崇 CGE 模型，请问洪教授对政策研究方法有何看法？

4. 现代经济学的计量分析和理论分析都越来越注重对人的行为分析，请问洪教授对于时间序列领域在这些行为分析上的贡献有哪些？

5. 理论和实证研究互相促进，而宏观经济学的弱微观基础如何得以加强？

6. 我们翻开国内杂志，发现许多人在滥用 VAR 方法，它非常缺乏经济理论基础。请教洪教授对这种方法有何评价？

洪永淼：1. 很抱歉我的主要工作一直是计量经济学理论研究，没有 survey design 的经验。不过我曾参与一个中国国有企业改革实证研究，这个研究以一个 survey data 为基础。这个调查涵盖中国 4 省 21 个城市，共 769 家国有企业在 1980—1989 年期间 10 年的非常详细的企业生产财务数据（有 321 个变量），此外还有针对企业管理体制 70 个问题，这是一个面板数据。我们曾经根据一些财会恒等式关系仔细检查数据正确性，发现不少错误，如小数点错位等。我们计算的是样品数据的一些指标，如每个工人的生产总值，发现它们和相应的全国经济指标相差不大，因此认为数据有一定代表性。在研究过程中我们发现有些变量数据无法使用，因为这些变量与我们使用的计量经济模型所需要的变量不吻合。后来我们还想与合作单位做第二次调查，将数据扩展到 20 世纪 90 年代中期，但因为无法找到原来企业而作罢（这是面板数据最基本的要求）。因此，设计调查要有一定的前瞻性。

2. 可以从数据库（主要是学校购买的数据库）寻找，也可以从统计年鉴等出版物收集，还可以向已使用相关数据的论文作者询问收集。如果进行共同研究，国外学者可以与合作者共享他们的数据。此外，互联网也是一个有效的数据收集来源地。

您有关建立合作使用机制的想法很好，因为个人的科研经费是有限的，常常不足以独立购买已有数据，除了以上个人之间的共同研究机制，学术单位还可以进行合作（不一定共同研究），共享感兴趣的数据，为各自研究人员和学生带来方便。

3. 可计算一般均衡理论（computational general equilibrium，CGE）在国外政策研究与制定时有着广泛的应用。在中国，在研究与制定中国宏观经济政策与产业政策时，使用 CGE 模型，相对过去是一个巨大的进步，一定程度上体现了政府部门制定经济政策的科学化。当然，以 CGE 模型为基础制定出来的经济政策是否有效，取决于 CGE 模型接近中国经济现实的程度，应该注意检验模型可靠性，即 model validation。特别是中国经济还是一个转型经济，相对西方成熟市场经济，各方面变化比较快比较大。CGE 模型参数需要能及时反映这些变化。

我个人感觉，中国在制定经济社会政策时，还比较少使用统计方法、统计模型进行决策。实际上，统计方法和统计模型是刻画大量个体（个人、家庭、企业、省市、行业等）本质特征与平均行为最有效的一个分析工具，对政府决策科学化可起到起极大的推动作用，应该大力提倡。

4. 在经济学与计量经济学中，常常有关于时间序列模型和经济结构模型优劣比较的讨论。经常有这样的情形，即刻画经济行为的结构模型比时间序列模型样本外预测能力要差得多。一个著名的例子是米斯和罗格夫（Meese & Rogoff，1983）关于汇率预测的实证文章。时间序列分析方法（不是指纯粹的时间序列模型）对行为分析也有不少贡献。例如广义矩（GMM）估计方法是一个有效估计刻画理性预期行为的欧拉方程中的经济结构参数，这涵盖很多宏观经济理论和金融资产定价理论。

5. 关于宏观预测经济学的微观基础，这确实是宏观经济学尚未解决的一个基本理论问题。面板数据计量经济学可能对这个问题的解决会有帮助。

6. VAR 模型适合于研究若干时间序列经济变量之间的数量预测关系，这个模型不是经济结构模型。如果用来作经济结构分析，常常会感到缺乏经济理论基础。但如果用于预测和研究 Granger 因果关系，则是适合的。所以，关键看将 VAR 模型用于什么用途。此外，向量自回归（VAR）建模方法不一定是纯粹的时间序列模型，例如，结构性 VAR，即所谓的 SVAR，就是在 VAR 基础上考虑了一些经济因素。

轻轻：1. 计量技术本身怎么加进人文价值因子，比如扩展投入产出（input-output，I-O）模型就可以加入社会和自然部门；

2. 在研究“大系统”问题时，计量经济学往往成为辅助性技术，我想请教下投入产出（I-O）模型和计量技术结合时，应注意什么？

洪永淼：1. 这是一个很有意思和很重要的问题。人文价值因子如果可以量化，与计量经济方法的结合原则上就没有问题。有一些不是很好量化的人文价值因子（如幸福指数），处理时会比较麻烦。但计量经济学对一些定性经济变量也是有一套处理方法的。

2. 投入产出（I-O）模型和计量方法结合有很多优点。首先，可以通过计量经济学方法估计 I-O 系数，得到比较精确的结果。其次，利用历史数据，可以允许 I-O 系数具有时变性并将其估计出来，并且做出预测。再次，可能允许随机扰动项之间存在 cross-sectional dependence，并用空间计量经济学方法进行处理。

Sunshinefd：请教一下在做实证时遇到的一个问题。一般判定系数是介于 0 到 1 的一个数，但我在估计模型（比如 ARCH 模型）时，曾多次出现未调整的判定系数为负数，有时还是一个很大的负数。请问为什么会出现这样的问题？有何解决办法？也希望老师能提供些具体经验。

洪永淼：估计 ARCH 模型时出现负的系数估计，在 ARCH 模型早期就已出现（如用 ARCH（12）模型估计月度宏观数据）。这是后来波勒斯勒夫（Bollerslev，1987）提出 GARCH 模型及相应估计方法的一个重要原因。出现负系数值的原因，与样本点大小有关，也可能是模型设定错误。估计系数介于 0 到 1 的数，可有两种方法：一种是加上限制条件，直接限制系数介于 0 和 1 之间；另一种方法是参数变换，即令原系数 $\alpha=(1+\exp(-\beta))^{-1}$，然后估计 β 值。

Anytn：洪老师，对于计量经济学的基础方面，您有什么看法？您本人在开始学习计量经济学的时候有哪些困惑，怎样得到解决？您又是怎样看待它在经济学研究上的功用的？

洪永淼：初学计量经济学时常常会感到“只见树木，不见森林”。对计量经济学基础理论，应该有一个全面系统的了解和掌握。为此，初学时可以看数理公式较少的计量经济学教科书。另一个困难是所学的计量经济学理论、方法与模型有什么用？能用于解决什么经济问题？因此，每当学习一种计量经济学理论、方法或者模型时，应该看到一些相关的实证例子，并加以借鉴。第三个困难是自己尚未进行实证分析之前，常常有畏难情绪，担心数据处理、统计软件等不好学，要花很多时间。实际上，“万事开头难”，一旦做下去，坚持下来，很多困难在一段时间以后，均会迎刃而解。经济学研究的主要目的是用经济理论解释所预测到的经济现象，预测经济趋势，并提出政策建议，等等。计量经济学是检验经济理论，解释、预测经济现象最主要的量化方法，其重要性因为绝大多数经济现象不能通过实验重复产生而显得更加突出。

Eijuhz：我硕士是学统计的，现在有意转金融，不知跨一个学科如何起步，如何直接进入金融计算的核心领域？您当年是如何入门的？现代金融离不开计算，您认为我们年轻一代要加强统计计算的能力吗？我是SAS版块的版主，国内很多SAS爱好者关心一个问题，学好SAS（有SAS认证）能否在美国金融机构中找到一份不错的工作？

洪永淼：金融市场的最显著特点是充满不确定性和风险，概率论目前是描述不确定性现象最好的数学工具。因此具有统计学背景的同学想转学金融学，是很有优势的，尤其数量金融方面（如金融计量、金融工程、计算金融等）。我是到康奈尔大学工作并从事时间序列计量经济学研究后慢慢对实证金融感兴趣的，出发点是如何应用新的时间序列分析工具研究金融问题。为此，我除了参加有关金融学学术讲座外，还自学一些金融学基础理论，同时也阅读相关的学术文献，以确定研究课题及方向。此外，关注财经新闻，包括阅读《商务周刊》(*Businessweek*)，能帮助我增加对金融市场的感性认识。现代金融特别是数量金融离不开数学及计算。这方面能力的培养是十分重要的。SAS是学界和业界均广泛使用的软件，熟练掌握SAS对在美国金融机构工作肯定非常有帮助。当然，SAS不是唯一的因素，还有其他重要因素，如统计和计量建模能力、金融学术背景等综合素质和综合能力。

ravellife78：1. 国外数量型对冲基金（quant fund）业界的构建实务交易系统涉及的学科知识领域，主要主流的有哪些？

洪永淼：随着金融管制放松后金融创新工具的大量出现，特别是20世纪90年代以后，经济全球化和金融全球化趋势的加剧，对冲基金迎来了大发展的年代，而其中一个引人注意的群体就是数量分析型基金。对冲基金行业一直拥有“黑箱作业”式的投资模式，其交易系统的细节以及具体的投资策略我们不得而知，但从各种相关报道来看，其交易系统涉及的学科知识领域范围非常广泛，包括计算机和系统科学、信息科学、经济金融学、数学、统计学，数据挖掘、神经网络、人工智能等。虽然每个基金因投资策略不尽相同，但总体上都是依靠丰富的金融市场数据库，使用数量化的投资管理模型，并以电脑运算为主导，所以能够存储大量数据并快速处理进行运算。稳定可靠的计算机系统是一个不可或缺的基础条件，是所有模型能够得以发挥作用的前提。而数量分析模型则大抵依靠对历史数据的统计分析，找出金融产品价格、宏观经济、市场指标、技术指标等各种指标间变化的数量关系，这其中就不可避免地涉及数学统计学等知识。就具体交易策略而言，每个对冲基金公司则各有自己的特色，所采用的方法也不拘一格，有的直接从数据入手，认为市场上完备的各种金融数据就已经给我们提供了广泛的信息，而另外一些则从金融经济学原理出发来考虑，如基于行为金融学原理进行判断。

2. 可否就构建金融市场实战交易系统时涉及的计量经济技术和需要注意的问题，作一点概括性和方向性（不是指细节的具体实现）的介绍？

洪永淼：多年来数量分析型基金一直带着耀眼的光环昂首华尔街，尤其近几年它所引起的关注更是前所未有。数量分析型基金不断花样翻新，其风险低、反应速度快、不受人为因素干扰等优点也开始得到机构投资者的认可。但在其发展壮大的三十多年间，也遭到了几次大规模的冲击。一个例子是在1998年，对冲基金长期投资管理公司（LTCM）投资新兴市场债券失败，5个月间亏损43亿美元，资产缩水90%。另一个例子是美国次级抵押贷款危机，相对其他类型的共同基金，数量分析型基金损失惨重。这些经验教训告诉我们，虽然数量分析法有着其特有的优势，但我们也要注意到它的局限性。以数学模型来预测市场，其实质近乎凭借历史预测未来。在正常的市场状态下，数量分析型基金体现了其效率和准确性，但一旦系统性风险出现，模型便会丧失功能甚至反向操作，放大损失。定量模型一般很难应付股市中的突发事件，无论LTCM破产还是次级抵押贷款危机，数量分析型基金都暴露出了对历史数据的过度信赖和对突发事件的反应迟钝。LTCM破产诱因于俄罗斯政府忽然宣布停止国债交易，导致新兴市场债券大跌，德美两国国债大涨。这告诉我们市场每天都有新情况出现，优秀的数量分析经理，应该根据新情况及时对模型进行更新和完善。比如，应该怎么建立模型，是否要永远信赖模型，什么时候需要人为干预。比如，当市场跌到一定程度的时候，即使模型指示应该加大买入，可能也不应该购买。其次就是不同基金投资同质化趋势所导致的问题。虽然各个公司的模型不尽相同，但是原理却有其相似之处，因为采用的决策变量一般是基本的风险要素或者是由所谓的行为金融学研究演化出来的市场变量。这样即使模型各有不同，最终的投资头寸却未必互不相干。另外，要警惕高杠杆所带来的风险。由于数量分析型基金以往风险控制较好，基金经理倾向于使用杠杆将绩效放大。对冲基金的套利行动增强了资本市场的有效性，有利于市场波动性降低，但套利空间相应也越来越小，数量分析型基金的投资表现已呈现逐年下降趋势。出于获取足够回报的目的，许多基金经理也会更多地使用杠杆。但是，当市场逆向反转时，高杠杆将扩大了数量分析型基金的损失。在构建金融市场实战交易系统时，我们要透彻了解对各类数量分析模型，用其利，而避其害，注意有效的风险控制。

仗义执言：计量经济学如何预测中国未来几年的经济走势？还有就是我听说中国的经济学不行，唯有计量经济学在世界还有些地位，为什么？另外，杨振宁说未来中国最有可能拿到诺贝尔奖的是数学领域，您有何感想？

洪永淼：中国不少学术机构和科研单位均有预测中国经济走势的计量经济学模型，但我在这方面没有任何实践经验，所以没有资格作出评论。中国经济学（包括计量经济学）在过去二十多年取得巨大进步，这是大家有目共睹的。整体说来，中国经济学还处于转型阶段，与现代经济学尚有很大差距。我个人认为，未来中国经济学能够率先赶上世界先进水平的领域可能是计量经济学，因为中国年轻一代学子数学与数理统计学基础较好，而且计量经济学相对其他经济理论（如宏观经济学、微观经济学）较为中性，比较容易得到国内外经济学界的认同。杨振宁先生是一位广受国人敬仰的老一辈华人物理学家，他可能是在称赞中国人的数学能力与素质，但诺贝尔奖不包括数学。

Statax：您好，我想问您一些关于学习经济学和专业学习的问题。洪老师您觉得在学习中如何处理“广博”与“精深”之间的关系？您觉得经济学研究是否有确切的理论研究与应用的界限？我的专业是“区域经济学”，但对于专业方面的知识看的书并不算多，因为我觉得这门学科很“粗糙”，不像宏微观经济学，似乎不同的书说的东西没有多少规范统一的语言，所以我将大量的时间都花在学习自己觉得比较“实用”的科目上了，比如计量经济学、多元统计分析等。在学习一段时间之后，发现想进一步深入就不太容易了，比如计量经济学初级入门的看过之后，觉得格林（Willian Greene）那本 *Econometric Analysis* 读起来就不那么容易了，后来买了萧政的 *Analysis of Panel Data* 就只能看懂很少的一部分了。从应用的角度来讲，如 Panel Data 的联立方程模型，用一下 Stata 之类软件也可以实现 3SLS 等，但只能知其然不知其所以然了。洪老师您觉得作为一个不是计量专业的学生，学习计量等分析工具应该学到什么“程度”？

您觉得要将格林和萧政的计量书学通，还要补充一些书外的什么知识吗？该看哪些书？我以前学过的就只有高等数学、线性代数和比较初级的概率论与数理统计学。我有一个在清华大学读书的同学的口头禅就是“人的精力是有限的”，但我又不甘心于一知半解。我在网上看到很多网友说“实变函数”是一门很重要的数学基础，后来看到它的确在高等概率统计中很有用，所以我就买了一些书看了一段时间，但觉得自学很抽象，看得云里雾里。我觉得狠下功夫可能能学一遍，但不知时间成本是否太高了，所以我打算下学期去数学系旁听这门课。我认识一个年轻的数学院的老师，他说即使是数学系的学生，都说凡是提到实函，几乎很多人都有现有知识不够用的感觉。想问一下洪老师，作为一个非数学专业的学生去学实变函数有必要吗？回到我的区域经济学专业，我看到一些国外的学者，如克鲁格曼（Paul Krugman）、藤田昌久（Masahisa Fujita）和维纳布尔斯（Anthony Venables）的空间经济学，用了一些我觉得比较高深的数学工具，如混沌分岔等，还有大量的计算机模拟，觉得是区域经济学这个专业的未来方向。但那本《空间经济学》现在还很难看懂，基础还不够，而现在又苦于找不到一本比较基础但内容会回归到那本书的研究范式的教科书，有点不知从何学起的感觉。我有研究区域和空间经济学的打算，但对于学习的路径感到迷茫，主要是不知从哪里入手。像绝大多数国人一样，出国的机会对于我而言似乎不现实，但又很想从事这一方面的学习研究。请问洪老师，我该如何才能找到一条适合的学习路径？

洪永淼：作为不是计量经济学专业的学生，不必知道数学推导过程及相关的数学、概率论工具，但应该对计量经济学理论有一个比较系统的了解，知道

概率论与统计学
Probability and Statistics for Economists
主讲人：洪永淼 教授
https://probability.xmu.edu.cn/

Fundamental Probability Laws
Definition 11. [Probability Function]
(2) $P(S)=1$;
Condition (2) means that " something always occurs whenever a random experiment is performed".
(3) If $A_1, A_2, \ldots \in \mathbb{B}$ are mutually exclusive, then $P(\cup_{i=1}^{\infty} A_i)=\Sigma_{i=1}^{\infty} P(A_i)$.
Condition (3) means that the probability of the "sum (i.e., union)" of exclusive events is equal to the sum of their individual probabilities.

课程材料

- Mathematical Reviews Clippings... 2019-11-08
- 第一章视频发布 2019-07-26
- 第五章课件 2019-07-01
- 第四章课件 2019-06-25
- 第三章课件 2019-05-23
- 第二章课件 2019-05-15
- 第一章课件 2019-05-13
- 洪永淼教授将开设《概率论与统计... 2019-05-01
- 洪永淼：经济管理类专业研究生教... 2019-04-22
- 洪永淼经济统计学与计量经济学... 2019-04-20

课程团队

洪永淼教授

课程教材

京东 亚马逊 精装版 kindle版

辅助读物

- 梁建章：用统计学思维分析和确定... 2020-02-13
- 沉没成本不是成本——通俗解释几... 2019-09-27

正在制作 Course Video

- C1 Introduction to Statistics and Econometrics
  - 导言
  - 1.1 General methodology of modern economic research
  - 1.2 Roles of Econometrics
  - 1.3 Illustrative Examples
  - 1.4 Roles of Probability and Statistics
- C2 Foundation of Probability Theory
- C2 Random Variables and Univariate Probability Distributions

洪永淼《概率论与统计学》课程网站

课程材料

- Syllabus
- 在线教学网站地址
- 洪永淼教授春季学期在厦开讲《高级计量经济学》

More>>

课程团队

洪永淼教授 方颖教授

课程教材

京东 亚马逊

Advanced Econometrics Course Video

- 绪论 课程介绍和要求
- 第一章 计量经济学导论
- 第二章 一般回归分析和模型设定
- 第三章 经典线性回归模型
- 第四章 独立同分布样本的线性回归模型
- 第五章 非独立样本的线性回归模型
- 第六章 存在条件异方差和自相关的线性回归模型
- 第七章 工具变量回归方法
- 第八章 广义矩估计方法
- 第九章 极大似然估计和准极大似然估计方法
- 第十章 总结：理解现代计量经济学
- 助教习题课

补充阅读

- 洪永淼：理解现代计量经济学
- 计量经济学与实验经济学的若干新近发展及展望（二）
- 计量经济学与实验经济学的若干新近发展及展望（一）
- 洪永淼：经济统计学与相关学科的关系及发展前景
- 洪永淼：现代经济学的十个理解误区
- 洪永淼：计量经济学的地位、作用和局限
- 洪永淼：提倡定量评估社会经济政策，建设中国特色新...
- 洪永淼：中国经济学将会如何演变？

More>>

参考文献

- 哥大姜纬教授：工具变量会让我们更接近真实吗？
- 统计显著 VS 经济显著
- 概率的意义：随机世界与大数法则
- 计量师资培训班2018
- 搞清相关性与因果性，从此可发社科领域Top 5
- 工具变量IV与内生性处理的精细解读
- 如何理解最小二乘法？
- 那些年，我们用过的DID

More>>

洪永淼《高级计量经济学》课程网站

每一种重要计量经济学方法、模型可用于分析什么经济问题，其产生的历史背景是什么，适用的范围和前提是什么等等。要学好格林的 *Econometric Analysis* 和萧政教授的 *Analysis of Panel Data*，需要有线性代数及中级概率论与数理统计学知识，这些知识在格林书中均有介绍。只要学习或复习这些基础知识就行了，可能没有必要去学习《实变函数》。我个人体会，书不必读得太多。同一本书可以多看几遍，温故而知新。以您的情况，最好是去旁听类似的课程。空间经济学（包括空间计量经济学）是一门新兴学科，有广泛的应用背景，可以继续看保罗·克鲁格曼等写的空间经济学，比较高深的数学工具如混沌分叉可以暂时跳过，计算模拟则有日益广泛应用。此外，可以看一些有关空间经济学的综述文章，以及综合文章引用的文献，从中可能可以找到适合您需要的书或论文。还有，可以写电子邮件向相关领域的学者请教，包括提供一些文献，并非所有人会回应，但总有一些。

Tianfeier：我的问题是学习计量光有兴趣不行，方法也得得当。请问教授，在学习计量时，当使用的模型做出结果，结果不能解释现实情况，该如何处理？能否介绍您在求学过程中，当遇到困难时，是如何克服的？

洪永淼：当计量经济学模型得出的结果不能解释现实时，可能有多种原因。例如，可能是模型设定错误，包括函数形式错误，忽略相关变量，等等。如果所用模型被诊断有错，可以对模型重新设定。另一种可能是数据原因，应该检查数据是否有异常值（outliers），一个或少数几个异常值可能会改变实证结果。在遇到困难时，应该有耐心重新检验模型设定，数据、统计软件程序等确保没有错误，有时候要花很长时间才能找到一个不起眼的错误。有时在感觉进行不下去时，可以适当将这项研究暂时放在一边，过一段时间后再回头考虑。学术研究不是一个一帆风顺的过程，有曲折，也有迷茫，这时候最需要有再坚持一下的毅力。

Jessica8：现在国内高校经济院系及各研究机构都兴起了调查研究之风，对经济问题的分析再不是依靠以前的拍脑袋，而是更多地去做调查。然而由于对计量和统计知识的缺乏，对怎样抽取样本特别是样本量的多少通常不是很了解。您能给我们介绍一下现在国际上通行的科学的对样本量的研究是怎样的吗？比如如果要对某个问题做全国范围的调查，那么每个地区最少需要多少样本才好呢？

洪永淼：抽样调查在现代统计学中已经是一门比较成熟的方法，不仅在国外，在国内各个行业如市场营销、工业企业质量控制、生物制药等，有着广泛的应用。史玉柱的“脑白金”“脑黄金”的成功品牌销售就是基于他对农村市场的抽样调查结果而制定相应的营销策略。在抽样调查中，如何确定样本量是一个重要而复杂的问题。样本量的影响因素包括抽样费用、置信区间、分层方法及各层次样本量的分配方式（如果采取分层抽样方法的话）。这些在有关抽样调查的统计学教科书中都有比较详细的解释。您的最小样本确定问题，除了抽样费用、调查精度，还涉及调查问题的重要性，所研究问题目标量的个数，调查表的回收率、有效样本等影响因素。全国范围的调查，涉及面比较广，投入比较大。由于地区差别的缘故，一般要采取多阶段分层抽样，比较复杂。目前国际上比较权威的可以参考美国人口现状调查（Current Population Survey，CPS），被认为是全国性大规模居民住户抽样调查的典范，可以访问其网站 http://www.census.gor/CPS 以了解美国全国性调查的详细方法与数据。每个地区最少需要多少样本问题就是涉及在确定了总样本量后，各层如何分配样本量的问题。一般有两种分配方法：一是按各层单元数占总体单元数比例分配；二是采用估计让总体方差达到最小的方式分配（如 Neyman 分配方法）。

牛人：我一直搞不懂计量经济学中的“自由度”是做什么用的。洪老师能为我们这些初学者举例说明一下吗？

洪永淼：为了解释自由度这个概率，我们以样本方差计算公式为例。假设我们有一个样本数为 n 的数据 X_1，X_2，…，X_n，当母体均值 μ 已知时，样本方差是（$X_1-\mu$），（$X_2-\mu$），…，（$X_n-\mu$）每个值的平方（$X_n-\mu$）的平均值。但由于母体均值 μ 是未知的，我们必须用样本均值 $\bar{X}$ 代替母体均值 μ，这时方差公式基于去均值后的数据点（$X_1-\bar{X}$），（$X_2-\bar{X}$），…，（$X_n-\bar{X}$），这几个中心化的数据点并不线性独立，因为它们的总和为 0。由于这一约束，原来 n 个数据点只有 $n-1$ 个是代表线性独立的，这就是所谓的“自由度”。换句话说，“自由度”在某种意义上反映了样本数据的信息容量。

sun_man：请问洪老师，国际上有没有一些方法或计量技术能对关于“制度”上的经济问题进行计量分析，比如研究哪个制度更有效率等？

洪永淼：原则上，用计量经济学方法研究比较哪个“制度”更有效率是可行的，如比较不同所有制企业的全要素生产率，关键是需要对不同制度下经济主体的不同行为进行计量建模，然后进行检验比较。因为我不了解您所说的“制度”具体是指什么，所以没有办法进行详细讨论。

Skyleung：你好，我是一个本科读统计（精算方向）的学生。我对计量经济学非常感兴趣，所以自己计划以后继续往这个方向发展。现在我申请了香港两所大学，一所是香港科技大学的统计与金融专业，这个专业注重培养学生的数理统计能力；一个是香港城市大学的应用经济专业。我想请问洪教授，为了我以后能够更好地往计量经济学方向发展，我应该选择哪个专业呢？我自身的条件是，通过本科 4 年的学习，数理统计分析能力相对较强，经济理论基础相对薄弱。

洪永淼：如果是我本人的话，我可能会选择香港科技大学的统计与金融专业，因为这有助于进一步提高数理统计水平，这非常有利于从事计算经济学理论的研究，同时还可到经济系和金融系修读一些经济学和金融学理论课程。

min_lotus：1. 像格林、汉密尔顿（James Hamilton）、伍德里奇（Jeffrey Wooldridge）在国际计量经济学界大概是一个什么地位？（不要见怪啊！我一直想知道这些人在圈内是什么地位。）2. 时间序列分析当中已经用到很多实分析和复分析的工具。根据您个人学习经历，您能否谈谈要真正学好计量经济学大致需要掌握哪些最必要的数学工具。3. 您对国内计量经济学的教育有什么建议和意见？

洪永淼：1. 经济学包括计量经济学的学术贡献主要是看学术论文，而非专著或者教科书。詹姆斯·汉密尔顿在计量经济学的最主要贡献之一是将 markov chain regime switching 模型引入计量经济学中，并比较成功地用它来解释美国经济周期和金融市场一些非对称现象。杰弗里·伍德里奇是我在加州大学圣地亚哥校区的师兄，在计量经济学渐进理论、模型检验、面板数据等方面有很大贡献。他们两位均是国际计量经济学界各自领域的领军人物。

2. 作为研究生，计量经济学（包括时间序列计量经济学）最必要的数学工具是概率论与数理统计学，线性代数，以及单元与多元微积分。实分析和复分析也会有帮助。

3. 对中国计量经济学教育，我和中科院汪寿阳教授曾写了一篇文章《中国计量经济学教育与研究》，文中抛砖引玉地提出了一些建议与意见，请参见厦门大学王亚南经济研究院（WISE）网站工作论文栏目。

Hyper Energy：1. 你如何看待工业革命后的私有中央银行？如果它为各个国家带来了不可估量的经济增长，为什么拥有它的各个国家却外债越来越多，最后导致第三世界外债剧增？

洪永淼：私有的中央银行这个概念似乎不是很清楚。在美国，虽然联邦储备银行是由银行业发起并出资组成，但是联邦储备权力最大的主席需要美国总统任命。联邦储备银行在一定意义上是一个准政府部门。不过我们可以理解为这个政府部门是不依靠税收和财政来运作的，而是由银行业来出资运作的。这就像纽约证交所，虽然是私人资本所有，但又是一个监管机构。虽然，从资本来源上看，不少国家中央银行是私人资本，不过中央银行一般都有三个基本功能：第一，发行钞票；第二，对商业银行进行监管；第三，为商业银行提供最后贷款。事实上中央银行为社会大众在商业银行的存款也提供了一定的担保。一个国家的外债，不取决于中央银行是不是私人所有，而是取决于政府的财政收支是否平衡以及一个国家的对外贸易与投资状况。如果政府长期入不敷出，或长期存在贸易逆差，必然导致借债越来越多。这时候，如果中央银行是国有的，那么对政府借贷行为的约束可能更小。第三世界的外债主要是哪些国家，主要是哪些因素导致，我不太清楚，因为我不是这方面的专家。但是感觉上，这跟中央银行是否私有没有直接关系。

2. 美国在20世纪70年代取消了金本位制度，随之人民生活水平越来越高。为什么国际的黄金价格由20世纪70年代的35美元1盎司一直飙升，今天到了280美元一盎司左右？简单来说，美元贬值了将近90%，那么这些多印出来的美元是怎么出现的？

洪永淼：黄金的价格受制于黄金的产量。而美元的供给在金本位制度取消之后便没有按照黄金数量来发行，而是取决于美国货币政策。随着美国经济以及全球经济规模的扩大，美联储必定要发行越来越多的美元，用以实现美国经济，甚至全球经济所需要的交易。另外，美元与黄金“脱钩”，使得美国和美联储有了很大的“自由度”，通过印美钞的方式来解决经济、金融问题。不管是什么原因，美元发行增加了，如果同期黄金产量不以相应的速度增长，自然地黄金相对美元价格就会上涨。但是黄金价格的上涨并不意味着美元对一切商品都在贬值，比如对汽车、电脑以及很多消费品，美元并没有出现大幅的贬值。

美元对黄金大量贬值，这是由美元在全世界的地位决定的，或者更准确地说，是由美国在二战之后确立的政治、经济、军事等领域的霸权地位所决定的。美元在世界上的霸权地位，使美国能够通过印美钞的方式解决美国很多的经济、金融问题，并将这些美国经济、金融问题的影响“出口”到其他国家。

3. 这个世界的经济有没有可能只是被在少数几个（注意，只是几个）拥有富可敌国的玩弄于股掌？如果不是，我想问那些金融黑客是如何筹集大量钱财让英镑、里拉和泰铢这些悲剧一次次的重演？

洪永淼： 首先，像索罗斯（George Soros）或者其他的大的对冲基金并不是金融黑客，他们是世界金融市场的投机者。虽然他们有很大的财富，但是并非可以随意将一个经济体系玩弄于股掌之间。英镑、里拉和泰铢的贬值，或者准确地说是这些货币当局被迫放弃先前实行的固定汇率制度，其主要原因还是这些国家不平衡的国际收支和财政支出所导致的。索罗斯他们只是利用了这些政府长期不负责任的经济政策所形成的投机机会。但是可以肯定的是，这个世界的经济不可能被少数几个富翁玩弄。1997—1998 年亚洲货币金融危机期间，索罗斯对香港汇率蠢蠢欲动，但由于香港有中国政府的坚定支持，索罗斯也只好“望洋兴叹”。

Leewinjing： 1. 计量经济时间序列回归中，单位根检验是不是一定或是必须进行的步骤？如果需要，而且都存在单位根，需要差分处理，但如果一个变量和另一个或几个变量的单整阶数都不同，这样的情况如何处理？

2. 协整中如果需要参与回归的变量都存在协整关系，是不是不需要事先做单位根检验处理呢？

3. Granger 因果关系检验中，滞后阶数如何选择处理？是否和前述单位根检验的滞后阶数一致呢？

4. 最后一个问题，就洪教授的研究，您认为目前计量经济学的最新发展方向是什么？

洪永淼： 1. 如果是非平稳时间序列，单位根检验通常是必须进行的步骤，因为这涉及应用什么样的计量经济学理论的问题。

如果都存在单位根，差分后变化平稳过程，传统的计量经济学分布理论可以适用。但是差分时间序列模型与原始时间序列模型可能完全不同。比如说如果两个时间序列都存在单位根并存在协整（cointegration），那么差分时间序列不能完全由 VAR 模型来刻画，必须包括原始时间序列滞后项，以及差分时间序列滞后项。这其实是著名的误差修正模型（error correction model）。如果不同时间序列的单整阶数不同，情况会变得相当复杂。有学者专门研究此类模型的计量经济学理论。在这里，请参照张幼舜和菲利普斯（Chang & Phillips, 1995）的 "Time Series Regression with Mixtures of Integrated Processes"（*Econometric Theory*）一文；另一种简单做法就是看是否将较高阶时间序列作差分处理，然后考虑相同单整阶数（如均为一阶）的时间序列，但是必须考虑到转换时间序列模型和原始时间序列模型之间的关系，以及相应的经济解释。

2. 是的，在协整回归分析中，所有变量需要事先做单位根检验。

3. 这是一个很重要但没有理想解决办法的问题，因为实证检验结果常常会由于滞后阶数不同而显著改变。选择滞后阶数的标准是随机扰动项应为白噪声过程。在实际应用中，有人使用一些模型选择准则来决定阶数，另一种做法是如果样本数不是太少，可以选择相对大些的滞后阶数，以便随机扰动项有较大可能成为白噪音。但滞后阶数确定后，可以使用合适的自相关检验，检验模型残差是否为白噪声过程。

4. 计量经济学有很多领域，每个领域均有最新发展。例如时间序列计量经济学中，概率密度建模和概率密度预测（而不仅仅是点预测或区间预测）是一个重要的新近发展。在金融计量经济学中，连续时间模型的估计与检验，多元连续时间模型、跳跃因子、realized volatility 估计等，均是一些新近发展，因为篇幅原因，我在这里推荐您看 *Journal of Econometrics* 第 100 期。这一期专门邀请计量经济学各个领域的一些杰出计量经济学家对其熟悉的领域进行回顾与展望，提出今后发展的一些方向。另外，也可以找一些相关领域的综述性文章，这些文章通常介绍某一领域理论与实证的发展过程，并指出一些尚未解决的问题。

Zhaojianyi：很多师生误认为 Granger 因果检验可以对经济变量有无因果关系做检验。洪老师，您能给我们解释一下 Granger 因果检验的用途吗？

洪永淼：格兰杰（Granger，1969）提出了一个著名的用于时间序列分析的因果检验。因为这个方法所检验的并不是经济学通常所说的因果逻辑关系，人们通常称之为 Granger 因果检验，以示区别。Granger 因果检验主要是检验一个经济变量的历史信息是否可用来预测另一个经济变量未来变动。也就是说，Granger 因果关系是一种计量经济学意义上的预测关系，并不是经济学意义上的因果关系。

具体地说，如果 X 对 Y 有真正的因果关系，即 X 的变动会引起 Y 的变动，那么 X 可以用来预测 Y。但是，即使 X 和 Y 没有因果关系，X 也可能用以预测 Y。比如，X 和 Y 可能受某一共同未观测到的变量 Z 的驱动，虽然 X 和 Y 无因果关系，但 X 可用以预测 Y。格兰杰（Granger，1969）只检验 X 的历史信息是否可以预测 Y 的条件均值。大部分经济学特别是宏观经济学的应用均属此类。之后，格兰杰（Granger，1980）推广了这一概念，提出“广义 Granger 因果关系”，即 X 的历史信息是否可以预测 Y 的条件分布，这在金融学中，如风险管理、金融衍生产品定价等有很重要的应用。目前检验“广义 Granger 因果关系”的可操作方法还比较少。

格兰杰等（Granger，*et al.*，1986）提出了介于 Granger 条件均值因果关系和广义 Granger 因果关系的另一种 Granger 因果关系，即 Granger 方差因果关系，可检验 X 的历史信息是否可以预测 Y 的条件方差，这种方法在研究不同市场之间的波动溢出效应时特别有用。

李敖：1. 经济学中常讲适应性预期和理性预期，请教洪教授，能用计量模型来刻画这两种预期吗？

2. 现在经济学老师经常用调查数据作分析，而对调查数据的计量分析常涉及定性因变量的问题。请问洪老师，您经常用什么方法或软件来处理定性因变量的问题呢？

洪永淼：1. 理性预期（rational expectations）是指经济主体能够正确地预测将来经济变动，用计量经济学语言可表述为经济主体对经济变量的主观条件均值和经济变量的客观条件均值（即数学条件均值）相吻合。换言之，经济主体的主观期望误差是一个鞅差分过程。在宏观经济学上，理性预期常用欧拉方程来刻画。这与鞅差分实际上是等价的。相关地，适应性预期是指经济人的主观预期需要通过一段时间以渐进的方法趋向数学条件期望，因此经济主体的主观期望误差不是一个鞅差分过程。

2. 定性因变量在经济学特别是微观经济学中很常见。例如市场调查顾客对某种产品或者服务是否满意，这可用取值为 1（满意）或 0（不满意）的二元变量来刻画。另一个例子是顾客对某种产品或者服务的回答为非常不满意、不满意、满意、非常满意，这可由取值为 0，1，2，3 的变量来刻画。

定性因变量分析基本上属于微观计量经济学范畴。常见的模型有 Logit，Probit，Multinomial 模型等，以及它们在时间序列或面板数据上的扩展。可参看 G. S. Madalla 的相关计量经济学参考书。

我个人曾用 SAS 软件估计 Probit 和 Logit 模型，也用 GAUSS 软件估计 Autologit 模型预测股票价格变动走势。

Zhmangel：从您的观点来看，金融市场如股票证券市场的走势是可以测度或预测的吗？如果是，又是从哪个方面来进行测度或预测呢？

洪永淼：我曾做过一些实证研究，用计量经济学方法检验金融市场如股票市场和外汇市场变动趋势是否可以预测。实证结果发现，高频（日数据）股票市场和外汇市场变动趋势（包括相应的期货市场）是可以用其各自的历史信息来预测的，尤其是较大变动比较容易预测。在预测外汇市场趋势时，发现两个国家之间利率差历史信息亦有助于预测外汇市场走势。这些分析均基于时间计量经济学方法，即由相关变量历史信息来预测未来走势。在检验外汇市场可预测性时，参考了 Uncovered Interest Party（UIP）这一经济假说。事实上，一些金融理论揭示金融市场走势是可以预测的，例如金融学上的 momentum 交易策略理论就是其中一例。如果在计量建模预测金融市场走势时，结合相关的经济、金融理论，可能是一个很好的方向。除了金融市场走势预测外，比较常见的还有对宏观经济走势的预测，即所谓对经济或商业拐点的预测，也是一个很重要的实际问题。

在股票证券市场变动是否具有可预测性方面，罗闻全和麦金雷（Lo & Mackinlay，1999）的《漫步华尔街》(*A Non-Random Walk Down Wall Street*) 一书，使用严谨的计量经济学方法对股票证券市场进行了系统的实证研究，验证了股票市场变动是可以预测的。

Zm：洪院长，您好！我是一名高校计量经济学的教师，毕业的专业是经济学，数学和统计学知识掌握得一般。请问您我需要从哪些方面努力才能使我这名教师更加合格，或者说我应该主要加强哪些方面的学习？

洪永淼：作为一名计量经济学教师，如果所上的计量经济学课程是初级或者中级课程以及您的研究主要是应用计量经济学，即实证研究，那么可以主要做好以下几个方面：

第一，注意计量经济学理论方法与模型的直观解释和经济解释，包括计量经济学为何有用、用于何处、如何使用等等。可借助经济学例子、图表等来加以解释。

第二，注意计量经济学工具的应用。在讲解计量经济学理论、方法和模型时，可结合实例，包括用数据演示这些计量工具如何使用等等。

第三，熟悉一二种统计软件和相关计量经济学方法软件的使用，以及熟悉一些有代表性的数据库。如果您还教高级计量经济学课程或者想从事一些计量经济学理论研究，还应该自己学习一些高级概率论和数理统计学知识（不一定非得学测度论不可）。这些知识有助于看懂当今计量经济学学术文献，包括计量经济学理论论文。在国外，我见过不少从事理论计量经济学研究的学者，其实他们刚开始的数学和概率统计学基础也不是很好，但他们通过长期的学习和研究，不断地提升自己的水平。“边做边学（learning by doing）”是一种很有效的学习手段和方法。

GuojieXiu：您认为在学习传统西方经济理论和学习使用计量工具方法上，国内的学者目前最欠缺的是什么？我们首先是否应该谙熟地掌握好经济学理论功底，然后再联系我国自身实际的基础，有选择地学习与自己研究领域相关的计量工具进行理论研究呢？因为，目前国内学者，很多计量玩得很花哨，但是实质内容欠缺，纯粹模仿，适用价值值得商榷。对于此种现象，您有什么看法？您对于目前国内经济学研究在国际上的水平又作何评价？

洪永淼：应该有所侧重。如果您感兴趣的是宏观经济学，或微观经济学，或金融学，那么应该首先掌握好经济理论，包括基础理论和相关领域的历史及最新发展。然后，如果您打算从事相关领域的理论研究（如用数学建模进行经济理论研究），那么您不见得非花大量时间研究计量经济学方法与工具。如果您打算从事相关领域的实证研究（即以数据为基础的实证研究），那么应该比较系统地学习计量经济学基础理论及相关模型和方法。您的实证研究的目的是研究现实经济现象，检验经济理论能否解释经济现象，对什么样的计量经济学方法与工具可用于解决哪些经济问题，可检验什么经济理论等等，需要有一个清楚的认识。我很同意您的观点，即很多计量工具显很花哨，但没有实际内容，纯粹模仿。我很赞赏清华大学李子奈老师的观点，即计量经济学模型并非越复杂越花哨就越好，关键是适合所研究的问题。需要使用什么样的模型、方法，则取决于所研究问题的本质。例如，研究市场有效性，适合的计量模型是条件均值模型，不需要对高阶矩如方差或对整个条件概率分布建模。中国经济学正处于转型期，过去二三十年的进步是令人瞩目的。国内研究主要是对中国经济的实证研究，规范的理论研究很少，这方面与国际先进水平还有较大差距。即使是实证研究，在计量经济学方法应用方面，也有一定差距。这有很多种原因，如国内经济学教学体系，包括课程设置、师资队伍等。

Jqp：问一个 product diversity 方面的问题：可否将 Dixit-Stiglitz 模型迪克西特和斯蒂格利茨（Dixit & Stiglitz，1977）中规模经济（scale 经济，品种不经济，即品种越多，成本越高）的设定，修改为范围经济（scope 经济，品种经济，即品种越多，成本越低），用什么样的方法比较可行，例如凸分析？

洪永淼：很抱歉，我不是微观经济专家，对 Dixit-Stiglitz 模型不了解。但是否可以在您的范围经济中定义一个负成本变量，这样，品种越多，负成本越高，就可以借鉴 Dixit-Stiglitz 模型的分析方法了。

Tsinghuaer：洪教授，我是一个学化学的研究生。但是，业余更加喜欢数学一点，还发表过数学方面的论文。由于有过 5 年不连续的工作经历，加上年龄已过而立的关系，尽管我业余通过学习发现自己非常喜欢经济学、投资或金融等，而且似乎也非常容易上手，但是，苦于很难想象如何真正获得这个行业里的实践。我英语的应用能力远大于考试 GRE/GMAT 的能力（这导致我阅读写作英文障碍不大，但考试出国几乎无望）。我希望能够快速转换行业到金融或投资领域里。您有没有什么好的建议？还有，您觉得，如果想更加有成就感，是在西方人的圈子里好，还是华人的圈子里好？各有什么优缺点？为什么？

洪永淼：您希望转行到金融或投资领域，我可以理解您的心情，因为我当年从物理学转学经济学之前也有一段迷茫的时候。我不知道化学学位对找与金融投资有关的工作是否容易。据我了解，在国外不是很容易。华尔街不少从事金融投资业的中国人原来专业背景是数学、物理、统计、计算机，因为他们有较强的数理建模和计算能力而得到金融业界的青睐。如果化学学位在国内不容易找到与金融投资相关的工作，你可以考虑读 MBA 或类似应用金融专业硕士项目，获得相关学位后转找金融投资工作就顺理成章了。或者，可以考一些与金融相关的证书，如 CFA 证书，这对找工作应该有帮助。还有，英语写作和口语好是您找工作的一大优势，特别是想到外企工作的时候。当今世界经济一体化，与外国人打交道的机会很多。不但要英语好，更重要的是要熟悉、了解外国人的思维方式，文化背景等。而这些不是一朝一夕所能获得的。如果有机会与外国人工作一段时间，获益是很大的。在国外，您可以有很好的生活条件和工作环境，但对不少中国人来说，如果要感到更加有成就感，可能要在中国。这首先有文化认同和归属感的因素，同时您还可以看到将在国外所学的知识经验用到国内来时所产生的结果。也就是说，在国内的边际回报比较大。

清风寒江：我是人大经济学院的一分子。中国人民大学虽然在社科领域

（包括经济学科）处于国内重要位置，但计量经济学的发展却相对薄弱。不知洪老师有没有和经济学院合作的计划，实现WISE和人大经济学院的强强合作呢？

洪永淼：谢谢您的建议。我也是人大一分子——我1986—1987年曾在人大经济学培训中心（设于人大经济学系）学习，这是我从物理学转到经济学的起源地，给我日后的学术生涯打下了深深的烙印。我非常怀念在人大那段美好的求学时光，感激教我帮助我的人大老师（至今我还常常去拜访我当时的班主任张国增老师）。人大经济学在国内首屈一指，我和财金学院、梁晶工作室时常联系。几年前，我到财金学院和人大人事处联合举办了一个培训班，为人大年轻教师和研究生讲授过计量经济学。现在杨瑞龙院长推荐一名年轻有为的教师陈彦斌老师到康奈尔大学进修，和我共同学习研究。我真诚希望能够与人大经济学院多多交流，探索合作模式，互相帮助、共同进步。

Fangzhao：1. 您认为一个新生刚开始时该如何学计量经济学效果会更好，更好地打好基础呢？ 2. 您认为在学的时候，计量经济学理论知识该如何和计量软件结合好呢？ 3. 您认为在教材方面，是不是一开始就直接用国外的教材会更好，还是先从国内的教材入手？

洪永淼：1. 作为新生，一开始如果选择数学工具少一点的计量经济学教科书，效果可能会好一些，这样您可以集中精力于计量经济学的某些理论和概念，不必分神于比较高深的数学工具。

2. 学习计量经济学，有没有使用过统计软件和进行数据处理，感受是非常不一样的。学习的目的是学以致用，最好的方法是做一个或者若干个projects或写一篇term paper，即想一个问题或题目，选择合适的计量模型和方法，收集数据，对所选择的问题进行实证研究，包括对计量实证结果给予经济解释。这样一个项目，可以让您学习和了解实证研究的全过程，包括选题、数据收集、计量方法、模型选择、估计检验、经济解释等等。

3. 我个人感觉，可以直接看国外教材，特别是理论部分，比较系统化。但国外教材实例几乎没有中国经济实例，这方面可参考国内教材。

叮叮当当：无论是Mathematical Economics还是Mathematical Econometrics，

或者是 Actuary Studies，都要有强大的数学基础作为后盾。

1. 您认为我专修哪一门系，会对我今后的成长有更大的帮助呢？

2. Monetary Economics 和 Mathematical Dconometrics 是不一样的吗？

洪永淼： 1. 是的，Mathematical Economics，Econometrics 和 Actuarial Science 都经常涉及很多数学工具。Mathematical Economics 主要是用数学工具研究经济理论，Econometrics 和 Actuarial Science 使用统计学方法结合相关经济或保险理论来分析经济和保险数据。想学习哪一个专业，取决于您的兴趣。从今后实用性角度看，可能 Econometrics 会比较宽广一些，因为 Econometrics 几乎应用于经济学和金融学各个领域的实证研究中。

2. Monetary Economics 和 Econometrics 不一样。Monetary Economics 是经济理论，而 Econometrics 是关于实证研究的方法论和工具论。

tony1101： 1. 如果检验三变量之间有协整关系，而且通过传统方法和理论知识可判断三者具有正相关关系，但最后生成的协整向量当中（即协整关系式中系数）有负数，这是为什么？理论该怎样解释？

2. 如何更加深入地用现实理论解释 Granger 因果关系？如何解释有相关性、但没有因果关系？

3. 脉冲响应函数现在的应用前景如何？如何用经济学理论解释冲击的发生、强度以及方向？

洪永淼： 1. 可能是数据样本容量小的缘故。如果有三个非平稳变量，可能存在两个协整向量。这里我不是很清楚您说的“三者具有正相关关系”的意思，是每一对存在正相关关系，还是一个变量与另两个存在正相关关系，或者是指其他？如果是第一种情形，那么协整系数中有可能出现一个正数、一个负数。

2. Granger 因果关系是指一个经济变量 X 的历史信息可预测另一个经济变量 Y 的变化，这一概念不是真正意义的因果关系，而是一种预测关系，一种时间维度上的统计相关性。这种 X 对 Y 的预测关系可以是因为 X 对 Y 有因果关系，也可以是其他原因，比如，X 和 Y 均可能受另一个潜变量 Z 的影响，即 Z 对 X 有因果关系，对 Y 也有因果关系。在这种情形下，虽然 X 和 Y 无因果关系，但它们之间有相关性，因此可能存在 Granger 因果关系。应该说，计量经济学本身无法确定真正意义上的因果关系，只能确定统计相关性，必须借助经济理论，才能够解释这种相关性是否为因果关系。

3. 时间序列分析有两个基本方法，即时域分析和频域分析。脉冲响应函数是时域分析的一个基本工具。如果扰动项可以解释为对经济或者市场的冲击，那么脉冲响应函数可以刻画这种冲击在每一个时期对经济的影响。如果冲击是外生的政策冲击，同时它还可以用来检验经济政策对经济影响的总效应。

脉冲响应函数是由平均移动时间序列表述模型推导而得。如果要用经济学理论解释冲击的发生、强度以及方向，则需要研究平均移动时间序列模型与经济理论之间的关系，得出脉冲响应函数值与经济结构模型参数的关系，这样即可以研究参数变化对脉冲响应函数的影响，但这并不是一个容易的问题。

轻轻：从美国的角度看中国的经济学研究水平不高，原因是什么？

洪永淼：中国经济学目前的研究水平与美国相比，存在着一定差距，特别在理论体系和研究方法上。其原因主要是中国经济学还处于转型阶段，从原来以规范经济学为主向实证经济学转变，从以研究传统社会主义计划经济为主向研究中国特色社会主义市场经济为主转变，从定性分析向定性分析和定量分析相结合、以定量分析为主的研究方法转变。这些转变，需要一个过程、一段时间。中国很多高校现在还缺少相当数量既受到现代经济学系统训练、又深刻了解中国实际情况的高素质师资人才，这在很大程度上制约着中国经济学研究水平。

轻轻：存在不存在全国范围内的（分割的）区域性资本市场：

1. 如果存在，那么金融运转的机制就将有别于（全国）宏观机制，会是什么？

2. 金融政策，一般是国家统一的。那么，在区域层次上，同样的政策，通过不同的运行 / 调节机制，就会出现不同的政策后果。如何评价宏观金融政策在区域层面的变异及来自区域的反馈？

洪永淼：首先需要界定什么是分割的区域性资本市场或金融市场，像股票市场、汇率市场，很难存在分割的区域性资本市场或金融市场，因为套利机制会起作用。但是对某些金融市场，如房地产金融市场，分布在不同地区，可能比较容易区别对待。在较早时期，为了解决当时普遍存在资金向大企业倾斜而有发展潜力的中小企业资金来源不足的问题，中国允许甚至鼓励各地发展区域性资本市场，以起到为中小企业发展募集资金，提供产权交易平台，拓展中小企业投资者退出渠道、推进小企业的兼并收购等。经过历次整顿，地方性证券交易中心已不复存在。目前各地的产权交易市场已经被废止了股票、权证和基金融资功能。中国现在不存在严格意义上的区域性资本市场，唯有上海证券交易所和深圳证券交易所两个全国性资本市场。资本市场即所谓按照市场原则进行资本配置，不同于银行，对空间要求不是那么严格。只要有一个市场化程度高的交易规则，任何地方的企业都可以上市融资。比如，美国纳斯达克就有很多来自美国以及不同国家的上市企业。

中国是一个大国，各个地区经济发展很不平衡，不考虑各区域差别的统一政策可能会形成“一刀切”的情形。但是过分强调地区差别与特点又容易形成区域保护主义和市场分割，不利于提高整体经济效率。最优的宏观金融机制与政策应该是在全国统一的基础上充分考虑各个区域的差别及利益分配，这是一个非常困难的问题，不但涉及宏观金融本身，也涉及制度本身的设计。

同样的金融政策，在区域层次上，通过不同的运行调节机制，会出现不同的政策后果。评价这些不同政策后果，可从上述理论上“最优”地考虑区域差别政策所产生的后果，进而进行比较并考虑各个区域的得失以及全国宏观经济的得失。

Crazy：1. 从本质上讲，时间序列分析的基本任务是什么？ 2. 您是否认同这样的观点：时间序列建模就是要将序列中的趋势剔除干净，只剩下平稳的东西，剩下的序列越平稳，模型越好。3. 汉森（Hansen，2005）讨论了模型选择的问题，能谈谈您对这个问题的看法吗？

洪永淼：1. 时间序列分析的基本任务是对时间序列数据进行建模，刻画时间序列动态演变的规律（dynamic law），用于预测将来变化趋势，解释历史时间序列数据，并检验动态经济理论模型或假说。

2. 这是时间序列建模的一种基本分析方法，但不是唯一的基本分析方法。

如果一个非平稳时间序列由两部分组成，一是趋势，即时间的某个函数，一是平稳随机过程。那么首先将趋势部分剔除，然后集中精力对随机平稳过程建模以刻画时间序列短期变动，由于大多数时间序列模型均假设平稳性，因此除去趋势后的部分越平稳，模型拟合能力越好。但是，应该指出，也存在这样的非平稳时间序列，它们要通过差分可以达到平稳性，这称为差分平稳时间序列，对这一类非平稳时间序列，必须通过差分，而不是去趋势，才能达到平稳性。

3. 模型选择是计量经济学的一个基本问题。计量经济学家常常假设经济系统是一个随机过程，由某一个未知的计量经济模型支配。在这一假设下，一些模型选择方法确实可以找出未知“真实模型”。在现实生活中，我们并不知道是否存在一个真实模型。任何一个模型其实只是对经济系统的一个近似。所谓近似，也就是说很可能存在模型错误。这种错误一般会随着模型复杂程度增加而减少，但模型越复杂，需要估计的未知参数越多。在样本容量固定的条件下，参数估计精度会随未知参数数目的增加而降低。所有模型选择方法都是在模型错误和估计误差两者之间找一个均衡点，这样做，模型样本外预测能力会比较好。当然，不同的模型选择方法可能会给出不同的模型。不少模型选择方法由于对估计误差惩罚较重，得出来的模型均比较简单，这是所谓的“KISS”原则，即“Keep It Sophistically Simple”。上述模型选择均基于统计准则，事实上也可以基于经济准则。这与建模的目的可能更靠近。

笑笑笑：我想了解洪教授的学术生涯以及怎么跨越人生道路上的障碍的？

洪永淼：我的学术经历很简单。1985 年厦大物理学本科毕业并考上厦大物理学硕士研究生。1986 年有机会考上中国人民大学经济学培训中心学习，转学经济学。1987 年回厦大攻读政治经济学硕士学位，专业方向为经济学说史。1988 年赴 UCSD 攻读经济学博士学位，专业方向为计量经济学。1993 年毕业后到康奈尔大学经济学系任助理教授。1998 年升副教授（终身教职），2001 年起升正教授。2002—2005 年任清华大学经济管理学院特聘教授，2005 年任厦大 WISE 讲座教授。在我的学术生涯中，有三个比较大的转折：一是 1986 年从物理学转学经济学。我本科学物理学是因为高考物理的分数最高，但我一直对经济学很感兴趣。本科最后阶段和物理学研究生一年经常感到非常迷茫与困惑，不知今后的路要怎样走。幸好，普林斯顿大学的邹至庄教授发起由福特基金会资助的设于中国人民大学的经济学培训中心，邀请北美经济学教授到中国讲授现代西方经济学。同时，厦大经济学院首任院长葛家澍教授的办学理念在当时非常超前，允许厦大理科在读硕士研究生报考这个经济学培训中心，我因此有机会转学经济学，这是我学术生涯中一次很大的转折。转学经济学说史之后，我对经济理论产生浓厚的兴趣，但同时也对今后从事经济学哪方面的研究充满疑惑。与现在一样，“经济学说史”当时在经济学各专业中也属“冷门”，我对毕业后从事什么工作心里没底，因此选择出国留学。去 UCSD 念书时，我希望能够学习货币银行学。那个时候我没听过最小二乘法（OLS），也不知道什么是计量经济学。经过两年的经济学课程学习，我决定选择计量经济学为博士论文专业方向，因为这是 UCSD 经济学系最强的专业。在做这一专业选择时，心里也充满着矛盾，因为我的数理基础就是在学习物理学时的数理基础，没有学过测度论，没有系统学过《实分析》(*Real Analysis*)，也没有系统的概率论和数理统计学基础。第一次听计量经济学学术讲座，什么也不懂，刚开始看计量经济学专业论文时也看不懂（里面的数理统计工具太难）。但最后终于坚持下来，并采取“边做边学（learning by doing）”的方法，提高自己的数理基础，这个方法对我来说很有效，但最重要的是能够坚持下来，不要知难而退。等到入门以后，我才第一次有那样一种感觉，就是终于找到了一个我感兴趣的，同时又能让原来学物理时所学到的数理基础派上用场的专业。这样做学术研究就不会感到太累。我从此再没有为今后从事什么工作、做什么研究感到困惑了。第三次转折是应母校厦大之邀，创办 WISE。由于两种体制并存，常常要花很多时间处理一些烦琐的事情，包括中国特有的人事人情关系。一方面我为有机会为母校、为中国经济学教育做一点点的贡献而感到高兴，另一方面，我也因为行政管理事务占用了我几乎所有的宝贵时间，不能专心致志从事学术研究而感到痛苦。这一点，我至今没有找到一个妥善的解决办法。

Skyleung: 1. 时间序列的分析，特别是非线性时间序列的分析究竟划分在计量经济学还是划分到数理统计的范畴呢？我觉得非线性时间序列的分析牵涉到大量的高深数学工具，但是大部分的时间序列数据又是来源于经济生活，所以想请洪教授指点。

洪永淼：数理统计学有时间序列分析，计量经济学中也有时间序列分析，后者一般称为时间序列计量经济学，应该说，数理统计学中的时间序列分析与时间序列计量经济学之间有非常密切的联系且互相影响。它们一个最主要的不同是时间序列计量经济学以经济金融数据的特点（如厚尾非正态、存在波动聚类、跳跃、非对称动态现象等）为出发点，研究如何用合适的时间序列模型（其中有很多非线性时间序列模型）来刻画经济金融变量的动态规律，检验经济金融理论或假说，预测经济金融未来走势。非线性时间序列计量经济学牵涉到一些较高深的数学工具，但还是属于计量经济学的范畴。一个著名的例子是2003年诺贝尔经济学奖得主恩格尔（Engle，1982）提出的ARCH波动模型。

2. 现在很多国内学生想到国外特别是美国读经济学的博士，但是由于国内课程设计与美国经济学专业有结构上的不相符，使得很多想继续深造经济学的学子在本科阶段之后不知如何做才能最好地达到出国深造的目的。在这里我想请问洪教授，本科读理科的学生，研究生阶段是继续读数理统计之类这样的理科学科，还是应该转读经济学硕士，哪个更有利于以后申请去美国读经济学的博士呢？尤其是计量经济学，究竟国外看重的是数理能力，还是一定要具备强硬的经济学基础呢？社会上关于这方面的说法五花八门，我想洪教授在这一方面应该是很有发言权的。请洪教授指点。

洪永淼：在国内本科修读类似数理统计学的理科学生，如果打算出国攻读经济学博士学位，可以有三种做法。第一种做法，在本科阶段攻读经济学第二学位，这样，有扎实的数理背景，又有经济学基础知识，申请攻读国外经济学博士学位时有优势。第二种做法是理科本科毕业后，先在国内攻读经济学硕士，然后申请出国攻读经济学博士学位，其好处是目前国内较好的高校经济学基础理论课程教学已比较规范，可以获得较为扎实的经济学基础训练，到国外攻读经济学博士的时候比较容易适应。申请国外经济学博士学位时也很有竞争力，甚至比第一种方法更有竞争力（康奈尔大学经济学系以往所录取的中国学生，绝大部分都是在中国攻读经济学硕士的研究生）。第三种做法，在读理科本科时，选修中级宏观经济学、微观经济学等若干（不必太多）经济学课程，也可以申请攻读国外经济学博士，当然，获经济学全额奖学金的概率一般会比前两种低。申请到美国攻读经济学博士学位（特别是计量经济学），最为看中的是数理能力。经济学需要有一定基础，但其重要性与对数理能力的要求不在同一个层次。

houdi272：洪教授作为著名经济学家，本身在国外深造过也在国内从事教育工作，对国内外两种经济学教育模式从体制到方法都很了解。请问洪教授，站在纯粹接受教育质量和学习知识层次的角度，就一个既对经济学充满兴趣也有打算献身给经济学科的学生而言，如果都有可能的话，是在国内一流院校继续攻读还是出去接受新的训练方式好呢？

洪永淼：如果有可能的话，还是考虑到国外研究型大学接受比较系统的经济学训练。国外研究型大学经济学师资力量雄厚，博士生课程设置比较系统科学，特别是经济学各个领域的前沿课程和学术讲座，非常有利于培养博士生从事经济学前沿研究的能力。还有国外经济学术界经过长时间形成的学术研究氛围与文化，对个人成长也有助益。很多国内出去的青年教师与学生都说，他们在国外，心态都变得比较平和，能够专心致志读书、做研究，这是目前国内高校大环境所缺少的。

与经济学爱好者谈计量经济学的应用①

中国经济学教育科研网

2007 年 9 月，洪永淼应中国经济学教育科研网之约指导经济学子，并与广大经济学爱好者进行在线交流。下为中国经济学教育科研网的直播问答实录。

Kollenfree：

1. 房价是否具有下降趋势及政府能发挥什么作用？当前中国房价上涨迅速，居高不下。从经济学弹性原理出发，住房需求曲线长期弹性大于 1，这说明从长期看，降低房价会增加房地产行业收入。这是否意味着长期（8—10 年）仅通过市场调节中国房价就具有下降趋势？政府采取的一些措施比如对不满 5 年的二手房征收 5% 左右的营业税，这降低了供给水平，提高了房价。另外，根据税赋转嫁的原理，其中有一部分转嫁到消费者身上，尤其是在供给弹性大于需求弹性时，大部分税赋由消费者承担。这些政策到底具有什么作用？同政府意图是否冲突？对政府限制房地产需求，比如对提高公积金贷款利率等的做法有什么看法？政府在调控房地产市场方面的应该扮演什么角色？

洪永淼：中国房地产（特别是供给方）目前并不是一个竞争性行业或市场，通过市场调节是否可以让中国房价在长期（8—10 年）具有下降趋势，尚不得而知。而且，根据中国经济本身和国外大多数国家房地产业的历史经验看，如果中国宏观经济今后 10 年继续保持持续快速增长，并且中国经济与市场向境外投资者日益开放（这些是非常有可能的），那么中国房价应该具有长期上升的趋势而不是相反。

政府征收不满 5 年的二手房的营业税，主要目的是抑制房地产投机和投资

① 本文根据洪永淼做客中国经济学教育科研网“名家茶坊”栏目，与广大经济学爱好者进行在线交流整理而成，首发于 2007 年 9 月的中国经济学教育科研网。

需求，减缓房价上涨速度和幅度，这会有一定的作用。当然，二手房营业税确实有一部分会转嫁到二手房买主身上。

政府限制房地产需求，主要出发点是抑制房价过快过高上涨，使大多数城镇家庭有能力买房子或者租房子。利率提高会有效减少房地产需求，但对中低收入阶层的家庭所造成的负担可能相对较大。事实上，政府可以大力增加房地产供给，特别是增加适合中低收入阶层人民购买能力的房地产供给，并且逐步形成一个竞争性的房地产供给市场。还有，政府目前在限制房地产需求时采取了不少临时性行政措施与手段。应该更多地使用经济手段，并完善房地产市场法律法规制度建设，构建一个有序有效的房地产市场。

2. 在CPI不断上升的宏观经济背景下，政府出台了一系列的措施，比如将利息税从20%降低为5%，政府今年连续多次加息。但从经济学的基本原理出发，降低利息税鼓励了更多储蓄，使得可贷资金供给增加，导致利率下降和投资增加。这同加息政策是否背道而驰?

洪永淼：从抑制宏观经济过热、降低通货膨胀率的角度看，提高利率增加了借贷者的成本和投资者的机会成本，可以减少流动性资本，降低投资需求，抑制通货膨胀。另外，确实如您所说的，降低利息税（和提高利率）会增加储蓄。当资金供给量增加时，如果银行系统是一个完全竞争性市场，确实会有降低利率的市场趋势或压力，从而增加放贷与投资。但是当央行提高银行贷款准备金率时，这种压力或逆向作用就变小了。

降低利息税可以增加储蓄，但它是一种收入再分配的调节手段，对股票市场投资有一定的“挤出效应”。

soros2005：洪老师，您好！厦门大学王亚南经济研究院（WISE）所取得经济学科建设的成就是令人瞩目的，这离不开您和厦门大学各位经济学学者的不懈努力。谢谢您对中国经济学所作出的成绩和努力！我只是名很普通的经济学学生，所提的问题可能让您见笑了。这里有两个问题向您请教：

1. 在递归的动态经济学研究中，以萨金特（Thomas Sargent）为首的学者没有考虑未来经济变量对现在的影响，因此在计量时所做的预测也是没有达到最为经济学中所期待的理想化状态。请问，在递归方法检验中如何能将产业结构变量与人力资本投资等投资变量演变出动态的关系？

洪永淼：首先谢谢您对 WISE 的工作评价。在经济学中，未来经济变量对现在的影响一般是通过经济主体（economic agents）的预期而产生的。应该说，宏观经济学的理性期望理论已考虑了理性预期的作用和影响。尽管如此，理性期望模型的计量预测确实没有达到很理想的效果，这当中有很多复杂的原因。

在递归动态宏观经济分析中，我们可以运用递归方法描述经济变量的动态变化特征，如 t+1 期的消费主要取决于 t 期的储蓄率和 t 期的财富状态、t+1 期的物质资本投资主要取决于 t 期的储蓄率和 t 期的物质资本投资，等等。

对于产业结构变量，它的动态化过程与前一期产业结构、整个经济发展状况、经济制度、经济政策等因素密切相关，需要考虑到的变量很多，应该采用模型方法。对于人力资本而言，t+1 期的人力资本存量应该是 t 期的人力资本存量、t+1 期的人力资本新增投资（如新增的教育投入、新增的大学毕业生人数等）的某种函数，这些模型或函数假设可以产生动态关系。

2. 在递归经济学中，最优调节器问题一直受到萨金特等学者的重视。请问如何在计量经济学中用语言来表达这一思想，以及今后二者结合发展的方向能有哪些？

洪永淼：最优调节器问题，我认为就是动态化过程中的最优控制问题。它源自自动化理论，旨在讨论最优的经济政策控制，在一定的约束条件下使经济目标函数最大化。这种方法通常在宏观理论建模部分中运用，特别是在分析最优宏观经济政策（货币政策、财政政策等）时。之后再使用校准（calibration）和计量经济学方法（如计算机模拟）评估模型的解释能力。

将最优控制论和计量经济学结合在一起，是一个很好的想法，有不少课题可以研究。例如，对经济系统反馈（feedback）的建模，宏观经济政策模拟分析与评估，以及样本外宏观经济预测，等等。

Huqinfeng：洪老师，您好！自然规律或经济规律，都应该是唯一的。所以，最基本的经济理论，也应该是唯一的。而且，如同不同肤色的自然人，都有着一个相同的、最基本的生理理论一样，经济理论也应该有着一个普适于所有国家的基本经济理论。基于这种观点，我想请教：

1. 现在，有没有可以理解为“普适于所有国家的基本经济理论”？

洪永淼：是否存在“普适于各国的基本经济理论”，是一个见仁见智的问题，这里我只谈个人看法。的确，在自然界每一个领域，如物理学，其规律是唯一的。在经济学领域，如果一个经济理论，比如说一般均衡理论，可以严格地建立在一些基本假设上，而这些假设（如对偏好、生产技术、资源等的假设）具有普适性的话，这样的经济理论就可以被称为一般基本经济理论。这种基本经济理论告诉我们，如果那些前提条件大致满足的话，我们可以预见会有什么样的经济行为与后果。这一点是普适的，类似于自然科学，这种经济理论是有用的。

但是经济学与物理学等自然科学的一个根本区别是，任何一个经济系统都不是通过实验设计而建立在那些假设之上的。换言之，任何一个经济系统，如中国经济，很可能并不满足那些基本假设，而是具有自己的特点。因此，上面所说的“基本经济理论”有可能并不完全适用，因为其前提条件并不满足。这样，基本经济理论在中国可能是这样一种表现形式，在欧美可能是另外一种表现形式。如果将这种基本经济理论应用于分析某一特定经济系统，就必须考虑经济系统的特殊性，这样才能使经济理论正确地反映经济现实。因此，一种经济理论用于解释美欧经济问题时其表现形式可能像一头“驴”，用于解释非洲经济问题时其表现形式可能像一匹“马”，但用于解释中国经济时其表现形式则可能是非驴非马的“骡子”。任何时候都不宜照搬照抄适用于描述西方经济的理论，应该注意经济理论成立的前提假设在中国是否仍继续成立。如果不成立，这种理论就需要修正、创新。

2. 如果经济学有着一个目录树，计量经济学应该“位于”经济学目录树的什么层次？

洪永淼：现代经济学就其经济研究对象来说，大致可以分为三大领域：宏观经济学、微观经济学和金融经济学。我们常说的经济理论就是指这些领域的理论，计量经济学研究对象不属于经济系统的某一范畴。

计量经济学是经济学实证研究的基本方法论，它几乎渗透到经济学研究的各个领域。比如宏观经济学研究可以分为宏观经济学理论研究和宏观经济学实证研究，前者是运用数学等逻辑分析工具研究宏观经济理论，后者则是运用计量经济学工具分析宏观经济数据，揭示宏观经济运行规律，检验宏观经济理论能否解释预测实际经济运行及其发展趋势。

作为一种经济研究的基本方法论，计量经济学可以与宏观经济学、微观经济学一起，并列为现代经济学三大核心学科。在国外高校，金融学大多被划归商科而不属于经济学科。

计量经济学本身按其应用对象也可以划分为宏观计量经济学、微观计量经济学、金融计量经济学等，每一个领域的研究又可分为理论计量经济学、应用计量经济学（即实证研究）。

Tasteconomic：洪老师，您好！请问，如果做计量的实证论文，用什么软件来处理数据比较好呢？我看您和汪老师的论文里列出了五个：SAS，Eviews，STATA，MATLAB，GAUSS，您最喜欢用哪一个，还是在不同情形下用不同软件呢？

洪永淼：使用什么样的统计软件与个人偏好有关。我主要使用 GAUSS 和 SAS 软件，这与我在美国加州大学圣地亚哥校区（UCSD）学习时所受的训练有关。UCSD 计量经济学很强，经济学博士研究生很多人在做这领域的博士论文研究，其中不少人使用 GAUSS，我也跟着学了，这样可以得到其他同学的帮助。GAUSS 是矩阵语言，比较适合做模拟计算，同时网络上也有一个自发的 GAUSS 使用者群体，大家有问题时可互相帮忙解答。其他使用矩阵语言编程的统计软件包括 MATLAB 和 S-PLUS。近年来，MATLAB 使用者比较多，而且跨专业跨领域。如果只是做实证研究（empirical studies），使用类似 Eviews 和 SAS 这两种大众化的统计软件比较合适，因为使用者不必自己编程，很多统计量均是现成的。我较早研究中国国企改革实证研究时就是使用 SAS 软件。在 UCSD 经济学系计算机中心，有一位技术人员可以回答 SAS 编程的一些基本问题，很方便。

全金属外壳：想问问洪老师，计量模型出来的结果往往和现实差异甚大，比如对 CPI 的预测，不同的假设不同的变量设置就会出来根本不同的结果。

我们应该如何正确运用计量模型在实际的金融和经济学研究上（例如投行里的预测和教科书上的预测的区别）?

洪永淼：经济预测在制定经济政策和指导经济活动时非常重要。但正如您所说的，计量经济模型预测结果与现实差距甚大，特别如CPI等宏观经济预测，更是如此。不单在中国，在国外也是这样。从计量经济学角度看，这是模型设定问题。在计量经济学教科书中，我们常假设存在一个真实的数据生成过程，假定所用模型的设定是正确的，这些假设在现实生活中不一定成立，因此预测偏差可能就比较大。在实际应用时，应该记住所有模型的前提假设条件，经常验证这些条件在现实生活中是否满足，不断改进所使用模型，使之更靠近现实。例如，以预测CPI为例，如采用按产品、行业、地区等非总量的方法，最终再进行加总的预测，其效果可能会比使用总量宏观模型预测方法更好。

此外，计量经济模型只是经济预测的一种方法（当然是一种重要的方法），还有很多其他信息和其他方法可以用来预测，例如在美国，美联储的宏观经济预测常参考一些被称为职业预测者的预测调查（survey of professional forcasters）。中科院预测科学中心汪寿阳教授所领导的团队，发明了一种被称为TEI@I预测方法，这种方法将计量经济模型和其他信息结合在一起，近年来在预测中国宏观经济趋势时取得了很好的效果。

Silentspeake：作为中国的经济学学生，我们在进行着扎实的基本功训练的同时，对经济学直觉的培养成了教育中的短板。现在我们在学习中往往容易过分强调数学推导，而忽视对背后的经济学直觉的分析和理解。请问我们应该如何借鉴西方人学习经济学的经验，避免这种情况的发生?

洪永淼：您提的问题一直是中国经济学教育中一个比较突出的问题。的确，经济学中的数学推导，很容易使学生将注意力集中于数学工具本身，而忽略这些数学公式所包含的经济含义，加上一些教师在进行数学推导时，可能对数学公式的经济含义解释不够，这些原因便造成您所说的现象。

事实上，数学工具和经济直觉、经济思维并不矛盾。数学作为一种抽象逻辑语言，非常适合经济分析，从复杂的经济现象中抽取出最本质的经济规律。作为一种语言和工具载体，经济学的数学公式包括极其丰富的经济含义，应该注意数学公式的经济解释这方面的训练。换言之，经济学的基本功训练应该包含数量分析和数量分析的经济解释两个方面。这两方面缺一不可，就像一张纸的两面。我本科读物理学时，物理学老师常常强调物理学中的数学公式所包含的物理含义，这种训练非常适合于经济学教学。

还有，很多经济思想、直觉，起初并不是从经济学教科书、从数学推导产生出来的，而是从对大量经济现象（包括经济数据）的仔细观察思考与讨论中产生出来的。

baby8962：洪老师，您好！作为一个在计量方面很成功的人士，您能否推荐一下适合硕士水平看的有关计量经济学的杂志、书籍等等。洪老师个人是读教材比较多，还是读杂志和非教材类书籍比较多呢？

洪永淼：对于经济管理类硕士研究生，如果是想学习计量经济学理论基础的话，类似伍德里奇（Jeffrey Wooldridge）的 *Econometrics*：*A Modern Approach* 和格林（William Greene）的 *Econometric Analysis* 这样的教科书即可，这些教科书除了介绍基础理论外，还介绍很多相关实例。

此外，比较合适硕士研究生阅读的计量经济学期刊有 *Journal of Applied Econometrics*，*Journal of Business and Economic Statistics*，*Review of Economics and Statistics* 等。*Journal of Econometrics* 也有一些实证研究论文，对硕士研究生来说，一般情况下不适合看理论计量经济学论文，应该偏重应用计量经济学论文，即如何用计量经济模型与方法分析经济问题的实证文章。

我本人计量经济学教科书看得很少，主要是看计量经济学期刊论文，后者对研究帮助较大，包括新近发展、选题、模型方法、数据处理、文章结构与范式等等。

在国外，经济学论文从投稿到正式发表的周期一般比较长，即使是最新一期的期刊发表的论文，也是几年前的研究了。因此，应该注意阅读尚未正式发表的工作论文（working papers），包括各种国际学术会议网站的学术论文，这样才能跟踪最新国际学术前沿研究。

allain0104：洪教授，您好！非常感谢您能来参加论坛的活动。我是一名刚刚毕业的大学生，本科在一所财经学校学习统计专业，尽管已经参加工作，但还是希望今后有机会继续深造。这里有四个问题向您请教，恳请您不吝赐教：

1. 现代经济学大量运用数学工具，但国外的中级经济学教材（如Hal Varian的微观现代观点和N. Gregory Mankiw的中级宏观）似乎并没用很多的数学工具，甚至还尽量避免使用烦琐的数学推导，给人的感觉是国外的本科生似乎数学也不是很好。那么，他们在研究生阶段是如何掌握高深的数学工具的？这点也许会对我们青年学生有所帮助。

洪永淼： 是的。以美国为例，美国绝大部分经济学本科教材确实没有很多烦琐的数学推导。这与美国大多数经济学专业的本科生数学水平有关，也与经济学专业本科教育的主要目的有关。在研究生阶段（尤其是博士研究生阶段），经济学课程大多使用很多高深的数学工具与数学模型。这是因为美国研究型大学经济学博士研究生教育主要是培养高素质学术研究人才，而严谨的研究方法训练是一个最关键的环节。这与美国大学经济学本科教育有很大反差。但是，美国很多高校经济学研究生（博士生）的主体并不是美国经济学本科生，而是外国留学生。一般来说，他们与美国本土学生平均水平相比，有较好的数学基础。美国经济学专业本科生，如果他们早有志愿攻读经济学博士，不少人在本科阶段也会到数学系修读一些数学课程。此外，一部分美国本科生有经济学和数学（或统计学、计算机等）专业双学位。

大多数美国高校经济学博士研究生第一年都要在本系修读一门数理经济学（或经济数学）。博士生资格考试通过后，不少学生根据自己研究方向的特点，会去数学系选修一些研究生数学课程，充实数学基础。

2. 面对大量现代的经济学文献，许多青年学生（本科、硕士甚至博士）都还难以读懂，使人感到研究的道路太漫长。这里请您介绍相关的循序渐进的学习方法，让我们能更快地走上正确的学习道路。

洪永淼： 现代经济学研究强调数量分析方法，因此国外经济学期刊的论文对很多中国青年学生来说，还不好理解。记得我在中国人民大学经济学培训中心研究生班学习时，读不懂斯坦福大学一位经济学教授指定的参考文献，因此问这位教授需要多长时间才能读懂经济学专业论文，他回答说需要5年的时间。后来我才慢慢悟出来，他指的大概是需要经过类似美国经济学博士研究生那样的系统训练。

每个人情况不同，因此学习研究方法也不一样。但我想，首先应该有比较扎实的经济学理论基础，然后，针对您感兴趣的研究方向，读一些相关的学术专著（特别是读该领域权威学者的专著）以及综述文章，对整个领域或方向的历史、发展及最新前沿均有一个大致的了解，然后仔细读相关的期刊论文。期刊论文暂时看不太懂没有关系，多读几遍，或者先看其他文章，一段时间后再重读。随着知识的积累，一段时间后会有豁然开朗的感觉。“山重水复疑无路，柳暗花明又一村”，此种感觉在学术研究中是常出现的。

3. 尽管经济学不像物理等理论学科那么的高深晦涩，但现代的经济学理论研究似乎越来越艰深，令许多没有学过经济学的人感到经济学研究没有太大的用处。请您谈谈经济学研究的发展方向以及经济学理论研究是如何指导实践活动的。

洪永淼：现代经济学研究越来越深、越来越细，这主要是经济学家想让经济学成为一门类似物理学那样严谨的科学。但是，经济学的解释和预测能力远远没有达到物理学那样精确的境界，而且很有可能永远达不到。但是，经济学还是很有用的，它可以加深我们对经济现象和经济体制的理解，指导人类的经济活动。比如，布莱克和斯克尔斯（Black & Scholes，1973）关于期权定价的经典性论文，里头有很多高深的数学推导，但这篇文章开辟了现代金融学研究的一个新领域，为后来兴起的金融工程特别是金融衍生产品市场提供了坚实的理论基础。

现代经济学期刊上的不少论文，看上去充满数学假设、推导和定理，但是其实研究的对象大多是与当时经济现实紧密相关的。例如，2003 年诺贝尔经济学奖得主恩格尔（Engle，1982）的 ARCH 波动模型产生的背景是 20 世纪 70 年代后石油危机、浮动汇率制度、高利率政策等造成世界经济充满风险和不确定性。人们进行经济活动时，需要预测和量化所面临的不确定性及其影响。

4. 最后，请您谈谈国内经济学教育存在的问题，以及您在办 WISE 过程中的感想。

洪永淼：我很多时间不在国内，对中国经济学教育的了解还不是很全面。根据我个人过去几年在国内一些高校讲学以及在 WISE 工作的经验，有几点比较深的感受：一是中国经济学教育与研究正处于一个转型期，很多方面尚未定型，尚未成熟，比如大多数中国高校经济学研究生课程设置，比较重视经济学核心课程（宏观经济学、微观经济学、计量经济学）的教学，但比较忽视专业前沿课程的教学，造成中国经济学研究生在从事博士论文写作时缺乏应有的循序渐进的指导，目前两阶段研究生培养模式（即二至三年硕士研究生，三年博士研究生）不利于对博士研究生进行比较系统的科研训练；二是学术氛围上比较浮躁，急功近利的诱因与土壤（包括高校管理评价体制）相当普遍，缺少使人潜心做学问的环境；三是很多教师对学术交流，特别是国际学术交流的重要性认识不足，大多数经济院系还缺少经常性的、专业化的、前沿性的、以教师和博士生为主体的学术讲座。大多数学术讲座的听众主体是研究生（甚至高年级本科生）而不是教师；四是中国高校有不少的学者“官本位”思想与现象相当普遍，这不利于学术进步和学科发展。

Jerryren：洪教授，我想利用非参数分析方法研究 GDP 增长率。非参数分析的方法有很多，如非参回归要求的样本量大，而对应我国的经济数据稀少，让我头疼。不知道您有什么好的建议。

洪永淼：非参数分析没有假定模型函数形式，比较不会出现模型设定错误，但也因此要求样本量较大的数据。非参数分析很多应用在微观经济学和金融学领域，因为微观数据和金融数据比较大。宏观数据相对较小，但这并不意味着非参数分析不能用于宏观经济数据。如果解释变量个数不多，非参数分析也是可以的。最重要的是要先想清楚为什么要用非参数分析，它相对于常用的参数模型可能带来什么样的新的发现或结论。其次，可以考虑使用较大的样本数据，如季度数据或月度数据。如果能够考虑不同部门或者不同省份，则可以使用面板数据进行非参数分析。最后，半参数分析也是可以考虑的选择之一。即根据经验，模型中一部分可假设为参数函数形式，另一部分可以用非参数方法处理。

Xiaohui：洪老师，您好！

1. 许多经济学家认为中国的股市中已有不小的泡沫，但股市仍居高不下，政府的调控政策也并没有收到明显的效果。中国的股市中还有许多诸如此类令许多经济学家费解的现象。您认为这其中的主要原因是什么？是股市的制度缺陷所致还是大多数股民的投资素质不够？

洪永淼：中国股市确实存在不少令经济学家费解的现象，如前一段时期央行加息，但股市价格依然上扬（最近终于加息时股价下降了）。我想，这不能怪罪于大多数股民的投资素质。他们虽然可能多数没有学习过经济学，但他们比任何其他人更关心、懂得如何保护他们的切身利益。应该从中国股市制度以及中国经济大环境来寻找原因。如果这些制度安排和经济大环境没有根本性改变，即使股市大多数投资人是高素质的机构投资者，也会产生类似令人费解的现象。

2. 在股市这种受心理因素影响很大的环境中，标准的经济学理论对研究股市是否有作用？

洪永淼：如果您讲的标准的经济理论是指西方经济理论的话，将很难照搬过来分析预测中国股市，因为股市制度安排与经济环境有很大不同。

天外飞仙：洪老师，您好！

1. 在中国双顺差的影响下，您觉得当前人民币对美元的汇率是否被低估了呢？能否采取一些宏观政策来调整？

洪永淼：从历史经验看，当一个国家经过相当长的一段时间持续高速增长，其货币会随着本国经济实力的增强而变强，有升值的趋势。加上最近几年美元贬值，人民币相对美元升值的压力是一种客观存在。问题是，美国一些政客或一些利益集团鼓吹人民币升值，可能有其政治或经济目标。我个人看法是，人民币即使大幅度升值，也不可能解决美国经济存在的主要问题，如贸易赤字。中国应该根据自己的实际情况和利益，决定人民币汇率水平，而且汇率变动不能过快过大，以使中国经济有时间适应、消化汇率变化，避免大的经济波动。瞬时的大幅度调整当然可以减少市场对人民币升值的预期，但中国经济调整的成本可能会非常大。

2. 您觉得作为一个经济学者应该具备哪些最基本的素质？

洪永淼：我个人认为，成为一位合格的经济学家至少要有以下基本素质：

第一，有从事学术研究的志向和兴趣；第二，有潜心做学问的毅力和定力，即能够静下心来、能忍受寂寞做研究，这在中国学术界目前这种比较浮躁的氛围中比较不容易做到；第三，有比较扎实的经济理论基础；第四，掌握经济学术研究的基本方法与技能；第五，能够大处着眼，小处着手，看问题能把握大方向，处理解决问题要认真、细致。

前两点尤其重要，后几点特别是后两点可以在研究中培养，边做边学。

Yuetao：洪老师，您好！

1. 何为计量经济学的根本问题？有老师说计量的目的是证伪，请问您怎样看待这种观点？

洪永淼：计量经济学的根本目的，就是建立一套以经济理论为基础，适合经济数据特点的现代统计理论、模型与方法，分析经济数据，揭示经济运行规律，以检验经济理论与经济假说，解释经济现象并预测未来经济走势。计量经济学的目的是否为证伪，主要取决于我们对经济系统和计量经济学理论的根本观点。我本人比较赞同“证伪”这种观点。这种观点是建立在以下基础上的，即认为经济系统存在着一个客观经济规律，这个规律通过各种经济现象表现出来。任何一个经济理论都是对这个客观经济规律的一种描述。这种描述是否接近客观现实，可以使用计量经济方法和观测到的经济数据来检验。如果原假设成立，即经济理论符合现实的时候，计量检验方法便不会拒绝原假设（在给定的显著水平条件下）。如果原假设是错误的，计量检验方法将倾向拒绝原假设。但是，由于人们所使用的计量检验方法本身可能有缺陷，无法检测出某些特定错误，或者由于数据样本数太小，计量方法也有可能没有办法拒绝错误的原假设。因此，当人们使用某一计量检验方法验证经济理论时，如果能够拒绝原假设，说明经济理论是错误的。如果没有拒绝原假设，我们只能说没有统计证据推断原假设，而不能说原假设是正确的。从这一意义上讲，计量经济学是“证伪”。当然，检验经济理论与经济假说只是计量经济学的一个目的之一，计量经济学还有其他用途，如经济预测。对于经济预测，即使是错误的模型也可能有一定的预测能力。

2. 我曾听过一个从美国留学归来专业为计量经济学的年轻老师的计量课。

她上课的时候说过，现在关于计量理论的文章用的数学已经很深。她想看懂一篇新论文都会觉得很困难，更不要说是刚开始学习计量的研究生。但是从实证分析角度看，那些新的高深的计量理论文章似乎对实证计量没有多少用处，因为现在比较成熟的计量理论已经能够处理绝大多数实证问题。所以我的问题是：理论计量经济学家们之所以还在运用很深的数学做理论研究是不是因为对现有的计量工具进行实证分析后的结果还不满意，还是因为计量理论本身不完善？

洪永淼：一种计量经济学方法刚开始提出来时可能还不成熟，需要理论计量经济学家共同探讨加以改进，同时一种计量经济学理论从提出到实证应用有一个过程，需要一定的时间才能为实证研究人员所接受和熟悉。例如世界著名计量经济学家怀特（White，1980）提出的适合于存在条件异方差的 OLS 估计量的方差公式，经过了很长一段时间才为实证研究人员熟悉和使用。因此，一种新的计量经济学理论刚提出来时，开始可能不能或没有马上被应用于实证研究中，但随着时间的推移，随着计量经济理论的不断完善，可能会被用于未来的实证研究中。

另外，由于新的经济理论、经济模型，甚至新的经济数据的出现，也需要不断发展新的计量经济理论。例如，过去 10 年大量出现的高频金融数据（如 tick by tick data），由于数据出现的时间间隔不均匀且具有随机性，标准的时间序列计量经济学方法不适用，需要发展出新的适合这类高频金融数据的计量经济理论。这方面的一个例子就是恩格尔和罗素（Engle & Russell，1998）新近提出来的回归条件久期模型（autoregressive conditional duration models）。这类模型为研究金融学市场微观结构提供了很有用的计量经济学方法与工具。

3. 在我看来，计量经济学分为理论计量和实证计量，要做理论计量和实证计量研究所需要的数学背景有什么不同？做实证计量需不需要掌握高深的概率论及数理统计知识？

洪永淼：计量经济学确实可分为理论计量经济学和应用计量经济学（即实证计量）。从事理论计量经济学的研究需要有扎实的概率理论与数理统计理论基础，特别是需要掌握渐近理论分析以及计算机统计软件编程能力（用于模拟计算分析）。从事实证研究不需要理论计量经济学研究所要求的那么高深的概率论和数理统计理论，特别不必要求会进行数学推导，只需要有一定的概率论与数理统计基础，了解计量经济学理论、模型、方法，熟悉数据处理和统计软件使用方法（包括一定的编程能力）。

Ruoyao：洪老师，您好！

1. 在实证中，采用不同的方法往往得到差异很大的结果。怎样评价各种实证方法及其局限性，如何才能找到最适合的实证方法呢？

洪永淼：是的，在实证研究中，常常会出现这样的情况：使用不同的数据、不同的计量经济学方法，会导致不同结果，甚至是相反的结果。由于所观测到的经济数据绝大多数不能通过可控实验获取，我们因而无法用实验验证哪个结论是正确的，哪个结论是错误的，只能通过比较数据的质量以及所用的计量经济学方法的相对优劣性来判断实证结论或结果的合理性。

如何比较评价各种计量经济学模型与方法是一件不容易的事情，但有一些基本原则可以遵循。首先是注意计量经济方法适用的条件与范围。例如，一些重要的计量检验统计量假设条件同方差这个条件，如传统 t- 检验和 Box-Pierce 的 Q 统计检验量。条件同方差并不是原假说的一个组成部分，如果条件同方差这一附加条件不成立，统计检验量就有很大可能性错误拒绝正确的原假设（即有很大的第一类误差）。如果经济数据存在显著的条件异方差（如高频金融数据存在波动聚类性这一特征），那么上述方法就不宜使用。

其次是根据不同计量经济学方法的优劣性来判断。很有可能存在不止一种适用的计量经济学方法，但有些方法比较好，比较有效。例如，一个计量经济学模型既可以用广义矩估计（GMM）也可以用最大似然法（MLE）来估计。在同等条件下，如果似然函数设定大致正确而 MLE 得出的结果与 GMM 不同，那么应该倾向于 MLE 结果。因为 MLE 与 GMM 估计相比，要比较精确，比较有效，虽然 MLE 可能比 GMM 估计在运算上要复杂些。但是，没有把握 MLE 的似然函数设定是否正确，则应该倾向于 GMM 结果，因为 GMM 只假设矩条件，不对整个概率分布作设定。另一个例子，有可能不止一个统计检验方法可以用来检验同一个经济假说（如市场有效性），但其中一种方法可能只可以检测对原假说的线性偏离，另一种方法可检测线性和非线性偏离。如果后一种方法拒绝原假设而前一种方法没有，则应该倾向于相信后一个方法所得到的结论。

2. *在学习计量经济学的过程中，应该怎样注重理解其思想体系和经济理论基础呢？*

洪永淼中文研究生教科书《高级计量经济学》，高等教育出版社出版

洪永淼：纵观计量经济学发展历史，可以看出，所有重要的计量经济学方法，都是为了解决、分析当时所面临的一些重要的经济问题而提出来的。例如，GMM 估计方法是为了估计理性期望模型而由计量经济学家提出来的；ARCH 和 GARCH 波动模型是为了预测经济金融市场波动而提出来的；单位根和谐振理论的发展是因为经济学家发现大多数宏观经济时间序列可能是单位根过程，而传统时间序列统计理论不能适用，因而需要新的计量经济理论。应该注意每一种计量经济学理论、模型或方法产生的背景、相应的经济理论以及要解决的问题，这样才会比较清楚一种计量方法适用于分析哪些经济问题。

艳阳天：*洪老师您好，当估计利率期限结构的动态模型时，如果加入截面约束，采用什么方法比较好呢？*

洪永淼：如果是连续的时间利率期限结构动态模型，最佳估计方法是 MLE 或近似 MLE 的估计方法，这种方法需要用到多元联合条件概率密度函数或者它的近似，而多元联合条件概率密度函数可以将横截面约束考虑进来。但是连续时间利息率期限模型的联合条件概率密度的函数形式通常很难得到，通常需要用非参数或计算机模拟等方法近似表示，这样计算时比较困难且很费时。如果样本足够大，可考虑次优但计算比较简单的估计方法，如拟最大似然法（QMLE）或 GMM。如果是 QMLE，只需要将联合条件概率密度函数前两个条件矩（条件均值和条件方差协方差）的表达式计算出来，然后假设联合正态分布来估计。如果用 GMM，则考虑一些适合的矩条件，这些矩条件也可以将横截面约束考虑进来。因为我没有看到您的具体模型，只能讲些原则性意见，我建议您阅读国外有关这方面的文献。

区间数据计量经济学是一个新的研究方向①

洪永淼

首先感谢中国经济学年会组委会和浙江大学史晋川教授的邀请，使我今天有机会在这里作演讲。很抱歉，我今天演讲的内容跟这次年会的主题可能没有什么太密切的关系。我今天想介绍我和中国科学院预测科学研究中心汪寿阳教授共同带领的研究团队正在进行的一个新的计量经济学前沿研究，即区间数据计量经济学。为了说明什么是区间数据，我先举几个实例。

现在大家可能比较关心中国经济的走势，比如说经济增长率以及通货膨胀率。那么，我在这里想问的问题是：明年中国 GDP 最高的增长率和和最低的增长率大概是多少？明年中国的通货膨胀最高大概多少？最低是多少？明年上海证券市场 A 股的价格指数最高和最低会达到多少？这些问题的一个共同点就是预测经济变量的一个区间，而不是预测一个点值。这就是我今天在这里要讲的计量经济学问题。我今天不会对明年中国宏观经济变量做出具体的区间预测，预测这些经济变量变动的区间大概是从哪里到哪里，但是我会告诉大家怎么去预测。

那么到底什么是区间数据呢？我相信在座的很多人对计量经济学实证研究都很熟悉。实证研究所使用的数据，大都是一个变量在一个时间点或者是在一个时间段里，它取值是一个点值。但是，区间数据则是介于一个下限和一个上限之间所有点值的集合。从计量经济学角度来看，区间数据相对于点数据，有其信息上的优势。大家知道，你如果是考虑一个点预测的话，作为一个点你根本不知道它靠近真实数据点有多远，也不知道它变动的范围有多大？最近大家可能对气候变化包括全球气候变暖比较感兴趣，其实在这方面温度的区间数

① 本文根据洪永淼在第九届中国经济学年会上的演讲整理而成，首发于 2009 年 12 月 16 日的中国经济学教育科研网，收入本书时做了一些修改。

据对研究气候变化是非常适合的。我们知道在一天之内，温度一直在变化，一天中的最高和最低温度组成一个温度的区间数据，温度的区间数值不仅可以提供温度的中值（类似于平均温度），还包含温差信息。大家看中央电视台每天的气候预报，不是简单地预测一点如平均气温，而是要告诉你最低和最高的温度。为什么说温度的区间数据特别适合用于研究气候变化？基于区间数据，我们不但可以研究平均温度变高还是变低，而且还可以研究温度变化的范围是变大还是变小。另外，医学上的高血压和低血压也构成了一个血压区间，不但高血压和低血压本身分别取值多大，压差的大小，都对一个人的身体健康非常重要。

金融学和金融市场有不少价格区间变量与区间数据。大家知道，每个交易日从开盘到收盘，股票的价格都是连续在变化，这期间最低和最高的股票价格组成一个股票的价格区间。长期以来，像美国的《纽约时报》和《华尔街日报》网站，都在报道一些重要股票指数每天或一段时间内的最高价最低价。金融市场上有一个所谓的“买卖价差”，即 bid-ask spread，就是一个自然的金融资产的价格区间，可用于测度市场流动性。事实上，区间数据已经广泛应用于金融学。比如金融学家把股票最高价减去股票最低价所得到的“价差”用于刻画金融市场的波动率和估计波动模型。

在经济学中，区间数据的一个例子是宏观经济学的 GDP 增长率，大家知道一年有 12 个月，将 12 个月最低的增长率和最高的增长率组成一个经济增长区间，我们算出来的年增长率便一定会落到这个区间，所以你看经济增长率的区间数据包含的信息要比一年的平均增长率要丰富得多。同样地，通货膨胀率、失业率以及利率的区间数据其信息量要比点数据多得多。

另一个区间数据的例子与劳动经济学或者说收入分配有密切关系。大家知道，在研究收入分配的时候，有一个叫基尼系数的统计量，可以测度收入不平均的程度。其实我们也可以用一个区间来刻画收入不平均的程度，比如使用收入的一个区间数据，就是最低收入的 10% 群体的收入水平和最高收入的 10% 群体的收入水平，所组成的收入区间，这可用来刻画收入不平均的程度。《21世纪资本论》作者托马斯·皮凯蒂（Thomas Piketty），一直在使用收入半区间的概念测度收入不平均程度，如收入最高的1%群体，其收入占GDP的比重，以及收入最低的50%人口其收入占GDP的比重。如果要研究城乡收入差距的话，可以构造一个城乡收入区间数据，其下界是农村收入的平均水平，上界是城镇收入的平均水平。如果要研究性别工资差异，就是女性和男性工资或者收入的差距是多少，由什么因素决定，那么我们可以用女性的收入平均工资为下限，以男性收入的平均工资为上限，构成一个性别工资收入区间数据。现在美国人口调查问到收入问题，只是问的你的收入大概是处于哪一个范围之内，而不是问收入确切的数字。总之，虽然区间数据在经济学的实际应用还不多，但区间数据是大量存在的，没有得到有效和充分的利用。

金融计量经济学中有一个价差模型，就是对股票价格的变动范围——最高价减掉最低价所得到的价差——进行动态建模。实证研究发现，区间波动预测的效果会比基于GARCH模型的波动点预测的效果要好。一个解释是，用上界减掉下界得出的价差数据比价格本身的一个点数据包含的信息量多。其实，将最高价格减去最低价格，这个数据变换本身会产生一个信息的损失，也就是只剩下价格波动范围的信息，价格水平的信息被差分掉了。从计量经济学视角看，对区间数据一个更好的建模方法是直接对原始区间数据进行建模，而不是先将区间数据转变为点数据，然后使用传统计量经济学建模方法。现在我们要讲的一个计量建模思想就是对区间数据直接建模，比如，股票价格的上界是最高价，下界是最低价，对这个股票价格的区间数据直接建模。即使我们本来的目的是预测价格波幅，那价格区间模型构建并估计出来之后，我们才将上界减掉下界，这样就可以得到对波幅的预测。这样做有什么好处？我们直接对区间数据进行建模，这样很多原始信息就包含在区间数据里面，没有造成损失，参数估计会比较精确一点。

区间数据包含的信息比较多，不但包含了最大值，最小值，还包含了变化范围，在实际中大家做预测的时候，本身目的可能就是预测经济变量的一个区间，而不是一个点预测。我常常看新加坡的《联合早报》，我记得他们曾经预测某一年新加坡的GDP增长率会在6%到9%之间，这其实就是一个区间预测。我刚才说的最低最高温度，也是同一个概念。更重要的一点是这个区间数据包含的信息比点数据要丰富得多。从计量经济学角度来看，我们可以得到更好、更精确的参数估计。

那么，如何对区间数据进行建模和估计呢？我现在介绍一个非常简单的区间模型，首先假设 Y 就是一个区间变量，这个区间变量是一个随机区间变量，其取值或实现就是一个固定区间，一个随机区间变量有很多可能的取值或实现。另外还有一些区间解释变量。我相信大家对经典的线性回归模型都很熟悉，在那里，因变量和解释变量都是随机变量，其取值都是点值。我们区间建模的基本思想就是把原来经典的线性回归模型中的点变量都变成区间变量，这样便可得到一个区间线性回归模型 $Y=X\beta+\varepsilon$，其中，Y 和 X 都是区间变量或区间向量。怎么去估计这个模型的参数？我现在介绍一个跟最小二乘法估计非常类似的估计方法。将区间的上界和下界加起来除以 2 得到中值，这是一个点数据；或者将区间的上界减掉下界就得到这个区间数据的变化范围，即波幅。不管是中值或者是波幅，都是点数据。点数据的一个好处就是我们可以用最小二乘法来估计。但是，点数据法不是一个好的估算方法，因为不管是用中值或者是用波幅，数据信息都有损失，估计出来的参数，其标准差比较大，所得到的估计参数可能比较不容易呈现统计显著性。所以，我们现在要介绍的是一种新的估计方法，这个新的估计方法是什么呢？主要是要测度两个区间变量相近的程度是多少？对一个区间线性回归模型，这个 Y 就是我们要预测的因变量区间，我们现在的回归模型本身是做一个预测，这个预测值 $X\beta$ 也是一个区间。所以我们现在要选择模型参数值使得这个预测区间 $X\beta$ 与因变量的实际区间值 Y 尽量靠近。现在，需要引入一个新概念——区间距离。如果是两点的话，它的距离就是两个点的差异。现在比较两个区间的距离就比较麻烦，但是数学家已帮助我们解决了这个问题，数学家早就提出了两个集合的距离概念，而且有各种不同的距离测度。我和汪寿阳老师共同带领的研究团队，采用了一个适合研究区间回归模型的区间距离测度。我们使用被称为 DK-distance 的区间距离测度，选择模型参数值使因变量区间和回归模型区间预测值之间的距离最小，这非常类似于传统点数据线性回归模型的最小化残差平方和的最小二乘法估算。我们称这个新的估计方法为区间数据“最小距离估计法”。

我们现在要强调的是，这个区间距离牵涉到一个所谓的Kernel函数，即权重函数。比较两个区间时，上限和下限共有四种可能的交叉组合，需要分别给出一个权重，构成 2×2 的权重矩阵。这个Kernel函数最基本的作用是什么？我首先选择一个特例，这个特殊权重是比较两个区间的中位数。这个选择肯定不好，因为它只利用一个点数据即中位数。另外一个权重选择是比较两个区间的波动范围，很明显这也不是一个很好的选择，因为它只是考虑区间数据的波幅而已。

我现在要介绍的是第三种方法，也就是我们提倡的新的估计方法，因为这个估计方法对区间数据所包含的信息利用得比较充分，估计出来的参数值也会比较精确。这个参数估计方法就叫做最小距离估计法（minimum distance estimation），其实这与最小二乘法是一样的道理。这个参数估计公式的形式与最小二乘法是非常类似的，只不过以区间数据的形式表现出来而已。所以，今天介绍的新的区间数据的计量经济学分析方法，本质上是跟传统方法的经典线性回归模型的基本思想类似，只不过是从原来的点数据扩展到现在的区间数据。在这个基础上，我们可以发展出一整套的估计、检验、推断的理论与方法。当然，这种扩展，需要新的数学工具，例如随机区间是随机集的一个特例，我们需要随机集的概率论，这与大家学习过的随机变量或随机向量的概率论不一样。其实，上面我们也看到了，我们需要定义两个区间之间的距离。线性回归分析本质上是相关性分析，因此我们也需要定义两个随机区间变量的相关性，等等。这些基本概念是全新的。

今天我在这里简单介绍一个新的计量经济学方法，就是如何对区间数据进行建模。区间数据包含的信息量比通常见到的点数据要大，因此从计量经济学的角度看，这是一个新的、很有发展与应用前景的前沿研究领域。

建立中国微观数据库，助力政府做出更有效决策[①]

中国经济学教育科研网　邓林

在 12 月 9 日于厦门大学召开的 2007 当代劳动经济学国际研讨会上，中国经济学教育科研网记者就目前劳动经济学在国内的发展状况简单采访了洪永淼教授。

洪永淼指出，劳动经济学是现代经济学的重要研究领域，在国外已经发展得相当成熟。它的研究关乎个人、家庭、企业及国家，而国内在劳动经济学方面的研究较少，整体上与国外差距很大。

由于劳动经济学属于微观经济学中应用性较强的学科，其关注的对象

2007 年 12 月，当代劳动经济学国际研讨会参会者合影

① 本文首发于 2007 年 12 月 10 日的中国经济学教育科研网，原题为《洪永淼——建立中国微观数据库有助于更有效的政府决策》。

（“弱势群体”等）也赋予了它更多的政策含义。从中国的现实情况来看，人口众多、社会经济转型，许多重大的问题比如农民工问题、医疗保险问题等都亟待解决，合理地解决这些问题也是构建和谐社会的必要条件。但目前，由于中国微观数据缺乏，限制了劳动经济学在国内的发展，从而限制了劳动经济学在解决中国问题中发挥作用。

洪永淼指出，目前国内数据的大规模收集多为政府按政策需要来进行，与劳动经济学作为一门学科来研究所需要的数据收集有一定差距。厦门大学王亚南经济研究院（WISE）的设想是能够在中国与社会科学院、国家统计局及其他学术研究机构、高校共同建立中国微观数据库。这不仅有利于劳动经济学科在中国的发展，也会更有利于增强政府决策制定的有效性。

2005年，WISE成立了中国劳动经济与社会保障研究中心，逐步建立起了一支与国际化接轨同时立足本土的高效能学术研究团队。中国人口较多，与国外经济发展过程中曾经遇到的问题有相似性也有特殊性。洪永淼表示，中国劳动经济与社会保障研究中心的建立正是希望配合WISE计量方面的优势，以国外比较成熟的研究方法来研究中国问题，为中国经济建设及劳动与社会保障等公共政策的出台提供一流的学术支持。

作为一个研究基地，中国劳动经济与社会保障研究中心的另一重要宗旨即是与国际接轨，为中国劳动经济学培养一流的学生。此次2007当代劳动经济学国际研讨会即邀请到来自海内外的劳动经济学界专家学者与WISE的青年教师及学生进行广泛交流。

第四篇 建言

作为国际知名的经济学家，洪永淼具有广阔的全球视野。他经常受邀出席各种会议，对国家和地方经济社会发展建言献策。

在洪永淼看来，推动中国经济高质量发展，既要让市场这只“看不见的手”在资源配置中起决定性作用，又要更好地发挥政府这只“看得见的手”的作用。只有将两只“手”的作用都充分发挥出来、有机结合起来，才能有效提升资源配置效率。

洪永淼为家乡福建乃至国家经济社会发展提出了诸多建设性建议。他主张，落实福建省委、省政府提出的闽西南协同发展区和闽东北协同发展区的关键战略举措，是建设大厦门市和大福州市“大双城”，只有增强海峡西岸经济区这两个中心城市的实力，才能真正发挥它们的引领作用和辐射作用。

时下，虽然我国经济发展面临的国际环境和国内条件发生了深刻而复杂的变化，但从中长期看，我国经济具有保持长期稳定中高速增长的坚实基础。洪永淼认为内需是我国经济的最大稳定器与主要驱动力，我国超大经济规模优势有助于加快发展动能转换进程；此外，广阔的世界市场空间是我国经济稳定发展的有力支撑。只要进一步释放改革红利、发挥社会主义制度优势，不断改进和优化各类经济政策组合，我国完全有能力缓解乃至消除目前面临的经济下行压力，使实际经济增速向潜在经济增长率回归。

提倡定量评估，建设中国特色新型经济学智库[①]

洪永淼

《经济研究》已经走过了辉煌的60年。无论在哪个历史时期，《经济研究》都能引领时代潮流，在推动中国经济学教育、中国经济问题研究和经济政策研究等方面均作出巨大的贡献。特别是过去20年来，《经济研究》积极提倡现代经济学理论与方法的应用，尤其是以计量经济学为主的实证研究方法的应用，所刊发的学术文章不仅采用定性分析方法，而且广泛运用定量分析方法研究中国实际经济问题，大大提升了中国经济研究水平，并取得了有目共睹的成就。

在本文中，我将主要阐述对中国社会经济政策进行量化评估的必要性与重要性，以及运用现代计量经济学方法与工具，定量评估社会经济政策，以提高经济政策研究的水平，增强经济政策建议的科学性，从而建设具有中国特色、高水平的新型经济学智库。

经过30多年的努力，中国经济已经从原来带有苏联色彩的计划经济模式成功地转型为以公有制为主导的社会主义市场经济模式，并且取得了举世瞩目的成就。在经济转型与发展过程中，中国从中央到地方政府的各种经济政策发挥了主导作用。由于中国的政治、经济、法律、社会、文化、历史等因素，中国各级政府所掌握的经济资源以及主导和影响经济活动的深度与广度，在全球范围内可能都找不到第二个。例如，2008年和2009年实施的4万亿元经济刺激计划以国企特别是央企（包括国有商业银行）为基点，在各级政府的积极响应和配合下，按照计划顺利完成，避免了当时中国经济的急剧下滑与波动。在这么短的时间内，实施这么大的经济刺激计划，只有中国才能做到。可以说，过去30多年中国经济转型和发展的巨大成功，有很多原因，但其中一个主要

---

① 本文为作者应“经济新常态与经济学创新——纪念《经济研究》创刊60周年笔谈”而写，首刊于《经济研究》2015年第12期。

原因是比较成功地处理了政府与市场之间的关系，也就是比较充分地发挥了各级政府的积极性和亿万人民的积极性。

党的十八大明确提出让市场在经济资源配置中发挥决定性作用。但是，探索政府与市场之间的关系，需要不断实践，不断总结经验，更需要中国经济学家从理论上进行研究与探索，提出切实可行的顶层设计方案。

中国各级政府主导和影响经济活动的最主要方式是制定并实施各种社会经济政策。例如，在国家层次上，有“五年规划”、《中国制造 2025》、新《劳动合同法》《社会保险法》等规划和法律法规、国家支持新兴战略产业政策、京津冀一体化战略，长江流域发展战略、自贸试验区战略、“一带一路”建设，当然也包括财政、货币政策等。在地方层次上，有地方“五年规划”、地方产业政策以及地方性的财政政策等。各级政府的各种经济政策，大都是在调查研究、智库论证、征求有关各方意见的基础上形成的。但是，不少调查研究、征求意见并不一定经过充分、仔细的论证。尤其是各级政府领导人政务繁忙，很多人没有充分时间进行系统的调研与征求意见，也有不少是停留在召开座谈会或会议讨论，存在一定程度的形式主义。由于时间等因素的限制，很难能够充分征求社会各方面的意见。一些从属于各级政府部门的智库，本身可能并不具有很高的专业性，而且有时还需要揣摩上级主要领导的意图，缺乏必要的独立性。相反地，身在中国高校与科研机构、立场比较超然的经济学者的经济政策研究，往往具有较高的专业性和独立性。

但是，中国经济学者在从事经济政策研究时，经常是在经过比较简单的定性分析之后，即提出自己的观点、政策建议。这些观点与政策建议，大多不是基于经济数据进行分析的基础上，通过严谨的推断过程所获得的结论，因此不具备较高的科学性。诚然，除经济数据外，还必须对经济的现状、历史有深刻的理解与丰富的感性认识。但是，只有建立在经济数据基础上的严谨的实证研究，才能从复杂的经济现象中揭示经济变量之间的因果关系和内在规律，从而使结论以及建立在结论基础上的政策建议具有较高的科学性。

因此，中国经济学者在经济政策研究的一个努力方向，是提倡以数据分析为基础的实证研究，特别是对各种时期的各种经济政策进行量化评估。在过去很长一段时间内，应用经济数理模型，如可计算一般均衡（computational general equilibrium）模型、动态随机一般均衡（dynamic stochastic general equilibrium）模型以及计量经济学模型与方法（包括蒙特卡罗模拟方法），对经济政策进行量化评估在国外已很流行。最近二十年来，计量经济学出现了一个新的领域，称为政策（或项目）评估计量经济学（econometrics of program evaluation），并广泛地应用于量化评估各种社会经济政策。所谓政策评估计量经济学，是应用计量经济学方法与工具，在经济数据的基础上，对社会经济政策进行量化分析，其主要目的是测度某个政策实施后对某个群体、某个行业或某个地区的“因果”影响。由于经济现象的不可实验性（如4万亿元刺激计划不可能再重复一次），政策评估的最主要困难是识别因果关系和测量政策效应的大小或强弱。政策评估计量经济学因此提出了各种条件下的量化评估方法，其核心是估计无法观测到的虚拟事实（counterfactuals），即没有实施某种政策时的效果如何，这样，某项政策的效应可测度为实际政策作用下的效果与虚拟事实之差。

在国外，政策评估计量经济学已被广泛应用于经济学和社会科学很多领域，包括劳动经济学、工业组织、发展经济学、社会学等领域。例如，卡德和克鲁格（Card & Krueger，1994）运用双重差分法（difference in differences）研究了美国最低工资法对于就业的影响。德赫贾和沃赫拜（Dehejia & Wahba，1999）使用倾向匹配得分（propensity score matching）估计就业再训练政策对于收入的影响。哈恩等（Hahn *et al.*，2001）应用断点回归方法评估了美国反歧视联邦法对少数族裔就业的影响。阿巴迪等（Abadie *et al.*，2002）则使用分位数处理效应模型估计美国大型的就业再培训计划对于收入分配的影响。雅各布和莱弗格伦（Jacob & Lefgren，2004）利用美国芝加哥公立学校1996教育改革数据评估了芝加哥公立学校所实施的设立暑期培训班以及学生成绩不好需要留级的教育政策对学习成绩的影响。拉利韦（Lalive，2008）评估了奥地利“区域扩展福利计划”域（Regional Extended Benefits Program）实施后对男性与女性工人失业持续期的影响。

政策评估计量经济学，渊源于统计学科的流行病统计（epidemiological

statistics）以及所谓的处理效应（treatment effect）统计。作为政策评估的重要方法论，政策评估计量经济学可用于对中国各种社会经济政策进行严谨的定量评估，这将大大提高中国社会经济政策研究的科学性。特别是现在已进入大数据时代，各种形式的经济数据非常丰富，也便于运用强大的计量机进行处理。事实上，一段时间以来，已有一些智库和学者开始运用计量经济学方法评估中国各种经济政策，并提出相关的经济政策建议。例如，中国科学院预测科学研究中心汪寿阳教授所带领的政策研究团队，多年来运用计量经济学方法，研究各种中国经济政策，很多建议获得政府采纳。美国南加州大学萧政教授（Hsiao *et al.*，2012）提出了一个面板数据的政策评估方法，并以此评估内地与香港的经济关系。他们发现虽然“九七”回归这一政治事件对香港经济增长没有显著影响，但是内地和香港关于建立更紧密经贸关系的安排（CEPA）对香港实际 GDP 增长贡献了约 4%。韩乾和洪永淼（2014）利用上海证券交易所提供的一组市场交易数据，评估了国务院 2010 年通过的支持七大新兴战略产业的政策对证券市场投资的影响。他们发现这个利好产业政策只是为少数机构投资者提供了操作机会并造成财富从大量散户向机构投资者转移，并没有起到引导证券市场投资者向七大产业投资。欧阳敏和彭玉磊（Ouyang & Peng，2015）扩展了萧政等（Hsiao *et al.*，2012）的方法，使用半参数的方法评估 2008—2009 年实施 4 万亿元财政刺激计划的效果。他们的研究发现，财政刺激政策在一开始的确刺激了经济增长，特别是在 2009 年第三季度左右，GDP 增速提高了 5.4%左右。但这一政策的效果在随后迅速降低，在 2010 年第四季度之后甚至变成了负值。因此，4 万亿元的财政刺激政策只是临时对经济有刺激作用，并无长期影响。

与其他经济学研究方法一样，计量经济学并不是放之四海而皆准的“灵丹妙药”，它既有科学性，也有其局限性。在应用计量经济学方法与工具评估社会经济政策时，首先需要注意每种方法和工具，都有其适用的范围与条件，特别因为经济现象具有不可操控实验的特点，很多方法与工具是建立在一些假设基础之上的。在应用时需要注意这些假设条件的合理性。随着计量经济学理论特别是政策评估计量经济学的发展，一些重要方法与工具适用的前提假设条件也进一步被一般化或放宽，因此其适用范围也随之扩大了。

其次，计量经济学的方法论基础是概率论与统计学，因此数据样本的选择是一个实际应用中必然遇到的重要问题。如何选取一个具有代表性的数据样本，避免样本选择偏差，与方法和工具的选择一样重要。还有，数据质量也是一个潜在问题。大数据时代，数据收集与处理成本越来越少，数据质量越来越高。但是在中国，各个地区、特别是各地政府部门所收集的数据，可能会存在这样那样的系统性偏差。应该提倡随机抽样调查，或者收集整理数据，建立比较具有独立性和代表性的经济数据库。

第三，经济政策定量评估还必须与定性分析以及其他各种研究方法相结合，包括理论逻辑分析、历史逻辑分析、实地调查研究等等，而不是去取代现有研究方法。中国高校的经济学者经常被批评不熟悉中国经济实际状况，因此必须通过调查研究等方法获得第一手资料，丰富自己的感性认识。但是，感性认识并不能确保政策研究的科学性，我们还需要科学的理论思维和分析方法。天文物理学家正是依靠科学的研究方法与工具探索天体物体的运动规律，这值得我们学习和借鉴。

第四，对经济政策的定量评估与分析，需要注意对量化结果进行经济解释。同时，经济政策评估与分析不是以严谨学术期刊论文发表为主要目的，应该用通俗的语言和直观的表达方式向政府部门和社会公众传播研究结果。当然，直观表达和通俗解释并不意味着降低量化评估分析的标准。

社会经济政策评估是经济政策研究的重要组成部分和重要方法，是提升经济政策研究与政策咨询之科学性和有效性的重要途径。尤其在目前经济下行态势下，研究如何制定最佳经济政策组合促进中国经济持续稳定快速发展，具有重要的现实意义，而定量评估各种社会经济政策的实际效果是制定最佳政策组合的关键环节。中国经济学者应该大力倡导应用计量经济学等现代经济学分析方法与工具对中国各种社会经济政策进行定量评估与分析，从而推动建设有中国特色的高水平的新型经济智库。作为中国经济问题研究和经济政策研究的最主要平台，《经济研究》在这方面可以发挥引领作用。

重视政策评估与设计，推动我国经济高质量发展[①]

洪永淼

党的十九大报告指出，我国经济已由高速增长阶段转向高质量发展阶段。当前，供给侧改革已取得一定成效，但高质量发展仍有很大改进空间，如单位国内生产总值能耗较高，主要污染物排放量偏大，“僵尸企业”长期存在，假冒产品屡禁不绝，处于全球价值链中低端，收入差距较大等。为推动经济高质量发展，既要让市场这只“看不见的手”在资源配置中发挥决定性作用，也要更好地发挥政府这只“看得见的手”的作用。从理论上说，将两只“手”有机结合起来，有可能更好地提升资源配置效率，这是中国特色社会主义市场经济

9 学术

经济学研究当为高质量发展服务

运用经济学新成果促进政策优化

信息技术革命呼唤经济学创新

深化社会主义市场经济理论研究

09版：学术　PDF版下载　上一版　下一版

PDF浏览器下载　版面导航

日报　周报　杂志　人民网 people.cn

人民日报 2019年02月25日 星期一

往期回顾　返回目录

人民日报图文数据库（1946-2020）

运用经济学新成果促进政策优化（大家手笔）

洪永淼

《人民日报》（2019年02月25日 09 版）

更好发挥政府作用，需要加强政策评估与政策设计，提高政府精细化管理水平和驾驭经济的能力。政策评估计量经济学为政策评估提供了基于实际经济数据的方法，行为经济学和实验经济学为政策设计提供了有效的理论基础与方法支撑。

推动经济高质量发展，既要让市场这只“看不见的手”在资源配置中起决定性作用，又要更好发挥政府这只“看得见的手”的作用。只有将两只“手”的作用都充分发挥出来、有机结合起来，才能有效提升资源配置效率。这也是我国社会主义市场经济体制的优势所在。更好发挥政府作用，需要加强政策评估与政策设计，提高政府精细化管理水平和驾驭经济的能力。

加强和改进政策评估，使用科学的评估方法是重要前提。应针对薄弱环节，实行基于实际经济数据的政策量化评估，主要包括：实行事前评估，提高政策制定的科学性；实行事中评估，加强对政策执行的监控，及时纠正政策实施过程中的偏差；实行事后评估，检验政策的实际效果，为今后决策提供参考。

最近20年，政策评估计量经济学方兴未艾，为政策评估提供了基于实际经济数据

发表在《人民日报》上的文章版面

---

① 本文节略版首刊于2019年2月25日的《人民日报·大家笔谈》，原题为《运用经济学新成果促进政策优化》。

模式的优势所在。而要将这种可能性转化为现实，政府需要遵循市场经济规律，提高精细化管理水平和驾驭经济的能力。

我国各级政府调控经济的最主要方式是制定并实施各种经济政策，包括产业政策、区域政策、货币政策、财政政策等。改革开放40年来，各种经济政策总体上是成功的。然而，也不乏政策效果不符预期的现象。例如，2018年我国全面推进三大攻坚战，金融领域“去杠杆、强监管、稳货币”成为重中之重，多个部门同时发力，守住了系统性风险底线，但因缺乏系统性设计与有效协调，没有把握好力度与节奏，造成流动性偏紧，实体经济面临较大下行压力。正如习近平总书记2018年11月1日在民营企业座谈会上指出的：“有些政策制定过程中前期调研不够，没有充分听取企业意见，对政策实际影响考虑不周，没有给企业留出必要的适应调整期。有些政策相互不协调，政策效应同向叠加，或者是工作方式简单，导致一些初衷是好的政策产生了相反的作用。”事实上，不少政策的实际效果与预期相差甚远，甚至朝令夕改、短期内便“休克”，如实施9天即叫停的“个性化车牌”政策，实施5天即叫停的“违反黄灯信号扣分政策”，实施4个交易日即叫停的“股市熔断机制”，施行7天即告失败的“医改”，4天内3次增补条款的“人才落户政策”，印发8天即宣布撤销的“取消限价令”通知，下发当晚即宣布不具备出台条件的“零首付”购房政策，事先预告而后又宣布延缓实施的“国六标准”，等等。这些做法，不但没有实现政策目标，还增加了政策不确定性，不利于稳定与引导社会预期，有损政府公信力。

为减少乃至消除上述现象，更好地发挥政府作用，需要加强政策评估与政策设计。一段时间以来，政府提倡第三方评估，以解决政策评估的独立性问题。但若不重视使用科学的评估方法，第三方评估并不能保证政策制定的科学性与实施的有效性。必须针对薄弱环节，提倡基于实际经济数据的政策量化评估，包括事前评估，提高政策制定的科学性；事中评估，加强对政策执行的监控，及时纠正政策实施过程中的偏差；事后评估，检验政策的实际效果，为今后决策提供参考。

最近20年，政策评估计量经济学方兴未艾，为评估政策提供了基于实际经济数据的科学方法论，已被应用于评估发达国家各种公共政策，如最低工资法对就业的影响，就业再培训政策对收入的影响，反歧视法对少数族裔就业的影响，福利政策对男女工人失业持续期的影响等。政策量化评估还可为政府精细化管理提供科学的决策依据。2000 年诺贝尔经济学奖得主麦克法登在 20 世纪 70 年代通过设计调查问卷，并对调查数据进行计量建模，准确预测出通勤人员使用在建的旧金山地铁系统的比例，为城市精细化管理提供了成功案例。

习近平总书记 2016 年 5 月 17 日在哲学社会科学工作座谈会上指出："对现代社会科学积累的有益知识体系，运用的模型推演、数量分析等有效手段，我们也可以用，而且应该好好用。需要注意的是，在采用这些知识和方法时不要忘了老祖宗，不要失去了科学判断力。"近些年来，我国经济学界借鉴国外经济政策量化评估方法，结合我国国情进行创新，并应用于评估我国各种经济政策，如内地与香港"关于建立更紧密经贸关系的安排"协议对香港经济的影响，七大新兴战略产业支持政策对融资的影响，高铁建设对地方经济的影响，"一带一路"项目对我国直接对外投资与出口的影响等。不过，目前政策量化评估主要集中于学术界。需要探索如何加强政学双方在政策评估方面的互动与合作，政府部门需要更充分地利用学术界的方法论优势，而经济学家应更好地向政策制定者推广研究成果，共同提升政策制定的科学性。

事实上，政策设计和政策评估同等重要。最近几十年发展起来的行为经济学和实验经济学可为政策设计提供科学的理论基础与方法支撑。行为经济学将经济主体的心理、认知、情绪、信息，以及社会文化等非理性或非完全理性因素纳入研究框架，而实验经济学则借鉴自然科学的研究方法，在可控实验条件下研究经济主体的决策行为。应用行为经济学理论与实验经济学方法进行政策设计，有两大优势：第一，研究者了解数据生成过程，数据相对干净可控，有助于识别、推断因果关系；第二，实验方法以较小社会成本探索政策涉及问题的解决方案，有助于减少政策创新的阻力。改革开放以来，政府官员已有意无意地运用实验经济学的思维方法，如各种改革试点、政策试点。但是，在政策设计过程中，系统地运用实验经济学方法进行政策设计，提升空间仍然很大。例如，对政策试点的合理推广，需要考虑各地不同的社会经济文化条件，实验

2020 年 1 月，福光基金会携手厦门大学中国高质量发展研究院举办“中国经济高质量发展高端论坛”

经济学对此可提供理论指导。

应用行为经济学理论与实验经济学方法解决现实经济问题，已有不少成功案例。美国麻省理工学院 3 位经济学家 2003 年创建的贫困行动实验室，是应用实验经济学方法进行政策设计的一个典范。研究人员与政府部门、社会组织合作，围绕科学研究、研究与政策的相互转化、教育与培训等方面，采用受控随机实验方法寻求贫困问题的解决方案。该实验室目前由四百多名大学教授、政府官员和教育培训专业人员组成，在北美、欧洲、非洲、拉丁美洲、南亚和东南亚设有办公机构。自运作以来，受到其政策设计或政策推广影响的贫困人口，累计已超过 4 亿人。我国正处于脱贫攻坚战的关键时期。中国经济学家可在精准扶贫方面作出自己的贡献。

政策或机制设计还可改善供需匹配，提升市场运行效率，并促进科技与经济深度结合。例如，2012 年诺贝尔经济学奖得主沙普利和罗思的稳定匹配理论与市场设计实践，为研究和改善市场功能提供了理论依据与方法支撑。根据该理论设计的匹配机制，解决了长久困扰美国医学院的实习医生分配以及肾脏器官移植匹配等问题。很多美国硅谷的科技公司，如谷歌、优步、爱彼迎、网飞等，已开始与经济学家合作，亚马逊公司还专门开设了“招募经济学家”网站。经济学家根据稳定匹配理论与市场设计实践，结合科技公司的技术与数据，分析与预测消费者行为，从而助其制定精准的营销策略。显然，在政策设计过程中，经济学可为研究政策发布者、执行者、参与者与接受者的行为，以及预测从政策发布到取得预期效果所需的时间长短提供理论支持，从而选择合乎预期效果的政策工具，制定优化的政策实施方案。

应当指出，政策量化评估乃基于计量建模假设与实际经济数据，其准确性取决于这些假设在现实条件下是否成立，以及经济数据是否可靠。同样，考虑到经济主体认知局限与认知偏差的行为经济学和实验经济学可作为政策设计的依据，但是，相对于现实经济环境，实验控制条件更为单纯，因而在将实验研究结论应用于现实时，需要考虑实际环境因素的差异。更重要的，在借鉴国外经济学有益的理论与方法时，需要根据中国经济现实进行本土化的理论与方法创新，才能真正为我所用。对此，我们必须保持清醒的认识。

中国经济的加速器：金融制度的自我修正能力[①]

《21世纪经济报道》记者　谷重庆

2008年5月汶川大地震发生了，哀悼日结束了。

对于地震之后的救灾、防疫和哀悼，绝大多数人都是态度一致，但在经济问题上，人们一如既往地意见不一。有人认为目前需要终结紧缩的货币政策来支援灾区的重建，有人认为要实行积极的财政政策，有人认为可以用通胀的代价来帮助灾区人民克服经济上的困难，有人则认为中国经济并未过热。无论如何，对中国经济在长期转型与短期调整之间如何平衡的问题，学者们和分析师仍然是莫衷一是。

不过现在国际油价早已跃上了130美元的台阶，而且力拓公司表示，鉴于中国的强劲需求，铜价未来依然被看好。中国经济必须转型，但怎么转呢？喊了多年的转型，结果是能耗越来越高，污染越来越重。与其纠缠于那些短期的预测式分析，不如还是讨论一下中国经济的一些基本问题，虽然有点老调重弹。

为此，本报近日专访了洪永淼，请他来谈谈中国经济转型的问题。

无法复制美国的生活方式

《21世纪》：5月12日四川汶川发生8级特大地震，给人民生命财产造成重大损失，灾后重建迫在眉睫。2008年以来，中国通胀的形势比较严峻，4月份CPI同比增长8.5%。灾区的重建需要大量的生产和生活资料，可能会使中国通胀问题雪上加霜。因此有人提出应在控制通胀的前提下重建灾区，控制中国的外需增长，降低贸易顺差。一个值得注意的现象是2001年中国加入WTO

---

① 本文首刊于2008年5月24日的《21世纪经济报道》。

之后，外贸呈现非常高速的增长，伴随而来的是，贸易顺差保持加速度增长，尤其2005年以后，这在很大程度上也造就了今日中国庞大的外汇储备。那么您觉得为什么中国加入WTO之后，外贸会有一个爆发式的增长呢？

洪永淼：我觉得原因比较复杂，但有一点需要注意，中国加入世贸组织之后，其他国家的贸易壁垒在减少。中国加入WTO意味着融入了世界经济。用个比喻可能更容易理解，WTO好比一个正规的百货大楼，没加入的国家就是大楼外的小商小贩，也能做买卖，但可能被赶来赶去。入世就相当于你拥有在WTO大楼里做生意的执照，这样人家也不会赶你了。

不过，对于后来出现的这么高的外贸增速，我觉得欧美国家可能估计不足，所以这些地区在2005年之后对中国生产的纺织品进行了一定的限制。其实我们可以仔细思考，中国是2001年入世的，为什么纺织品2005年配额才解除？这也是中国当初做的让步。但如果已签协议，那就不应该改。欧美这些国家总说中国不是法治国家，借口中国的法律和协议经常朝令夕改，但为什么这些地区看到中国纺织品出口势头很迅猛，就可以马上修改规则呢？所以我觉得在这点上应该向美国人学习，我们觉得他们做得不对的地方，就应该给他们指出来，而不是退让。

《21世纪》：您刚才说欧美国家并没有预料到中国入世之后强劲的外贸增长，难道这方面当时没有什么研究吗？

洪永淼：当时国外专门研究中国经济的学者很少，在这点上我觉得很多学者，特别是国外的学者，他们很可能低估了中国的生产能力。现在看来，中国的生产能力是非常惊人的。只要大家看到一个商品有利可图，就会一窝蜂地马上都进行生产，DVD就是一个典型的例子。我想中国的这个生产能力还是其市场经济运作的一种自然表现，从这点来说，中国的市场经济体制还是相当灵活的。

《21世纪》：今日中国强大的制造业生产能力，已是全球公认，但另外一方面，中国对能源和原材料的需求也在快速增长，例如铁矿石和原油。在某种程度上，中国和印度等国对资源的需求推动大宗商品价格的上涨。现在新兴市场国家希望发展经济，人们希望改善生活，这无可厚非，但假如大家都以美国

那种高消耗的模式为目标，那么这个地球的资源可能根本不够，这里就形成了一个尖锐的矛盾，您对此怎么看？

洪永淼：是的，未来中国不可能去过美国或者欧洲的那种生活方式。假如要实现那样的生活方式，一个家庭需要一到两部车，住的是别墅，用电量和用油量都很高。我觉得这种生活方式不但在中国完全不可能，而且世界上很多国家都不可能去过这种生活。

美国的发展比较早，而且人少地多，有很多得天独厚的条件，所以美国人有条件去选择这样的生活方式，但中国已经不能这么选择了。比如说现在全球变暖问题很严重，假如工业化继续这么发展下去，那么人类未来的生存会有很大的危机。所以从经济限制上讲，中国以后很可能无法实现美国的生活方式，甚至以后连美国都要改变自己的那种生活方式。

《21 世纪》：从这个意义上说，新兴市场国家的崛起对美国将产生很大冲击。那么您觉得这对于近代以美国为中心的思想是不是也造成了巨大的挑战呢？

洪永淼：有影响的，我接触到的一些美国人就对此怀有恐惧心理。他们不会立刻表现出这种情绪，但在美国你常常会看到一些书提到中美冲突是不可避免的。这些书并不是简单的谈及台湾问题，我觉得更重要的可能还是中国几十年来的高速经济发展，对他们产生了很大的冲击。众所周知，中国这 30 年的 GDP 增长率大概是 10%左右，这就是美国重视我们的原因之一。

提高内需的前提是健全社保

《21 世纪》：中国经济发展的确很快，但效率是个问题。比如你看美国最近的经济增长是很差，都不到 1%，但美国人的储蓄率很低，过去甚至是负数。中国虽然每年经济增长 10%左右，但中国的储蓄率是 40%左右。从这点上来说，中国的经济效率不能算高。

洪永淼：这跟中国经济制度的效率有关。中国不断将自己巨额的储蓄转化为投资，但投资效率有多高呢？如果去看统计数据的话就会发现，中国的增长很多是投资拉动的，而且其中很多是政府投资。那政府投资到哪里呢？记得1999年之前，我每次回到厦门，都会觉得厦门建设得比较漂亮。但现在去全国各地，我觉得比厦门漂亮的地方有很多。我想这就是那些投资的去处。过去10年，中国通过发国债等方式大量地投资于道路和公共设施等，这为中国经济的长期增长提供一种支撑。例如，现在中国的高速公路总里程数已经位居世界第二，仅次于美国。发达的高速公路网络把这么大的一个市场联系在一起，其意义是非常深远的。从这个意义上说，现在投入的这些钱，短期内可以拉动经济增长，长期来看也会对资本有一个保值增值的作用。

所以我认为储蓄率高是中国经济增长的部分原因，但并不是储蓄率越高，经济增长就越快，甚至还可以反过来看，就是如果中国的储蓄率可以适当降低，那这可能还会促进经济的增长。因为大家把赚到的钱没有拿去消费，而是存入了银行，这样中国的内需相对于投资来说还是比较疲软的，这对经济的进一步增长不利。但内需不能硬性提高，储蓄率高的背后是社保的缺失，老百姓不敢消费，要存钱以备不测。所以国家首先需要健全社会保障体系，让每一个孩子都有机会受教育，享有基本的医疗和养老保障。如果能把这些后顾之忧都解决，那么我相信中国消费的能力和意愿会迅速增长。

我们经常说，美国是这一代在花下一代的钱，是借钱去花，但为什么美国人敢于这么做呢？因为美国的社会保障体系相对比较完善，个人往往看的是自己一辈子的收入，而非一时一地的，所以他有信心将目前的收入花掉。从这点来说，美国人对他们的社保体系还是比较有信心的。

对美国的经济恢复乐观

《21世纪》：您提到美国借债的经济发展模式，但2007年次级债危机爆发之后，似乎有些学者就认为这其实是美国人过度借债消费造成的恶果。结果现在美联储为了救市不得不大规模降息，不得不让美元贬值，这似乎正在降低美国的全球经济地位。金融炒家索罗斯甚至认为这是美国经济霸权衰落的表现之一，美国经济以后在全球的地位会日益下滑。您对此怎么看？

洪永淼：克林顿在其两任总统任期结束时很自豪，因为他把美国的财政赤字变成盈余。但小布什（George W. Bush）上台后没几年，美国的财政赤字又是日益升高。当然，小布什发动美国在阿富汗和伊拉克的战争，这需要大量的资金，所以只好借钱，而且现在还在继续借钱。目前每个美国家庭都要为此而承担数万美元的债务，这个影响是非常大的。过去美国打越战，拖很久，美国经济也受到很大的影响，结果到 20 世纪 70 年代，原来盯住美元的汇率制度就变成浮动汇率制度。

也许你也会问，现在的这两场战争是否会将美国经济重新拖入泥潭？我想这两场战争还不足以对美国的经济地位造成严重的冲击，但有一点很明显，就是随着中国、印度、欧盟的发展，美国在世界经济中的分量肯定会慢慢下降。在这种情形下，美元的中心地位肯定会受到影响。比如中国 2005 年汇改之后，实行有管理的浮动汇率制度，虽然在决定人民币汇率的货币篮中，美元仍然具有很高的权重，但现在中国也有很多学者在讨论是否要降低美元权重的问题。这实际上就是说，以后人民币不要那么紧盯美元，我想这样的话美元的中心地位肯定要受到削弱。

《21 世纪》：那您对次级债危机本身是怎么看的呢？

洪永淼：现在讲到次级债危机，很多人都是谈虎变色，但我想谈一点其他的想法。现代金融学有一个模型叫布莱克-斯科尔斯期权定价模型（Black-Scholes option pricing model），这个模型是关于期权定价的理论，也是美国乃至世界整个金融衍生产品行业的基础。金融衍生产品是金融风险管理中极其重要的工具。现在这个行业已经发展得很庞大了，而且越来越重要，这是美国市场经济机制能够稳健运行的一个重要因素。

中国经常说应该如何去促进经济增长，但主要谈的是投资、消费和出口，就是凯恩斯的理论。其实整个金融体制创新和完善也是经济增长的加速器，因为当融资成本降低的时候，无论是消费还是投资都会有所增长。为什么次贷在美国受欢迎？因为很多信用度不高的人可以借此有机会拥有自己的住房。但后来整个金融委托代理的链条发展得太长，最终导致中间商，特别是其中从事金融衍生产品交易的那些人，只顾着自己赚钱，而忽视风险的存在，最终积累成系统性风险。反过来说，这也说明之前对这些方面的金融监管没有到位，金融监管需要改革。但我们不能因此就否定美国式的金融经济，其实我觉得美国的金融经济体制是相当健全的，而且自我完善的能力相当大。1987 年美国股灾，2001 年“9·11”事件之后，美国的金融体系很快就恢复过来，所以我对美国这方面的未来还是相对乐观的。

经济转型的关键是政府

《21 世纪》：您刚才说的话中有一点很有意思，就是布莱克-斯科尔斯模型造就美国今天庞大的金融工程业，但这个模型本质上是一种思想，也就是说由此推动的经济增长实际上来自制度创新，无非是金融制度创新而已。似乎这还是回到了道格拉斯·诺斯所说的制度变革推动经济增长的道路上去了，不知道您自己怎么看？

洪永淼：你讲得非常对。改革开放以来，中国有很多人出国留学，但你可以看到公派留学的重点还是理工科，对人文社会科学资助的比较少。但在我看来，虽然中国仍然缺乏高新技术，但更缺的是人文和社会科学，这里面也包括金融方面的创新。

2003 年 SARS 爆发的时候，海关人员会测量出入境人员的体温。中国的做法是测量每个人的体温，但美国只测量一部分人，为什么？因为美国实行的是一种宏观的概率型管理。概率型管理不可能去监测每个人的活动，但它的成本明显低，而且效果不一定比那种追踪到每个人的方式差。中国现在讲自主创新，其实主要是在讲技术创新。我觉得现实意义上的创新应该先强调管理方面的创新，例如政府管理模式和管理思想的创新。

这段时间以来我们一直在强调解放思想，其实先要解放的正是过去一些落后的政府管理思想，比如高额的政府投资。政府投资很大的时候，可以对经济有促进作用，但这也挤压了一些消费和民间的投资，这就是挤压效应。我们天天喊经济转型，但经济结构为什么改不过来？就是因为政府的思想和行为还没有改过来。如果政府真的能在这些方面有创新的话，那我相信未来中国经济的效率一定会获得很大的提高。

《21 世纪》：出口似乎也有类似的现象发生。我们说要走向内需已经很多年了，但出口却一年比一年多。

洪永淼：不管是一个国家、一个地区，还是一个企业，你要求它走向内需，但为什么它的出口还这么多？它愿意出口，肯定是因为出口有利可图。所以经济要走向内需，政府不能只空喊口号，一定要提供一种激励机制才行。比如现在很多人在谈环保，但我到闽西去，发现当地的水泥厂造成的污染特别严重，但却没人管。为什么？我想，肯定是当地官员没有激励机制去限制这些企业的污染行为，也许是因为那些企业主跟当地政府的关系不错，也许是因为这些水泥厂可以给当地政府增加税收，或者是因为其他的原因，所以政府就不管他们的那些环境污染。

要减少污染，水泥厂就要花钱安装一些排污设备，这会提高企业的生产成本。假如直接排放废水废气，那么成本则会主要由当地居民来承担，对当地居民来说这是一种典型的外部性。所以假如不建立相关的制度、法规和经济激励机制，比如征收污染税、强制那些超标排放企业停业整顿，等等，那么想要这些企业主动减少污染排放是相当困难的。

《21 世纪》：也就是说，企业的这种行为本身是理性的。

洪永淼：从微观的层面来看，这些行为都是理性的，但在宏观层面则不是。关键是政府怎么从政策法律的层面去引导，甚至包括投入一些必要的资金来激励企业改变行为方式。比如要让企业采用一种新技术，政府可以给予担保，或者至少给一些补贴，这样可以降低企业在施行新技术时的风险。我想现在中国经济需要转型已经成为大家的共识，但如何去做还没有很清晰的想法。

《21 世纪》：在出口问题上，现在有一种思路是通过人民币升值来淘汰那些比较落后的出口企业，从而推动产业升级，但出口企业也会说，假如人民币升值，出口企业将承担主要的成本，那凭什么我要做出牺牲呢？我做牺牲谁来补偿我呢？

洪永淼：其实汇率方面的问题早就应该考虑。人民币汇率如果还继续这样维持下去的话，更多的资源会集中到出口企业上去，中国“世界工厂”的名声不就是这么建立的吗？这些投资本来可以投在跟内需有关的领域，但现在都投到出口领域，这本身跟宏观政策是相关的。现在的汇率问题已经演变成一个利益再分配的问题。人民币升值确实会对一些出口的既得利益集团造成冲击，国家可能也会有所顾虑。但对于决策者来说，最重要的还是要考虑整体利益，假如升值的整体利益远大于出口企业的损失，那么人民币还是应该升值的。

同时，我们在制定一个宏观政策的时候，还应该出台一些相应的配套措施，尽量使得这种转型可以平稳些。比如现在人民币汇率偏低，有升值压力，那就应该让它去升值。假如纺织企业因此而在东部生存不下去了，那它们可以迁往安徽，甚至迁到贵州去，政府在这方面可以考虑提供一些资助。如果这样的话，企业也有动力迁过去。

在开放中提升效率

《21 世纪》：您刚才谈到政府转型和汇率等问题，其实说到底还是中国现代化的问题。这既是在说物质上的现代化，也是说制度和精神层面上的现代化。今年恰好是改革开放三十年。中国经济在这三十年取得的巨大进步，引起全球的注意。那么在您眼里，中国现在处于一种什么发展状态中呢？

洪永淼：由于“文革”十年的折腾，中国经济几乎处于崩溃的边缘。现在中国经济已经在世界经济体系中占据了举足轻重的地位。世界上可能找不到另外一个国家有中国这么长时间的持续高速发展，虽然目前通胀比较明显，但中国经济发展势头还相当不错。

但同时中国的经济发展也积累了一些比较严重的问题。我分三个方面来谈。第一，贫富差距快速扩大。贫富差距过大往往会导致各种社会问题，而且也不一定有利于经济增长。

第二，环境问题非常严重，人和自然的关系恶化到难以忍受的地步。就像我之前提到的闽西的那些水泥厂，我们在当地看到，哪个地方有水泥厂，附近的山水就都变成了水泥色。我想这样的增长模式是绝对不可能持续下去的。

第三，中国对世界能源和原材料的需求，在某种程度上给中国的对外关系带来新的挑战。为什么日本在中国刚实行改革开放的时候对我们比较友好？其中一个很重要的原因就是当时日本是一个施恩者的态度，觉得中国太落后了，对中国进行援助可以使其得到一种心理满足。现在中国快速发展了30年，对能源和原材料的需求大增，日本经济则是停滞不前，于是日本开始越来越不舒服，害怕中国消耗太多的资源，而美国也有这种考虑。其实只要中国的人均能耗达到美国的1/4或者一半，估计世界就受不了了，所以中国人不能追求美国式的生活方式，美国人也要改变现在自己的生活方式，双方都要改变。但在这个过程中，会产生一些紧张和摩擦，这时候中国就需要考虑怎么去处理跟其他国家的关系了，不但是政治上、外交上，还包括经济上。

《21世纪》：您提到中国大进大出的发展模式。应该说，中国从这个模式中获得不少收益。假如没有对外开放，中国经济是很难有这样的成绩的。但现在中国进口这么多的原材料，进行加工之后再出口，赚一点辛苦钱。人民币币值这么低，我们自己的山川河流都被污染了，最后很便宜地将商品卖给美国人，换回的美元再去买美国的债券，借钱给美国人消费。美国人得了好处还要批评人民币汇率，搞贸易保护主义，中国这么做似乎效率也太低了。

洪永淼：没错，中国这样购买美国债券长期来看恐怕不是一个很明智的选择。现在中国购买美国债券，美国的金融公司又拿着这些钱来投资中国，购买中国回报率更高的资产，这变成一个循环。在这个过程中的每一个环节上，美国都是在赚中国的钱。

但我们反过来想想，为什么会出现这样的现象呢？估计原因比较复杂，但我个人认为，部分原因也在于美国的一些技术和管理方法比我们先进，比如在金融业，中国的商业银行为什么开放给外国人购买其股份？一个重要的原因还是希望引入外方的先进技术和管理方法。在付出这些代价的同时，中国人其实也学到一些东西。也许你对外资入股中资银行的效果有怀疑，但目前已有很多计量经济学的研究证实，外商直接投资对中国改革开放以来的经济发展有巨大的贡献，所以这方面也不能一概而论，当然，具体的方式方法我们还可以继续探讨。

《21世纪》：那外资会不会控制中国的经济命脉呢？

洪永淼：首先，你要让外面的钱和人进来，他就一定要赚你的钱，这是永远避免不了的。中美现在这样的经济关系在某种程度上也是一定历史阶段的产物，但这个关系不是一成不变，等到中国经济发展到一定阶段的时候，相信目前的状况就会发生改变。

至于外资控制中国经济命脉的问题，我个人觉得，中国这么大，经济总量也在快速增长。在这种条件下，某个国家、某个集团或金融寡头，想控制中国的经济命脉，这个几率应该不会很大。

《21世纪》：话说回来，中国现实的确被外资赚了很多钱走，但从这三十年的历史来看，中国和其他一些发展中国家相比，还是做得不错的。例如制造业，虽然中国的利润很低，但当中国成为“世界工厂”的时候，其他国家想进入这个领域就有一定的困难。

洪永淼：没错，因为后来者总是或多或少会吃点亏的。现在中国经济快速发展，哪一天跟美国或者德国可以平起平坐了，那时候的中国在国际上的话语权就大了。但假如这一进程中断，甚至哪天被印度超过，估计到那时中国的话语权就不会很大。其实国家之间的竞争，终归还是国家实力的竞争，而各国行事的准则，大多也还是其国家利益。中国还是需要对自己未来的战略有一个清晰的认识。

应《中国经济时报》"两会"特别策划之邀谈中国经济问题[①]

洪永淼

2016年结构性改革的步伐将更加坚定

2016年的中国经济面临着严峻、复杂、多变的国内外形势。供给侧改革无疑将正面地影响到中国经济的增长潜力与增长空间，在这方面，还可以做很多工作。与此同时，在需求侧方面，中国经济仍然有很大的改善与提升空间。一是大力推动城镇化建设与农村现代化，提升与扩大投资需求。应该尽快将城镇化和农村现代化作为目前经济工作的一项战略重点任务，大力增加国家投入，并结合社会资本和土地流转迅速、有效地增加投资需求。二是制定合理的消费政策，保持消费持续、稳定增长。目前，消费增长显著高于经济增速和劳动增长率增速。应该通过减税，特别是对中低收入群体减税，有效增加广大城乡居民的可支配收入，保持消费稳定增长。同时，精细化、合理化目前的若干消费政策。三是应该加速人民币与美元脱钩，实行新的、具有弹性的人民币汇率政策，这是在短期内保持、提升中国外贸竞争力、扩大外需的最有效做法。中国不宜经常向世界保证人民币不贬值。四是应该采取多管齐下的方法（包括严格执行海外购物的海关关税政策），引导海外购物需求回流国内，增加国内有效需求。

---

① 2016—2018年间，洪永淼应《中国经济时报》"两会"特别策划分别撰写了3篇文章。2016年3月13日首刊的原题为《2016年结构性改革的步伐将更加坚定——进一步改善需求管理，促进中国经济稳定增长》；2017年3月10日首刊的原题为《百名学者前瞻今年中国经济形势——实行更市场化的汇率制度与更有国际竞争力的吸引外资政策》；《创造具有全球竞争力的营商环境来吸引外资》一文首刊于2018年3月9日的《中国经济时报》"两会"特别策划。

实行更市场化的汇率制度与更有国际竞争力的吸引外资政策

2017 年，中国经济所面临的国内外环境充满了巨大的复杂性与不确定性，尤其是外部环境。中国需要加速完善更加市场化的人民币汇率决定机制，使人民币能够比较灵敏地反映其市场供求及走向，并且逐步减少临时性的非市场化外汇管制措施。这样将有利于促进我国的对外贸易，特别是出口贸易，也有助于减少对外经贸关系中的各种套利机会与投机行为。同时，当人民币汇率的确具有贬值的巨大市场压力时，应当顺应人民币贬值趋势，及时调整人民币汇率水平。另外，如果长时间对外投资远超境外对华投资，这对中国经济持续稳定增长，对中国就业、税收、技术转移与管理创新，将是十分不利的。应该根据国内外经济形势的变化，从顶层设计的角度，制定一个更加具有国际竞争力的吸引境外投资的全方位投资优惠计划，尽量争取在中国资本与企业走出去的同时，也有大致等额甚至更多的境外投资到中国来，以促进中国经济持续稳定增长。

创造具有全球竞争力的营商环境来吸引外资

对特朗普税改必须要高度重视，做到超前谋划。资本在国家之间的流动，不仅受税收因素影响，更重要的是受资本回报率的影响。应对特朗普税改，中国应重在改善营商环境，减少企业税费负担、激发企业活力，提高资本回报率；进一步转变政府职能，为企业减负松绑，切实降低企业运营成本。同时，应该从国家及地方立法着手，从顶层设计进行以减税为导向的税制改革，形成有全球竞争力的企业投资与营商环境。中国吸引外资在经历三十多年的高速发展后出现放缓迹象。目前的政策导向是取消外资超国民待遇，按照“中性”的原则来构建新一轮吸引外资的政策框架，核心是国民待遇、公平的政策环境和竞争机会、规范的市场监管体系。我国政府下一步改革开放的方向应该是在维护国家主权与安全的前提下，进一步解放思想，以更开放的心态吸引外资，保证外资依法平等使用生产要素、公平参与市场竞争、同等受到法律保护，重点推进公平准入和改善融资条件，消除隐形壁垒，解除不必要的行业保护，降低企业投资和运营成本，切实保障外商投资企业的权益，切实创造具有全球竞争力的国际化营商环境来吸引外资。

在目前我国大力推动“一带一路”建设、鼓励中国企业“走出去”的背景下，更加需要加强引进外资的力度，促使中国双向直接投资长期能够维持大体均衡，从而保持中国经济在全球化新时代能够持续稳定地中高速发展。

破解民企融资难题要提高银行监管容忍度[①]

洪永淼

近年来部分民企在经营中遇到困难，原因是多方面的，包括对民企认识偏差，如所谓离场论和新公私合营论；中美贸易争端带来不确定性；近年来我国经济增速放缓等。我国在防范金融风险时出台的去杠杆、严监管、治理金融乱象等政策，大方向是正确的，但一些具体政策不协调、同向叠加，导致效果不彰甚至与政策预期相反。民企经营困难首先是融资难。要解决该问题，既要发挥市场决定性作用，又要发挥政府主导作用：

第一，提高对商业银行不良贷款监管容忍度。我国以间接融资、国有商业银行贷款为主，渠道单一。五大行获得大量优质企业资源，股份行在零售客户、中型企业方面有优势，而城商行、农商行等中小银行更加聚焦于民企或中小企业。受经济下行影响，中小银行不良贷款暴露，逼近监管红线，从而惜贷、慎贷。应探索差异化监管政策，对不同类型银行实行分类管理，适当提高中小银行对民企贷款不良率的容忍度。

第二，深化利率市场化改革，在鼓励普惠金融的同时支持银行进行市场化的风险定价。应从政策、法规和舆论上允许商业银行适当提高小微企业贷款利率，通过利率风险溢价来覆盖风险。中小银行本身抗风险和盈利能力弱，以压低利率来解决融资问题不可行。

第三，恢复合法合规的非标融资功能。由于现有正规金融体系无法满足民

---

① 2019年7月14日，福建省人民政府发展研究中心联合国务院发展研究中心直属的国研智库和泉州市人民政府、晋江市人民政府，在晋江举办“民营经济创新发展高峰论坛”，邀请院士、专家学者、世界500强企业和福建省优秀民营企业家代表等，围绕“深入践行‘晋江经验’，聚焦实业、专注主业，促进新时代民营经济创新发展”进行了广泛而深入的探讨。本文根据洪永淼应邀作题为《中国民营企业融资难问题与应对措施》的发言整理而成，首刊于2019年9月20日的《新华每日电讯》。

企和小微企业的融资需求，它们只能转向非标融资。过去几年，非标融资的扩大反映了民企和小微企业融资的市场需求，不应“一刀切”。应尽快出台相关政策明确非标融资范围，发挥非标融资的市场调节功能。

第四，建立中小企业融资信保基金。由政府出资并主导，金融机构自愿出资，不以营利为目的。政府、监管部门、金融机构派出代表组成董事会和监事会，建立完善的公司治理结构，市场化运作，政府和银行公平地分担风险。过去45年来，我国台湾地区中小企业信保基金协助41万家企业融资约人民币4万亿元，目前基金净值约人民币150亿元，实际承保余额为净值的10倍。同时，保持低风险运营，新发生逾期率约1%。如果大陆各地能够借鉴台湾中小企业信保基金经验，相信可以很好地解决民企与小微企业融资难问题。

第五，扩大直接融资渠道和提高直接融资规模，激活资本市场，恢复股市直接融资功能，推动科创板和注册制切实落地。

强化风险管控，推动“一带一路”建设高质量发展[①]

洪永淼　张兴祥

2008 年美国金融危机引发了自 20 世纪 30 年代“大萧条”以来最严重的全球经济衰退。欧美国家贸易保护主义抬头，“逆全球化”暗潮汹涌，以美国为首的西方国家开始对中国企业的投资与并购做出种种限制。在此背景下，中国提出的“一带一路”倡议，成为推动新型全球化的重要平台，开创了中国全方位开放的新格局，中国企业也因此迎来“走出去”的新时代。“一带一路”为中国企业提供了另一种选择与机遇，有助于分散市场风险，培育对外贸易与投资的新增长点。2018 年 8 月，习近平总书记在推进“一带一路”建设工作 5 周年座谈会上，指出要从谋篇布局的“大写意”转入精耕细作的“工笔画”，向高质量发展转变，造福沿线国家人民，推动构建人类命运共同体。近年来，高质量发展成为推进“一带一路”建设的关键词。

中国企业“走出去”，成绩与问题并存

改革开放以来，中国从西方发达国家输入资本与技术。随着中国成为世界第二大经济体，中国企业在继续拓展西方市场的同时，开始向发展中国家与新兴市场输出资本与技术，实现资产的全球优化配置。在后危机时代，世界新的经济增长点主要在发展中国家与新兴市场。近年来，西方国家开始限制中国投资与并购，中国企业开拓沿线国家新兴市场，可分散投资与贸易主要依赖欧美市场的风险。

“一带一路”倡议提出以来，中国对沿线国家的投资快速增长。数据显示，

---

① 本文首刊于 2020 年 5 月 20 日的《中国社会科学报》，原题为《强化“一带一路”项目风险管控》，合作者张兴祥系厦门大学经济学院经济学系教授。

2018年，中国对外直接投资1430.4亿美元，仅次于日本（1431.6亿美元）。其中在“一带一路”沿线国家（地区）设立境外企业超过1万家。2018年当年直接投资流量178.9亿美元，年末直接投资存量1727.7亿美元，占比分别为12.5%和8.7%。中国对亚洲发展中国家、最不发达国家的直接投资存量，均居全球首位。6年来，一批标志性项目建成或在建，涉及交通运输，能源开发、加工及供输等，实现了亚非欧的互联互通。可以说，从基础设施到产能合作再到人文交流，“一带一路”建设均取得令人瞩目的成绩。

但是，中国企业在沿线国家的投资也存在一些不容忽视的问题。一是风险防范意识与能力不足，对东道国的政治、经济、法律、文化缺乏深入了解，容易导致“水土不服”。二是存在急功近利的非理性投资倾向，特别是在房地产、酒店、影城、娱乐、体育等领域。这一势头在2017年之后受到一定遏制。三是战略目标不清晰。一些企业未根据自身主业与优势来制定目标，对投资效益重视不够，加大了投资风险。四是投资失败率高。以矿业为例，2013年中国海外矿业投资失败率高达80%。不从根本上解决这些问题，就无法实现“一带一路”高质量发展，甚至会危及其成功推进。

坚持商业化原则，重视经济可行性分析

从海外投资生命周期看，“投资前”是最具挑战性的阶段。西方发达国家投资主体是私营企业，它们把商业化原则放在第一位，有一套规范、完善的成本收益分析方法，对所有项目均进行严谨的经济可行性分析，包括行业发展趋势与成本估算，同时严格遵守透明的法律程序，保证投资的合规性。这一关系到项目成败的重要环节，常常没有得到一些中国企业应有的重视。如鞍钢集团控股的攀钢钒钛曾投资西澳洲卡拉拉铁矿项目，持有该公司52.16%的股权，但由于投资前尽职调查不足，资本开支失控，达产日期一再推迟，且吨矿开采成本也显著高于预期，使得该项目投产即亏损。该公司巨额债务还导致攀钢钒钛连年巨亏，其股票也被深交所叫停。

“一带一路”项目必须坚持商业化原则，把经济可行性分析作为项目评估

的首要方面，防重大风险于未然。应对标国际通行评审程序与国际标准，全面权衡项目投资收益、经营成本及各种约束条件，包括环境保护、劳工保护等。不仅投资前，投资中与投资后也必须加强项目评估，确保项目成功。这既是对企业自身安全经营负责，也是对东道国可持续发展负责。在包括可行性分析的项目管理方面，可借鉴世界银行及其他国际组织成熟的经验。

建立与完善风险管理体系，坚持项目全过程监管

中国企业对沿线国家的投资，初期集中在基础设施、能源资源领域。其项目金额大，建设周期长，收益率低，因而民营企业一般不太愿意涉足，投资主体是国有企业。但一些国有企业缺乏全面的风险管理意识与能力。“一带一路”建设面临各种风险，包括政治、经济、法律，以及宗教极端主义、恐怖主义等风险，其中地缘政治风险最为突出。一旦东道国政局不稳，投资安全性就可能得不到保证。如2011年利比亚爆发内战，中国创造了世界撤侨史上的奇迹，但中国企业与利比亚签订的总额近200亿美元的180份合同都打了水漂，巨额投资血本无归。

“一带一路”沿线涉及65个国家（地区），46亿人口，地理范围大，合作领域广，宗教文化及社会情况十分复杂。管控项目风险，首先需要全面、准确地收集东道国信息，以识别和防范各种风险。日本企业开拓海外市场时，投入大量人力物力，专门建立信息收集与分析机构，并且官产学研密切合作，这种做法值得中国企业学习与借鉴。

由于沿线国家信息具有一定的公共产品属性，政府可提供这方面的服务。2010年商务部印发《对外投资合作境外安全风险预警和信息通报制度》，将境外安全风险预警发布的职责赋予驻外经商机构、各地商务主管部门和有关商会。从宏观风险管理角度看，政府有必要建立沿线国家风险预测预警机制和国别风险管理架构，包括国别风险评级、国别投资限额、国别投资风险报告等，并及时更新风险评级，为中国企业海外投资构筑第一道“防护网”。

此外，政府还应该对国有企业海外投资进行有效监管，通过准入、预审机

制等强化项目评估，防范企业所面临的由政权更迭、法律环保、劳工税收等引起的各种风险。目前，主管部门比较注重事前监管，如商务部 2014 年发布《境外投资管理办法》，对企业境外投资的备案和核准管理做了详细规定，但对事中事后监管仍缺少规范指引，项目监管存在空白地带，急需弥补完善。随着“一带一路”建设的推进，越来越多的国有企业选择“走出去”，因此必须加强对境外国有资产的保护和国有企业投资项目的监管。除建立科学的境外国有资产审计监督体系外，还应将境外国有企业的项目合规、工程质量、环境保护、劳工保护等纳入监管范围。

坚持合法合规经营，切实履行企业社会责任

中国企业“走出去”，必须遵守东道国的政治、经济、法律制度，同时遵循国际商业规则与惯例，严守合规底线。在市场准入阶段，就需要熟悉东道国各种法律法规与政策规定。在注册投资和运营管理环节，更需要依法依规制定发展战略与经营计划。不少在海外投资的中国企业，法律意识比较淡薄，对合规要求存在侥幸心理。只有合规，才能防患于未然。

跨国经营还要面对文化差异问题。中国企业必须“入乡随俗”，尊重东道国的文化传统、宗教信仰和风俗习惯，提升跨文化管理与人文交流的能力与水平。发达国家的跨国公司在这方面积累了不少成熟经验，值得中国企业借鉴。

另外，基础设施建设大多涉及资源、生态和环境保护问题，产能合作领域对资源的依赖性也较强，中国企业如不重视环境保护与当地的可持续发展，不仅会招致东道国当地居民反对，影响项目进展，还可能诱发政治风险。中国政府应强调绿色发展，重点支持清洁能源、生态环保、节能减排、循环经济等领域的产业合作，激励中国企业海外投资向绿色转型。中国企业应切实履行社会责任，将绿色发展理念贯彻到“一带一路”建设中，充分考虑沿线国家经济社会可持续发展，确保项目符合东道国环保关切。

扩大第三方市场合作，建立利益与风险共享机制

“一带一路”虽由中国倡议，却是秉持共商共建共享原则，开创合作共赢新模式，实现共同发展繁荣的国际合作平台。一些西方国家不断制造各种麻烦或障碍，加大中国企业在沿线国家投资的成本与风险。对此，中国应加强与联合国组织及多边国际机构的合作，与发达国家共同开发第三方市场，建立利益与风险共享机制，变竞争为合作，化解西方国家的阻力。多方合作机制还可加大东道国的违约成本，更有效应对东道国各种风险，包括政权更迭带来的政治风险。

不少沿线国家法律法规不健全，投资项目面临诸多不确定性因素。中国企业缺乏国际化经营管理经验，与发达国家跨国公司合作开拓第三方市场，可实现各方在生产、技术、资源、管理和融资等方面的优势互补。如中国港湾公司承包喀麦隆克里比深水港码头项目，虽缺乏港口运营经验，但通过引入法国博洛雷公司和达飞海运集团为合作伙伴，最终联合中标克里比深水港集装箱泊位25年特许经营权。总之，建立多方合作机制，可形成“利益共同体”，实现优势互补，并分散项目风险，从而促进“一带一路”高质量发展。

突出优势，走入东盟[①]

《中国—东盟商界》

马来西亚作为东盟重要成员国之一，一直积极参与各项国际经济贸易合作协定。尽管在去年国内经济出现波动，但依然不能阻止马来西亚在当前成为“一带一路”倡议、跨太平洋伙伴关系协定（TPP）和东盟经济共同体（AEC）等三大国际经济合作框架下的闪耀之星。

中国著名经济学家洪永淼教授接受了《中国—东盟商界》的专访。在专访中，洪永淼不仅分析了2015年以来马来西亚经济动荡的外界影响因素，并就“‘一带一路’、跨太平洋伙伴关系协定（TPP）和东盟经济共同体（AEC）三个国际经济合作框架给马来西亚经济发展带来哪些影响”等主题分享了自己的观点和看法，对马来西亚如何在这三大合作框架内发展本国经济、实现“一举三得”提出了见解，认为马来西亚在“一带一路”、TPP和AEC中必将大有收获。

平衡与协调：助力大马“一举三得”

洪永淼认为，要在“一带一路”、TPP及AEC推动马来西亚经济发展，并做到“一举三得”，其本质上就是马来西亚如何寻找在中国与美国间的平衡点、以及马来西亚如何协调与其他东盟成员国之间的利益合作关系。

首先，从中国提倡的“一带一路”合作角度来看，洪永淼认为马来西亚需要同中国加强政治和经济上的联系，并且在巩固已有合作项目的基础上拓展、拓深其他领域内的合作。但是，他也强调说：“加强政治关系并不意味着就是

---

① 本文首刊于2016年4月25日的《中国—东盟商界》，原题为《洪永淼教授：突出优势，走入东盟》。

没有止境的那种亲密，也是有底线的，因为马来西亚既参与‘一带一路’，又参与 TPP 合作，要保持中立的合作态度，最好是在中美两国间保持‘等距’，才能维护自身的利益，为本国的经济发展谋利。”他还指出：“尽管中国经济现在处于下行趋势，但是中国的海外消费没有受到太大影响，因为自 2015 年以来马来西亚的旅游经济强势崛起，加上马币汇率下调，使很多中国人愿意进行海外游，到马来西亚进行旅游或消费。这在一定程度上加深了马中两国之间的人文往来，有利于双方‘一带一路’合作的开展。”

大马经济缘何波动

2015 年，马来西亚的经济出现比较大的波动，不仅经济发展减缓，货币也经历了一段疲软期。洪永淼认为，造成马来西亚经济遇到较大波动的原因主要还是来自外部经济环境的影响。其中，美国停止“量化宽松”政策和中国现行经济发展放缓是重要因素。

首先，洪永淼指出，近几年来国际经济环境发生的变化，与几年前美国为应对当时的经济危机而施行的“货币宽松”政策有直接关系。“那时美国以‘量化宽松’的方式来实行宽松的货币政策。”洪永淼介绍说，“就相当于大量的印钞票，印美元，来达到让美元贬值的目的”。洪永淼认为，美国通过执行这种货币政策，以及利用美元在全世界的地位，已经在这几年内使美国走出之前的经济危机。并且，他还认为，虽然表面上看美国经济的恢复速度不是很快，但是其经济总体运行态势比较稳健，可以看作是“有质量的经济复苏”。

参与“一带一路”建设：大马发展经济的契机

当前，中国与马来西亚经贸合作往来密切，两国关系也很稳定，处于双方交往史上“历史最好时期”。马来西亚也积极参与合作共建中国提倡的“一带一路”，两国之间也已签署和落实了一系列项目合作与规划。

洪永淼认为，中国提倡的“一带一路”合作可以看作是中国现阶段对以往改革开放战略的调整。马来西亚积极参与“一带一路”合作建设，则能够利用这一契机，促进自身经济的发展。

“我觉得中国提出‘一带一路’，不是凭空或者说一个晚上想出来的。”洪永淼说道，“我觉得可以看作是对中国改革开放战略的一种调整。”据他介绍，30年前，中国在20世纪70年代末、80年代初开放，主要是面对欧美地区的开放。只不过那时的中国人口基数庞大，技术和资金力量都很薄弱。因此，除了华人华侨的鼎力支持，中国在技术方面获得的支持大多来自欧美地区。

洪永淼指出，现在的中国已然上升到了一个新的阶段，在全球价值链里已经从低端转到中端，并且在慢慢向高端靠近。而且在这种情况下，中国与欧美地区的技术差距在逐渐变小。“这意味着会出现越来越激烈的竞争。”洪永淼说道。

值得一提的是，洪永淼还强调：“马来西亚是东盟国家中对华比较友好的国家之一，两国自建交以来一直维持着友好政治互信和友好经贸关系往来。”并且，在历史上，马来西亚也和中国有着友好往来；马来西亚有很多华人华侨，能够在马中两国之间充当两国往来的桥梁。

“中国提出的‘一带一路’对马来西亚来说是个很好的合作机会，将促进马中两国政治、经济关系的发展，”洪永淼说，“因为政治和经济在某种层面上来说是有联系的，试想一下，一个大型项目，如高铁项目，如果两个国家不是互相信赖、政治关系不是很牢固的话，那么谁敢去投资这么大的项目？所以中国在推动‘一带一路’合作时也会慎重考虑这一点的。当然，更重要的一点在于马来西亚也会因‘一带一路’合作的开展获得大量的资金和技术，实现经济上的发展。”

TPP：放在别的篮子里的“鸡蛋”

除积极与中国合作共建“一带一路”外，马来西亚在今年2月4日也正式签署加入了“跨太平洋伙伴关系协定（TPP）”，成为第12个TPP成员国。

对此，洪永淼表示，TPP 是由美国主导的新的自由贸易协定，马来西亚参与 TPP 也能从中获益。

“鸡蛋不会放在同一个篮子里，”洪永淼幽默地说，“我可以理解马来西亚从它自身利益出发不会只参与中国提倡的‘一带一路’合作。”

据洪永淼介绍，其实不止马来西亚，也有其他东盟国家在既参与中国提倡的“一带一路”合作的同时，也参与美国主导的 TPP 合作。在洪永淼看来，这样能够为这些国家在两大合作框架内争取合作利益最大化。而且，在中美这两个世界上最大的经济实体所领导的合作框架带来越来越激烈的竞争时，这些奉行“中立、不站队”的国家从中享受到的合作利益也会越来越多。“不站队可能是最好的选择，因为一站队就意味着与另一方合作的破裂。”洪永淼解释道。

加入 AEC：任重而道远

2015 年 12 月 31 日，由经济、安全、社会文化共同体组成的东盟共同体正式成立，标志着东盟国家间经济联系愈加紧密，经济一体化进程也迈上了新的台阶。

由于东盟成员国内部经济的差异性较为明显，因此此番东盟经济共同体（AEC）成立后，东盟内部经济处于领先位置的经济实体在 AEC 发展的进程中将会发挥怎样的带头作用，世人皆瞩目以待。作为东盟国家中经济靠前的马来西亚，当属被关注的焦点之一。

对此，洪永淼以运作比较完善和成熟的欧共体作为东盟共同体的参照，对比分析了 AEC 成员国经济发展状况，并表示：尽管当前 AEC 新建伊始，各成员国发展情状参差不齐，但马来西亚在 AEC 发展进程中仍占展优势，未来经济发展也被看好。

洪永淼认为，尽管全世界的各种共同体不少，但是真正运作比较成熟和完善的只有欧盟共同体。因此他以欧共体为例，直言共同体的实质就是“在共同体的内部，把各种贸易壁垒限制，让整个共同体区域内的要素、资本、劳动力以及技术方面都能自由流动，使每个成员国都能得到好处”。

另外，根据洪永淼的看法，尽管东盟内部成员国发展差异较大，但东盟经济共同体能够推动东盟十国之间展开自由贸易、自由投资以及劳动力的自由流动，且相较于其他东盟国家而言，马来西亚在基础设施建设和制造业及其他技术产业等方面拥有优势，在东盟经济共同体框架下能够为马来西亚的商企进入其他东盟国家市场占得先机，推动马来西亚本地企业“走出去”，从而在东盟经济共同体不断完善和成熟的过程中协调各成员国的经济联系，加快东盟内部市场的整合。

2020年中国经济：应对新冠肺炎疫情坚决反对“一刀切”[①]

洪永淼　张兴祥

2020年新年伊始，一场由新冠肺炎病毒引发的疫情迅速蔓延整个中国。随着时间的推移，疫情对中国经济的冲击已逐步显现出来。一个基本判断是，2020年第一季度中国经济将呈较大幅度下滑，后续影响有多大，取决于疫情的持续时间以及我们的应对方式。

一、新冠肺炎疫情给中国经济带来的冲击

毫无疑问，新冠肺炎疫情是2020年中国经济很大的一只“黑天鹅”。但是，中国政府反应迅速，充分发挥制度优势，在党中央的集中统一领导下，全国一盘棋，调动全国力量驰援湖北特别是武汉，包括省市之间对口支援方式，并实施一系列极其严格的防控措施。根据目前的情况看，比较乐观的预计，国内新冠肺炎疫情在2020年第一季度结束时应该能够得到有效控制，4月底疫情将进入收尾阶段，各方面基本上恢复正常。

新冠肺炎疫情之所以给中国经济带来巨大冲击，是因为疫情爆发的时间节点刚好临近春节，这向来是中国消费最旺盛、最集中的时间段。疫情既对中国经济的需求侧产生冲击，也对供给侧产生冲击。首当其冲的是旅游、零售、餐饮、住宿、影视、娱乐、交通、物流等服务业以及股市、债市等金融市场，遭受全方位的冲击，因此成为损失最大的行业。对服务业的冲击是对需

① 本文首发于2020年2月12日的《经济日报》新闻客户端，原题为《2020年中国经济：应对新冠肺炎疫情迫切需要解决“四流”问题》，合作者张兴祥系厦门大学经济学院经济学系教授。

求侧的冲击，其影响将是短期的。只要国内潜在有效的消费需求还在，疫情过后将会重新释放出来，甚至出现强劲反弹。紧随其后的是制造业，这是对供给侧的冲击。武汉乃至湖北是中国重要的工业基地，也是全球有影响力的创业创新中心之一，武汉“封城”以及疫情的严重性，直接影响制造业复工复产时间。

另外，疫情爆发后，全国各省市相继采取严防死守的措施，人员流动受到了严格限制，工厂开工成了大问题。众所周知，中国已成为最重要的“世界工厂”，“中国制造”深深嵌入全球产业链中，新冠肺炎疫情正在冲击这一链条。制造业企业要有时不我待的危机感，在做好有效防控疫情的同时，尽快组织生产，最大限度地减少损失。外贸出口企业也同等重要，它关系到世界生产和全球供应链。一旦受疫情影响出口延缓时间过长，我国的贸易伙伴就有可能会想方设法将供应链转移到其他国家。之前由于用工成本上升和中美贸易摩擦，许多外资已不断减少对中国的依赖，新冠肺炎疫情有可能进一步促使它们加快寻找替代途径，实现多元化投资和供应，这对中国的全球产业链和供应链将极为不利。

以汽车制造为例，由于受新冠肺炎疫情影响，中国零部件制造商无法及时复产供货，已导致国外许多车企处于停工或半停工状态，如韩国现代汽车宣布从 2 月 10 日将全部暂停生产，丰田汽车在中国的所有工厂持续停工至 2 月 16 日，菲亚特克莱斯勒在欧洲的一家工厂也将面临停产。一旦外企供应链从中国转移出去，再转回来难度就大了。因此，对供给侧的短期冲击有可能会转化为长期效应，对此需要认真应对，及时施策，打赢中国全球产业链和供应链的“保卫战”。

新冠肺炎病毒对中国经济的另一个严重冲击体现在对广大中小企业的影响。中小企业特别是小微企业抗风险能力本来就较弱，很容易受到这次疫情的严重冲击。如果疫情持续到第一个季度才结束，那么有多少中小企业能扛过这 3 个月呢？假如各级政府不迅速出手帮扶，中小企业很可能会迎来一波倒闭潮。由于广大中小企业是就业的主要载体，这个倒闭潮会带来很大的就业冲击，甚至危及社会稳定。

我们的基本判断是，2020 年第一个季度中国经济同比将呈较大幅度下挫，对世界经济也会形成明显冲击。但是，这种冲击对中国与世界经济来说只是一种短期影响，如同 2001 年美国的“9·11”事件以及 2003 年中国爆发的“非典”一样。虽然对供应链和中小企业的影响有可能转变为长期性的，但只要我们应对及时、得当，出现供应链转移和中小企业倒闭潮的可能性就会大大降低。

二、当前疫情防控迫切需要解决“四流”问题

新冠肺炎疫情来势汹汹，其传播性明显强于“非典”，这是因为现在中国的高铁、公路、航空等交通网络相对于 17 年前的“非典”时更为发达，有了更多的传播途径和更快的传播速度，人流量也是当时的 6 倍。但新冠肺炎的致死率远远低于“非典”，这从湖北之外各个省区的病死率就可以作出判断。武汉和湖北其他地市之所以比较高，并不是因为这个病毒本身具有高致死率，而是地方政府初期的应对出了问题，特别是“封城”后相应的配套措施没有及时跟上，医疗资源处于严重短缺状态。很多感染者因此未能及时得到收治，导致继发性疫情蔓延，随后便迎来第一、二代患者集中爆发，出现了大量的重症者。因此，对于新冠肺炎，既不能轻视，也不要夸大其风险，从而导致非理性防控，所谓“过犹不及”。

现在 31 个省份均启动一级响应，如果实行无差别的防控，势必消耗大量资源。有些省份才出现 1 例确诊也启动一级响应，其必要性值得推敲。为了迅速控制疫情，对疫情比较严峻的地区实行严厉的防控措施是非常必要的，只有这样才能有效防止疫情进一步蔓延。但是，防控不是工作的全部，忽视经济社会发展和民生问题的重要性，将给疫情过后的恢复留下很多后遗症。现在一些地方为了防控疫情，在具体措施上不考虑本地实际，采取简单化的“一刀切”做法。如一些地方疫情其实并不严重，也对交通、邮电、银行、娱乐、餐饮等采取严厉管制、停止或关闭措施，有的竟发展为连到邻近有确诊病例出现的地方经营、销售或采购生活必需品也明令禁止，这明显属于反应过度了。这样做

或许可以确保万无一失，但下猛药，各行各业都受到影响，恐伤及国民经济机体和元气。如果经济引擎熄火，链条断了，就可能引发一连串的连锁反应，对经济的创伤难以预料。更何况，采取过激措施，客观上会加剧民众的恐慌，不利于社会安全稳定。

基于资源优化配置的考虑，应分轻重缓急，以确保防控物资优先供应重点地区。比如，可以按疫情是否严重分为重、中、轻三级，并采取相应的防控方式，对各省区实行分级防控管理。同一个城市或乡镇，也可以划分重点场所与非重点场所进行分级防控管理。应鼓励各级政府在有效防控疫情的前提下，尽量减少防控成本，减少对经济、社会和民生的冲击，坚决反对不问青红皂白的“一刀切”。

当前，最迫切需要解决几个流动性问题：资金流、人流、物流和信息流。

资金流就是加大信贷融资支持力度。就全国金融市场而言，加大“逆周期”调节力度，提高整个金融市场的流动性，并考虑择机降准降率。各级政府要为中小企业特别是小微企业提供各种投融资支持，出台减税、降费、用工等政策，切实帮助中小企业渡过难关。从中央到地方，当务之急是尽快出台一些管用的措施。比如，鉴于大部分小微企业无法从银行贷到款，建议由各地政府主导成立多方（如政府、银行、担保机构）参与、市场化运作的中小企业稳定生产就业抗疫基金，分担化解一部分风险。

人流就是人员流动。目前人员流动受到严厉限制，应对人员采取有针对性的分类管理方法，如按正常、亲密接触、发热、疑似、确诊（还可分为轻症、重症和危重症）进行分类管理。分类管理是一种精准防控，同样可以达到防控目的，不仅可以减少各种资源的浪费，降低防控成本，而且有助于疫情轻微或不严重的地区尽快复工复产。现在特别要鼓励、帮助出口企业尽早尽快复工复产，以满足国外供货需求，保护我们的海外市场，巩固中国在全球供应链的地位。鼓励创新工作模式、生产模式和商业模式，比如居家办公、远程办公，将智能机器人大量应用于制造车间，在城乡接合部和广大农村地区发展网上商业模式，这些有可能成为今后中国经济新的增长点。

物流就是货畅其流。现在很多地方设立关卡检查，妨碍了货畅其流，省与省之间，城市与城市之间，城市与农村之间，被人为地隔断开来，每座城市，每个小区，每个村，都变成了“孤岛”。这显然不利于货物流通，最终会影响到生产、内贸、外贸等。

最后是信息流，所谓信息流，就是加强信息披露，做到信息公开、透明、及时。除了中央和地方政府发布权威防疫信息外，建议各省区特别是武汉与湖北其他地市的定点医院及时发布有关疫情和治疗情况的信息，以缓解、消除民众的恐慌心理，稳定公众心理和社会预期，这也是维护社会稳定的重要举措。

1 月 31 日，世界卫生组织（WHO）把中国新冠肺炎疫情列为“国际关注的突发公共卫生事件”。虽然 WHO 不鼓励甚至反对实行旅游与人员流动限制，但其负面影响已显示出来。一些西方国家已对中国采取不必要的人员流动限制，停止与中国主要城市互飞的很多航班。要打破这种限制，当务之急必须尽快恢复对外通航，保持中国与境外的接触和人员交流。这需要信息沟通，也需要策略。比如，可以指定境内一些疫情很轻的航空港，作为这一段特殊时期的对外航空通道，让境内外人员能够安全地自由进出，这样可以保证对外商务交流活动不至于因疫情而受到太大影响。现在中国高铁网络非常发达，哪怕到乌鲁木齐、西安、兰州，都可以很便捷地转至内地。对于那些同情和支持中国抗疫的国家和地区，则应投桃报李，率先对它们开放。

三、2020 年中国经济面临的挑战与机遇

2020 年中国经济面临的主要挑战，就外部而言，2008 年以来世界经济总需求被抑制，中国面临巨量产能无法转化为有效外部需求的现实难题；就内部而言，经济增速持续下滑趋势尚未得到根本扭转，这是当前中国经济面临最大的挑战。新冠肺炎疫情对中国经济造成一个意想不到的冲击，其影响程度可能超过 2003 年“非典”对中国经济的冲击。

但是，新冠肺炎疫情并没有改变中国经济的基本面。支撑中国经济长期发

展的根本性因素没有发生太大改变，比如中国储蓄率仍是全球最高的，中国经济向好的长期趋势依然存在。在当前新一轮工业革命浪潮中，中国的突飞猛进更是有目共睹的。在某些领域如高铁、核电、5G、电子商务、金融科技、大型装备等，中国已成为全球领跑者。信息技术革命不仅颠覆了传统的商业模式，也极大地促进中国生产技术的革新。另外，中国已转变成为以内需为主的特大经济体，与之前相比，任何外生冲击对中国经济增长的影响将变得越来越小。最后，中国的改革红利依然存在，特别是制度红利和市场化改革红利还没有完全释放出来。这几个方面有机结合在一起，就有可能使中国经济破茧化蝶，面貌焕然一新。

我国经济能够保持中高速增长①

洪永淼

近年来，虽然我国经济发展面临的国际环境和国内条件发生了深刻而复杂的变化，但从中长期看，我国经济能够保持稳定的中高速增长。这里仅从以下几方面加以分析。

内需是我国经济的最大稳定器与主要驱动力。改革开放以来，特别是加入世界贸易组织以来，我国积极参与国际分工，充分发挥劳动力资源等优势，逐步发展为“世界工厂”，经济快速增长，经济规模持续扩大，人民生活水平显著提高。经济快速发展带来了中等收入群体持续扩大，使我国成为世界上最大的消费市场之一。经济发展的主要驱动力也由外需转为内需，消费在我国经济增长中的地位越来越突出。但与发达国家相比，我国消费支出占 GDP 的比重以及人均消费水平还不高，这意味着消费增长的空间仍然很大，经济具备保持长期稳定增长的基础。进一步发掘消费潜力，需要推进全面深化改革，完善收入分配和消费刺激政策措施，积极减贫脱贫，继续壮大中等收入群体，建立健全社会保障体系，提升中低收入阶层的收入水平与消费意愿。

我国经济规模优势有助于加快发展动能转换进程。能否顺利实现新旧动能转换，关系到我国经济发展前景。巨大经济体量形成的创新效应和规模效应是我国经济动能转换的坚实基础。比如，我国电子支付、高铁建设和电动汽车等产业的快速发展，就得益于此。在以移动互联网、人工智能、生物技术、大数据、云计算、区块链、5G 通信等为代表的新一轮科技革命和产业变革中，我国的巨大经济体量能够为这些产业发展提供技术创新与应用的深厚基础和广阔市场。尤其是巨大的数字科技应用规模及由此产生的海量数据，能够推动产业规模与市场规模迅速扩大，使我国在很多领域由追随者发展成为并行者、引领

① 本文首刊于 2019 年 11 月 26 日的《人民日报·大家手笔》。

者。可以说，新一轮信息技术革命带来的数字科技创新及应用方面的跨越式发展，正为我国经济转型升级提供日益强大的创新驱动力，可以大大加快我国经济发展的新旧动能转换进程。

广阔世界市场空间是我国经济稳定发展的有力支撑。主动融入世界市场体系，统筹利用国际国内两个市场、两种资源，是我国经济持续健康发展的一条成功经验。虽然贸易保护主义、单边主义有所抬头，对全球产业链、供应链与价值链造成冲击，减缓世界经济增长，并在一定程度上给我国经济发展带来了不确定性，但是不可能改变我国经济基本面。首先，我国已成为世界大市场的重要组成部分，巨大的市场规模、完备的产业体系与高效的基础设施等综合优势，决定了我国在全球产业链与供应链中具有重要地位，也决定了我国是外资最为青睐的投资目的地之一。2019 年的前 9 个月，我国累计实际使用外资金额达到 1007.8 亿美元。其次，改革开放 40 多年的持续快速发展使我国拥有了资金、技术和市场优势，包括“一带一路”建设参与国家在内的新兴市场国家和发展中国家正在成为我国对外贸易投资新的增长点。只要我们继续坚持全面深化改革开放，努力推进“一带一路”建设，加快形成全面开放新格局，就能进一步拓展我国经济发展的外部市场，筑牢我国经济长期稳定发展的根基。

综上所述，我国经济具有保持长期稳定中高速增长的坚实基础。只要进一步释放改革红利、发挥社会主义制度优势，不断改进和优化各类经济政策组合，我国完全有能力缓解乃至消除目前面临的经济下行压力，使实际经济增速向潜在经济增长率回归。

福建民营经济异军突起受益于“晋江经验”“泉州模式”[①]

洪永淼

新中国成立70年特别是改革开放以来，福建成功实现了从高度集中的计划经济体制到充满活力的社会主义市场经济体制的重大转变，国民经济发展实现历史性飞跃，一个更加现代化和美好的福建正在变为现实。

改革开放之前，福建省经济发展水平较低，发展速度缓慢。改革开放极大地解放了福建生产力，有力推动了福建经济发展。1979年至2017年，福建GDP从74.11亿元增长到32292.09亿元，年均增长率为12.3%；人均GDP

2019年5月，由厦大经济学科、厦大七匹狼金融研究中心、泉州金融研究院共同主办第二届“中国金融发展与泉州金融改革论坛暨七匹狼金融大讲堂”

① 本文首刊于2019年8月29日的《经济日报》。作者感谢厦门大学经济学院经济学系博士研究生张明的帮助。

从 300 元增长到 82960 元，年均增长率为 10.9%。可以说，在全国所有省份当中，福建是改革开放受益最大、进步最快的省份之一。

福建之所以取得如此令人瞩目的成就，一是通过改革发展民营企业，为经济发展注入强大活力；二是通过开放发展外向型经济，促进经济高速发展。

得益于改革的持续深入推进，福建民营经济异军突起，探索出一条以“晋江经验”“泉州模式”为代表的民营经济发展道路。值得一提的是，福建民营企业注重品牌效应，涌现出了“恒安”“安踏”“七匹狼”等知名企业，代表了中国民营企业的发展方向。

发展外向型经济也是福建经济高速发展的一个重要原因。改革开放以来，福建抓住中央建设经济特区、沿海开放城市、福建自贸试验区及 21 世纪海上丝绸之路等政策机遇，通过内联外引的方式引入大量外商投资，同时大力发展对外贸易。

目前，福建进入全面深化改革开放、加快完善社会主义市场经济体制的新阶段。我们在看到过去 70 年取得的巨大成就的同时，也要认清其面临的新一轮严峻挑战。为应对这些挑战，福建未来经济建设应从以下三个方面着眼：

继续深化改革，壮大民营经济。既要构建公平的政策环境和竞争机会，完善市场监管体系，消除民营企业行业壁垒，开拓民营经济新的增长点，又要进一步转变政府职能，抓住人工智能浪潮，大力发展数字经济，促使民营企业实现跨越式发展。

大力优化营商环境，全方位扩大对外开放。充分利用国家建设福建自贸试验区以及大力推动“一带一路”的契机，推动商事制度改革，保证外资平等使用生产要素、享受同等国民待遇及法律保护，全方位扩大对外开放。

建设“大双城”，努力成为全国经济版图中的重要一极。与长三角、珠三角等超大城市圈相比，以福建为主体的海峡经济区尚需强化规模效应。因此，福建要增强厦门、福州的中心城市实力，发挥龙头带动作用与示范作用，通过建设“大厦门市”“大福州市”，即“大双城”的方式成立城市群，进而形成规模效应，以此壮大海峡西岸经济区实力，促使其成为中国经济版图中的重要一极。

自贸试验区建设要与“一带一路”建设结合起来①

《财富经济》杂志

2015年8月中旬，厦门短暂告别了夏日炎热，这并非因立秋的到来，而是13号强台风“苏迪罗”肆虐后的短暂“雨季”。在人们享受这份清凉带来惬意时，对于《财富经济》杂志而言，更振奋的是我们与洪永淼展开了一次对话。洪永淼长期在中国和美国两地进行教学研究，要获得一次与其畅谈的机会并不容易。8月12日，在洪永淼不久后即将赴美之际，我们抓住了这样一次机会。他向我们讲述了他对自贸试验区、“一带一路”以及厦门发展建设等一系列热点的看法，其温和谈吐背后所蕴含的强大气场和独到见解令人印象深刻，大家风范尽显。

自贸试验区建设要“走出去”

自贸试验区的建设是目前厦门乃至整个福建经济社会发展的一个重要机遇。但自贸试验区作为新生事物，要准确把握这个机遇并不容易。有鉴于此，福建省政府以及厦门等相关的地方政府将目光投向了厦门大学。他们寻求从这座福建第一学府获取智力支持。

与此同时，厦门大学也已早早布局自贸试验区等问题的相关研究，其中厦门大学经济学院起着主导作用。经过一段时间的磨合，厦门大学经济学院和王亚南经济研究院（WISE）牵头组建的厦门大学中国（福建）自贸试验区研究院已成为福建省自贸试验区研究的重镇，全方位为各级政府、企事业单位以及企业提供自贸试验区相关的咨询服务。

---

① 本文首刊于《财富经济》2015年第75期，原题为《学者观点：自贸试验区建设是一场博弈》。

作为厦门大学经济学院和WISE院长，洪永淼领导着这个团队，肩上的责任不可谓不重。近几个月来，洪永淼一直在为自贸试验区的调研奔走。本刊与洪永淼对话时，福建自贸试验区挂牌已近4个月，但我们仍首先谈到了自贸试验区。洪永淼说到，对自贸试验区的研究已经过了初期政策解读阶段，这个阶段更多的是邀请北京、上海的专家来进行。如今我们沉下来探讨福建自贸试验区的建设时，应更多地听听福建本地专家、学者以及政府官员的想法。外面的专家因为不熟悉福建，很多东西会顾及不到。

洪永淼认为，因为种种原因，现在自贸试验区的建设还处于比较初期的阶段，政府部门的创新举措大都集中在行政程序上。例如，一天之内审批完成"一照一码"，包括公章都可以刻印完毕。但他认为企业注册审批时间一天和一个月的差别并不大，关键是在做业务时如何获得更多的便利，过分强调表面的制度建设并不重要。

通过对深圳等地自贸试验区的实地考察对比，洪永淼发现，深圳前海自贸试验区的进驻企业十分活跃、市场性很强。而福建自贸试验区的基础还是相对比较薄弱，进驻企业的数目及资金数额都很难和他们相比。洪永淼还提到了一个问题，即福建现在并没有真正把自贸试验区的信息传播扩散出去，即便对岸的台湾要收集厦门自贸试验区的信息也不容易。他建议福建可以学习新加坡、中国香港、中国深圳等地的先进经验，这些地方常设对外招商的专门机构，同时会通过一些国外的展会推介自己。

洪永淼指出，国外的自贸试验区对进驻的企业都会提供各种税收、土地优惠政策，而目前我们的自贸试验区某种意义上还是改革的试验品，很多优惠政策无法明确量化，且不是因地制宜。可以说，自贸试验区的建设将会是地方政府和中央沟通的一个"博弈过程"。

"一带一路"上需规避风险

目前我国推行的"一带一路"建设同样是福建经济社会发展的重大机遇，因为它与自贸试验区存在紧要关联。厦大中国（福建）自贸试验区研究院将两者合二为一进行重点研究。为了更科学有效地进行相关研究，厦大中国（福建）自贸试验区研究院投入了巨大的人力和财力。在与洪永淼对话前不久，他刚刚赴东南亚进行关于“一带一路”和自贸试验区的实地考察。

在谈到“一带一路”和自贸试验区的关系时，洪永淼认为，自贸试验区主要还是对外开放，通过对外开放来链接国内的改革；而“一带一路”等于让中国的开放政策更加全方位，从经济上来讲这种开放可以分散风险，使经济来源更趋多元化。他强调，这对于厦门及福建的经济增长点非常有帮助。

除机遇之外，洪永淼着重谈及应看到“一带一路”背后所存在的风险。洪永淼认为，“一带一路”的沿线国家很多政局都不稳定，而且营商环境较差，有一些国家甚至与中国存在根本上的利益冲突。这就使中国企业“走出去”做贸易或者投资时，面临的环境与面对欧美日相去甚远，会存在政治和环境风险。面对这些风险我们不得不考虑如何规避，洪永淼认为，类似像越南、菲律宾这些和中国国家利益有根本冲突，并且可能爆发战争的国家，不宜进行长期、大规模投资，而更适合进行一些快钱的贸易往来。他建议，国家应该有引导战略，并且要和对方谈投资贸易保护协议。

区位优势应认清服务对象

福建成为第二批自贸试验区试点，同时也是“一带一路”中“海上丝绸之路经济带核心区”，这既在意料之外又在情理之中。说意外是因为福建在经济等各方面的条件相比其他沿海城市并无优势，情理之中则是因为福建历史上在“海上丝绸之路”的重要地位，以及得天独厚的区位优势——与台湾隔海相望。

洪永淼认为，没有台湾就没有福建的自贸试验区。自贸试验区就是为了在经济上和台湾全面对接，对接后就可以形成经济上较为统一的整体。台湾在经济发展上有很多很好的经验，财富均等程度很高，而在过去的 30 年中，大陆的城乡收入差距逐渐拉大。通过自贸试验区和台湾对接，我们可以借鉴一些有益的经验。

商人的本质是追求利益，台商在与大陆的对接合作过程中，会考虑比较各地区的税收等优惠政策。洪永淼认为，福建需要去思考如何创造良好的营商环境，福建自贸试验区一定要在全国范围内具有竞争力，才能吸引投资。洪永淼强调，“这一点非常重要。”

当然，福建的区位优势也不仅限于与台湾隔海相望，带动的港口经济也值得关注。具体到厦门，洪永淼说，“厦门之所以为厦门，就是因为它是一个港口城市，作为东南沿海的航运中心、贸易中心，这其实就是它的优势。”他指出，原先厦门的地理位置是一个死角，因为珠三角和长三角不用经过厦门。而现在除港口外，航空运输业也已发展起来，尤其是铁路运输的发展，厦门如今已逐渐开始连接珠三角、长三角，或将成为交通的中继站。这对福建的航运中心、物流中心以及贸易中心建设都将产生影响。

在谈到区域优势所起到的促进作用时，洪永淼还强调，厦门的港口如何发展，要认清服务对象的方向。经济学有一个理论，贸易量和成本是和距离成反比的，甚至有人说和距离的平方成反比，所以厦门对台贸易就有优势。此外，在“一带一路”上，特别是“海上丝绸之路”，厦门在地理位置上靠近东南亚，也是这个地区华侨的主要发源地。所以，在发展东南亚贸易时，这种人文的影响会大于其他地区。

厦门发展理念当借势转变

洪永淼是地道的厦门人，二十余年的美国求学、工作经历，加之常年在世界各地参观走访，让他对厦门这座美丽的城市有着更深的认识。

洪永淼认为，厦门要推进建设自贸试验区等一系列工程，首先要达到的一个目标应是国际化的营商环境，一些公共设施和公共服务人员要达到国际化运营标准。洪永淼以他近段时期赴东南亚国家考察自贸试验区和“一带一路”建设的见闻，谈到了厦门需要进一步提高的方面。

洪永淼认为，厦门虽然一直都强调环境的建设，但与真正的人文建设还相差甚远，这更多的体现在理念方面。他以刚参观过的柬埔寨吴哥窟为例，那个地方虽然落后、文化教育程度低，但每个人都能够讲几句英语，在门票等一些细节的设计上非常注重人性化和客户体验。这令很多外国人都喜欢到这里，他们会觉得东方还有一个地方和西方如此相像。

反观厦门，很多地方还有待完善。这背后显现的问题就是我们在理念上还有缺失，没有进行换位思考。这种理念有时也会体现在城市的发展规划上。如今人们在谈到厦门的未来发展时，经常会听到关于厦门城市太小的声音，这种声音认为厦门应兼并泉州、漳州等隔壁市的一些地区。洪永淼并不认为厦门的发展非要通过这种扩张来实现。他认为，这种扩张的想法虽然听起来“过瘾”，却会令周边城市不寒而栗。厦门完全可以换一个思路。例如，厦门可通过利用自贸试验区的优惠政策来完善自身的投资环境，吸引周边的大型企业将总部设到厦门，这样产生的效益是难以估量的。

洪永淼说：“厦门可以通过自贸试验区走出去，并且向内发展。通过自贸试验区的作用，可以起到城市辐射功能。香港过去 20 年最成功的一点就是成了国际融资中心，变成了企业上市中心。厦门应该走和它一样的路，可以去辐射整个海西，甚至台湾，通过为别人服务受益。”

金融市场需进行改革

作为著名经济学家，洪永淼对经济的认识已经不仅限于经济学本身，而是升华到人文这一更高的层次。洪永淼曾指出，经济学就是“经世济民之学”。在与洪永淼的对话过程中，我们可以感受到他能够把艰深的经济学原理通过浅显的语言进行表达，拉近了高高在上的经济原理与现实生活的距离，这或许就是大师应有的特质。

对话过程中，洪永淼也与我们谈到了时下普通民众与经济息息相关的两个话题——金融和创业。

股市的跌宕起伏是近段时间来最受关注的经济问题。洪永淼认为，中国的股市比较“特别”，绝大多数国家的股市增长趋势和经济增长形式是一致的，而我国却相背离。这两年来，我国的经济增长速度是下滑的，但这半年来我国股市却快速增长。这其中包含诸多政策因素，中国的股市其实是一个“政策市”。

在经济不景气的情况下，银行不敢贷款给企业，实体企业的资金来源成为问题。通过股票市场进行融资成为另外一种可能，洪永淼说，“这种想法是正确的，但有些做法不妥”。中国目前的环境下，经济下滑导致实体经济回报率都很低，中国股市发展速度和经济发展程度并不匹配，这意味着不可能有一个行业一枝独秀。因此，现在的股市有这种表现也就不难理解。

洪永淼认为，这种情况下，整个金融市场还需要进行改革。例如，余额宝的出现客观上就是将利益市场化的一种表现。自贸试验区同样是一种改革，跨境贷款业务如果额度越来越高，客观上也是帮助企业降低融资成本从而更好地融资，这也是利益市场化的一种表现。

和“万众炒股”一样，李克强总理在2014年提出的“大众创业、万众创新”号召，在当下也仍是一个热门话题。对此，洪永淼认为，这种创业创新在美国也是一样的。但美国有一个非常好的机制，即破产和失业者都有社会保障制度来保障。我国在这方面的制度上还有所欠缺。或许也正是因为这点，目前国家虽然倡导创业，但银行的贷款并没有放开。

谈到企业这一问题时，洪永淼提到了一点遗憾，那就是目前厦门并没有大型企业存在。他认为，企业更看重利益价值和风险程度，而厦门还没有为它们提供这样的环境，在深圳、上海有很多减免税政策来吸引企业进驻。这值得厦门关注。

海峡西岸经济区“大双城”建设构想[①]

洪永淼　张兴祥

摘　要: 2018年10月，福建省委、省政府提出闽西南协同发展区和闽东北协同发展区的构想。落实两个协同发展区的战略举措，是建设“大双城”，即大厦门市、大福州市，只有增强这两个中心城市的实力，才能真正发挥它们的引领作用和辐射作用。从区域一体化的视角看，这是闽西南、闽东北两个协同发展区能否成功的关键。为此，必须适时进行制度和体制创新，重新整合形成高度统一的“大双城”行政架构，以打破现有的地方行政壁垒，更好地发挥政府作用，提高政府效率，为福建省区域一体化奠定良好的制度基础。同时，从促进闽台两地共同发展的大格局落笔，福建省在着力打造“大双城”的同时，应推动两个城市圈的形成，即“厦金共同城市圈”和“福马共同城市圈”。

关键词: 福建；“大双城”；区域一体化；闽台共同城市圈

一、引言

改革开放40年来，中国经济版图呈现群雄并起的局面，长三角、京津冀、粤港澳三大经济圈的形成，犹如三足鼎立，成为中国经济的三大引擎。近年来，以成渝经济圈为代表的中部板块也在迅速崛起，成为东、中、西、东北四大区域中增长最快的板块。面对千帆竞发的态势，偏于东南一隅的福建，需要

---

① 本文首刊于《福建论坛（人文社科版）》2019年第6期，原题为《关于福建省建设“大双城”的建议和构想》，合作者张兴祥系厦门大学经济学院经济学系教授。本文在成稿过程中，得到福建省党外知识分子联谊会提供的调研机会，同时，福建省政协委员、厦门市政协无党派界别召集人黄秀惠，中国社科院财政税收研究中心主任杨志勇，厦门大学王亚南经济研究院副院长王艺明等对文稿提出宝贵的意见和建议。

聚合力量，不断增加自身的引力场，才不至于被弱化和边缘化。

2018 年 4 月，福建省委、省政府提出闽西南经济协作区（包括厦门、漳州、泉州、三明、龙岩）和闽东北经济协作区（包括福州、莆田、宁德、南平、平潭）的构想，目的是在新起点上进一步形成“双轮驱动、南北互动、协调推进、统筹发展”的良好格局。2018 年 10 月，“经济协作区”上升为“协同发展区”，后者由经济扩展到社会、民生、生态等方面，涉及的范围更广。建设闽西南、闽东北两大协同发展区，促进区域发展更深、更广、更紧密的融合，这是解决福建省区域发展不平衡不充分、深化山海协作、推动城乡统筹的重大战略举措。

基于上述发展思路，我们认为，落实两个协同发展区的战略举措，是建设“大双城”，即大厦门市、大福州市。前者涵盖厦门、漳州、泉州，并辐射至龙岩、三明，后者涵盖福州、平潭，并辐射至莆田、宁德、南平。形象地说，就是做大做强“两个轮子”，以加快推进福建省的发展速度。目前，作为中心城市的厦门、福州，块头不大，马力不足，引领作用都不够。所以，闽西南、闽东北两个协同发展区能否成功的关键，是如何增强两个充当龙头的中心城市的实力，这是当务之急，只有破除这一瓶颈，才能真正发挥两大中心城市的引领作用和辐射作用。

当然，打造“大双城”，推动区域一体化，走融合集约发展道路，不仅仅基于经济发展方面的考量，还要考虑到政治、社会、文化、生态方面的需要，尤其是对台工作的需要，为早日实现祖国和平统一作出福建省的边际贡献。从促进闽台两地共同发展的大格局落笔，福建省在着力打造两个大城市的同时，应推动两个城市圈的形成，一是大厦门市与金门共建“厦金共同城市圈”，二是大福州市与马祖共建“福马共同城市圈”。

二、打造“大双城”的理论基础与实践依据

建设“大双城”，是有其理论基础和实践依据的。

（一）区域经济一体化的理论基础

区域经济一体化，既发生在主权国家之间，也可发生在一个主权国家内部

各地区之间。20 世纪 80 年代以来，区域经济一体化是最具活力的经济现象之一，也是当今世界经济的一个显著特征。针对发达经济体的区域经济一体化理论，早期以关税同盟理论[①]、共同市场理论[②]、自由贸易区理论[③]为代表，晚近的新经济地理学和新区域主义理论[④]，对此作了更深入的探讨。针对发展中国家的区域经济一体化理论，比较有代表性的是中心—外围理论[⑤]、国际依附理论和综合发展战略理论[⑥]。当然，学者的研究视角已不再单纯局限于经济层面，而是延伸至制度和政策协调层面。

2011 年福建省推动的厦漳泉同城化，以及 2018 年提出的闽东北和闽西南协同发展区概念，均属于省域内的区域经济一体化范畴。建设“大双城”是破解福建省区域经济一体化过程中面临的地方行政壁垒多、制度摩擦成本高和政策协调失灵等现实问题的有效途径。

（二）城市化新趋势

随着经济全球化与网络化进程的不断深化，城市化出现新趋势。区域经济一体化尤其是“城市圈”或“城市群”（以下出现“城市圈”或“城市群”，视

---

① Vincer J., *The Customs Union Issue* [M]. New York: Carnegie Endowment for International Peace, 1950. Meade J. E., *The Theory of Customs Union* [M]. Amsterdam: North Holland Publishing Company, 1955.

② Scitovsky T., *Economic Theory and Western European Integration* [M]. London: Georg Allen & Unwin, 1958.

③ Robson P., *The Economics of International Integration* [M]. London: Routledge, 1998.

④ Krugman P., *Increasing Returns and Economic Geography* [J]. Journal of Political Economy, 1991, 99(3): 483—499. Palmer N. D., *The New Regionalism in Asia and the Pacific* [M]. Lexington: Lexington Books, 1991.

⑤ Prebisch P., *The Economic Development of Latin America and Its Principal Problems* [R]. New York: United Nations Department of Economic Affairs, 1950. Wallerstein I., The Modern World-System, vol.I: *Capitalist Agriculture and the Origins of the European World-Economy in the Sixteenth Century* [M]. New York: Academic Press, 1974.

⑥ 特奥托尼奥·多斯桑托斯：《帝国主义与依附》，社会科学文献出版社 1999 年版。*Pavlic B., Uranga R., Cizelj B., et al., The Challenges of South-south Cooperation* [*M*]. Colorado: Westview Press, *1983*.

具体语境而定）的涌现，已经逐步取代单一型城市，成为国家或区域参与全球竞争与合作的主流空间地域单元。加快经济全球化与区域经济一体化发展，日益成为当今世界经济发展的重要特征。大城市圈在经济资源的集聚、效率和节约发展等方面更具优势，因此人才、资金、技术、信息、品牌、市场等等都往超大城市或大城市圈集聚。大城市圈的形成，有利于促进内部形成合理的产业分工和良好的竞争合作关系，构建新的资源要素分配渠道。大城市圈的兴起，都有大城市或超大城市充当中心城市，周边环绕着许多卫星城市，中心城市发挥引领辐射作用，带动卫星城市共同发展，所谓"一马当先，万马奔腾"。能够担纲中心城市角色的，块头或规模都比较大，往往是"巨无霸"，特别是人口规模和经济总量。现在，中心城市、城市群已成为一个国家竞争力的重要平台。

在大城市圈形成过程中，"大湾区经济"成为一种格外引人注目的现象，它聚集了各种可能性的资源要素，尤其是科技、人才等核心竞争要素。世界银行的一项统计数据表明，全球经济总量中的60%来自港口海湾地带及其直接腹地，即"湾区经济"①。世界上著名的三大湾区分别为纽约大湾区、旧金山大湾区和东京大湾区。这些大湾区无一不依托于高度发达的枢纽港港口和经济实力雄厚的广阔腹地，成长为"巨无霸"。伴随城市群的壮大，中国经济版图也形成了三大湾区，即粤港澳大湾区、环渤海大湾区和杭州大湾区。

中国过去40年的发展经验充分表明，传统的省域经济正在向以中心城市为龙头的城市群（圈）转变，城市群成为中国新的区域增长极。国家"十三五"规划对全国城市群作了布局，包括长三角城市群、珠三角城市群、京津冀城市群、成渝城市群、中原城市群、海峡西岸城市群等19个城市群，这些城市群将撑起中国的未来。早在《福建省国民经济和社会发展十二五规划纲要》中，福建省就提出实施海峡西岸城市群发展规划，加快推进城市联盟，壮大中心城市综合实力、辐射带动能力和综合服务能力。规划纲要指出，"福

---

① World Bank. *The Little Green Data Book 2012*［M］. Washington DC：The World Bank，2012.

州市要充分发挥省会中心城市龙头带动作用”，“厦门市要充分发挥经济特区先行先试的龙头和示范作用”。

（三）国内外的实践

国内外的实践经验表明，主权国家内的区域整合和融合有利于促进经济发展，做大做强城市可以获得规模经济效应和竞争优势，将经济提升到一个新的台阶。大城市或超大城市拥有行政独立权，甚至立法权，这个本身也会增加本地区的自主权，有利于协调内部的一些关系，促进本地区的城市经济发展。

1. 国外实践案例：大伦敦郡

大伦敦（郡）（Greater London）于1965年设置，是英格兰下属的一级行政区划，其治下包括英国首都伦敦市（City of London）与周围的32个伦敦自治市（London boroughs），共33个二级行政区。在最初的行政架构中，大伦敦是一个拥有两个层级的地方政府体系，由大伦敦议会（Greater London Council，GLC，又称大伦敦委员会）与伦敦市法团（City of London Corporation）以及32个自治市议会（London Borough Councils）共享治权。1986年，大伦敦议会和其他6个大都市郡议会被撒切尔政府废除。废除大伦敦议会后，撒切尔政府建立了各种委员会或联合委员会以接替前者所承担的许多具体事务，市政机构反而由简变繁，如仅伦敦市各机构之间的通信线路就由原来的44条猛增到五百余条。这些委员会的大部分成员通过非选举方式产生。地方政府明显趋于非政府化，效率低下，激起民众的广泛不满。而且，32个伦敦自治市都有各自不同的政治、社会和地理上的特点，因此很难制定出一项共同的方针政策，区域协调发展步伐受阻。不仅仅大伦敦如此，随着区域层次的议会、政府与规划机构的废除，英国的许多区域几乎没有战略层次的规划和政策，造成区域规划战略上的真空①。1997年英国新工党上台执政后，区域层面的管理体制出现了一些明显变化，为了强化区域规划引导，新工党政府通过公决和立法途径，使大伦敦的行政规制得以恢复。根据《1997年郡长辖区法案》（Lieutenancies

① 范恒山、曹文炼：《国外区域经济规划与政策的研究借鉴》，人民出版社2018年版。

Act 1997)，大伦敦被定义为一个“郡”级的行政单位(ceremonial county，名誉郡)[1]。2000年，大伦敦政府(Greater London Authority，GLA)正式宣告成立，由一个直选产生的市长领导，并由一个25人组成的伦敦议会(London Assembly)监督，主要负责规划、制定与执行区域发展战略以及住房、就业、交通、服务业发展、资源利用与环境保护等相关政策。

2. 国内实践案例：大武汉市

武昌、汉口和汉阳位于长江、汉江交汇处，隔江鼎立，故称“武汉三镇”。三镇各有其独特的历史发展轨迹，且形成各自的特色。武昌(今武昌区、青山区、洪山区)之名始于东汉末三国初(221年)，现为湖北省委、省政府所在地，是武汉的政治和科教文化中心。汉阳(今汉阳区)之名始于隋大业二年(606年)，唐宋元明各朝代，商业手工业兴盛，是中国近代工业尤其是军事工业的发祥地，现为武汉市的工业中心。汉口(今江汉区、江岸区、硚口区)于明成化十年(1474年)从汉阳析出独立发展，并强势崛起，20世纪初成为仅次于上海的国际大都市，曾拥有英、德、俄、法、日五国租界，目前是武汉市的经济金融中心。1927年，三镇合为京兆区，定名“武汉”，成为中华民国的临时首都，三镇首次统一行政建制。但1929年又实行分治，至1949年三镇解放，重新合并为武汉市，结束了各自为政的历史。1959年至1983年，原属孝感、咸宁、黄冈地区的一些县先后划归武汉市管辖，武汉市的城市规模进一步扩大，目前全市下辖13个市辖区，大武汉市的格局基本定型。在2016年中共中央政治局通过的《长江经济带发展规划纲要》中，武汉市被定位为与上海、重庆并列的超大城市，将以“复兴大武汉”为目标，致力于打造现代化、国际化、生态化的“三个大武汉”，在国家中心城市中扮演重要角色。2017年，武汉常住人口达到1089万人，地区生产总值1.34万亿元人民币[2]。

(四)经验借鉴与启示

国内外的城市发展实践为福建省壮大海峡西岸城市群、提升区域核心竞争

---

① 大伦敦郡不包括伦敦市。

② 《武汉市2017年国民经济和社会发展统计公报》，中国统计信息网，2018年4月12日。

力提供新颖的思路和有效的借鉴。大湾区是当前城市发展的一种趋势，体现不同中心城市之间的融合，因这些中心城市无法整合成单一城市，只能在大湾区的格局内融合发展，如粤港澳，共有广州、深圳、香港、澳门 4 个中心城市。由于所处地理位置，闽南、闽东也自然形成两个湾区，但与国内外的“大湾区经济”相比，还存在不小的差距，主要是规模不大，实力不够，竞争力不强。因此，福建省的当务之急，是把两个中心城市做大做强，先做小湾区，再做大湾区。未来，福建省可以以厦门、福州为双核，形成海西大湾区。

三、打造“大双城”的历史渊源与现实需要

（一）历史渊源

1. 厦漳泉金行政区划上的历史渊源

晋太康三年（282 年），改东安县为晋安县，所辖疆域包括今厦门、漳州、泉州、莆田四地市以及金门岛，县治在今南安市丰州镇。这是历史上厦漳泉金最早同属一个县治行政区划的情况。自五代设县以来至清末，同安一直隶属于泉州府，其辖境曾包括今厦门市全境、金门岛以及隶属漳州市的长泰县、龙海县部分。民国元年（1912 年），废府，同安县隶属南路道（民国三年改称厦门道），才与泉州脱离了政隶关系。清康熙二十二年（1683 年），福建水师提督移驻厦门岛，次年设立台厦兵备道（后改为台湾道），管理台湾、厦门两地军政事务。清雍正五年（1727 年），清政府将原来设在泉州的“兴泉道”移至厦门。清雍正十二年（1734 年），增加永春直隶州，改称“兴泉永道”，下辖兴化府（包括莆田、仙游）、泉州府（包括泉州市区及晋江、惠安、安溪、南安、同安）和永春州（包括永春、德化、大田）。不难看出，厦泉金在很长时期同归一个行政实体管辖，与漳州也时有交叉，可以说，这是厦漳泉金一体化的历史基础。

从历史上看，厦门的几次行政升级，如 1912 年由“嘉禾里”两次提升行政地位，从同安县下属“里”，一跃成为思明府，1935 年设市，1980 年获准设立经济特区，1988 年成为计划单列市，1994 年成为副省级城市，行政级别不

断提升，奠定了厦门作为闽南政治经济文化中心的地位。以厦门市为核心进行扩容，建设大厦门市，是一种比较可行的现实方案。

2. 福平马行政区划上的历史渊源

秦代时平潭属闽中郡，闽国龙启元年隶属福清县（属长乐府，即今福州）一直延续至清末。民国元年始设平潭县，属宁福道。新中国成立后，平潭先后被划入闽侯专区、晋江专区、莆田专区。1983 年 7 月，划归福州管辖。2009 年 7 月，设立福州（平潭）综合实验区，仍隶属福州。平潭县与福州（平潭）综合实验区实行“政区合一”（行政区 + 实验区）混合型管理模式。2012 年 2 月，福州（平潭）综合实验区从福州市析出，更名为福建省平潭综合实验区，成为与福州市同级别（正厅级）的行政管理机构。从历史上看，平潭长期处于福州管辖之下。

而马祖位于福建省东部、闽江口外 15 海里处，由诸列岛构成。考古发现，马祖最早的人类活动与来自大陆的古闽越人有关。唐宋归永福乡崇德里，因岛上居民不多，加上受交通等条件限制，元明两朝官府未设行政机构，只有军事设防。清初福州沿海渔民陆续移居岛上，并逐渐形成具有血缘关系的村落，其风土民情皆承袭于福建闽东地区，当地语言为福州话（长乐口音居多），当地人称为“平话”或“马祖话”。从行政区划上看，马祖曾分别隶属于福建省连江县、长乐县（今长乐区）、罗源县，1949 年国民党退居台湾时据有马祖，实行战地政务与军事管制，直到 1992 年 11 月才正式解除。现在马祖归台湾“连江县”及“交通部”管理①，人口 1 万余人。无论从地理、历史还是民族、文化看，马祖与福州都有割不断的渊源关系。推动福平马一体化，有其坚实的基础，很可能比厦漳泉金一体化更容易些。

（二）现实需要

1. 避免福建被边缘化

近年来，与福建相邻的长三角、珠三角等超大城市圈的“虹吸效应”越来

① 台湾“连江县”原属台湾“福建省政府”管辖。2018 年 6 月 28 日，台湾当局宣布，自 2019 年起将“省级机关”预算归零，这意味着台湾的“福建省”被废除。

越显著，人口和经济活动逐渐向大城市圈集聚，成为全国经济最活跃、创新要素最集聚的地区。作为海西经济区主体的福建，处于长三角和珠三角之间，受到两头虹吸，在中国经济版图中如何避免被边缘化？这显然取决于福建自身的优势条件、战略定位和发展潜力。

在中国经济版图上，福建省多少显得有点势单力薄，主要原因是缺乏块头大、实力强的大城市。福州虽是省会城市，但未跻身于副省级城市榜单。厦门虽跻身副省级城市行列，但无论是土地面积、人口规模还是经济总量指标，在15个副省级城市中均处于垫底位置（见下表）。如果福州“代替”厦门到副省级城市中排队去比块头，那么土地面积（11968平方公里）排第7位，常住人口（766万人）排第12位，GDP总量（7128亿元）排13位，后两个排名同样非常靠后。

表1　2017年全国15个副省级城市土地面积与人口规模

城　市	土地面积		常住人口		GDP总量	
	平方公里	排名	万人	排名	亿元	排名
深　圳	1996.85	14	1252.83	3	22438.39	1
南　京	6597.00	13	833.50	9	11715.10	6
成　都	14605.00	4	1604.50	1	13889.39	3
长　春	20565.00	2	751.17	12	6530.00	12
杭　州	16596.00	3	932.79	7	12556.16	5
济　南	8177.21	11	732.12	13	7000.00	11
武　汉	8494.41	10	1089.29	5	13410.34	4
宁　波	9816.00	9	800.50	11	9846.94	8
西　安	10108.00	8	953.44	6	7469.85	9
厦　门	1699.39	15	401.00	15	4351.18	15
青　岛	11282.00	7	929.05	8	11037.28	7
大　连	13237.00	5	698.75	14	7363.90	10
广　州	7434.00	12	1449.84	2	21503.15	2
哈尔滨	53100.00	1	1092.9	4	6355.00	13
沈　阳	12948.00	6	829.4	10	5865.00	14

资料来源：作者根据各地统计公报及相关资料整理。

目前，由于厦门市规模效应未显现出来，对人才的吸引力也受到影响，连厦大的毕业生都很难留住。据2017年的《厦门大学毕业生就业质量年度报告》，厦大毕业生留在厦门工作的仅占22.8%，而集美大学这一比例达到49.1%。

2. 对台吸引力和示范作用

建立大厦门市和大福州市能够带来规模效应。特别是厦漳泉，很多本土的台湾人最早是从闽南移居台湾的。厦漳泉凭借独特的“五缘”优势，很容易对台湾形成吸引力，而大城市内蕴的经济发展潜力和前景对台湾人具有更大的吸引力。与现在单独把平潭建成两岸共同家园相比，应该说无论从历史、现实还是未来发展趋势看，大厦门市和大福州市都将更有可行性、更具吸引力。而依托大厦门市和大福州市来打造两岸共同家园，其示范作用无疑更为显著。

3. 全面深化改革的需要

长期以来，由于地方政府的经济行为和动力是以行政区划为基础的，其行使权限不能逾越区域管辖范围，这就不可避免地导致严重的市场分割和地方保护主义，我国的区域经济一体化也因此面临较高的制度摩擦成本。因此，区域经济一体化的关键是通过全面深化改革，打破行政权力对经济要素自由流动的阻隔。从这个意义上说，我国区域经济一体化的进程实质就是地方政府行政权力的协调过程，是行政权力的再配置过程①。

在闽东南沿海地区打造“大双城”，这个本身就具有深化改革的意义。促进湾区的融合，打造新的增长极，实现城市群内部的均衡发展，需要突破瓶颈，需要有效的协调机制。这就要求打破现有的行政壁垒，适时进行制度和体制创新，大力推进制度现代化，更好地发挥政府作用，提高政府效率，进行区域整合、资源整合。体制改革带来的红利，将大大提升大厦门市、大福州市的经济张力，有利于迅速开拓新的增长源泉。再者，由于一体化的对象包括金门、马祖，如何在当前政治未一体化的条件下统筹、规划城市圈的发展也是面

---

① 彭彦强：《区域经济一体化、地方政府合作与行政权协调》，《经济体制改革》2004年第5期。

临的现实问题，这些都没有现成的答案，需要不断改革探索，积累经验。

四、推进“大双城”高质量一体化发展面临的难题

就目前情况看，推进“大双城”高质量一体化发展还面临诸多困难，这些困难既来自政府层面，也来自各城市的产业、企业和居民层面。如厦漳泉前期的同城化虽在基础设施建设、产业合作、公共服务、生态环境整治等方面取得一定进展和成效，但也存在不少制约因素和亟待破解的难题，主要体现在：

（一）缺乏统一的行政实体

目前厦漳泉同城化缺乏有行政效力和约束力的统一的行政实体，因而出现“雷声大，雨点小”的局面。虽说有《加快推进厦漳泉大都市区同城化工作方案》《厦漳泉大都市区同城化合作框架协议》这样的官方文件出台，但在“城市联盟式”的合作框架下，权力结构和联结是松散的，权威性不足，协调性不好，约束力不强，各地仍有可能各自为政，所谓“屁股指挥脑袋”。福建省委、省政府曾建议成立厦漳泉大都市区发展协调委员会，但实际采取的是党政联席会议形式，而且前后只开过两次，第三次因分歧太大没有开成。2015 年之后，就不见什么大动静了，同城化步伐也慢了下来，许多领域的同城化其实都滞后了。

闽西南协同发展区的提出有利于促进闽南金三角与闽西的合作，但现在的问题是，厦漳泉同城化滞后，基本上还是各自为政，形不成合力，没有很好地发挥引领作用。如果闽南金三角内部都协作分工不好，那就遑论闽西南了。更何况，闽西南协同发展区最高决策机构与厦漳泉同城化一样，是联席会议制度，这种松散的联盟短期内较难见效，一些关键问题无法获得实质性推进。因此，大城市圈的协同发展、融合发展、共赢发展需要探索新的途径。

（二）缺乏“拧成一股绳”的利益共同体意识

厦漳泉同城化需要各地市本着资源共享、互利互惠原则，拿出合作的诚意。但由于三市社会经济发展不平衡，缺乏利益均衡体制机制，“拧成一股绳”的利益共同体意识难以达成。三市站位存在差异，各怀心思，各自为政，协作

步调不可能完全一致，资金、政策等投入保障也明显不足，这样就难以形成工作合力。与此同时，因为缺乏统一的行政管理，厦漳泉之间无法通过财政转移支付来进行利益的重新分配。如果有一个强大的统一的行政机构来统筹三市，在城市发展过程中，就可以协调每个地方的利益，因为大城市可以借助强有力的行政手段来调节内部的各方利益，但在三市并列分立、互不隶属的情况下，彼此的利益就难以协调了。

（三）缺乏刚性的执行力

我们知道，统一有效的发展规划有助于引领区域内空间资源合理配置，提高资源配置效率。厦漳泉三市于2015年联合编制《厦漳泉大都市区同城化发展总体规划》(以下简称《总体规划》)，拟共同建设一个核心区面积达7772平方公里的大都市区，相当于7个香港。《总体规划》的中期目标是，到2020年，基本实现同城化，以及产业、空间和社会的高度融合，形成“一核六区三带”空间布局①。按理说，厦漳泉同城化已有“一盘棋”的统一规划，为何效果不佳呢？原因在于缺乏刚性的执行力，于是说起来重要，做起来次要。另一方面，区域内也存在产业分工不明确，存在同质化竞争、重复建设现象。厦门是最早设立的经济特区之一，但长期以来没有跳出“厦门岛”的狭小眼界，未能克服“小岛”“小城”意识，没有努力做大做强城市平台，中心城市的辐射力、带动力不强，溢出效应不明显。在小富即安。不用吃腌螺蛳就已经是很幸福的闽南沿海地区，眼界与格局至关重要。“小岛”意识绝对是限制厦门发展的最重要因素。

总的来说，现有的同城化缺乏一个统一的行政区划机构进行强有力的推动，政府这只“看得见的手”没能发挥应有的作用，因此同城化进展缓慢，效率低下，往往流于形式。从某种意义上说，当前厦漳泉尚未实现真正的同城

① “一核”：核心区为厦漳泉大都市连绵区域，同城化的核心和重构“闽南金三角”的支点；“六区”：厦门湾南岸、翔安—围头湾、同安—安溪南翼、集美海沧—长泰四个跨界增长区和湄洲湾南岸、东山湾两个协调发展区；“三带”：三市西北部“绿色山地生态带”、三市沿海地区“沿海产业城镇集聚带”、三市近海海域“蓝色海洋资源利用与保护带”。

化。在中心城市理念下，我们要充分发挥制度优势，进行顶层设计，打造大厦门市，成立一个具有立法权与行政权的职能机构，同时加快政府转型，从更高层次上大刀阔斧推动自上而下的结构性改革；合理进行城市圈内的产业分工，优化产业布局，避免同质性竞争，从而提高效率；同时，加强城市规划、城市建设和城市管理等，让大厦门市更加宜业宜居。这样，就能更好地发挥对闽西及其他周边地区的引领带动作用。

五、推进“大双城”建设的构想与对策

那么，如何突破一体化面临的上述难题呢？我们认为，需要在以下几方面下大功夫：

（一）形成高度统一的行政管理体系

我们提出建设具有一定规模的大城市而不是“城市群”或“城市圈”，原因在于后者不是由一个高度统一的行政架构来统摄或总辖，难以达到政令的统一，难以形成利益共同体，难以强化执行力。厦漳泉的同城化其实已运作一些年头了，但现实效果不尽如人意，原因就在这里。厦漳两地港区的整合，却为我们提供了一个成功的实例。2006 年之前，厦漳港区隶属不同的行政区划，互相之间沟通协调机制不畅，由此衍生了许多问题。一是港口规划不统一，两港区码头功能得不到很好的互补。如厦门港区深水岸线不足的劣势得不到弥补，而漳州港区也无法承接厦门港区的一些临港工业。二是港政、航政、水路运政管理不统一。两个港区同饮一江水，共用一条航道，由于运政方面缺乏统一调度，各自引航，以致南北两岸的船舶曾发生多次碰撞刮擦事故。三是集装箱驳运业务难以顺利对接。厦门湾北岸外贸线多，南岸外贸线少，如果没有整合，双方就不好协调。漳州港方面要驳运，厦门港这边却不收，漳州港的货物无法直接用船驳运到对岸去，于是漳州的货品出口不得不从陆路绕道运到北岸，耗时费力不说，还影响了这项业务的开展。两港整合后，这个问题就根本不存在了。四是效率低、费用高。两港整合之前，货船进入两港区需要缴纳两次港口规费，既延长船舶的滞港时间，又提高了物流成本，最终削弱了两地港

口的竞争力。可见，不打破港口的行政区划隶属，协调问题就流为空谈。鉴于这种情况，2005 年福建省委省政府决定实施厦门湾港口一体化改革，将原厦门市管辖的 5 个港区和原漳州市管辖的 3 个港区合并，组成新的厦门港，在全国率先实施跨行政区划港政、航政、水路运政统一管理。2010 年 8 月，厦漳两地港口再次进行全面整合，漳州行政区划内余下的 4 个港区悉数并入厦门港。整合后，所有港区实行“同港同政策”，原厦门港区享受的税费、补贴、口岸通关等各项优惠政策延伸至原漳州港的所有港区，真正体现一体化。港政、航政、水路运政的高度统一，也推动海关、海事、检验检疫的一体化管理，大大提高了口岸工作效率。厦门港的竞争力也不断增强，在全球港口的排名从 2010 年的第 19 位跃升到 2017 年的第 14 位，赶超 2016 年排在第 14 位、第 15 位的高雄港、大连港。应该说，这得益于两地港区的整合。厦漳港区一体化的顺利实现，为厦漳泉城市一体化的操作思路提供了经验借鉴。

高度统一的行政管理体系有利于形成利益共同体。我们知道，厦门的发展定位是成为东南国际航运中心、两岸区域性金融中心、两岸贸易中心以及两岸新兴产业和现代服务业合作示范区。金融服务业想发展壮大，一定要有实体经济作为支撑，也就是必须拥有强大的制造业，但因厦门本身腹地小，制造业所占比重不大，金融业缺乏坚实的实体经济支撑，一直得不到很好的发展。另外，泉州是海西地区重要的制造业基地，民营经济特别活跃，但金融业发展相对滞后，对实体经济支持的力度、广度和深度都受到一定约束，实体经济得不到应有的金融支持，发展存在瓶颈。这一对矛盾可以在厦漳泉一体化即大厦门市的背景下，通过一个更高一级赋权的、统一的、强有力的行政力量来推动化解，加大资源整合力度，进行合理的产业分工和布局，使两地优势互补，互融互通。这样，厦门就没必要着力发展制造业，泉州也没必要为寻求金融支持而另起炉灶。厦漳两地也有很强的互补性，尤其是空间与资源方面，厦门需要一个广阔的腹地来支撑，漳州则需要一个更开放的空间来提升壮大自己，如果两地实现错位发展，如厦门以现代服务业为主，漳州以现代农业和制造业为主，那么将实现双赢。另外，厦漳泉一体化，土地会迅速升值，因为企业特别是大企业的聚集，高端人才、资金也会大量涌入大厦门市，因此将带动大厦门地区的经济发展，从而为政府推动城市一体化建设提供强大的物质基础。经济的规模效应和聚集效应也将显著体现出来，特别在吸引高端人才和创新要素方面，比目前的各自为政、小打小闹要显著得多。这正是建设大厦门市的缘由、目的和意义所在。

应该强调，建设“大双城”不以成立直辖市为目标取向，它们仍在福建省委、省政府的管辖之下，这样才能统筹福建全域的资源，得到全省的支持，反过来，两大城市才能更好地带动其他城市，推动福建省以及海西经济区的发展。不过，为了让两大城市成为名副其实的行政实体，需要在当前实行的五级行政管理体制框架下进行改革，以打破原来的行政区划及隶属关系。这样做的好处是政出一门，统一领导，统一规划，统一提供公共服务，通过财政转移支付或政策扶持，协调和平衡大城市内部的经济利益关系，以实现共同发展的目的。因此，福建南北两大都市区的一体化，关键是通过勾画大城市建设蓝图，推动形成一个有效率的高度统一的行政管理体系。

值得强调的是，建设两大城市，打破各自为政的地方行政壁垒，难度极大，单靠地方力量推动是远远不够的，需要中央、福建省两级政府的支持，这一点是毋庸置疑的。只有在中央、福建省的支持下，才能在目前的五级行政管理体制框架下进行重大的结构调整。

（二）突破厦漳泉同城化瓶颈

2011 年厦漳泉同城化正式拉开帷幕。一体化发展的核心要义不外乎两个，一是如何体现市场在区域一体化的资源配置中发挥决定性作用，二是如何更好发挥政府作用，从而提高资源配置效率。然而厦漳泉同城化遭遇瓶颈，最大的症结在于三市行政是并列关系，缺乏能够拍板做主的“头家”，加上受现行行政区划和考核机制的限制和约束，三市在各自站位、利益诉求等方面有所不同，在重要问题上就难以达成共识。其次，由于缺乏成本投入分担机制和市场化投融资机制，厦漳泉同城化发展多数是按属地原则分摊建设任务和投资，缺乏市场化运作，成为同城化止步不前的又一症结[①]。

---

① 严顺龙：《厦漳泉大都市区同城化 3 年 3 城诉求不同举步维艰》，《福建日报》，2014 年 11 月 16 日。

对于第一个问题，解决办法是让领导和决策上移。如果不是直接移交给省一级行政区划管理，那么，最好的办法是打破三市现有的行政区划，重新整合为一个行政实体，其目标是成立大厦门市。但是，为了避免架屋叠床，增加行政层级，需要改革省以下的行政层级设置。

对于第二个问题，解决办法是厘清政府与市场的关系与边界，实现由政府主导向市场主导转变，形成“政府推动、市场主导、遵循市场规律”的新发展模式。政府推动主要是打破各种行政壁垒，做好统一的城市空间规划、基础设施和公共服务设施规划、产业规划，优化国际化营商环境。在微观层面，则进一步完善市场机制，让市场机制在资源配置上发挥决定性作用，国有企业与民营企业公平竞争，优胜劣汰。要善于运用市场机制，通过市场运作，通过建立共同的市场规则，打破地方行政和保护主义壁垒，克服区域内的政策差异，让市场“看不见的手”和政府“看得见的手”共同促进生产要素在区域空间内的优化配置，推进大城市的一体化发展。一方面，要深化区域内政府职能转型，在微观层面，对于能够通过市场化运作的项目，应充分发挥市场配置资源的决定性作用，政府不宜进行太多的干预。以行政手段干预企业的资源配置，不利于企业发展。另一方面，要撬动民间资本和外资等非政府投资，多渠道多方面参与一体化建设，实现区域内外更大程度、更高层次和更大范围的开放与合作发展，以更强的国际竞争力和影响力参与全球价值链和国际分工新体系。

应该说，相较之下，第一个问题更为关键。因为第一个问题不解决，第二个问题也很难解决好。行政区划对要素市场流动的分割不破除，阻碍资源配置效率的各种有形无形的壁垒也就难以消除，产业开放、市场开放和规则开放也就难以形成。例如，厦门对外联系较广，本身适合发展总部经济，而泉州城市发展水平与地理位置相对处于劣势，漳州情况类似。因为地方财税原因，厦泉两地为争夺企业总部一直处于竞争状态。目前，厦门正在做大做强总部经济，吸引泉州的许多企业把企业总部迁到厦门，这样泉州将面临税收损失。由于存在直接的利益竞争关系，两地就有可能各自为政，各管各的，甚至互相拉扯。成立大厦门市后，这些问题或矛盾将迎刃而解。大厦门市建立在利益共同体基础上，可以在财政上给予泉州适当的补贴或转移支付，实现利益平衡，这样有利于企业资源得到有效配置。只有利益一致，一体化才有原动力，才可以持续，才能久久为功。

大厦门市的形成对于吸引国内的大企业以及世界五百强等跨国资本，也将起到非常大的促进和推动作用。大厦门市的一体化将大大提升闽南大湾区的规模经济和规模效应，促进人才、资金、信息、技术等要素汇聚。以泉州为代表的海西经济区民营企业，也是中国最为活跃的民营企业，将因此得到更大的发展空间。厦漳泉金实现一体化后，协调性有望增强，产业分工和基础设施布局更为合理，包括地铁、航空、港口以及教育、医疗、商业、文化等公共服务设施的建设更加合理化。在当前经济进入新常态和外部冲击下，短期内闽南湾区的基础建设也可以扩大内需，拉动经济增长，提高整个城市圈的经济活力。随着大厦门城市规模、品位、层次等的提升，生活设施各方面得到有效的改善，将产生巨大的磁吸效应、示范效应和灯塔效应，那时大厦门市的经济实力强，发展后劲足，发展水平不会比台北、高雄差，有利于吸引台湾企业尤其是台湾年轻人涌来创业，成为两岸打造共同家园的样板。

（三）将平潭纳入“大福州市”框架

福州是近代中国最早开放的5个通商口岸之一，改革开放后列入首批14个对外开放的沿海港口城市之一，也是“一带一路”建设的支点城市。作为福建省的省会城市，福州是福建的政府、文化、交通中心，资源十分集中，经济体量远比厦门大，它是闽东北经济协作区的中心城市。但由于福州周边城市的规模都比较小，闽东湾区的人口规模和经济实力明显不如闽南湾区。福州必须做好增量工作，形成更大的块头，才能更好地发挥龙头城市的引领作用。把平潭综合试验区重新纳入，打造大福州市，是一个比较现实的选择。

2012年以后，平潭综合实验区就从福州独立出来，这对平潭的发展有利有弊。2018年平潭总人口44.88万人，实现地区生产总值254.28亿元[①]，只有福州市的3.24%[②]，经济体量非常小，若靠自身单打独斗，其成长的过程将非

---

① 平潭综合区统计局：《平潭综合实验区2018年国民经济和社会发展统计公报》，2019年5月13日。

② 2018年福州市的地区生产总值为7856.21亿元。福州市统计局：《2018年福州市国民经济和社会发展统计公报》，2019年3月22日。

常漫长。平潭的自然条件也不甚理想，地理位置和气候不是很好，冬天有大风，单凭一个孤零零的岛屿来谋划建设“国际贸易旅游岛”和“两岸同胞共同家园”，确实力有不逮。一旦脱离福州的支撑，在现有条件制约下，平潭一时还很难胜任国家赋予的重任。只有同福州结为一体，才能聚集力量打造两岸同胞共同家园，物流、人流、资金流、信息流等等，才能在大城市架构下形成良好的大流通、大循环。至于如何组建大福州市，可参照前文大厦门市的思路。因平潭的行政区划原来就隶属于福州市，将平潭纳入大福州市，问题应该不大。不论是从历史还是现实看，大福州市的整合、建设和形成，都要比大厦门市来得容易些。

（四）共建闽台“共同城市圈”

2019年1月2日，习近平主席在《告台湾同胞书》发表40周年纪念会上的讲话中指出，祖国统一是新时代中华民族伟大复兴的必然要求，两岸应携手推动民族复兴，实现和平统一目标；探索“两制”台湾方案，丰富和平统一实践；坚持一个中国原则，维护和平统一前景；深化两岸融合发展，夯实和平统一基础；实现同胞心灵契合，增进和平统一认同。习近平主席强调，“两岸关系和平发展是维护两岸和平、促进两岸共同发展、造福两岸同胞的正确道路。两岸关系和平发展要两岸同胞共同推动，靠两岸同胞共同维护，由两岸同胞共同分享”，为此，“我们要积极推进两岸经济合作制度化，打造两岸共同市场，为发展增动力，为合作添活力，壮大中华民族经济。两岸要应通尽通，提升经贸合作畅通、基础设施联通、能源资源互通、行业标准共通，可以率先实现金门、马祖同福建沿海地区通水、通电、通气、通桥。”闽台互通，金门、马祖是先手棋，而厦门、福州责无旁贷，必须当好排头兵的角色。打造“厦金共同城市圈”和“福马共同城市圈”，应纳入大厦门市和大福州市的发展蓝图。

1. 共建“厦金共同城市圈”

如前所述，自五代同安设县以来，金门历史上一直隶属于同安县，民国四年（1915年）金门岛和大小嶝才从原思明县析出，作为独立的县治行政区划。金门距离厦门不到10公里，水上航程只需40分钟，而距离台湾本岛却有227公里。由于是一个离岛，加上长期的军事管制，金门其实与台湾处于半隔绝状态，并未参与台湾的现代化进程。2001年，厦金两地的“小三通”正式拉开序幕，经济互动和人员往来非常密切，产业、商业、观光、生活环境甚至婚姻上形成互补，“厦金共同生活圈”逐渐形成，金门事实上已成为厦门的“后花园”。

目前厦门市的定位是“一带一路”建设的支点城市，而大厦门市不只是闽南金三角的中心城市，还要有更高的战略定位。厦门要突破“小岛”意识，增强引领作用和辐射能力，就不能仅仅是跳出岛内到岛外搞建设，这个仍未摆脱“小岛”格局。厦门必须确确实实有能力辐射到整个海西经济区，甚至辐射到台湾地区，才真正突破了“小岛”意识，切实发挥引领作用。为此，厦门要主动作为，提前谋划，多措并举，将金门纳入大厦门市的建设版图。继“小三通”后，金门的通水问题也已解决[①]，即将迈入与厦门“通电、通气、通桥、通信”的“新四通”时代。2019年1月29日，厦金两地行政长官举行对接会，双方就进一步深化厦金区域合作共商大计，围绕“四通”“三化”的35个议题进行深入探讨[②]，提出两岸“应通尽通，能通先通”。打造大厦门市，应争取金门加盟，加快“两门融合”。除了解决金门各方面的资源瓶颈，厦门还可以在港口、经贸、旅游、文化、教育等方面加强与金门的合作，将“厦金共同生活圈”全面升级为“厦金共同城市圈”，加快海峡两岸经济、政治、法律、社会、历史、文化等各方面的有机融合，探讨两岸统一的有效途径。这个融合具备良好的天然条件，因为金门人认为他们就是中国人，比台湾岛内的民众更倾向于祖国统一，即使民进党当局的“去中国化”也未对金门的价值观念形成颠覆性的冲击。金门的发展机遇在大陆，这是金门社会的共识。目前金门属台湾管辖，如果能够通过大厦门市推动与金门的共建共治共享，即建设共同市场、共

① 金门饮用的大陆水源，来自泉州的山美水库，经晋江金井，通过海底管线抵达金门田埔端上岸。2018年8月5日，金门自大陆引水工程分别在金门和晋江举行“共饮一江水”通水仪式。

② “四通”指经贸合作畅通、基础设施联通、能源资源互通、行业标准共通，“三化”指推动厦金文化教育、医疗卫生合作、社会保障和公共资源共享等基本公共服务的均等化、普惠化、便捷化。

同家园，实现共同繁荣，这就意味着厦金两地人民能够生活在同一城市圈，为台湾回归树立一个样板，其作用和影响不言而喻。以金门为桥梁纽带，加强与整个台湾岛的联系，就可以为实现祖国统一大业奠定基础。

2. 共建“福马共同城市圈”

1949 年马祖被退守台湾的国民党据有之前，一直是福建省下属的县管治。无论是习俗还是语言，马祖明显“很不台湾”，而是“很福州”。妈祖是中国沿海地区传统民间重要的信仰之一。马祖也信奉妈祖，列岛上有许多妈祖庙，其名称来历也与妈祖信仰有关①。马祖距离福建省连江县的黄岐半岛只有 8 公里，距离台湾本岛 211 公里。马祖也是一个离岛，很多方面与金门相似，长期受到军事管制，与台湾处于半隔绝状态。马祖人对祖国大陆的身份认同也明显强于台湾本岛，他们希望仰仗两岸交流，加快自身发展，并乐于充当福州的“后花园”。

马祖原来的支柱产业是渔业，近年来已变成以旅游观光休闲为主，目前每年旅游人数 20 万人次左右。美国 CNN 公布了 2017 年世界十五大自然奇景，马祖的“蓝眼泪”榜上有名②，被誉为“一生一定要看过一次的美景”，因此掀起一股热潮，无数游客慕名前来“追泪”。金门与大陆通水，马祖人也充满期待。马祖小，资源少，许多方面都要仰仗台湾。随着旅游人数的不断增加，马祖也将面临缺水缺电问题，两岸未来合作是可期的③。如果福州能协助马祖解决水电等民生问题，就会进一步拉近两岸之间的距离。打造“福马一日生活圈”，是共建“福马共同城市圈”的前奏。目前马祖有这方面的需求和意愿，福州应加快推进“福马融合”步伐。福州的 1.0 版是福州、平潭的重新整合，打造大福州市，2.0 版争取马祖加盟，共建“福马共同城市圈”。

---

① 据《连江县志》载，宋时林默娘殉身投海寻父，漂到南竿岛，岛民感其孝行，为她厚葬立庙。清康熙时册封为天后，世人尊称为“妈祖”，该岛因此谐称为“马祖”。

② “蓝眼泪”其实是由蓝藻（又称夜光虫、夜光藻）受海浪冲击拍打发出淡蓝色的荧光形成的，因为介形虫细小如沙粒，英文称之为 blue sand。近几年这种蓝藻在马祖周边海域大量繁殖，春夏之交，每当夜幕降临，马祖海岸线呈现一片蓝色梦幻，犹如浩瀚的银河星空。

③ 黄文杰：《连江县长刘增应：盼马祖也能与大陆通水通电》，2018-08-28，http://www.CRNTT.com。

对闽南、闽东城市群进行整合后，情况会有较大改观。2017年厦漳泉常住人口规模近1800万人，GDP 15500亿元，占同年福建省GDP的48%，占同年全国GDP的1.9%。2017年福平常住人口规模超过800万人，GDP近7200亿元，约占同年福建省GDP的22.3%，约占同年全国GDP的0.87%。① 这样福建南北两大中心城市将形成双核双引擎，充当“一国两制”、台湾和平统一的试验田和示范区。从海西版图上看，大厦门市和大福州市将带动海西发展，就像广州、深圳带动珠三角一样，虽然它们在经济体量上还无法同后二者相提并论，但大厦门市1800万左右的常住人口规模，超过成都（1600万）、广州（1450万），在副省级城市中最大。

六、结论

总之，“大双城”一旦形成，规模张力得以释放，可以大大提升对外开放的能力和辐射力，除了本省区域，两大城市还可以进一步辐射到福建省之外的其他海西地区，甚至可以辐射到中国台湾、东南亚以及“海丝”沿线国家。这样，福建乃至海西经济区将形成中国经济版图中的重要一极，进一步凸显福建在全国发展大局中地位和作用，并与台湾密切联结在一起，形成闽台大经济区，为国家统一创造经济、人文、社会融合的基础。而作为操作起点，必须适时进行制度和体制创新，重新整合形成高度统一的行政架构，以打破现有的地方行政壁垒，更好地发挥政府作用，提高政府效率，为区域一体化奠定良好的制度基础。

---

① 以上数据根据2017年厦门市、漳州市、泉州市、福州市、福建省以及全国的国民经济和社会发展统计公报计算得出。
厦门市统计局：《厦门市2017年国民经济和社会发展统计公报》，2018年3月22日。
漳州市统计局：《漳州市2017年国民经济和社会发展统计公报》，2018年4月8日，
福州市统计局：《2017年福州市国民经济和社会发展统计公报》，2018年4月16日。
福建省统计局：《2017年福建省国民经济和社会发展统计公报》，2018年2月22日。
国家统计局：《中华人民共和国2017年国民经济和社会发展统计公报》，2018年2月28日。

如何推动厦门经济特区经济高质量发展[①]

洪永淼　张兴祥　黄秀惠　孙弘宇

改革开放40年来，厦门从对台军事前线发展成为一个高素质、高颜值的现代化城市。作为最早设立的经济特区之一，在新的历史节点上，厦门如何在已有发展基础上厘清新的战略定位，推动经济持续稳定高质量发展，这是一个事关厦门未来发展的重大决策。厦门既要避开或补齐自身的一些短板，又要充分发挥自身的优势和特色，权衡利弊，克服“小岛”意识，实现高质量发展和赶超发展，才能充当区域经济发展的引擎，增强辐射和引领带动作用，为新一轮的全面改革开放再立新功。

从近代五口通商口岸之一到改革开放后最早设立的4个经济特区之一，从“一带一路”建设的支点城市到福建自贸试验区最大的片区，在不同的历史关口，厦门一直勇立潮头，引领时代风气，成为先行先试的排头兵。改革开放40年来，厦门从对台军事前线发展成为一个现代化城市，先后收获了“温馨”“美丽”“宜居”等闪亮的城市名片，“高素质的创新创业之城”“高颜值的生态花园之城”的美誉不胫而走。不过，进入“十二五”后期，厦门发展面临瓶颈。在党的十九届中央第一轮巡视中，厦门被点名存在“小岛”意识，对区域经济引领带动作用不够。站在改革开放40年的历史节点，厦门如何在已有发展基础上厘清新的战略定位，推动经济持续稳定高质量发展，这是一个事关厦门未来发展的重大决策。我们认为，厦门既要避开或补齐自身的一些短板，

---

① 本文根据洪永淼牵头的《如何推动厦门经济高质量发展》的调研报告整理而成，荣获中共福建省委统战部2019年“统一战线建言献策”一等奖。张兴祥，厦门大学经济学院经济学系教授；黄秀惠，福建省政协委员、厦门市政协常委、厦门市政协无党派界别召集人；孙弘宇，厦门市政协常委，福建省（中国）自贸试验区厦门片区管理委员会法制局局长。本文节略版首刊于《经济资料译丛》2019年第4期。

又要充分发挥自身的优势和特色，权衡利弊，在此基础上确立经济发展战略定位，克服“小岛”意识，找准靶心，抓住机遇，才能谋求新发展、新突破、新跨越，实现高质量发展和赶超发展，才能充当区域经济发展的引擎，增强辐射和引领带动作用。

一、厦门的短板

1978—2018年，厦门市工业增加值以年均17.3％的速度增长，实现了从“厦门加工”到“厦门制造”再到“厦门创造”的历史性跨越。但不可否认，厦门存在一些明显的短板，这些短板不仅影响了厦门的竞争力，也使厦门的经济发展受到掣肘。有些短板是先天的，如土地面积，厦门制定经济发展战略时，必须正视自身的短板，规避这些短板；有些短板是在经济社会发展过程形成的，通过努力可以改变或克服，如辐射能力不强、国际化程度不高，必须尽快把这些短板补齐。可以说，如何扬长避短，取长补短，是厦门亟待解决的首要问题。

（一）土地面积和人口规模小

厦门陆地面积只有1699.39平方公里，在全国15个副省级城市中排在末位，在福建省9个设区市中也最小，人均土地面积仅高于深圳。在全国15个副省级城市中，厦门的常住人口规模也是最小的，2018年只有411万人（见表1）。

表1　2018年全国15个副省级城市土地面积与人口规模

副省级城市	土地面积		常住人口		人均土地面积	
	平方公里	排名	万人	排名	平方米	排名
深　圳	1996.85	14	1306.22	3	152.87	15
南　京	6597.00	13	843.62	10	781.99	11
成　都	14605.00	4	1633.00	1	894.37	10
长　春	20565.00	2	751.30	13	2737.26	2

续表

副省级城市	土地面积		常住人口		人均土地面积	
	平方公里	排名	万人	排名	平方米	排名
杭　州	16596.00	3	980.60	7	1692.43	4
济　南	8177.21	11	884.00	9	925.02	9
武　汉	8494.41	10	1108.10	4	766.57	12
宁　波	9816.00	9	820.20	12	1196.78	7
西　安	10108.00	8	1000.37	6	1010.43	8
厦　门	1699.39	15	411.00	15	413.48	14
青　岛	11282.00	7	939.48	8	1200.88	6
大　连	13237.00	5	595.20	14	2223.96	3
广　州	7434.00	12	1490.44	2	498.78	13
哈尔滨	53100.00	1	1085.8	5	4890.40	1
沈　阳	12948.00	6	831.6	11	1557.00	5

注：人均土地面积按常住人口计算。

资料来源：作者根据各地统计公报及相关资料整理。

土地面积与经济发展之间没有必然联系，例如香港和深圳面积也小，照样成为世界级的大城市。新加坡土地面积只有719.1平方公里，不到厦门的一半，同样也是世界级大城市。虽然土地面积小不应成为制约经济发展的理由，但它确实会制约传统制造业的发展空间。特别是当土地要素变得十分稀缺、地价不断飙升之际，城市房价、房租相应地节节攀升，企业用地成本、用工成本也跟着水涨船高，传统制造业稀薄的利润空间很快就会被挤压一空。“岛内缺地，岛外缺人”，“房价高企，实体滑坡”，这是近年来厦门遭遇困境的真实写照。2008年全球金融危机爆发后，在土地资源受限的情况下，深圳不得不通过“腾笼换鸟”来推动产业升级①，将传统制造业转

① “腾笼换鸟”是2008年5月29日《中共广东省委、广东省人民政府关于推进产业转移和劳动力转移的决定》正式提出的，也叫“双转移战略”。

移出去（主要是向东莞和东南亚转移），发展高端制造业，专注于IT、互联网、金融等高科技领域，就是一个现实例子，值得厦门借鉴。厦门地方本来就小，加上原来实施的土地财政发展模式，传统制造业很难有太大的发展空间。随着中国经济进入新常态，依靠要素驱动特别是投资拉动的经济增速已明显回落。如果想与其他地区拼量方面的粗放型增长，那么厦门是没有什么优势可言的，可能越拼越落后。至于人口规模小，市场容量有限，不仅制约了消费规模，而且限制了人口规模的聚集效应，导致整个人力资源供给相对不足，专业人才尤其是高端人才紧缺。如厦门某集团刚成立一个新的金融部门，在上海一周之内就可以招到需要的人才，但在厦门就没法这么快招到。在新一轮的城市“抢人大战”中，高房价是厦门丧失人才吸引力的主要因素之一，也是抑制厦门人口规模扩张的重要阻力。另外，人口规模偏小，直接影响市场规模和效益，进而制约相关产业发展，特别是那些与人口容量高度相关的交通运输、物流、零售等服务业。众所周知，厦门高崎国际机场于1982年1月正式动工兴建，1983年10月正式通航，得益于经济特区的发展优势，1989年旅客吞吐量在全国民航机场排名第6位，其中出入境旅客数量连续19年居全国第4位。但随着其他地方经济板块的崛起，高崎机场的位次开始节节后退。2018年，货邮吞吐量排在全国民航机场第12位，旅客吞吐量、起降架次均排在第13位。当土地财政和投资驱动的发展模式难以为继时，厦门必须重塑发展思路，加快新旧动能转换，实现持续稳定高质量的发展。

（二）经济规模小

厦门城市幅员狭小，集聚效应无法跟北京、上海、广州、深圳、成都等大城市、特大城市相提并论。其经济辐射范围仅限于闽南、闽西、赣南、粤东地区，对周边的引领带动作用不显著。而腹地空间小且经济发展水平低，反过来又成为制约厦门经济总量的重要因素。2018年，在全国15个副省级城市中，厦门的GDP总量排在最后，人均GDP排在第9位，唯一可圈可点的是经济密度，在15个副省级城市中排在第3位（见表2）。

表 2　2018 年全国 15 个副省级城市主要经济指标比较

副省级城市	GDP 总量		人均 GDP		经济密度	
	亿元	排名	万元	排名	亿元 / 平方公里	排名
深　圳	24221.98	1	18.54	1	12.13	1
南　京	12820.40	6	15.20	3	1.94	4
成　都	15342.77	3	9.40	11	1.05	8
长　春	7175.70	12	9.55	10	0.35	14
杭　州	13509.00	5	13.78	4	0.81	11
济　南	7856.60	11	8.89	12	0.96	9
武　汉	14847.29	4	13.40	5	1.75	5
宁　波	10745.50	8	13.10	6	1.09	6
西　安	8349.86	9	8.35	13	0.83	10
厦　门	4791.41	15	11.66	9	2.82	3
青　岛	12001.50	7	12.77	8	1.06	7
大　连	7668.48	10	12.88	7	0.58	12
广　州	22859.35	2	15.34	2	3.07	2
哈尔滨	6300.50	13	5.80	15	0.12	15
沈　阳	6292.40	14	7.57	14	0.49	13

资料来源：同表 1。

纵向来看，2000 年以来，在 5 个计划单列市中，厦门的 GDP 总量与深圳、宁波、青岛的差距进一步拉大（见图 1）。大连的 GDP 增长在 2015 年后呈下滑趋势，但总量仍高于厦门。

不仅如此，2005 年以来，厦门 GDP 总量与本省福州、泉州两地的差距也明显拉大，同为闽南金三角之一的漳州已迎头赶上（见图 2）。2018 年，厦门名义 GDP 增速 10.1％，而福州、泉州、漳州分别为 10.89％、12.19％、11.88％，福建省也达到 11.25％。在福建省 9 个设区市中，厦门名义 GDP 增速全省倒数第一。所以网络舆论形容厦门的境况是“前有标兵（泉州、福州），后有追兵（漳州），现在离标兵越来越远，离追兵越来越近”。

从以上数据不难看出，厦门与省内外的主要城市比规模、比块头，均毫无优势。

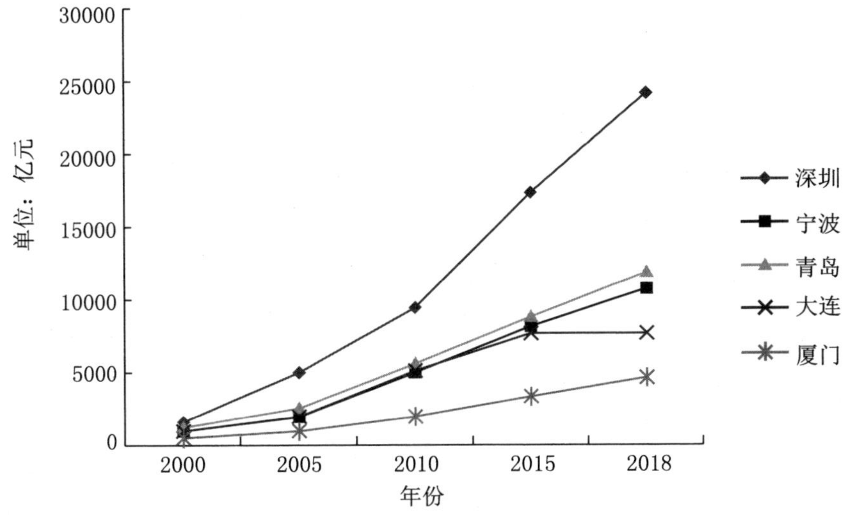

图 1　5 个计划单列市的 GDP 总量（2000—2018 年）

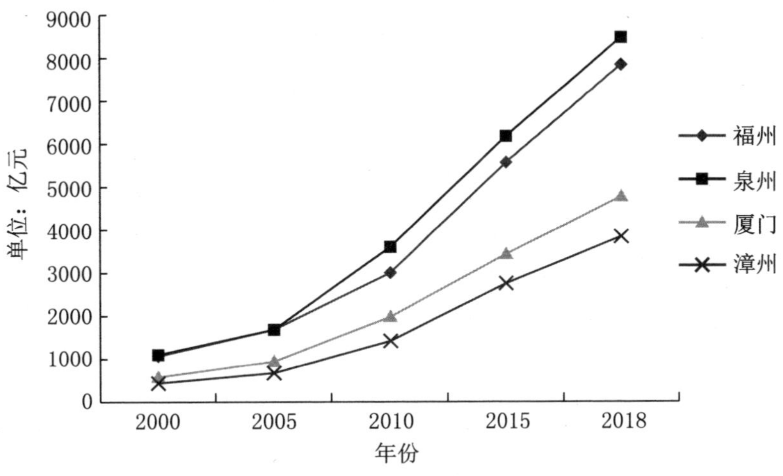

图 2　福厦泉漳四地的 GDP 总量（2000—2018 年）

（三）国际化程度不高

2016 年，厦门市委提出厦门的国际化水平要走在全国前列。成为国际化城市，这是厦门的城市发展定位，也是厦门建设“五大发展”示范市的一项基础性工程。一般来说，国际化城市具有如下特征：（1）主要的金融中心，尤其是世界金融中心；（2）跨国公司总部所在地；（3）国际性机构集中地；（4）第三产业高度发达，综合服务功能强；（5）主要制造业中心，生产制造能够在全球范围里进行资源配置；（6）世界性交通枢纽，即拥有国际航运中心和国际航空港；（7）城市人口达到一定规模。也就是金融、贸易、组织、产业、生产、技术、信息、人才以及文化等方面均实现国际化，跨国往来与交流活动十分频繁。厦门已具备某些特征，不过与世界上知名的国际大都市相比，厦门的国际化程度仍然不高。以香港为例，香港是世界第三大金融中心，金融、贸易的国际化程度高，教育、人才的国际化程度也相当高。香港的很多学校采用中英双语教学，确保学生既学好母语，又能跟外国人无障碍沟通；绝大部分餐厅都能提供中英双语菜单，哪怕是一间在居民社区里服务本地人的小饭馆也不例外。香港是亚洲的文化中心之一，影视娱乐业的对外开放程度一直比较高。反观厦门，仅双语化程度就与香港存在较大差距，外文服务、双语服务还满足不了现实需要。例如，除长庚医院外，目前厦门其他医院都没有提供英语医疗服务。不久前厦大有一位高级外教感冒要就诊，可是偌大的三甲医院竟找不到一个会讲英语的呼吸科医生。再者，目前思明区已有专门的国际社区——官任社区，来自全球 42 个国家和地区的 1400 多名外籍人士居住在这里，但厦门的国际学校数量不多，国际高端人才在这里工作就会受到很大限制。所谓国际化的营商环境，从最根本上说，就是满足国际化的需求，营造国际化的文化，特别是着力建设外国人友好型（foreigner friendly）城市或社区。除了满足产品和服务的需求，还要给人一种宾至如归的感觉，这种主观感受和主观体验对于提升城市的品牌形象是至关重要的。

我们知道，判定城市国际化程度的直接表象是一个城市的国际化元素，包括国际化的形象元素、视觉元素和感知元素。城市公共标志是一种最为醒目的视角符号，最容易被人感觉和感知，因而是城市形象的重要元素。可以说，城市公共双语标志对满足国外旅客需求方面起着重要的引导作用，同时具有美化城市环境的重要功能，因此不能等闲视之，需要在细节上下功夫。从国际化的角度看，厦门市的公共标志还有许多改善空间，比如在机场码头、道路交通、街市里巷、景区景点、酒店餐馆、文化体育设施、医疗卫生机构、商业服务机构等许多公共场所缺乏英文标识或指示牌。厦门的很多双语路牌，英文部分其实是汉语拼音，如筼筜路的双语路牌上，英语部分用的实际是汉语拼音“Yundang Lu”，各个公交站点上写的是汉语拼音“Zhan”，而不是“Station”（英语的“站”）。只有中国人才懂汉语拼音，中文不好的外国人就弄不懂是啥意思了。即使有英文，翻译或译法也不规范、不统一，存在错译、漏译等现象。除了双语标志，公交车、地铁、轮渡也要提倡双语广播，把适合外国人、对外国人友好的管理、文化、服务等各个方面先做到位，以此吸引外国人到厦门来投资、进行商务活动以及旅游、考察、交流、居住等等。

2018年6月，福建省政府办公厅转发了《关于加快推进全域生态旅游实施方案》。据该方案，到2020年，厦门的目标是建成国际旅游城市，但从目前情况看，厦门提供国际化的产品与服务还存在短板，对境外旅游的吸引力有待增强。2018年，厦门旅游总人数达8900.32万人次，但入境游客只有430.43万人次①，占旅游总人数的4.84%，香港这一比例高达44.51%。

二、厦门的优势与特色

在经济社会发展历程中，厦门也形成了自己的优势与特色，这些优势与特色在全国经济格局中具有不可替代或难以替代的特点。厦门市经济发展的战略定位，应围绕这些优势与特色来做好文章。

（一）港口竞争力强劲

厦门因港兴业，以港立市。厦门港是一个天然深水良港，港口水域面积达300平方公里，岸线总长154公里，进港航道全长约40.3公里，水深达14米，10万吨级船舶可乘潮自由进出，良好的自然条件使厦门港在对外贸易港口中占据重要位置。目前全港已建设生产性泊位164个，其中万吨级以上75个，与世界50个国家129个港口有直接往来，国内外集装箱航线143条，其中“海丝”航线42条。同时，厦门港也是对台“三通”的重要口岸之一。2010

---

① 入境游客指到中国大陆观光度假、探亲访友、就医疗养、购物、参与会议或从事经济、文化、体育、宗教活动的外国人、港澳台同胞。

年 8 月，厦漳港口资源整合全面启动，两地所有港区实行“同港同策”，开创了厦漳两地港口“资源共享、优势互补、管理高效”的良好局面，形成“大港口、大通道、大物流”的全新格局。而保税区政策优势与港口区位优势的整合实现了“区港联动”，有效提升了厦门港的核心竞争力。2017 年，厦门港的集装箱吞吐量超过高雄港和大连港，在全球港口中排名第 14 位，内地港口中排名第 7 位，2018 年排名维持不变，已跻身世界级强港行列（见表 3）。

表 3　全球 20 大集装箱港口排名

2018 年排名	港口名称	集装箱吞吐量（万 TEU）						
		2018	2017	2016	2015	2014	2013	2012
1	上海	4201	4023	3713	3654	3529	3362	3253
2	新加坡	3660	3367	3090	3092	3387	3260	3165
3	宁波—舟山	2635	2461	2160	2063	1945	1733	1683
4	深圳	2574	2521	2397	2420	2403	2328	2294
5	广州	2192	2037	1885	1722	1616	1531	1474
6	釜山	2159	2140	1985	1945	1865	1769	1704
7	香港	1959	2076	1981	2007	2223	2235	2312
8	青岛	1930	1826	1801	1747	1662	1552	1450
9	天津	1600	1521	1449	1411	1405	1301	1230
10	迪拜	1495	1544	1573	1560	1525	1364	1330
11	鹿特丹	1451	1360	1238	1223	1230	1162	1187
12	巴生	1203	1206	1320	1189	1095	1035	1000
13	安特卫普	1110	1045	1004	965	898	859	864
14	厦门	1070	1038	961	918	857	801	720
15	高雄	1045	1024	1046	1026	1059	994	978
16	大连	977	971	961	945	1013	1086	892
17	洛杉矶	946	934	886	816	833	787	808
18	丹绒帕拉帕斯	879	833	828	910	850	763	770
19	汉堡	873	900	891	882	973	930	889
20	林查班	796	776	761	752	785	781	785

资料来源：World Shipping Council.

历史上，福建东南沿海的港口几经兴衰变迁。早在唐代，泉州的刺桐港就已成为“海丝”的起点，与广州港、扬州港并称为中国对外贸易的三大港。宋元时期，刺桐港臻于鼎盛。宋元祐二年（1087年），泉州设立市舶司，嗣后又设来远驿，以接待贡使和外商。《马可波罗游记》认为其可与埃及的亚历山大港齐名，甚至更加宏伟，是当之无愧的“东方第一大港”。因倭寇侵扰，明王朝实行严厉的“海禁”，限制泉州港只通琉球，泉州对外贸易受到限制，后来市舶司又移设福州，来远驿也随之废置，昔日“市井十洲人”“涨海声中万国商”的盛况已不复存在。随着泉州港的没落，取而代之的是位于漳州海澄（今龙海）的月港。明宣德年间在此开通了“洋市”。在明朝“海禁”的大背景下，这里是唯一对外开放的“特区”，被誉为“闽南小苏杭”。明末清初，郑成功、郑经父子与清军在闽南沿海争战近40年。清廷为遏制郑氏，对沿海实行“迁界”，海澄一带被划为“弃土”，月港“海舶鳞集、商贾咸聚”的繁华景象也因此烟消云散。鸦片战争后的1842年，厦门成为最早开埠通商的五口之一，在刺桐港、月港相继衰落之后强势崛起，历经一百多年的风雨洗礼，终于成长为世界级大港。从厦门港在全球港口的位次看，其竞争力是比较强劲的。

（二）对外贸易优势明显

早在宋元时期，厦门港就与海外建立了广泛的贸易关系。但随后的明清两朝实行“海禁”，厦门港的对外贸易受到限制。特别是从乾隆二十二年（1757年）到道光二十年（1840年），全国只保留粤海关一关的对外贸易职能，闽、浙、江三地海关均被关闭。自晚清开埠通商以来，凭借优越的航运条件，厦门的对外贸易取得了长足的发展。厦门港一跃而成为国际贸易大港，与世界各地162个国家和地区建立了经贸往来关系。

1980年，国务院批准设立厦门经济特区。厦门经济特区因台而设，充当对台的桥头堡和先行区。两岸已共建了台交会、海峡论坛、文博会等多个合作平台。如今，厦门经济特区成为两岸经贸交流合作最为活跃的地区之一。台湾成为厦门的第二大贸易伙伴。2018年对台进出口贸易总值达398.06亿元，增长2.7%，经厦门口岸往返两岸的旅客吞吐量约占两岸往返旅客总量的1/4。

另一方面，厦门也是“海丝”核心区和重要枢纽城市，近年来着力深化互联互通、经贸合作、海洋合作、人文交流四大枢纽建设，同时对标国际一流，进一步优化营商环境。根据第三方评估机构按世界银行评价体系评估，2017 年厦门营商环境排名全球第 40 位，比 2014 年上升 21 位。2018 年 8 月，在国家发改委首次发布的全国营商环境试评价中，厦门名列第 2 位。可见，无论从历史还是现实视角看，厦门对外贸易都具有显著优势。抓住“一带一路”建设契机，加强与东盟国家的经贸往来，厦门手中有很好的牌可以打，而且应该打好。

（三）旅游资源丰富，吸引力大

厦门是一个观光的好地方，旅游资源丰富，有巨大的潜力可挖。鼓浪屿、南普陀、厦门大学、胡里山炮台、万石植物园、华侨博物院、集美鳌园（陈嘉庚墓园）、园博苑和英雄三岛等，都是厦门闻名遐迩的旅游景点。2018 年，厦门在中国最佳旅游目的地城市名列第 9 名。厦门是闽南经济文化中心，华侨主要发祥地，与台湾历史文化渊源深厚，还有大量潜在的、具有鲜明特色的旅游资源可以开发和挖掘。另外，邻近的泉州、漳州、莆田、龙岩乃至南平，旅游资源也非常丰富。如泉州的开元寺、清源山（老君岩），漳州的云水谣、云洞岩，莆田的妈祖祖庙、九鲤湖，龙岩的永定土楼、古田会议旧址，南平的武夷山、茶博园，都是著名的风景名胜，可视为厦门旅游资源的自然延伸。

进入 21 世纪以来，厦门旅游人数逐年攀升，年均增长率达到 14.86%（见图 3）。2017 年厦门旅游总收入达 1168.52 亿元，首次突破千亿大关，成为厦门市的又一千亿产业。2018 年接待国内外游客 8900.32 万人次，同比增长 13.66%，旅游总收入 1402.12 亿元，同比增长 19.99%（见图 4）。

当然，若从国际旅游口径看，厦门与港澳台、新马泰还存在相当大的差距（见表 4），特别是具有可比性的香港、澳门和新加坡。一是与港澳和新加坡相比，入境旅客总数少得多，不到香港的 1/6；二是入境旅游人均收入只有香港、新加坡的一半，不到澳门的 1/4。这说明厦门的国际化程度还有很大的提升空间，旅游产品服务供给质量也有待提高。目前旅客在厦门旅游消费

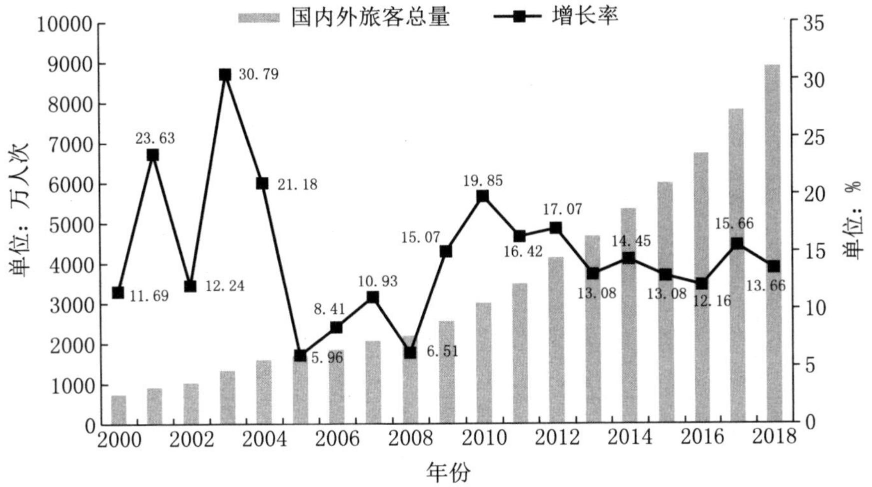

图 3 国内外旅客总量与增长率（2000—2018 年）

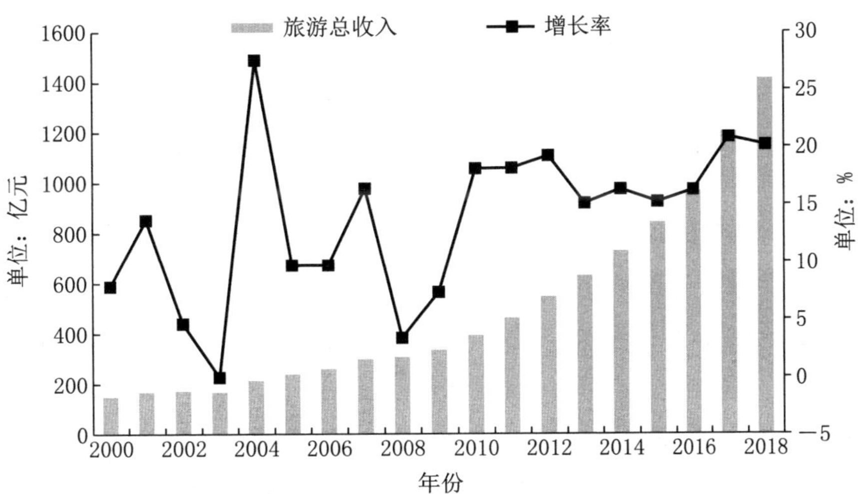

图 4 厦门旅游收入与增长率（2000—2018 年）

规模不大，来自旅游的人均消费（收入）也偏少，说明各种购物中心和旅游产品没有形成有效的供给，或供需不对路，这是旅游资源的巨大浪费。不过，厦门旅游人口基数大，无论如何是一种优势，必须善加利用，从中挖掘消费源泉，并以此带动文创产业，带动其他相关的旅游体检、旅游健身、保健产业等。

表 4　2016 年厦门与港澳台、新马泰入境旅游比较

国家 / 地区	入境旅客总数（单位：千人）	入境旅游总收入（单位：百万美元）	人均收入（单位：美元）
厦　门	3863.2	2769	7167.63
中国香港	26553.0	37976	14301.96
中国澳门	15703.6	30568	19465.60
中国台湾	10690.0	13374	12510.76
新 加 坡	12914.0	18386	14237.26
马来西亚	26757.0	18084	6758.61
泰　国	32530	52456	16125.42

注：2016 年厦门入境旅游总收入折算为美元现值，取人民币兑美元汇率平均值 6.6423。

资料来源：中国香港、中国澳门、新加坡、马来西亚、泰国数据来自世界银行，厦门数据来自《厦门经济特区年鉴》，中国台湾数据来自台湾《上报》和《中时电子报》。

（四）消费购物潜力大

未来中国的经济发展模式将主要以消费驱动为主，因此，任何产业发展都要适应消费需求。作为我国新时期改革开放窗口的厦门，自然也面临着经济发展方式转型的迫切要求。改革开放以来，厦门市获得长足发展，城镇居民人均可支配收入稳步增长，人均收入较高，消费意愿也在同步提升。2008 年国际金融危机爆发后，厦门贯彻落实中央一系列扩内需、保增长的政策措施，着力加快经济发展方式的转变，居民消费信心进一步增强，消费品市场保持稳步上升态势，2014 年突破千亿大关。2018 年实现社会消费品零售额 1542.42 亿元，同比增长 6.6%（见图 5）。特别值得一提的是，随着厦门市跨岛发展战略的稳步推进，各项配套设施逐步完善，新兴商圈人气快速聚集，岛外消费品市场稳定增长成为常态。近年来，岛外社会消费品零售额增幅高于岛内。

时至今日，人们消费观念已发生很大变化，消费结构也在悄然发生着变化，与信息相关的商品消费已成为厦门消费品市场增长的主要拉动力。例如，互联网电视、智能手机、平板电脑更新换代加速，居民消费正由过去的耐用品转变为快速消费品。当然，厦门的消费品市场也面临升级，需要向中高端发展。尤其是高质量的文化产品，供求矛盾比较突出。为此，必须进一步营造良

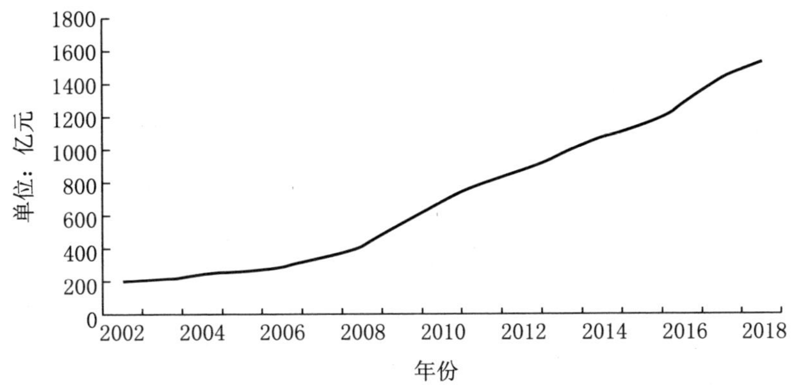

图 5 厦门社会消费品零售总额变化情况（2002—2018 年）

好的消费环境，拓宽并完善各种消费渠道，提高消费层次，提升消费品质，培育消费新增长点（如文化消费），以满足多元化的需求。另外，如何挖掘外来游客在厦门的购物潜力，应该说是促进消费提速、做大这块“蛋糕”的主攻方向。旅游人口基数是厦门一个最大的优势。就像贸易增长的源泉主要放在转口贸易一样，厦门消费提速的来源重点要放在非常住人口，特别是外来游客包括境外游客身上，因为厦门常住人口规模是相对稳定的，不可能突然间出现巨大变化。一些发达国家和地区的旅游经济主要依靠购物来拉动，这部分的消费占到整个旅游产业链的 40%以上。因此，在旅游的“吃、住、行、游、购、娱”六要素中，厦门要多在“购”上动脑筋，要把游客的消费意愿和潜力挖掘出来。针对旅客的不同需求、偏好与消费能力，注重从品牌设计、地方特色、文化内涵等方面提升旅游商品的内在品质，挖掘购物潜力。

（五）医疗健康需求旺盛

习近平总书记在党的十九大报告中指出，我国经济已由高速增长阶段转向高质量发展阶段。随着经济社会发展水平的不断提高，广大民众向往过高质量的生活，对健康的认识逐渐深入，对医疗健康的重视程度和需求也与日俱增。由于地缘区位优势和优质医疗资源相对集中，现在不仅闽南地区，福建省的闽西、闽中乃至海西的其他地市，不管是城市还是农村，很多患者都愿意跑来厦门看病。从 2017 年 6 月开始，厦门全面启动全国跨省异地就医直接联网结算工作，经过系统改造、网络改造、异地人员信息备案等具体工作后，已完成跨省异地就医结算系统，并与国家异地就医联网结算平台顺利衔接，这样外地参保人到厦门就医更便利了。但厦门的医疗资源，无论是医院、医生、医疗设备还是床位等等，仍存在很多短板，导致供求严重不匹配。与其他 4 个计划单列市相比，厦门的三级医院、三甲医院数量均排在最后（见图 6）。而高端、大型医用设备，与医疗资源更优越的一线城市相比，也存在较大差距。

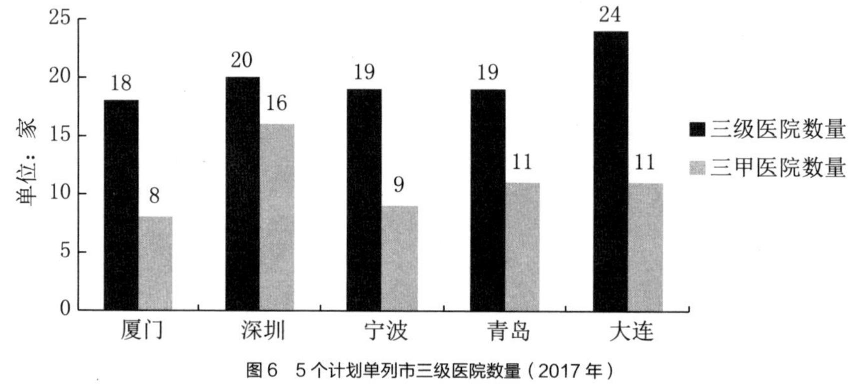

图 6　5 个计划单列市三级医院数量（2017 年）

至于每千人床位数、卫生技术人员、执业（助理）医师、注册护士，在 5 个计划单列市中基本处于中下游水平（见表 5）。

表 5　全国及 5 个计划单列市医疗资源比较（2017 年）

	每千人床位数	每千人卫生技术人员	每千人执业（助理）医师	每千人注册护士
全国	5.72	6.46	2.38	2.76
厦门	3.83	7.78	3.17	3.34
深圳	3.50	6.80	2.70	2.90
宁波	4.66	7.79	3.03	3.15
青岛	6.56	8.68	3.34	3.29
大连	7.71	7.42	3.37	4.00

资料来源：作者根据各地统计年报整理。

需求很大，供给不足，这对矛盾既是厦门非常突出的短板，同时又是厦门巨大的潜在优势。以需求为导向，通过政府引导扶持和市场化发展，深入推进医疗卫生供给侧改革，特别是加大对公立医院的改革力度，同时大力引入社会力量办医或公私合营并加强监督和规范管理，通过发展优质的民营医院来有效增加供给，实现高质量发展。从产业关联度说，把厦门的健康产业做强做大，也有利于促进生物医药产业的发展。

（六）人文历史特色鲜明

秦代置闽中郡，中原文化开始与闽南土著文化交流融合。汉晋时期，大批中原汉民涌入闽南地区，闽南文化初具雏形，历经唐、宋、元、明、清，日臻丰富与成熟。闽南文化源远流长，是博大精深的中华文化的一个重要支系，它吸收融合了土著百越文化以及阿拉伯文化、南洋文化、西方文化等外来文化元素，具有传统性、连续性、包容性、多元性、开放性和开拓性等鲜明特色，这在中华文化里是比较少见的。闽南文化虽是一种地区性文化，但它与海外有着千丝万缕的联系，特别是伴随着海外华人华侨的足迹传播，已产生广泛的世界影响，国际化的基因非常强劲。另外，闽台一衣带水，“五缘”关系非常密切①，闽台文化渊源深厚，如同根同祖同文、通用闽南语、共同供奉妈祖等，具有鲜明的区域文化特色。厦门还是华侨的主要发祥地之一，东南亚的华侨大多是通过厦门港口出去的。2017 年，鼓浪屿入选世界文化遗产名录，成为中国第 52 处世界遗产。厦门是闽南文化的中心城市，闽南话以厦门话为标准音，这些都彰显了厦门的人文历史优势。

（七）最宜居城市

厦门是中国最宜居的城市之一，先后获得“联合国人居奖”“全国十佳人居城市”“国家花园城市”“国家环保模范城市”等荣誉。这里碧水蓝天，空气好，水质好，风景秀丽，四季如春，气候宜人。山林、岩寺、公园、花木、岛礁，相映成趣。“一城春色半城花，万顷波涛拥海来”，城在海上，海在城中，厦门因此博得高颜值生态花园之城的美誉。总体上说，厦门城市建设精致、温馨，市容干净整洁，兼因公共服务设施完善，交通便利，生活质量高，成为许多人心仪的滨海城市。

另外，厦门依托互联互通的大数据平台、人工智能和云计算，通过一系列

---

① 所谓“五缘”，指闽台之间地缘相近、血缘相亲、文缘相承、商缘相连、法缘相循。

数字化、信息化的应用，大力推动智慧城市建设，不断提升城市的宜居度和人文关怀，凸显城市的文化软实力，增强城市吸引力。

（八）先进制造业初具竞争力

先进制造业是指应用各类创新性先进技术和先进管理方法或模式，达到引领产业优化与革新目的，最终实现“高质量、高效率、高效益”发展的制造业总称。一般来说，先进制造业的先进性体现在产业、技术、制造模式、生产组织方式和管理等方面①。制造业是工业化和现代化建设的主导力量，是综合实力和国际竞争力的重要基础②。

近年来，厦门加快结构优化和转型升级，提升集聚化、高端化、智能化水平，计算机与通信设备、机械装备等优势产业不断发展壮大。2018年，规上工业增加值1611.35亿元，增长8.8%，占全市GDP的33.6%，电子、机械两大支柱行业完成工业总产值4443.99亿元，增长11.8%，占全市规模以上工业总产值的69.5%。其中，电子行业完成工业总产值2520.99亿元，增长11.3%，占规上工业总产值比重为39.4%；机械行业完成工业总产值1923.00亿元，增长9.5%，占规上工业总产值比重为30.1%（见图7）。

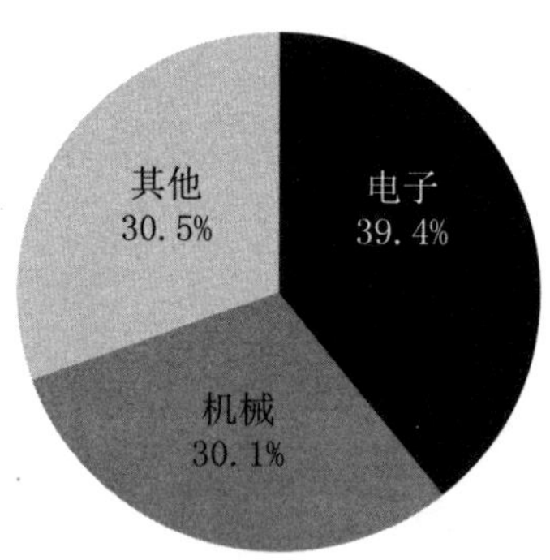

图7　电子、机械占规上工业总产值比重

同时，战略性新兴产业也加快发展，集成电路形成覆盖设计、制造、封

① 简晓彬、陈宏伟：《先进制造业的培育机制及路径——以江苏省为例》，《科技管理研究》2018年第7期。

② 郑金沐：《发展先进制造业　提高厦门核心竞争力》，《开放潮》2005年第8期。

装、测试的全产业链，产值居全国第5位。生物医药港跻身全国九大生物医药产业园，全球首个戊肝疫苗进入世界卫生组织采购体系。2018年，新材料产值888.78亿元，增长14.84%，石墨烯、碳化硅等也开始量化生产。根据赛迪发布的“中国先进制造业城市发展指数”，厦门在全国城市中排在第21位。厦漳泉大都市区被定义为“先进制造业与现代服务业融合发展的先行区”，成为2018年中国先进制造业十大代表性集群之一①。

2018年，厦门共有6家制造业企业跻身“百亿俱乐部”，位列前四的是戴尔（中国）、厦门中骏、厦门金龙汽车、厦门钨业。金龙汽车在无人驾驶的优势地位进一步增强，其无人驾驶电动汽车金龙阿波龙已量产下线。金旅第二代无人驾驶客车“星辰”也开展落地运营测试。厦门钨业已形成完整的钨产业链，钨产量全球第一。其中，硬质合金出口量占全国30%以上，灯用钨丝占世界市场的60%以上份额。稀土和能源新材料等核心业务近年来呈现快速增长态势，有望成长为新材料的产业龙头。

三、厦门经济持续稳定高质量发展的战略定位

（一）总体思路

在改革开放40年的历史节点，厦门市提出以“双千亿”为抓手②，全面提升产业核心竞争力和城市可持续发展能力的战略思路和发展目标。列入12条千亿产业链群的产业集群包括平板显示、计算机与通信设备、机械装备、生物医药与健康、新材料、旅游会展、现代物流、软件和信息服务、金融服务、文化创意、都市现代农业，以及半导体和集成电路产业。2018年有8条产业链

---

① 林侃：《厦门福州泉州上榜中国先进制造业城市发展指数50强》，《福建日报》2018年10月2日。

② “双千亿”，即“千亿产业”和“千亿投资”。“千亿产业”指重点打造12条产值或营收超千亿元、具有更高产业水平与带动力的产业链群。“千亿投资”指实施10个拉动投资快速增长、提升城市承载力和宜居度的工程项目，涵盖产业投资、基础设施、新城建设、乡村振兴、民生保障、城市更新各个领域。

群产值（收入）突破千亿元大关，除平板显示、计算机与通信设备和机械装备外，旅游会展、现代物流、软件和信息服务、金融服务、文化创意等其余5条都是现代服务业。最近，厦门正为“双千亿”掀起新一轮的招商引资热潮，这对促进厦门经济社会发展肯定是有很大推动作用的。不过，我们认为，“双千亿”本身仍是一种数量型目标，体现一种以GDP为纲的思维惯性。厦门应适时转变思路。从长远眼光看，由于土地、人口规模受限，加上技术和人才储备不足、聚集效应不强，厦门制造业占地区GDP的比重不可能太高，这也是厦门有别于北上广及其他副省级城市的一个最重要原因。立足于自身的优势和特色，厦门经济发展的重头戏在现代服务业。要从现代服务业着手，以服务创新推动经济持续稳定高质量发展。创新不仅仅是技术创新，品牌创新、商业模式创新、理念创新、管理创新、制度和机制创新等等都是。厦门不能跟其他地方比总量，比块头，而应该比辐射，比引领，比服务，要站在海西的角度，通过辐射、引领、服务来促进经济的发展，而不是相反。简而言之，厦门市的发展理念和发展思路需要转变和创新。

按照“配第—克拉克定律”（Petty-Clark’s law），随着一国或一个地区的经济发展和人均国民收入水平的不断提高，劳动力将依次由第一产业向第二、三产业转移，产业结构亦呈现同样的变化。第三产业的比重越来越高，这是经济增速的一个重要来源。事实表明，现代服务业更能聚合力量，突出厦门的发展优势和特色，而且现代服务业还有较大的发展空间，因此，厦门应充分利用国家综合配套改革试验区、自由贸易试验区、两岸新兴产业和现代服务业合作示范区、两岸区域性金融服务中心和两岸贸易中心以及区位优势、人文优势和政策优势，扬长避短，优先发展现代服务业，特别是航运、转口贸易、旅游会展、大型购物、现代物流、医疗健康、文化创意、金融服务等。在制造业方面，厦门不宜铺摊子、拼数量，而在于做精做强，有所为有所不为，要把重点放在高附加值、以现代数字技术为支撑的高端制造业上，实现高质量、高层次的发展。同时，要积极创造竞争中性的营商环境，大力发展民营经济和外资经济。

基于上述分析，我们认为厦门应有选择性地确定一些发展重点。

（二）发展重点

1. 加快推进国际航运中心建设

厦门是连接“海丝”和“陆丝”的交通枢纽港口城市。国家“十三五”规划纲要明确提出大力推进厦门国际航运中心建设，这是继上海、天津、大连之后第四个国家规划标准建设的国际航运中心，第一次跻身国家构建五大港口群建设的战略层面。然而，对标国际航运中心的建设要求，厦门港仍存在差距和不足，如国际集装箱中转量占比低、厦门邮轮母港国际影响力不够、口岸通关水平有待继续优化，以及港航领域的投资、贸易便利化水平需要提升，等等①。因此，应加快推进厦门国际航运中心建设，通过改革与创新，不断挖掘自身潜力，用好用足国家赋予自贸试验区的各种优惠政策，进一步提高港口航运的国际竞争力，把它打造成为跨越海峡、对接东盟、横贯欧亚的重要门户和桥头堡，形成更高层次的开放型经济，也有利于带动闽西南、海西的经济发展，增强厦门作为中心城市的引领作用和辐射能力。一是利用自贸试验区进行体制机制创新，持续推进简政放权，推动与旅游相关的邮轮、游艇等旅游运输工具出行的便利化，试点实施外国旅游团邮轮入境免签政策；二是优化航运服务生态链，通过搭建航运服务的功能性平台，支持境内外企业开展国际船舶交易、船舶管理、航运物流、航运经纪、航运咨询、航运仲裁等高端航运服务；三是加快航运金融产品研发创新，推动金融机构研发船舶融资、航运基金、航运保险（出口信保、运费险、海关事务保险）、航运贸易融资及航运价格衍生品等；四是加快对各港区传统码头的改造，推进全自动化作业，并与人工智能系统深度融合，减少重复建设和浪费，提高运行效率，降低成本。

2. 发展贸易，特别是以转口贸易为重点

由于厦门自身的体量小，辐射范围有限，兼因来自周边港口的激烈竞争，对外贸易优势有弱化之虞。特别是受全球经济复苏乏力、需求不振的影响，2015 年、2016 年连续两年厦门市进出口总额均呈现下降趋势，2017 年才重新回升。目前厦门港在全球集装箱吞吐量排名靠前，但国际中转箱占比不

---

① 照宁：《夏先鹏等 4 位委员：支持厦门国际航运中心建设》，《人民政协报》2018 年 3 月 12 日。

足5%，国际枢纽港这一比重至少在20%以上，相比之下仍存在较大差距。从可持续发展的角度看，厦门港应把转口贸易作为重点，并以此作为贸易增长的主要来源，这是关键的一招。当然，转口贸易对港口设施和港口服务提出更高的要求，厦门港仍存在短板。一方面，由于厦门港干线不足、航班密度较低、航线不够优化、通关效率较低、中转费用较高等原因，东南亚等地的大量货源流失到高雄港中转；另一方面，由于沿海捎带政策的限制，大量由中国出口的货物选择在高雄、新加坡、釜山等港口进行中转和集拼。为推进转口贸易的发展，增强外向型经济的辐射能力，厦门应进一步完善口岸基础设施和集散功能，提高转口贸易的竞争力，扩大货源，提高效率，降低成本，进一步增强吸引力。一是加快发展国际中转集拼业务，拓展海运国际中转集拼业务试点范围，实现中转集拼业务规模化运作，缩短物流时间并节约物流成本；二是增设班轮航线，为国际集装箱管理和调配、空港联运、船舶换装和修造提供一体化服务，建设国际船舶燃料供应中心，完善物流产业链；三是申请过境口岸资质，开展过境业务，实施过境中转货物港口一站式直通通关模式及一站式检验检疫模式；四是优化口岸服务软环境，创新沿海捎带业务监管模式，深入推进转口贸易与信息技术融合，深入实施“大通关”工程，便利货物的快速流转，提高货物贸易通关效率，促进现代物流业大发展。

3. 做大做强旅游业

厦门旅游最大优势与资源是庞大的旅游人数。如何挖掘这个庞大旅游群体的消费潜力是厦门做大做强旅游业的最大课题，也是体现辐射力的重要举措。

鉴于厦门旅游产业仍存在一些劣势，以及游客体验不高、获得感不强等问题，一方面，厦门要注意“量”的扩张，即增加旅游设施、旅游产品的供给，在广度上做文章；另一方面，更要注重“质”的提升，提高旅游的品位和档次，在深度上做文章。就像联合国世界旅游组织旅游专家委员会委员徐汎指出的，“文化是旅游的灵魂，旅游是文化的载体”①。所谓深度旅游，就是要促

---

① 这是徐汎在2009年7月3—4日在济南举行的“山东文化旅游产业融合发展高端论坛”发言时所说的。

进文化与旅游的融合发展。因此，厦门旅游产业要实现高质量发展，首先必须从文化方面发力，挖掘文化资源和内涵。例如，厦门华侨博物院是由爱国华侨领袖陈嘉庚先生创办的综合性博物馆，也是国内唯一全面、系统展示华侨历史的侨办博物馆，特色非常鲜明，其文化内涵值得深度挖掘。脍炙人口的《英雄小八路》故事情节就发生在厦门，主角是何厝小学的5位小学生。1978年，影片主题曲《我们是共产主义接班人》被共青团中央定为中国少年先锋队队歌。震惊中外的“八二三炮战”(又称“金门炮战”)就发生在厦门，它是抗美援朝之后一个国际政治、军事、外交重要事件，对东西方、海峡两岸关系影响巨大。可以说，厦门拥有独一无二的红色文化、战地文化，遗憾的是，目前还没有比较像样的纪念馆或博物馆来记录那段战火纷飞的岁月。这说明，厦门的旅游资源、旅游产品还有待从深度上挖掘。其次，要从旅客身上挖掘商机。近几年，来厦旅客的人数迅猛增加，这是一个巨大的潜在资源，要充分地、有效地从各方面加以挖掘，消费、购物以及文创产业等等，都应以此作为工作或者发展的出发点。比如，夜间出行被视为一个城市人气集聚、夜生活活跃程度以及城市繁荣的指标，厦门可重点打造几个特色观光夜市，配套建设闽南小吃一条街以及其他娱乐、休闲设施，让夜间经济活跃起来。另一个是大力发展邮轮经济。邮轮经济被誉为“漂浮在海上的黄金产业”，在中国才刚刚起步。厦门地处亚洲的地理中心，与日本、韩国、中国台湾、东南亚距离都差不多，发展邮轮经济有得天独厚的地理优势。作为我国四大国际邮轮母港之一，厦门国际邮轮母港的邮轮经济名列前茅。数据显示，2018年厦门母港邮轮接待国际邮轮96艘次，出入境旅客32.46万人次，同比增长100.6%，创造历史新高①。依托“海丝”支点城市、国际旅游城市定位和国际大港优势，精心打造“一带一路”邮轮特色航线，不断丰富“邮轮+”旅游产品，拓展全域旅游，厦门在这方面大有可为。再次，厦门的旅游经济不能局限于一隅，单打独斗，要有“大旅游经济圈”的发展思路，加快与泉州、漳州、莆田、龙岩、南平等地的旅游对接，从广度上挖掘。同时，利用国民党在新一轮县市选举中大胜以及急欲改

---

① 厦门港口管理局:《关于2018邮轮经济有关工作情况的报告》，2018年12月29日。

善经济民生的强烈愿望，争取与台湾本岛、金门、澎湖、马祖的旅游对接，建立“信息共享、市场互推、互利共赢”的合作机制，“有钱大家一起赚”。2018年5月，全国厦金旅游集散联盟成立，这一模式可以复制到澎、马以及台湾本岛。

会展业是现代服务业的重要组成部分，是衡量城市国际化程度和经济发展水平的重要指标之一，对城市发展具有巨大的综合带动效应和品牌营销效应。厦门是中国最早布局、发展会展业的城市之一，“十二五”以来一直保持较快的增长势头。2012—2016年，厦门市共举办各类展览活动967场，年均193场。2018年举办各类展览活动229场，展览总面积237.83平方米，会展业对GDP的贡献率已达4%左右，如果考虑其带动作用，贡献率就更大。厦门会展业应立足于创新和转型升级，树立“大会展”理念。一是加快与旅游、体育、商贸等产业的融合发展，带动其他产业发展。二是提升国际化、高端化、品牌化水平，将厦门打造成为国际会展名城和中国会展典范城市，同时为泉州、漳州、龙岩、三明搭建协作的平台。三是利用全国最大的对台贸易口岸优势以及厦门会展协会、厦门工业博览会暨海峡两岸机构电子商品交易会等平台，广泛对接台湾重要工商团体，让台商借助会展形式拓展大陆市场。

4. 建设多层次、综合性的大型购物中心

厦门市常住人口加上旅游人数，如果再考虑到辐射整个海西经济区，人口基数庞大，消费潜力非常可观。党的十九大报告指出，“中国特色社会主义进入新时代，我国社会主要矛盾已经转化为人民日益增长的美好生活需要和不平衡不充分的发展之间的矛盾”①。建造集购物、休闲、娱乐、餐饮于一体的综合性大型购物中心以及配套的观光饭店，可迎合、引领甚至培养消费者的新需求，特别是“体验式”的消费新需求。厦门应及时捕捉消费市场的这些新变化、新动向。一是利用自贸试验片区先行先试政策优势，在自贸试验片区内规划建设大型购物中心。商场里的部分或全部商品享受免税优惠，这样将大大

① 习近平：《决胜全面建成小康社会 夺取新时代中国特色社会主义伟大胜利——在中国共产党第十九次全国代表大会上的报告》，人民出版社2017年版，第11页。

增强对旅客、本地居民以及周边地区消费者的吸引力，提升对区域经济的辐射力。购物中心可根据消费目标群体进行市场细分，如划分不同区域实行集约化经营，有针对性地发展低端购物区、中端购物区和高端购物区等，提供各种不同档次的商品，包括闽南风味的特色商品。二是整顿市场秩序，重建大嶝对台小商品免税市场。由于这里假货泛滥，假名牌林立，严重损害了市场声誉，必须加大市场监管和惩罚力度，构建质量安全网。同样是对台小商品免税市场，平潭因为在监管方面下力气，经营得比较成功，自 2014 年 6 月开业以来，正快速崛起，大有后来居上之势。大嶝必须坚决从源头上治理，杜绝“高仿”的山寨产品进入市场，重树品牌意识，重塑市场形象，通过商品，让它成为两岸交流的窗口。积极培育厦门特别是翔安的旅游和购物新业态、新热点，释放旅游消费潜力。

目前，金门正在倾力打造“精致商城 + 文化体验新天地”的消费模式，其目标是成为“亚洲的迪拜”。2014 年 10 月开业的风狮爷购物中心已成为金门首家地标级免税精致时尚购物中心和“一条龙”的观光景点，全球最大的绮丽珊瑚珠宝亦进驻其中。升恒昌集团投资建造的金湖大饭店，是金门首座国际性观光饭店，其配套的升恒昌金湖广场是亚洲最大的免税商场。如今厦门和金门已形成“一日生活圈”，厦门与金门的关系越来越密切，金门打造一站式的“购物天堂”，就等着吸引厦门人前往消费了。因此，厦门要有危机感、紧迫感，要向香港等地学习，发展区域性的购物中心，为不同层次的消费群体提供不同档次的商品，避免消费源流失。

5. 发展现代物流业

国际航运中心、国际旅游城市、区域性购物中心的发展将带来对物流业的巨大需求。目前厦门已形成海、陆、空一体化的交通网络，是东南地区重要的交通枢纽，也是东南沿海的物流集散中心，在全国物流业格局中占有突出地位。同时，厦门对外贸易发达，正朝着区域性购物中心方向努力，发展现代物流业适逢其时。为此，厦门应加快整合海、陆、空物流网络，探索港铁、空铁之间的联动联运，增强各物流网络的优势互补，促进双向多维发展。一是对接“一带一路”，打造贯通海峡、东盟、欧亚的国际物流大通道，提升对区域经济的辐射力和带动力。二是利用大数据和人工智能技术，建设智慧物流平台，优化集疏运系统，提高物流效率，降低物流成本。目前，厦门航运物流企业以经营港口运输装卸、保税仓储为主，整体上仍处于产业集聚的初级阶段，产业增值能力较弱，应推动仓储物流向供应链管理转型升级，支持国际分拨配送中心拓展结算等功能，实现保税物流与非保税物流的联动运作。三是大力发展国际中转、港内驳运、内贸中转等业务，拓展海陆联运产品，放大航运物流的辐射作用。四是在已有中欧（厦门）国际物流新通道的基础上，将中欧（厦门）班列延伸至东南亚，争取开通与“一带一路”沿线国家更多的站点，进一步推动陆路互联互通。设立多式联运监管中心，推动铁路运单向铁路提单功能转变，提升枢纽节点的物流服务功能。五是整合厦台航运、物流口岸、海外仓等重要节点优势，逐步形成覆盖金砖国家的便捷物流网络体系。六是以航空城建设为契机，推动航空物流发展，做大高崎机场客货吞吐量、航班起降架次、通航城市数量及航线数量等方面的规模。

6. 打造区域性医疗卫生中心

海西特别是闽南地区民众对医疗健康的巨大需求，与厦门高质量医疗健康供给存在巨大缺口，形成强烈的反差，这个矛盾是厦门发展区域医疗卫生中心的巨大动力。

未来 30 年，对医疗健康的需求将急剧增加，医疗健康产业毫无悬念地成为全球性的朝阳产业。据国家卫计委预测，到 2030 年，我国健康服务业规模将达 16 万亿元之巨[①]。因此，在发展战略性新兴产业时，应将其纳入统一规划范畴[②]。目前，厦门市已拥有健康医疗大数据管理中心。历时 10 多年的建设，区域卫生信息化系统在信息标准化建设、公共服务平台建设、实现跨机构、跨地域健康诊疗信息交互共享和医疗服务协同方面处于全国领先水平，应用日臻成熟。相较于区域性金融中心建设，厦门建成闽南与海西健康医疗中心的概率

① 王宾、余晓洁：《国家卫计委：2030 年我国健康服务业规模将达 16 万亿元》，《经济参考报》2017 年 8 月 18 日。

② 张俊祥等：《我国健康产业发展面临态势和需求分析》，《中国科技论坛》2011 年第 2 期。

更大，见效更快，因为前者涉及国家层面的政策及相关限制。厦门已具备较好的基础设施条件、技术装备水平和医疗服务能力，应破除思想观念、制度体制上的阻碍，充分发挥地缘区位、卫生资源、技术力量和信息化水平等方面的优势，深化供给侧结构性改革，大力发展医疗服务、保健养生、医药制造、健康信息等医疗健康产业，以满足人们日益增长的美好生活需要。与北京、上海、广州等一线城市相比，厦门还缺乏高精尖的品牌医院、医疗设备和医疗团队，应抓住发展机遇精准施策，尽快补齐医疗健康短板，创建国内一流医院，着力提升医疗服务水平，打造区域性医疗卫生中心，让厦门的医疗健康服务惠及海西地区。近期厦门先后引进复旦大学附属中山医院和四川大学华西医院落户厦门，这有利于提升厦门的医疗卫生水平。同时，适时引导社会资本参与，引入市场竞争，探讨社会办医模式创新，鼓励民营医院发展，推动健康产业与康复疗养、养老养生、旅游体检、旅游健身、食品制药、保健等的深度融合，形成医康养一体化的发展模式。台湾拥有优质高端的医疗资源，医疗水平享有盛誉，名列全球第 3 位、亚洲第 1 位。厦门应充分利用自贸试验区的便利条件，鼓励两岸医疗企业、大医院加强合作，共建“医疗特区”，特别是加快引入台湾的精准医疗技术，争取在基因和分子检测、干细胞治疗等方面走在全国乃至世界前列，服务海西民众。

7. 打造以闽南文化为内核的文化创意产业

党的十七大把增强国家文化软实力提到国家战略的高度加以强调，文化创意产业得到蓬勃发展，前景非常广阔。2010 年，厦门市就把文化创意产业列为战略性新兴产业和十大千亿元产业链之一进行重点培育和扶持，2018 年文化创意产业产值首次突破千亿元，已成为厦门市经济发展的支柱产业。“越是本土的越是世界的”，厦门的文化创意产业一定要跟闽南文化紧密结合在一起，以闽南文化为内核，积极弘扬“爱拼才会赢”的“闽南精神”，以求在世界文化市场中占有一席之地。厦门是闽南经济文化中心，发展文化创意产业有其优势。但目前文化创意产业起点不高，规模不大，体现闽南文化内涵的文创产品数量偏少，质量良莠不齐，这是一个矛盾。文化创意产业要把闽南文化当作自己的“灵魂”，努力在原创性方面开辟出一片新天地。

2019年1月2日，习近平主席在《告台湾同胞书》发表40周年纪念会上的讲话中指出，“国家之魂，文以化之，文以铸之。两岸同胞同根同源、同文同种，中华文化是两岸同胞心灵的根脉和归属”，因此“两岸同胞要共同传承中华优秀传统文化，推动其实现创造性转化、创新性发展”①。早在2015年3月4日参加参加政协民革、台盟、台联委员联组讨论时，他就指出，“闽南文化作为两岸文化交流的重要部分，大有文章可做”②。厦门的地缘和文化优势决定了厦门要在对台工作、促进祖国统一大业方面发挥重要的作用，文化创意产业自然不能缺席。闽南文化分布范围甚广，除福建南部③和台港澳，还包括浙江、广东、海南的部分地区以及东南亚等地，厦门应推动实施“文化+”战略，以闽南文化为特色的文化创意产业应实行差异化发展战略，同时立足本土资源，采取多渠道、多层次的合作方式，与台湾以及东南亚华人华侨聚集地区有机对接，共建共筑文化创意产业高地，共同开拓国际市场。

8. 建设区域性金融服务中心

1842年以后，厦门成为最早开埠通商的五口之一。闽南人通过门港跨洋过海谋生者越来越多，厦门自然而然成为闽南“侨批”的中转中心④。1891年，厦门共有8家侨批局（民信局）从事这项业务；1936年，总数达到84家，占全省110家的76.4%。华侨回国投资，更是极大地促进民族工商业的发展，厦门也因此成为闽南地区的金融中心。现在，金融业已是厦门市现代服务业的支柱产业，是培植和壮大区域产业、推动厦门经济转型升级跨越发展的重要支撑。2014年厦门市金融业产值（营业收入）首次突破千亿元大关，2018年实现增加值524.17亿元，同比增长5.3%，占全市GDP的10.9%。海峡西岸经济区是中国民营企业最活跃的地方之一。在福建，以“泉州模式”“晋江经

---

① 习近平：《在〈告台湾同胞书〉发表40周年纪念会上的讲话》，新华社北京2019年1月2日电。

② 《习近平：两岸文化交流大有文章可做》，新华社北京2015年3月4日电。

③ 龙岩市区和漳平、三明大田以及宁德霞浦，也属于闽南文化的覆盖范围。

④ 闽南话称书信为“批”，闽南华侨与家乡的书信往来便是“侨批”，又称“番批”、“银信”。它是海外华侨通过海内外民间机构汇寄至国内的汇款暨家书，是一种信、汇合一的特殊邮传载体。

验”为代表，中小企业众多，创新性强，迫切需要金融服务。现在民营企业面临最大的困难是融资难问题。厦门是海西地区的中心城市，拥有高端的金融财务管理人才，金融体系相对完善，具备建设区域性金融服务中心的良好基础和条件。金融服务不能局限在厦门本区域内，而应辐射到海西地区，为包括泉州在内的民营企业提供金融服务。另外，还要充分利用中央政府赋予的金融改革试点和多项先行先试的政策，立足于对台特色鲜明、金融业市场化程度高等优势，在两岸金融合作方面可以发挥独特作用。通过推动城市一体化进程，在三个维度上大力拓展区域性金融服务中心的功能，积极优化金融服务，助推区域经济发展。一是以面向中小企业的金融创新为主，推动金融体制创新、产品创新和管理创新，特别是绿色金融、科技金融、知识产权金融创新，扩大金融服务范围，加快辐射到闽南地区以及海西经济区，发挥市场配置金融资源的决定性作用，助力本区域的实体经济发展和产业转型升级。二是进一步完善多元化金融市场体系，促进两岸金融合作。通过建设两岸银行货币、资本市场和保险业合作平台，在人民币跨境双向融资、清算、现钞调运与反假币等方面加快与台湾的融合，形成两岸一体的两岸货币业务合作支。三是加强与自贸试验区金融改革试验的有效联动，逐步扩大跨海峡人民币代理清算群规模，将清算群向“一带一路”沿线国家和地区、澳大利亚、非洲国家和地区延伸，拓展清算业务范围，探索建设“一带一路”（对台）人民币跨境支付子系统。

9. 瞄准以数字经济为核心的高端制造业

厦门以现代服务业为主的发展战略，并不是说不要发展制造业，而是要有选择地发展某些高端制造业。

2008 年世界金融危机后，欧美发达国家竞相掀起了以重振制造业为核心的“再工业化”浪潮①，新一轮制造业争夺战正在全球范围内打响。面对国内外产业变革的大趋势，发展壮大高新技术企业无疑是推动产业转型升级的重要抓手。这方面，新加坡和中国香港两地正反两方面的发展经验可资借鉴。新

① 李大元、王昶、姚海琳：《发达国家再工业化及对我国转变经济发展方式的启示》，《现代经济探讨》2011 年第 8 期。

加坡经济先后经历了三次转型。1965年新加坡刚获独立，为了解决燃眉之急的就业问题，李光耀执政的第一件大事，就是发展劳动密集型产业。1975年以后，新加坡将发展重点转移到资金密集型产业和金融业。到了20世纪90年代，新加坡重点发展知识密集型产业，服务业占大头，但仍保留一定的制造业，这些制造业以附加值高的高端制造业为主。现在，新加坡是世界第三大炼油和石化中心以及第五大成品油制造基地，硬盘生产占全球的1/3，拥有13个晶片园，全球十大药剂公司就有6家在新加坡生产，制造业增加值约占GDP的20%。中国香港也经历了两次经济转型。1950年，香港以转口贸易为主。从20世纪50年代开始，香港开始工业化，1970年工业出口占总出口的80%以上，这是香港的第一次经济转型。20世纪70年代，香港实施经济多元化发展战略，金融、房地产、贸易、旅游等开始勃兴。到了70年代末，在内地改革开放大潮的吸引下，香港的制造业纷纷转移到珠三角，本地的各类服务业得以全面高速发展，从而实现由制造业转向服务业的二次转型。由于制造业基本上转移出去，现在制造业增加值占香港GDP的比重，已从20世纪80年代初的23%降至目前的1%左右。可以说，香港基本没有什么制造业了，这对香港经济发展后劲产生了一定的负面影响。为此，香港特区行政长官林郑月娥在2018年施政报告中提出将投入20亿港元成立"再工业化资助计划"，并另外拨款20亿港元给科技园，以促进香港的"再工业化"。

重视制造业特别是先进制造业包括用地少的制造业，是保持经济总量持续发展、推动产业转型升级的重要保证。因此，厦门不能完全撇开制造业，还需要通过发展先进制造业来提升城市的核心竞争力。对厦门市来说，目前高新技术企业已成为经济高质量发展的主导力量。2017年，厦门市国家级高新技术企业突破1400家，净增200家，差不多占福建省高新技术企业数量（3097家）的半壁江山（46.01%）。2018年，又有694家高新企业通过认定。2017年，厦门市规模以上高新技术产业增加值1611.35亿元，占地区GDP的33.63%；深圳市这一比例为34.25%；宁波市为17.42%。数字经济是中国经济发展的新动能，基于技术储备上的优势，厦门应进一步厚植创新基础。一是瞄准以数字经济为核心的、技术知识密集、高端人才聚集、占地少、低能耗、绿色环保、生长性好、关联性强、带动性大、附加值高的高端制造业，大力促进制造业向全球价值链的中高端发展。二是在高性能计算机与通信设备、高端装备制造、高智能工程机械等领域取得新突破，同时应加大在芯片、人工智能、无人机、机器人研发投入，争取在新一轮的制造业角逐中抢占竞争制高点和关键核心技术先机。三是以技术创新为引领，利用“互联网+”推进传统制造业的信息化、智能化和服务化，加快培育和发展生产性服务业。高端制造业要与厦门的优势特点、产业布局、城市定位和高质量发展目标相匹配，不能盲目铺摊子，应坚持有所为有所不为，有选择性地发展，目的是较快地形成经济新动能，保持厦门中高速的持续发展。

台湾的电子信息、高级材料、生物制药和精密机械等高科技产业在全球具有较强竞争力，尤其是电子信息产业已形成全球最完整的产业链，产业聚集效应独领风骚。厦门应进一步优化营商环境，为台湾高素质人才和台湾中小科技型企业来厦创业提供平台，吸引更多的台湾高科技企业登陆厦门。

10. 大力发展民营经济和外资经济

民营经济和外资经济是中国经济的重要组成部分。厦门的民营经济是在改革开放的大潮中成长壮大的，但与其他地区相比，民营经济总体上还不够强大，尤其是没有培育出像阿里、华为、腾讯、百度、京东、蚂蚁金服、滴滴、小米这样的“独角兽”。从数据上看，2010年厦门民营经济增加值占GDP的比重只有27%①，2018年这一比重超过50%，而福州为65.4%，泉州为81.9%，福建省这一比重也达到67.2%。厦门民营经济比重不仅明显低于福州、泉州，而且也低于全省水平。相比之下，厦门的国有经济力量比较强大，国贸、建发、象屿三大国企稳居厦门百强企业前三甲，在福建省百强企业排行中分列第二、三、四名。国有企业力量强大，有可能产生一种“挤出效应”，抑制民营企业的发展。厦门经济要搞活，对岛外形成辐射，在国际上有竞争力，既要靠国企，也要靠民企。必须充分发扬企业家的创新精神，让民企壮大

① 详见厦门市政协的调研报告，http://www.xm.gov.cn/xmyw/201110/t20111001_429015.htm。

起来，才能快速地把经济蛋糕做大。

改革开放后，厦门经济特区充分利用国际市场资源，大力发展外向型经济，形成多层次、全方位的对外开放格局，外资经济获得了较快的发展。目前，厦门聚集着一批世界五百强外资企业，包括戴尔、飞利浦、松下电器、通用电气、ABB 开关、通士达等，其中戴尔在厦门百强企业排行中位列第四名。2017 年，厦门市规模以上工业企业，外商投资（不包括港澳台投资）共 311 家，占厦门企业总数 1894 家的 16.4%，其工业总产值占规模以上工业企业总产值的比重为 33.5%，工业增加值占规模以上工业企业增加值的比重为 29.8%。在改革开放 40 年后的今天，厦门已成为“海丝”支点城市，要抓住发展契机，依托自贸试验区和“一带一路”建设，加快外向型经济的转型升级，努力打造更具吸引力的国际化营商环境，积极有效地利用外资，推动高端要素积聚，实现以高水平开放推动厦门经济高质量发展。

一方面，新一轮的招商引资热潮，不能把注意力放在单纯追求数量即 GDP 增速上，更关键的是引入市场主体，培育市场主体，创造竞争中性的营商环境，实现市场主体的多元化、层次丰富，形成良性竞争的局面，特别是让民营和外资企业发展壮大起来，而不是让国企一股独大。民企、外企不仅是出口的主要力量，也是技术创新与商业模式创新的主力军，是经济活力的主要驱动力，对厦门发展国际航运中心、转口贸易等举足轻重。

另一方面，在招商引资的同时，也要做到招得来，留得住。厦门民营企业比例小，有影响力的大企业更是少之又少，做大的又留不住。如禹洲地产和中骏置业的总部先后迁往香港、上海，而 2008 年把企业总部从晋江搬到厦门的安踏，如今要在上海设立新总部。厦门为什么留不住？这是需要引起厦门上上下下认真思考的一个重要问题。要找出其中的原因，并切实加以改进。我们认为，厦门要及时转变发展理念，改变政策和策略，大力鼓励、促进民营经济、外资经济发展，既要把民企、外企的根留住，更要把它们的主营业务留在厦门。为此，厦门市政府要掀起一场针对自身的行政管理革命。一是切实转变政府职能，进一步简政放权，以制度创新和管理创新为抓手，加快推进负面清单管理模式、建立权力清单制度，着力维护公平竞争的市场秩序。二是以现代服务业作为城市发展定位，确立服务导向的管理文化，打造廉能高效的服务型政府，不断提高政府的服务水平，提升开办企业的便利度，为民企、外企提供更好的服务。三是厘清政府与市场的边界，尽量减少政府对资源的直接配置。以政府投资、政府推动来促进经济增长，这种方式就跟土地财政一样，难以为继，今后的力度会越来越小。必须让企业真正成为市场主体，发挥“领头羊”的作用，而不是政府。厦门一定要完成这种政府转型。只有这种转型成功了，才有望实现高质量发展和赶超发展。

以上十个方面的内容，是基于厦门的优势和特色、已有基础或巨大需求凝练出来的，从这些方面着手，做起来事半功倍，且迅速有效。如果十个方面能同时推进，其综合效果一定能够推动厦门持续稳定高质量发展。

四、突破“小岛”意识，增强厦门的辐射力

（一）突破“小岛”意识

在推动厦门经济持续高质量发展时，厦门不能把眼光局限于自身疆域范围。厦门的“小岛”意识有其历史成因，并且是限制厦门发展的最重要因素。厦门岛原名嘉禾屿，在很长的历史时期一直是同安县的一部分，后者又隶属泉州府管辖。鸦片战争后，厦门成为近代中国最早开放的5个通商口岸之一，地位才慢慢提升。1912年，由同安县下属的“嘉禾里”一跃而成为思明府，1935年设市。新中国成立之初，厦门是全国为数不多获批设立公安检查站的城市之一，承担重要的海陆口岸出入境检查任务，不过当时边检范围非常狭小，仅限于鹭江道一带。1980年10月厦门获批经济特区时，面积也只有2.5平方公里，到1984年才扩大至全岛范围。从那时开始，经济特区优惠政策一直仅限于岛内，岛内岛外完全是两个世界。直到2010年厦门经济特区再次扩容，城市建设重心从岛内转向岛外，“一市两法”的局面才被打破。但由于历史惯性思维，厦门在实施经济社会发展战略时，不可避免地打上了“小岛”意识的烙印。跳出厦门岛谋发展，加快推进岛内岛外一体化，这个跨岛发展战略虽然是正确的，但仍未摆脱“小岛”意识。历史上厦门就是闽南的经济文化中

心，在近现代历史发展过程中扮演了国际化的角色，这是它作为闽南和海西中心城市的优势所在，完全有能力充当本区域现代服务业的龙头，充分发挥辐射和服务功能。因此，厦门首先要把闽南金三角撑起来，其次引领带动闽西南协同发展区，再次逐步辐射到海西其他地区、海峡对岸的台湾以及“一带一路”沿线的东南亚国家。“不谋全局者，不足以谋一域。”一方面，厦门要克服“小岛”意识，就要有观大势、谋全局的视野、理念和方法。另一方面，中国经济已进入一个新的高质量发展阶段，做大做强现代服务业，也是厦门面临的现实选择。

（二）推动厦漳泉同城化

基于厦漳泉区域一体化的视角，厦门应加强同泉州、漳州的联动，凸显中心城市的龙头作用，勇于担当，主动作为，提升辐射海西、服务海西的能力。现阶段，应重启同城化议程，通过政府推动和市场推动这“两个轮子”，加快三个城市的融合。在产业发展方面，要充分发挥市场机制在资源配置中的决定性作用，由市场机制去促进三个城市比较优势的分工，实现优势互补，共赢发展。与此同时，积极探索区域一体化的体制机制，推动建设“大厦门市”。唯有如此，才能形成人才、资金、技术等的聚集效应，才能更好地发挥厦门经济的引领力和辐射力，同时也为闽西南协同发展区的经济协作和山海协作打下坚实的基础。

（三）建设两岸共同家园先行示范区

鉴于福建与台湾深厚而特殊的历史渊源关系，厦门在推动两岸关系和平发展、推进祖国和平统一进程方面，有着不可替代的优势。厦门应立足于得天独厚的区位优势，致力于先行先试，加快促进两岸经济一体化，特别是厦台产业深度对接，包括对接台湾的先进制造业、现代服务业。通过高质量发展，建设“两岸共同家园先行示范区”，包括产业融合先行示范区、城市现代化治理先行示范区、公共服务共建共治共享先行示范区、医疗卫生合作先行示范区、两岸青年创新创业先行示范区、文化交流先行示范区等。以先行示范区建设，使两岸同胞感情融合、心灵契合，以此增强对台吸引力，发挥对台的示范效应和灯塔作用，让厦门成为台湾年轻人来大陆创业、居住的首选城市，成为台胞台企登陆的第一家园。

现阶段，厦门要加快与金门的融合。除了解决金门各方面的资源瓶颈，厦门还可以在港口、经贸、旅游、文化教育、医疗卫生、社会保障等方面加强与金门的合作。厦金两地携手共建共治共享，建设共同市场、共同家园，实现基本公共服务均等化、普惠化、便捷化，实现共同发展、共同繁荣，可以为台湾回归树立一个实实在在的样板。总体而言，厦门要利用一切有利的条件，加快海峡两岸经济、政治、法律、社会、历史、文化等各方面的有机融合，夯实和平统一的基础，为两岸融合发展探索新路，为实现祖国统一大业作出应有的贡献。

结　语

改革开放40年来，经济特区勇立时代潮头，充分发挥对全国改革开放和社会主义现代化建设的重要窗口和示范作用。当前，我国经济已由高速增长阶段转向高质量发展阶段，正处于攻关期，经济特区应努力成为展示新时代全面深化改革开放成就的重要窗口，成为探索新时代全面深化改革开放路径的试验平台，成为发现新时代全面深化改革开放规律的开拓者，以及推动新时代全面深化改革开放进程的实干家[①]。作为最早设立的经济特区之一，厦门要在重要的历史节点上，努力把握好新的战略定位，克服“小岛”意识，增强引领带动作用，实现高质量发展和赶超发展，为新一轮的全面改革开放再立新功。回顾经济特区的发展历程，厦门面临一些短板，同时也积累了自身的优势，应扬长避短，以发展现代化服务业作为主要目标，同时兼顾若干高附加值、以现代数字技术为支撑的高端制造业，成为具有国际竞争力的区域经济中心，让经济发展辐射到海西经济区、海峡对岸以及东南亚国家。

① 张占斌：《把握好经济特区新的战略定位》，《人民日报》2018年9月2日。

参照国际经验建设海峡两岸金融中心[①]

洪永淼

最近几年，随着两岸政治关系的缓和，经贸关系的日益密切，特别是《海峡两岸经济合作框架协议（ECFA）》《海西经济区建设发展纲要》和《厦门两岸金融中心建设纲要》的出台，海西已经成为一个对台先行先试的地区。海西中小企业多，民营经济合力非常强，对金融服务的需求非常强劲。而台湾金融市场相对比较发达，在中小企业融资、农村金融、利率市场化、外汇自由化、金融衍生产品交易、风险投资、消费金融等方面经验丰富，特别与国际金融市场联系非常密切，而且是国际资本的潜在重要来源。在两岸关系日益缓和，海西享有先行先试优惠政策条件下，建设一个辐射整个海西地区的，开放的金融区域服务中心是完全有可能的。特别是海西和台湾 GDP 占中国 GDP 的比例已经超过 10%，所以两岸金融中心应该说很有潜力发展成为重要的区域性金融中心。

海西的经济特点是中小企业多，国企相对比较少，中国最具有活力的民营企业集聚在泉州地区和温州地区，而这两个地区都在海西地区。海西地区以外向型经济为主，特别是与港、澳、台、东南亚地区密切联系的经济。但是，金融服务业发展相对落后。我们看到的是金融企业比较少，金融从业人员比较少，特别是高端的金融人员更少，金融资讯不是很发达，对实体经济，特别是中小企业的服务，不是很到位。

什么是金融中心？金融中心指的是一个运行成本低、运作效益高，资金自由流动，而且具有强大服务辐射功能的金融系统以及金融市场。世界上主要的金融中心，包括第一梯队的纽约、伦敦，以及亚洲的东京、香港、新加坡，以

① 本文根据洪永淼在2012中国经济50人论坛·海峡两岸金融峰会的发言整理而成，原题为《国际主要金融中心建设的现状及经验——给厦门两岸金融中心建设的建议》。

及中东的迪拜等，它们有以下几个共同要素：

1. 优越的地理条件。如纽约是连接欧美的最主要航运中心与贸易中心，新加坡是马六甲海峡国际贸易通道。

2. 完善的交通设施以及金融基础设施。众所周知，新加坡是一个土地面积非常小的城市国家，但是他们把 15%的土地用于交通设施建设，与此同时大力加强互联网的建设，特别是互联网的速度。

3. 实施鼓励性优惠金融税收政策。大家都知道，国际资本都有一个激励性。新加坡能建成一个国际性金融中心，一个很重要的原因是金融税收、总部经济税收以及个人所得税都有非常优惠的政策。香港、迪拜这些比较自由的地区，也有这方面的共同特点。

4. 从制度和法律上保证资金的自由流动。纽约和伦敦从 20 世纪 80 年代以来，随着国际金融自由化、金融创新的发展，资本的自由流动在法律和制度上得到了保证。香港本来就是一个国际自由港。新加坡的经验也值得我们借鉴，20 世纪 60 年代末，新加坡开始慢慢放松外汇管制，直到 1978 年完全放松外汇管制，造成新加坡现在有全世界第四大的外汇市场；新加坡在过去二三十年还放松了黄金交易管制，一跃成为亚洲一个非常重要的黄金交易市场。

5. 拥有大量的国际化金融机构，才能保证具有强大的辐射服务能力，以及提供高品质的金融服务。因存在大量的金融机构，机构之间的激烈竞争保证了金融服务的高质量。

6. 大量国际化金融专业人才。这些人才可以保证金融服务质量，而且同时可以作为金融创新带头人。

我们来逐个进行比较厦门金融中心的建设。首先看一下它的地理位置，厦门是最早的五口通商城市之一，而且在历史上一直都是海西中心位置，这是受联合国授奖的最适合人类居住城市，这方面跟新加坡和香港比起来并不逊色，交通通信方面有后发优势。厦门经过 30 年的发展，已经建成了一个非常现代化、非常适合居住的城市。

在金融税收方面，我们刚刚提到资本有一个本性，就是激励性。金融税收优惠是任何一个金融中心的主要竞争力指标之一。特别是在中国大陆，在各个地方竞争激烈的情况下，这个作用显得非常重要。新加坡在20世纪60年代末，确切说是1968年，实施免征离岸货币交易利息税，击败了东京和香港，建立亚洲美元市场，目前是全世界第四大外汇市场，而且是亚洲最主要的美元结算中心。两岸金融中心有一个很好的政策，先行先试。应该尽快尽早使用，而且要用好先行先试。若是没有在先行先试上下功夫，建设在全国乃至全球范围内具有竞争力、吸引力的法律法规政策环境，不可能建成两岸金融中心。

第四个要素是最少限制的资金自由流动。法律法规制度保障能使交易成本最少，这也是金融中心竞争力的一个重要方面。这方面与国家整个金融制度和金融市场发展程度有关，如利率市场化、人民币国际化、金融制度的改革等。但是，在这个大环境没有根本改变之前，地方政府仍然可以利用中央赋予的若干特殊政策，如厦门市计划单列城市立法权、海西经济区先行先试政策等，这样可以建立在全国范围内具有竞争力的金融制度安排，才能增强两岸金融中心的竞争力。

第五个要素是众多的国际金融机构。为了吸引众多金融机构特别是境外的金融机构到厦门来，除了优惠税收政策和宽松金融制度安排，还必须有足够的市场容量，即金融需求。世界上所有金融中心的兴起都是背靠强劲的实业需求而发展起来的。金融中心建设目标之一是引入大量的金融机构，但是这些金融机构到厦门来干什么呢？这个其实是厦门金融中心设计者应该好好考虑的。比如说英国伦敦金融中心的兴起是英国第一次工业革命及其庞大的海外贸易需求造就的。香港是从香港制造业，以及后面的珠三角和现在的中国内地企业到香港上市，造就了香港金融中心的发展。新加坡也是从最早自身很小的工业发展到现在亚洲财务管理中心。日本东京金融市场的兴起也是随着20世纪80年代日本经济的兴起，到20世纪90年代末以及现在实体经济的衰弱，金融中心也就没有兴起了。所以，这些例子从正反两个方面都印证了，我们如果要发展一个比较有分量的两岸金融中心，一定要考虑到金融机构服务的对象。从这个角度来看，两岸金融中心的定位一定要能覆盖到整个海西地区，乃至海峡两岸。海西加海东的经济总量占全国GDP的比例已超过10%，在中国经济版图中占有重要一极，其金融需求是相应的。因此，两岸金融中心最主要的任务是企业金融需求以及金融机构之间的匹配，并为此创造条件。

第六个要素是充沛的金融人才。金融专业人才对金融服务品质和金融创新至关重要。厦门地区金融人才特别是高端金融人才非常缺乏，既要大力引进金融机构，同时也要引进金融人才，特别是利用特殊的政策引进高端金融人才。在这方面，相对北京、上海、深圳，厦门应该是滞后的，或者是落后的。这些高端金融人才带来的不一定是资金，而是其国际视野、专业素养、广泛的境内外人脉金融关系，而且有很强烈的溢出效应。

两岸金融中心要有什么特色？我们最主要的特色是借助台湾的金融市场来发展两岸金融中心。应该提供各种在中国范围之内具有竞争力的优惠政策，吸引大量的台湾金融机构和金融人才以各种方式进驻厦门，或者到厦门从事相关的金融业务。海西金融市场与台湾金融市场有机地联系在一起。台湾金融市场起步比较早，比较成熟，与国际金融市场联系较为密切，而且有意开发人民币海外债券市场，因此有可能成为海西金融市场联系国际金融市场的一个便捷通道，成为继香港之后可以连接中国大陆与国际金融市场的另一个桥梁，从某种意义上来讲，没有台湾的金融市场，就没有一个国际化的两岸金融中心，所以不能局限在厦门或者是海西谈两岸金融中心。

从业务或者是金融市场上看，两岸金融中心应该重点发展哪些比较有特色的业务？我们看到，香港已经成为中国大陆的企业跟国际资本对接的一个非常国际化的证券市场，主要是背靠中国大陆经济的崛起和香港自由港的政策。新加坡在资产负债管理、金融衍生产品、外汇、保险市场、境外金融服务等方面都有很强的优势，特别是利用稳定的政治环境，法律环境以及非常适合人类居住的生活环境，建成一个在亚洲非常有特色的财富管理中心，为全球投资者在亚洲的财务管理和亚洲投资者在全球的资产管理提供非常专业的服务。利用本身的优势和特色发展特色服务，应该说值得我们借鉴。包括像迪拜，完全是中东美元金融的窗口。另外一个像瑞士，私人银行提供高品质的服务，这些都非常有特色。

刚才我们提到，海西主要是以民营资本，特别是以中小企业为主，而且这些中小企业的融资非常困难。因此，在这里我们可以举几个两岸金融中心可以做的工作的例子。第一个例子是，海西的金融中心可以以中小企业投融资作为一个主要业务，因为它在这方面应该具有非常充沛的资金来源，如在泉州、温州，民间资本都非常多，但是同时其实体经济金融需求得不到满足，可以成为中小银行的投融资机构，创立各种投融资基金，发行中小企业债券，帮助中小企业或者是台商到台湾上市和投资。所以，这些都是两岸金融中心可以做的。第二个例子是，厦门在历史上一直是海西的中心城市，是海西地区财富与高端人才的聚集地和居住地，完全可以借鉴新加坡的经验，把财富资产管理业务发展成为自己的一个特色业务。另外一个是发展航运金融。厦门正在建设三个中心，其中一个是东南国际航运中心。由于国内外在税收政策、保险体系及融资渠道等方面有显著差距，国内主要航运公司的绝大部分融资和资金结算都通过境外金融中心来进行，两岸金融中心在这个领域有很大发展空间。

当今信息革命的背景下，金融中心已不是一个地理概念，本质上是一个金融体系、金融市场的概念，指的是金融体系运转的效率、辐射的能力和服务的质量。如华尔街，被称为全世界金融首都，实际长度只有1/3英里，面积不到6000平方米，但其影响和运作能力已经超出了本身的地理概念。新加坡交易所是亚洲第一个完全电子化、没有交易大厅的交易所，也就是说已经没有地理上的概念了。厦门金融中心建设指挥部主要是思明区和湖里区，但是如果说发展航运金融的话，那么海沧区很自然就被排除出去了，所以从这个角度看，我们应该突破地理上的基础设施建设。它当然是非常重要的，但是整个金融中心的建设不是单单建一些楼、引进一些金融机构，更重要的是一种系统、一种金融体系的概念。

国际金融中心的形成有两种模式：一个是通过市场自然形成，比如纽约、伦敦、香港这些都是自然形成的；另一个是政府引导，像新加坡的金融中心或者是东京的金融中心。在中国有很多体制因素制约了金融市场的发展，这方面需要政府起主导作用。特别是税收政策、金融体制改革、以及基础设施建设方面，政府来做可能效益比较高。两岸金融中心若以政府为主导，效率要快得多。从这个角度看，厦门完全可以借鉴伦敦建立金融城统一管理的经验，成立一个具有权威性的金融管理机构，统一管理、统一规划、统一建设两岸金融中心，而不是分区、分块、分部门，人为地把一些金融市场割开，因为金融市场、金融中心本身是一个有机的统一的整体。另外一个是要充分发挥市场的基础性作用。我们常常听到的是厦门一些国企要在两岸金融中心起主导作用，这个在政府主导的情况下是必要的，但是同时也要鼓励民营资本包括台湾资本与国际资本积极参与两岸金融中心建设，依靠市场，依靠民间力量，才能建设好两岸金融中心，特别是以中小企业、民营经济为主体的海西地区更应该如此。

借力台湾资源，凸显两岸金融中心特色 ①

洪永淼

作为海西最重要的中心城市，厦门拥有对台交流“先行先试”的政策优势和“五缘”历史人文优势。如何充分发挥这些对台的独特优势，借力台湾金融资源，加速推动两岸金融中心建设，是一个重要的课题。以下我提几点个人建议：

一、明确两岸金融中心定位。金融是服务业，金融中心一定要有一个强大的实体经济作为支撑与服务对象，才能保证有巨大的金融需求。两岸金融中心要覆盖厦门、厦漳泉、海西乃至海峡两岸。海西和台湾构成的海峡经济圈在人

2017 年 6 月，由厦门大学经济学科与厦大富邦两岸金融与产业研究中心、厦门大学中国（福建）自贸实验区研究院承办、台湾富邦金控等共同举办的“2017 自贸试验区与‘一带一路’高端论坛”在厦大举行

① 本文首刊于 2012 年 1 月 8 日的厦门市政协《政协提案汇编》。

口和经济总量方面，可以媲美长三角、珠三角，拥有潜在的巨大金融需求和市场份额。

二、充分借助台湾金融资源。台湾金融市场起步早，发展成熟，有丰富的金融市场建设经验。厦门应该通过各种方式，吸引大量台湾金融机构和金融人才进驻厦门，从事两岸金融业务，逐步促进海西金融市场和台湾金融市场的有机融合。台湾与国际金融市场联系密切，而且有意发展人民币离岸金融中心，有望成为厦门与海西联系国际金融市场的一个便捷通道，成为继香港之后大陆连接国际金融市场的另一桥梁。

三、提供优惠的金融税收等特殊政策支持。资本的最大本性是趋利避险。金融税收优惠是全世界任何一个金融中心竞争力的一个最主要的指标。尤其目前全国建设金融中心的地方与区域竞争十分激烈，厦门应该充分利用对台交流“先行先试”的政策优势和计划单列市的立法优势，提供在全国范围内具有竞争力的金融优惠政策，从而吸引大量台湾金融机构和金融人才。

四、借助台湾金融市场，需要直接或者间接地与台湾当局的金融机构打交道。但是，两岸关系发展的历史经验告诉我们，借助台湾金融市场发展两岸金融中心，不能将主要希望寄托于台湾当局的主动。厦门应该通过让利、让市场份额，鼓励台湾金融机构通过各种方式，包括绕道第三地，规避台湾当局的限制，前来厦门投资两岸金融市场。同时，积极开展对台湾多层次包括产、学、研等方面的交流，特别是通过与台湾知名专家、学者、政要等台湾精英人士的交流，影响岛内民意，支持两岸金融市场的融合。

五、利用对台交流的优势，发展具有鲜明特色的两岸金融市场。例如，作为两岸经贸交流最为活跃的地区之一，厦门应该积极争取并发展以台湾为主要对象的离岸金融中心。海西经济主体是众多的中小企业、民营企业与台商企业，他们具有强烈的金融需求。厦门应以服务中小企业投融资作为一个主要发展方向，设立各种中小企业投融资机构和基金，发展中小企业债券市场，帮助台商企业和中小企业赴台上市。厦门是海西最重要的中心城市，历史上一直是高端人才和资金的聚集地、世界宜居城市，因此厦门可以大力发展区域性财富资产管理中心。最后，利用发展东南国际航运中心的契机，厦门可以大力发展航运金融。

六、坚持政府主导作用，同时充分发挥民营资本和市场基础性作用。国际上金融中心形成主要有两种途径：一是自然形成，通过市场；二是政府引导。在中国，有很多体制因素制约金融市场的发展，因此需要政府主导，特别是金融基础设施建设、金融制度改革、金融税收优惠政策制定等方面。同时，除台湾资本与国际资本外，应该鼓励与支持民营资本积极参与发展两岸金融中心。依靠市场，依靠民营资本，依靠中小企业，才能做大做强做好两岸金融中心。

七、成立统一的金融管理机构。在当今信息革命背景下，金融中心已经不是一个地理概念，而是一个金融体系的概念，是指金融市场运转的效率、辐射的能力、服务的质量等。厦门应成立一个类似伦敦金融城那样的权威性金融管理机构，打破条条框框的行政管理和市场分割，统一规划、统一管理、统一协调。同时加强与海西其他城市沟通配合，逐步形成一个以两岸金融中心为龙头，在全国范围内具有竞争力的统一金融市场。

八、引进与培养培训金融人才并重，特别是要大力引进高端金融人才，从而推动两岸金融中心的创新发展和服务质量。同时，借助全球范围内金融智力，为建设一个国际化的两岸金融中心建言献策。

附录：

WISE 足迹

2005 年到 2020 年，厦门大学王亚南经济研究院（简称 WISE）成立至今已历十五载。15 年间，WISE 秉承厦门大学“自强不息、止于至善”的校训，坚实地践行着中国经济学教育的现代化和国际化办学之路。15 年间，每一次微小的成长足迹，都成为厦门大学经济学科如今奋然前行的基石与动力。

足迹 * 2004

8 月 10 日

时任厦门大学校长朱崇实与洪永淼在北京世纪金源大酒店见面，两人进行了三个多小时的促膝长谈。朱崇实校长动员洪永淼回母校厦门大学，创办一个新的研究院，以重振厦门大学经济学科的昔日雄风。

9 月 4—9 日

厦门大学在漳州东山岛召开第二次“东山会议”。会议主要议题是贯彻落实国务院批准的《2003—2007 年教育振兴行动计划》。时任经济学院院长的张馨教授在会上汇报经济学院《“十五”计划和 2010 年远景规划》，指出经济学科“存在着相对落后的可能性，甚至还存在着潜在的危机”，主要表现为：（1）影响力下降。厦门大学经济学科在全国经济学界的学术影响力在下降，低于 20 世纪 80 年代，甚至也低于 90 年代，更为严重的还在于，这种状况仍在继续，原创性成果不多，有全国重大影响的科研成果也不多，重大攻关项目也很少。这种状况，随着时间的推移，其后果可能使厦大经济学科的学术影响力进一步下降。（2）学科边缘化。厦门既非政治中心，也非经济中心，这种地理位置上的“边缘”状况，对于经济学科有着很大的影响。在改革开放和社会经济迅速转型的大背景下，这种地理状况导致学术影响“弱声效应”，减弱了学术的影响度，也导致人才流失或引进困难。但更为主要的，是厦门大学经济学科本身的边缘化，目前学科中的强势学科，是应用经济学中的财政学、统计学、金融学等二级学科，而不是理论经济学中的宏观经济学、微观经济学、政治经济学等二级学科。这种状况使得厦大经济学科偏离了经济学的主流轨道。（3）师资队伍问题。一是后续梯队乏人。在现有的中青年教师中，能呈现出强有力的发展势头的不多，在全国经济学界产生较大影响的更不多。这种状况如果延续下去，后续梯队和接班人问题将日益突出。二是师资队伍的知识结构老化，教师更新知识的动力不足，跟踪瞄准学科前沿的努力不够。所有这些问题，在近年来的几次大项目申报过程中暴露无遗，在组织申报材料和填写有关表格时往往有捉襟见肘、“巧妇难为无米之炊”之感。厦大经济学科现有的成就，是一代又一代厦门大学经济学人辛勤努力和汗水浇灌的结果，是80多年历史积淀的结果，但时间已经进入21世纪，世界在变化，中国在巨变，中国经济学界在大变，继续躺在过去的“辉煌”上吃老本是难以为继的，上述问题的日益凸显表明较大力度的改革势在必行。

足迹＊2005

4月5日

厦门大学决定成立王亚南经济研究院，力争在最短时间内建成为国内领先、亚太地区一流、国际具有重要影响的经济学研究机构；成为厦门大学经济学规范化、国际化、高水平的学术研究平台，高级经济学人才的培养基地，对外学术交流的重要窗口；成为为中国社会经济发展提供政策建议和咨询意见的思想库和智囊团。

5 月 25 日

洪永淼在厦门大学克立楼报告厅做题为“现代经济学和王亚南经济研究院的使命”的讲座，为到场的数百名师生分析现代经济学特征，指出计量经济学的作用，认为它不仅是一个分析工具，更是一种方法论；解读新成立的王亚南经济研究院相对独立的运作机制，其目标是成为亚太地区和中国一流的现代经济学研究机构，在计量经济学、金融学、宏观经济学、政治经济学等关键领域在国内处于领先地位，在国外有一定影响。

5 月 29 日—7 月 17 日

WISE 与经济学院金融学系共同举办“海外经济学家系列讲座”。这是 WISE 成立后首次邀请海外名师为经济学科集中授课。每周邀请一位海外经济学家举行 1—3 个讲座，共 50 讲，介绍经济学和金融学（特别是金融计量）前沿的研究概况。

6 月 27 日

厦门大学正式发文成立 WISE，设 50 个教师编制，洪永淼为创院院长。

6 月

WISE 和经济学院选派 14 名经济学院青年教师出国进修深造，以培养经济学科新一代学术骨干和学术带头人。

7 月 18—22 日

由 WISE 主办的首届“计量经济学国际培训班”在厦门国家会计学院举行。本次培训班为期 5 天，由香港科技大学经济学系教授陈松年，克拉克奖得主、麻省理工学院经济学系教授杰瑞·赫斯曼（Jerry Hausman），南加州大学经济学系教授萧政，中国台湾“中央研究院”经济研究所特聘研究员兼所长管中闵，以及美国康奈尔大学经济学系和统计学系教授洪永淼等海内外著名计量经济学家讲授计量经济学国际学术前沿发展趋势。本次免费培训班共吸引全国各地高校三百多名教师、博士生和硕士生参加。这是继中国计量经济学发展史上具有标志意义的 1980 年颐和园讲习班之后，国内该领域举办的规模最大的高层次培训班。

9 月 19 日

WISE 举行首届“金融学（实验班）硕士研究生班开学仪式”。该班级共 31 位学生，生源来自自愿报名的 2005 级经济学院各专业研究生，课程设计参照国际一流大学的设置标准，课程内容结合中国本土实践，注重国际化和规范化，特别是现代金融学理论体系和数量分析方法的系统训练。

11 月 18—30 日

法国勒埃佛尔大学前校长（2000—2005 年）、勒埃佛尔大学商学院经济学教授皮埃尔-布鲁诺·鲁菲尼（Pierre-Bruno Ruffini）博士访问 WISE，并参加系列学术讲座活动。这次访问是 WISE 2005 年秋季高级经济学系列讲座活动的重要组成部分。

11 月

为加速培养厦门大学经济学科学术骨干与学术带头人，WISE 决定启动“2005 科研资助计划”，在经济学与金融学各研究领域资助一批具有发展潜力的学术研究项目。资助对象主要为经济学院教师。同时，也欢迎并鼓励其他院系教师参加，开展具有交叉学科性质的合作研究项目。

12 月 12 日

洪永淼与美国 SAS 公司大中华区经理 Dawn Kung 女士共同签署关于建立厦门大学 SAS 计量经济学卓越中心（SAS Center of Excellence in Econometrics）的合作备忘录。

12 月 12 日

WISE 与经济学院共同主办“财政政策、货币政策与经济增长国际研讨会”。

足迹＊2006

1月

WISE第一次到美国经济学会年会暨经济学家人才市场招聘。同年8月，首批招聘的5名海外青年学者到任。15年来，WISE和经济学院从海外招聘了近百名经济学、统计学博士，极大地改变和提升了厦大经济学科的师资结构。

4月4—6日

为庆祝厦门大学成立85周年，WISE举办“2006年宏观计量经济学国际会议暨中国宏观经济与金融市场实证研究研讨会”，并获“校庆工作优秀单位”荣誉称号。本次会议是“计量经济学理论与应用国际研讨会（International Symposium on Econometric Theory and Application，SETA）”的第二届。SETA由中国台湾“中央研究院”经济研究所特聘研究员兼所长管中闵和美国康奈尔大学经济学系与统计学系教授洪永淼于2004年共同发起，一年一度在亚洲各地轮流举行，目的是促进亚洲各个国家与地区的计量经济学家之间，以及亚洲计量经济学家和世界其他地区计量经济学家之间的相互交流，从而提高亚洲地区计量经济学研究和教学水平。本次会议是厦门大学85周年校庆的特别活动之一。

6月6日

厦门大学发文宣布聘任洪永淼兼任经济学院经济学系主任。

6月18日

WISE与新加坡管理大学（SMU）商学院在厦门大学联合举办第一届“WISE-SMU金融研讨会”。

7月5—6日

WISE与中国科学院数学与系统科学研究院统计科学研究中心在厦门大学联合召开“2006金融工程与风险管理国际研讨会（FERM2006）”。

7月—8月

由教育部主办、WISE承办、计量经济学国际期刊*Journal of Econometrics*协办的“2006全国计量经济学与金融计量学研究生暑期学校”成功举办，历时一个月，获得时任教育部副部长吴启迪表扬肯定。

8月

WISE首届金融硕士实验班7名学生获新加坡管理大学（SMU）全额奖学金赴该校学习一年，攻读双硕士学位，标志着WISE与国外研究型大学联合办学已进入实质性阶段。

9月

WISE与经济学院经济学系携手共建“国家经济学基础人才培养基地”。

12月16—18日

由WISE主办的“2006当代劳动经济学国际学术研讨会”成功举行。这是WISE首次举行劳动经济学领域的国际研讨会，之后定期举行。

12月20—21日

由WISE协办的“预测与风险管理国际会议”在北京召开，这是WISE首次在厦门以外地区举行国际性学术会议。

足迹＊2007

3月

由WISE参与组织的第17届“亚太期货市场研讨会（APFRS）”年会在

上海召开。来自美国、英国、澳大利亚、韩国、新加坡、印度以及中国大陆、中国香港和中国台湾地区共一百多位金融领域学术界和实业界人员参加。

5月

WISE携手微软、戴尔、SAS公司在厦门大学共建数据运算"超级计算集群"，填补了中国高校经济管理类专业实证与模拟计算研究领域硬件建设的空白。

WISE与新加坡管理大学李光前商学院首次携手推出"应用金融硕士"留学准备课程项目。

7月19—24日

WISE举行"2007年计量经济学与金融计量学国际研讨班"，为全国相关领域的青年教师、研究生提供课程培训。

7月

由WISE主办的"第14届面板数据计量经济学国际会议"在厦门大学召开，这是亚洲地区第一次取得该国际会议的举办权，为该专业领域内规格最高的会议。

WISE与经济学院参与发起并举行首届"中国经济学南方论坛"。本次论坛以"经济全球化和中国经济学"为主题，由复旦大学经济学院、南京大学经济学院、山东大学经济研究院、上海交通大学安泰经济与管理学院、四川大学经济学院、武汉大学经济与管理学院、厦门大学经济学院与WISE、浙江大学经济学院、中山大学岭南学院和上海世纪出版集团共同发起成立，旨在促进南方各高校经济学院、研究院交流办学经验，探索各种可能的合作形式，提升经济学教育与研究水平，更好地为国家经济和社会发展培养人才、提供服务。

10月

WISE与中国南方电网（广东电网）公司签署了"营业稽查抽样分析决策

支持系统”课题委托协议书。该项目是 WISE 在继与兴业银行科研合作项目以后，再次利用其与国际接轨的专业知识为实业界提供的高级咨询服务，开创 WISE 学术反哺社会的功能。

足迹 * 2008

1 月

WISE 4 位研究生郭萌萌、施淑萍、赵国昌、钟卓应邀赴韩国首尔参加“首届经济学国际研究生论坛”，分别做了计量经济学和劳动经济学专题演讲，充分展示了 WISE 和韩国首尔大学在计量经济学研究与人才培养等方面的成绩。

4 月 10—11 日

WISE 与德国洪堡大学共同举办“2008 年厦门大学和洪堡大学经济学与金融学研讨会”。作为两校正式合作之后的首次学术活动，拉开了双方长期学术交流与合作的序幕。

5 月 10—11 日

“2008 年时间序列计量经济学最新发展国际研讨会”在厦门大学召开，研讨会由 WISE 与中国科学院预测科学中心联合举办、国际计量经济学学术期刊 *Journal of Econometrics* 协办。

6 月

WISE 第一届硕士毕业生告别母校，奔赴就业岗位。25 名 WISE 硕士毕业生中，有 4 名学生被世界四大会计师事务所录取，7 名学生就职于国际国内各大银行，7 名学生加盟证券投资公司，6 名学生分别成为跨国咨询公司、资产管理公司以及国家事业单位工作人员，就业去向表现不俗。

7 月 14 日—8 月 13 日

由教育部、国家自然科学基金委主办，山东大学研究生院和经济研究院（中心）承办，WISE、中央财经大学经济学院协办的 2008 年全国研究生暑期学校（高级微观经济学）在山东大学东区新校举行。

7 月

WISE 启动全英文教学的本科双学位项目，分经济学（数理）、金融学（数理）两个专业，面向全校招生。

8 月

由 WISE 主办、山东大学经济研究院和国际学术期刊 *Journal of Mathematical Economics* 协办的第五届“亚洲一般均衡理论国际研讨会”在厦门大学召开。

9 月 20 日

“第八届中国青年经济学者论坛”在厦门大学举行，论坛由 WISE 和《经济研究》编辑部、北京大学光华管理学院、武汉大学经济研究中心共同主办。

足迹＊2009

2 月

WISE 宣布当年启动面向海外留学生的经济金融学国际硕士项目。该项目包括应用金融学、金融工程和商务经济 3 个专业，课程设置完全与国际一流大学金融学与商务经济硕士培养项目接轨，主要目的是培养具有国际视野和现代经济学金融学素养的应用型高级经济金融国际人才。

4 月—5 月

WISE 和韩国成均馆大学、韩国中央银行在韩国首尔举办首届“SKKU-WISE-BOK”学术研讨会。

6月

“海西 2009 两岸经济暨金融研讨会”在厦门举行。研讨会由厦门市人民政府、厦门大学主办，台湾富邦金控、厦门市商业银行协办，WISE 承办。“海西两岸经济暨金融研讨会”此后定期举办，就海峡两岸重大经济金融议题进行深入探讨。

7月4日

由 WISE 与美国北卡罗来纳大学夏洛特校区贝尔克商学院联合主办的“2009 风险管理与衍生品分析国际研讨会”在厦门大学召开。

7月7—11日

由 WISE、中国科学院预测科学研究中心和国际计量经济学权威期刊 *Journal of Econometrics* 协办的“WISE 2009 计量经济学与金融学暑期学校”在厦门大学举行。

7月15—19日

WISE 举行首届“全国优秀大学生经济学、金融学暑期夏令营”。该夏令营此后每年举办，目前已经成为厦大经济学科录取优秀硕士研究生的主要渠道。

7月

WISE 与欧盟硕士项目“国际贸易与欧洲一体化（EITEI）”签署协议，正式加盟该项目，成为欧盟 EITEI 联合硕士项目的第八个合作伙伴，成为该项目联合授予学位的高校之一，也是唯一来自欧盟成员国之外的高级经济学研究和教育机构。

8月

WISE 与台湾大学人文社会高等研究院签署学术交流合作协议。

9月

中国南方电网公司营销服务创新成果奖揭晓，WISE与深圳供电局合作的《营业稽查抽样分析决策支持系统》《满意度调查分析决策系统》两个项目同时获得二等奖，标志着WISE产、学、研迈向了一个新的台阶。

10月

WISE博士生赵国昌学术论文在国际英文期刊*Energy Economics*发表，这是WISE学生首次在国际英文期刊发表学术论文。

12月17日

著名经济学家张五常受WISE和经济学院经济系邀请，做客厦门大学“南强讲座”，在建南大礼堂给厦大学子们带来题为“再次谈经济学的穷途末路”的演讲。

12月

由WISE申报的“计量经济学教育部重点实验室（厦门大学）”获批立项。这是全国首个文理学科交叉的经济学科重点实验室，也是厦门大学获批设立的第五个教育部重点实验室和人文社会科学领域唯一的教育部重点实验室。

WISE与科斯研究院联合举办“新制度经济学研讨会”。这是科斯新制度经济学研讨会继2008年在北京大学召开之后，第二次在中国召开。

WISE和韩国成均馆大学、韩国中央银行在厦门举办第二届“SKKU-WISE-BOK”学术研讨会。

足迹＊2010

6月19—21日

WISE与中国留美经济学会（The Chinese Economists Society，简称CES）、厦门大学经济学院联合举办“中国留美经济学会2010中国经济年会”和“中国经济学教育与研究论坛暨邹至庄教授80华诞庆典”。

6月24—25日

“计量经济学模型设定检验30周年”国际研讨会在厦门大学召开，由WISE、计量经济学教育部重点实验室（厦门大学）与中国科学院预测科学研究中心联合主办，旨在回顾计量经济学重要领域——模型设定检验过去30年的发展历史，探索该领域的最新国际发展前沿，邀请以发明“Hausman检验”“White检验”“Newey-West估计”等计量经济学领域经典模型闻名于世的世界顶尖计量经济学家杰瑞·赫斯曼（Jerry Hausman）、赫伯特·怀特（Halbert White）、惠特尼·钮伊（Whitney Newey）聚首厦门。

7月9—14日

由WISE、计量经济学教育部重点实验室（厦门大学）及中国科学院预测科学中心联合举办的“WISE 2010计量经济学、金融学与实验经济学暑期学校”在厦门大学举行。

9月中旬

由WISE申报的“福建省统计科学重点实验室（厦门大学）”获批立项。这是厦门大学获批设立的第5个福建省重点实验室，是基于统计学的文理交叉重点实验室，定位于建立一个国内领先，在国际上有一定影响的、高水平的、开放性的统计科学重点实验室。

9月

经厦门大学校长办公会议决定，厦门大学企业社会责任与企业文化研究中心正式成立，挂靠厦门大学WISE和经济学院。

教育部公布2011年硕士研究生专业学位招生类别及招生院校，WISE参与申请的金融硕士和应用统计硕士两个硕士专业学位获批设立。作为全国首批招收以上两种硕士专业学位的院校之一，WISE于2011年春季正式启动“专业硕士”招生。

11 月 16 日

厦门大学发文宣布聘任 WISE 院长洪永淼兼任经济学院院长，标志着经济学院、WISE 两院融合的开始。

11 月

WISE 获厦门大学相关部门批准，于 2011 年起与经济学院经济学系合作，开办全英文教学的经济学本科国际化试验班。之后，在 WISE 的推动下，经济学院又先后开办统计学、金融学、财政学、国际商务 4 个全英文教学的本科国际化试验班。

12 月初

WISE 实验经济金融实验室正式竣工完成并投入使用。该实验经济金融实验室是计量经济学教育部重点实验室（厦门大学）的重要组成部分，为了在可控制的实验条件下进行经济研究而设计，共安装 40 个计算机终端，包括 1 个实验室中控台和 3 台工作站、36 台实验终端。

12 月 15—16 日

“2010 实验经济学与金融学国际研讨会”在厦门大学召开。研讨会依托计量经济学教育部重点实验室（厦门大学）平台举办，是首次以实验经济学与金融学为主题的国际研讨会。

12 月底

WISE 中国计量经济学学术网（简称 CEAN）完成最终测试并正式投入使用。作为 WISE 2009 年底获批立项的计量经济学教育部重点实验室（厦门大学）的重要组成部分，CEAN 是由 WISE 自主研发、设计的计量经济学学术交流网络平台，其宗旨在于汇总中国计量经济学研究方法以及研究内容的信息，为中国计量经济学的科研、教学及信息交流提供资源共享和参考规范，推动计量经济学科在中国的发展。

足迹*2011

1月

荷兰蒂尔堡大学研究统计的“全球经济学研究机构排名”正式公布，统计显示2005—2009年间厦门大学经济学科在国际权威学术期刊发表论文位居全国三甲，仅次于清华大学和北京大学，与台湾大学并列亚洲（包括以色列高校在内）第20名。

4月5—6日

为庆祝厦门大学成立90周年，经济学科举办“2011年厦门大学诺贝尔经济学奖得主系列讲座”，邀请詹姆斯·莫里斯（James Mirrlees），罗伯特·蒙代尔（Robert Mundell），肯尼斯·阿罗（Kenneth Arrow），埃德蒙德·菲尔普斯（Edmund Phelps）等4位诺贝尔经济学奖得主莅校演讲。

6月18日

WISE与经济学院在厦门大学科学艺术中心举行“经济学院EDP中心成立暨WISE国际资本运作项目”启动仪式。

7月起

WISE全英文教学的本科双学位项目增设统计学（数理）专业，面向全校招生。

7月11—16日

由WISE、计量经济学教育部重点实验室（厦门大学）、福建省统计科学重点实验室（厦门大学）和高等教育出版社共同举办的“WISE 2011计量经济学，金融学和实验经济学暑期学校”在厦门大学举行。

8月

经济学科台湾校友在台北市举行厦大经济学科台湾校友会成立大会。

9月8日

由WISE和经济学院主办的“诺贝尔经济学家高端论坛”在厦门大学举行。诺贝尔经济学奖得主詹姆斯·莫里斯（James Mirrlees）与师生零距离对话。

9月

WISE与经济学院开设“WISE-SOE双周青年论坛”，促进两院中青年教师研究成果交流。

WISE 2011级台湾博士班共17名新生完成来厦注册手续，正式入学。这是WISE台湾博士项目首次招生，学生来自台湾金融业界，多数为金融机构的高级管理人员。

12月21日

WISE召开“首届现代统计学与计量经济学国际研讨会”，此后每年定期召开。

12月底

WISE计量经济学教育部重点实验室之金融实验室建成投入使用。

足迹*2012

2月24日

经济学院、WISE在厦门大学经济楼A417会议室联合召开2011—2012学年第二学期第1次党政联席会议。两院党委书记、院长、党委副书记、副院长等出席会议，这是两院首次联合召开党政联席会议。会议对第三轮学科评估工作、海外招聘事宜、经济学院 30 周年院庆工作等进行讨论布置。

3 月 22 日

“中国高校经济学实验室建设与创新研讨会”在厦门大学召开，邀请国内著名高校 20 家经济管理类国家级实验教学示范中心的领导、海内外著名高校一百五十余名专家学者以及数十位业界代表共同探讨如何加强并提升国内高校经济学科实验教学工作的建设。

3 月 5 日起

经济学科在漳州校区推出“王亚南经济研究院—经济学院海归博士走进漳州校区系列讲座”。

5 月

经济学科与台湾富邦金控决定自 6 月起联合设立“厦门大学富邦海西大讲堂”，该活动计划每年分季度举办 4 场论坛。

6 月 25 日

诺贝尔经济学奖得主迈伦·斯科尔斯（Myron Scholes）教授应 WISE 和经济学院邀请莅校演讲，并将访厦课酬设专项奖学金资助经济学科学子学习。

7 月 8—12 日

由 WISE、厦门大学经济学院、计量经济学教育部重点实验室（厦门大学）及福建省统计科学重点实验室（厦门大学）共同举办的“WISE 2012 计量经济学，金融学和实验经济学暑期学校”在厦门大学举行。

7 月 15—18 日

由 WISE、厦门大学经济学院、计量经济学教育部重点实验室（厦门大学)、福建省统计科学重点实验室(厦门大学)联合举办的“2012 现代统计学暑期学校”在厦门大学举行。

9 月 8 日

应 WISE 和中国国际投资贸易洽谈会组委会的邀请,“欧元之父”、1999 年诺贝尔经济学奖获得者罗伯特·蒙代尔(Robert Mundell)与 2004 年诺贝尔经济学奖获得者爱德华·普利斯科特 (Edward Prescott) 莅厦参加第 16 届中国国际投资贸易洽谈会并与经济学科教师交流。

9 月

WISE 和经济学院获批新增统计学博士后科研流动站。

12 月 8 日

厦门大学首届全国数量经济学博士生学术论坛在经济楼 N402 报告厅举行开幕仪式。论坛由 WISE、经济学院金融系、计量经济学教育部重点实验室(厦门大学)、福建省统计科学重点实验室(厦门大学)联合主办,旨在利用厦大经济学科在计量经济学、统计学、金融学和应用计量经济学的学科优势和国际学术资源为全国相关领域的博士研究生提供了解和把握现代经济学和现代数量经济学的学术发展动态和最新研究成果的机会。该论坛此后每年定期召开,自 2014 年起与东北财经大学轮流在厦门、大连两地举办。

足迹 * 2013

1 月

由 WISE、经济学院申报的“厦门大学企业并购研究中心”获批组建,并于 1 月 19 日举行揭牌仪式。

2 月 25 日

经济学院、WISE 在经济楼 A417 会议室召开党政联席会议。会议研究了

“985”工程三期建设项目“经济学科建设”，领导小组成员为两院院长、书记及经济学院4位副院长和WISE的3位副院长，共计9人。

3月20日

计量经济学教育部重点实验室（厦门大学）建设项目验收会举行，专家一致同意通过实验室的建设项目验收，并建议实验室需在深化学科合作、加强应用研究、发挥社会服务功能、落实经费支持等方面进行建设完善。

3月23日

厦门大学经济学科成立同学会。

4月

厦门大学水科技与政策研究中心举行成立揭牌仪式。知名膜科技专家、厦门大学校友总会新加坡校友分会会长蓝伟光博士作为发起人任中心主任及首席科学家。

5月10日

经济学院、WISE在经济楼A417会议室召开党政联席会议。会议决定调整“经济学院、WISE学位评定分委员会”名单，并下设经济学院、WISE各一个工作小组。

5月18日

由经济学院和WISE联合主办，经济学院经济学系承办的“首届‘制度的经济分析’——厦门国际研讨会（EAI）”在经济楼举行。来自美国、荷兰、日本、新加坡、印度、菲律宾、中国大陆、中国香港等国家和地区的60余位学者代表齐聚厦门大学，分享与讨论将经济分析方法应用于经济制度、政治制度及社会制度发展之研究的心得与成果。该会议此后每年定期举办。

5月

WISE 沈凯玲助理教授与美国加州大学圣芭芭拉校区彼得·库恩（Peter Kuhn）教授在经济学国际英文学术期刊 *Quarterly Journal of Economics* 2013 年第 1 期发表题为“Gender Discrimination in Job Ads：Evidence from China”的学术论文。*Quarterly Journal of Economics* 是由美国哈佛大学经济系主编、牛津大学出版社出版的、经济学历史最悠久的经济学顶级国际英文学术期刊。根据“期刊引证报告”，该杂志 2011 年影响因子为 5.920，在 320 个期刊的“经济学”类别中位居第二。

6月8—9日

WISE 举行“2013 面板数据分析国际学术研讨会”，致礼萧政教授的杰出贡献。

7月10—17日

由 WISE、经济学院、计量经济学教育部重点实验室（厦门大学），福建省统计科学重点实验室联合主办的“2013 教育部计量经济学与统计学暑期学校”在经济楼新楼报告厅 N402 举行。

9月

WISE 开学季迎来 72 名海外籍新生，国际化平台特色日渐凸显。

11月4日

经济学院、WISE 在厦门大学经济楼 A417 会议室召开党政联席会议。会议决定经济学院与 WISE 共同成立“经济学科教授委员会”，下设理论经济学、应用经济学与统计学三个一级学科教授分委员会。

11月15日

经济学院、WISE 在经济楼 A417 会议室召开党政联席会议。会议决定经济学院与 WISE 共同成立“经济学科聘任委员会”。

11 月

WISE 和经济学院决定从 2014 年起在保留统考招生渠道的基础上，预留 30%的招生名额，联合试点以“申请—考核制”的形式招收博士研究生。

足迹＊2014

1 月

经济学本科国际化试验班举行首届专属学术研讨会。

3 月

厦门大学经济楼 N 座“三味”咖啡屋投入使用，成为经济学科师生课后交流、小组讨论的重要平台。

4 月 21 日

经济学院、WISE 在经济楼 A417 会议室召开党政联席会议。会议根据学校关于学科与团队建设的要求，讨论决定建设一流学术团队应遵循几个原则：（1）要坚持以国际上有较大影响力的，或国内最好且有潜力为学术标准；（2）学术带头人年龄不宜太大，要有精力投入到团队建设；（3）团队建设不能各自为政，不能搞平衡，需整合经济学院各系所中心及 WISE 力量，甚至是相关学院的力量，集中建设几个有竞争力的团队，覆盖三个学科；（4）团队建设需兼顾国内研究和国际研究，兼顾中长期目标，集中建设几个有竞争力的团队。

4 月

由中国管理科学研究院武书连主持完成的“2014 中国大学各学科排行榜”显示，厦门大学经济学的实力获评为 A++ 级（排名前 2%），是厦门大学唯一获评为该等级、也是唯一进入全国前十的学科门类。

5 月 15 日

福建省统计科学重点实验室（厦门大学）通过验收。

6 月 23—24 日

WISE 举行国际研讨会，会上，组委会向著名计量经济学家杰瑞·赫斯曼（Jerry Hausman）教授致敬。

6 月 25—27 日

第二届“世界计量经济学会中国年会（CMES 2014）”在厦门大学召开。年会由世界计量经济学会与厦门大学主办，厦门大学经济学院、WISE、计量经济学教育部重点实验室（厦门大学）、福建省统计科学重点实验室（厦门大学）承办。近 400 名海内外经济学者与会。国际计量经济学会主席、2000 年诺贝尔经济学奖得主詹姆斯·赫克曼（James Heckman），哥伦比亚大学贝尔纳·萨拉尼耶（Bernard Salanié）、纽约大学亚当·布兰登勃格（Adam Brandenburger）、伦敦大学学院安德鲁·切希尔（Andrew Chesher）、麦吉尔大学 Jean-Marie Dufour、美国南加州大学萧政、康奈尔大学尼古拉斯·基弗（Nicholas Kiefer）、北京大学林毅夫、麻省理工学院惠特尼·钮伊（Whitney Newey）等作主题演讲。世界计量经济学会（The Econometric Society）成立于 1930 年，是全球经济学领域最有影响力的专业学会之一。

6 月 28 日

WISE 与新加坡管理大学（SMU）在厦门举办应用金融硕士项目 7 周年合作庆典。

7 月 11—16 日

由 WISE、计量经济学教育部重点实验室（厦门大学）、东北财经大学数学与数量经济学院、东北财经大学经济计量分析与预测研究中心共同主办的 2014 年计量经济学和统计学暑期学校在东北财经大学举行。

9月10日

教育部公布第七届国家级教学成果奖获奖项目名单，由经济学院、WISE申报的“国际化创新型经济学人才培养模式”获国家级教学成果二等奖。

9月

WISE荣获教育部“全国教育系统先进集体”称号。

10月18—19日

“第五届中国统计学年会”在厦门大学举行。300余位统计学者齐聚我校探讨大数据时代下的统计学。教育部高等学校统计学类专业教学指导委员会在年会期间召开工作会议。

10月

WISE中德联合博士项目5位博士生赴德访学、亮相国际会议。

12月19—20日

“2014年银行业创新与银行监管国际研讨会”在厦门大学召开，由WISE、厦门大学经济学院金融系、美国福特汉姆大学（Fordham University）、北京大学国家发展研究院联合主办。

12月28日

厦门大学经济学科正式成立“厦门大学经济学院经济发展与传统文化研究中心”，并举行授牌仪式。

足迹＊2015

1月17日

第二届“海峡两岸金融改革和银行制度学术研讨会”在厦门大学召开。研讨会由经济学院、WISE共同主办，经济学院金融系承办。来自武汉大学、中山大学、南开大学、中南大学、东南大学、上海财经大学、中央财经大学、厦门大学以及台湾大学、逢甲大学、铭传大学等海峡两岸高校金融类专业的专家学者齐聚一堂，共同探讨最新的研究课题。

1月

厦门大学成立中国（福建）自贸试验区研究院，打造自贸试验区建设的新型智库。厦门大学将整合校内力量，多学科强强合作，以经济学科为主，切实将研究院打造成为自贸试验区建设服务的新型智库、各级政府科学决策的思想库、智囊团。

经济学科新增统计学、金融学2个本科国际化试验班，加快人才培养国际化进程。

2月

厦门大学经济学科与台湾富邦金控合作，成立“厦门大学富邦两岸金融与产业研究中心”。富邦金控为该研究中心的前期建设和发展提供为期3年的经费支持。这也是富邦金控在北京大学光华管理学院设立北大富邦两岸金融研究中心之后，在大陆高校合作设立的第二个研究中心。

3月29日

厦门大学牵头为厦门大学中国（福建）自贸试验区研究院、厦门大学富邦金融与产业研究中心、中国（福建）自贸试验区协同创新中心举行揭牌仪式暨“首届中国（福建）自贸试验区高端论坛”。论坛由厦门大学、福建省商务厅、福建师范大学联合主办，厦门大学经济学院与WISE、中国（福建）自贸试验区研究院、厦门大学富邦两岸金融与产业研究中心、福建师范大学经济学院、福建师范大学自贸试验区综合研究院联合承办，台湾富邦金控协办。

3月31日

中国人民大学发布了《2014年度“复印报刊资料”转载学术论文指数排

名》。在高等院校二级院所分学科学术论文指数排名中，厦门大学经济学院学术论文转载数、综合指数均列全国高校第二，创历史新高；其中应用经济学学术论文转载数、综合指数均首次位居榜首，理论经济学术论文转载数、综合指数列全国第五。

3月

在“厦门大学中国（福建）自贸试验区研究院”的基础上，厦门大学经济学院、WISE作为牵头单位，核心协同复旦大学、南开大学、中国科学院预测科学研究中心、福建师范大学、新加坡国立大学李光耀公共政策学院，联合省内外、境内外高校、科研机构与相关政府部门、金融机构和企业等，组建“中国（福建）自贸试验区协同创新中心”，并在福州举行揭牌仪式。

“厦门大学富邦两岸金融与产业研究中心”在福州举行揭牌仪式。

5月23—24日

由WISE举办的“2015年中国青年经济学家联谊会”在厦门大学召开。来自爱荷华州立大学、香港科技大学、北京大学、清华大学、复旦大学、上海财经大学、厦门大学等院校的近百位代表参会。

6月6日

WISE成立10周年庆祝大会在厦门大学经济楼N402举行。来自北京大学、浙江大学、南京大学、武汉大学、中国人民大学、山东大学、中山大学、上海财经大学、西南财经大学、西北大学、东北财经大学、陕西师范大学等十多所国内兄弟院校代表和社会各界朋友、海内外院友及WISE的师生四百余人齐聚一堂。院庆系列学术活动“新常态下中国经济学教育学术研讨会”“中国（福建）自贸试验区建设2015夏季论坛”“院友论坛”同期举行。同月，WISE出版建院十周年纪念文集与纪念画册。

6月20—21日

“计量经济学理论与应用前沿发展国际研讨会”在厦门大学召开，致敬斯坦福大学雨宫健（Takeshi Amemiya）教授在计量经济学领域的杰出贡献。研讨会由 WISE、经济学院、计量经济学教育部重点实验室（厦门大学）、福建省统计科学重点实验室（厦门大学）联合主办，国家自然科学基金赞助支持。

6 月

WISE 应邀加入世界金融计量学会（The Society for Financial Econometrics，SoFiE），正式成为该学会的机构会员之一。SoFiE 机构设置在纽约大学斯特恩商学院（Leonard N. Stern School of Business，New York University），是一个独立的非营利性会员组织，致力于为全球金融计量经济学领域的学者和从业者提供一个分享研究和想法的平台。

7 月 2—4 日

“第一届区间计量经济模型及其应用国际会议（SIDM 2015）”在北京召开。会议由中国科学院数学与系统科学研究院和 WISE 联合主办，这是双方合作的第一届以区间模型为专题的国际会议。

7 月 4—5 日

“计量经济学与统计学国际研讨会”在厦门大学召开。研讨会由 WISE、经济学院、计量经济学教育部重点实验室（厦门大学）、福建省统计科学重点实验室（厦门大学）与德国洪堡大学应用统计学和经济学研究中心（CASE）联合举办。

7 月 6—10 日

由 WISE、东北财经大学经济学院、计量经济学教育部重点实验室（厦门大学）共同举办的“2015 年计量经济学与统计学暑期学校”在厦门大学举行。来自全国各高校逾 200 名学员参加。学员大多为研究生及青年教师，其中教师比例约占总人数的五分之二。

7 月 18—19 日

“第十五届中国青年经济学者论坛”在厦门大学举行，论坛由《经济研究》编辑部、北京大学光华管理学院、武汉大学高级研究中心和 WISE、经济学院联合主办，计量经济学教育部重点实验室（厦门大学）、福建省统计科学重点实验室（厦门大学）承办。

7 月

经济学院、WISE 组建“数据科学与决策咨询中心”。该中心将作为计量经济学教育部重点实验室（厦门大学）的重要组成部分，依托厦大经济学科在计量经济学、统计学及金融学等领域的优势力量，旨在打造成一个科研、教学及社会服务相结合的综合性平台。

11 月 21 日

洪永淼当选发展中国家科学院（TWAS）院士。

12 月 11 日

“计量经济学学术研讨会”在澳大利亚莫纳什大学（Monash University）举行。研讨会由 WISE、经济学院与莫纳什大学计量经济学与商务统计系联合举办，这是双方继 2014 年 6 月在厦门首次联合召开会议后的第二届会议。

12 月 20—21 日

由 WISE、经济学院和东北财经大学经济学院联合举办的“2015 全国数量经济学博士生学术论坛”在东北财经大学举行。

12 月 25 日

“2015 闽台产业合作发展研讨会”在厦门大学召开。研讨会由厦门大学经济学院与 WISE、台湾经济研究院、中国科学院预测科学研究中心与国家数学与交叉科学中心联合主办。

12 月 27—28 日

“厦门大学首届金融学全国博士生学术论坛暨 2015 中国金融学博士生毕业意向交流会”在厦门大学召开。论坛暨交流会由厦门大学研究生院、厦门大学经济学院和 WISE 主办，厦门大学经济学院金融系承办。

足迹＊2016

2 月

厦门大学经济学科虚拟仿真实验教学中心获批为国家级虚拟仿真实验教学中心，是厦门大学人文社科类首个获教育部批准的国家级虚拟仿真实验教学中心。

3 月 11 日

诺贝尔经济学奖得主、微观计量经济学开创者詹姆斯·赫克曼（James Heckman）教授应经济学院、WISE 邀请在厦门大学带来题为“Creating and Measuring Capabilities”（创造和衡量能力）的讲座，对我国的扶贫、教育不均等社会问题提出政策建议。

4 月 16—17 日

由经济学科主办的第四届“制度的经济分析”——厦门国际研讨会在厦门大学隆重开幕。此次会议也是厦门大学建校 95 周年系列学术活动之一。诺贝尔经济学奖得主、最适所得税理论的开创者詹姆斯·莫里斯（James Mirrlees）爵士应邀出席研讨会发表主旨演讲。

4 月 26 日

经济学院、WISE 在经济楼 N501 会议室召开党政联席会议。会议决定对两院行政团队进行融合，合并办公。此后，同一性质的工作机构将不再分两院设立，实现两院行政技术团队服务标准化。

4月

“最好大学网”公布了国内各高校于2012—2015年间在教育部学位中心公布的第四轮一级学科评估国际原A类期刊上发表的论文数量排名，厦门大学经济学科的三个一级学科入围全国三甲，其中理论经济学、应用经济学排名全国第2位，世界第75位；统计学排名全国第3位，世界第66位。

6月24日

“金融风险量化与管理论坛”在厦门大学举行。论坛由厦门大学经济学院、WISE与中国科学院预测科学研究中心联合主办。会上宣布厦门大学经济学科与中国科学院预测科学研究中心联合成立“‘厦门大学—中国科学院’计量建模与量化政策研究中心”，并发布由厦门大学研究团队编制的人民币汇率国际影响力指数。

6月25日

“大中华区金融学术会议”在厦门大学召开。会议由厦门大学经济学院、WISE与福建省金融学会共同举办，由厦门大学经济学院金融系和厦门大学富邦金融与产业研究中心承办，是厦大经济学科举办的首次大中华区金融学术会议，旨在进一步加强金融各界的交流对话，丰富金融相关理论、应用研究的成果，以推动大中华区金融市场的繁荣发展。

7月5—9日

由WISE、东北财经大学经济学院、计量经济学教育部重点实验室（厦门大学）共同举办的“2016计量经济学和统计学暑期学校”在东北财经大学举办。

7月8—10日

“中国金融国际年会（CICF）”在厦门大学召开。年会由美国麻省理工学院斯隆管理学院、清华大学金融研究中心、WISE、厦门大学经济学院和上海交通大学上海高级金融学院等首次联合举办。

9月

世界著名经济学家邹至庄教授决定，捐款1000万美元在厦门大学设立"邹至庄经济学教育基金"，以进一步推动中国和厦门大学经济学教育与研究的发展。厦门大学决定设立厦门大学邹至庄经济研究中心，宗旨是培养国际一流的经济学家，关注中国经济与政策研究，产出国际一流的原创性成果，成为亚洲的经济学国际学术交流中心。

10月15日

"2016自贸试验区与'一带一路'高端论坛"在厦门大学举行。由厦门大学、中国（福建）自由贸易试验区厦门片区管理委员会与厦门市金融工作办公室联合主办，厦门大学经济学院与WISE等承办，台湾富邦金控协办，厦门市党外知识分子联谊会支持举办。

11月12日

"中国金融开放与全球资产配置论坛暨厦门大学金融界校友2016年会"在厦门大学举行。由厦门大学校友总会秘书处、厦门大学旅港校友会金融分会、厦门大学经济学院与WISE主办，厦门大学富邦两岸金融与产业研究中心协办，厦门国际银行、中国建设银行厦门市分行予以支持。

11月19—20日

经济学科联合国内推广与应用统计学知识的社区专业型网站——统计之都，在厦门大学共同主办"第九届中国R语言会议（厦门）暨厦门大学数据科学与量化金融高峰论坛"。大会结合统计学、计量经济学、计算机科学等学科优势，关注数据科学在各个领域，尤其是量化金融、风险管理、互联网征信、交通、医疗以及网络安全方面的应用，对"大数据"时代如何运筹帷幄具有重要意义。

11月

厦门大学邹至庄经济研究中心正式成立，拥有正式教师编制20个。自此，厦门大学经济学科由经济学院、WISE 和邹至庄经济研究中心组成，形成“三位一体”的格局。

由经济学院和 WISE 联合申报的“社会经济政策量化评估中心”获评为福建省高校特色新型智库。

12 月 3 日

“第二届全国金融学博士生学术论坛暨 2017 中国金融学博士生毕业意向交流会”在厦门大学举行。交流会由厦门大学经济学院、WISE，北京大学等 25 所金融学博士培养院校共同主办，厦门大学经济学院金融系承办。

12 月 4 日

厦门大学举行厦门大学邹至庄经济学教育基金暨邹至庄经济研究中心成立仪式。校长朱崇实，邹至庄教授及夫人邹陈国瑞女士等共同为研究中心揭牌。校领导和邹至庄教授互换捐赠备忘录，校领导为邹至庄教授颁发捐赠证书。

12 月 10 日

“经济模型与政策分析研讨会”在厦门大学召开。由 WISE 与中国科学院预测科学研究中心联合主办、厦门大学-中国科学院计量建模与量化政策研究中心承办，邀请国内在计量建模及社会政策分析有成熟经验的专家学者莅会探讨，参会嘉宾就计量建模方法在经济预测、社会政策分析中的有效运用展开探讨。

12 月 10—11 日

“2016 中国财政学论坛”在厦门大学举行。论坛由厦门大学经济学院和 WISE 主办，北京大学、中国人民大学、上海财经大学、武汉大学、东北财经大学、对外经济贸易大学、复旦大学、江西财经大学、山东大学、西南财经大学、浙江财经大学、浙江大学、中南财经政法大学、中山大学、中央财经大学共同主办，厦门大学经济学院财政系承办。论坛主题为“‘十三五’期间深化财税体制改革研究”，旨在推动中国财政理论与政策研究，为专家学者提供学术交流与合作的高层次平台。

12 月 17—18 日

厦门大学经济学院、WISE 和计量经济学教育部重点实验室（厦门大学）共同主办的“2016 厦门大学实验经济学与实验金融学国际研讨会”在厦门大学召开。

足迹＊2017

3 月 17 日

经济学院、WISE 在经济楼 N501 会议室召开党政联席会议。会议讨论“双一流”建设工作，认为建设一流大学、一流学科，要明晰思路，体现“中国特色、世界一流”，要坚持中国问题导向，用世界通用语言讲述中国故事，发出中国声音，要结合中国重大需求，发挥经济学科在基础研究、政策评估等方面的优势。会议提出需要学校支持的重大事项或主要问题，指出要查找厦门大学经管类学科进入基本科学指标数据库（Essential Science Indicators，简称 ESI）全球前 1%的实际差距，分析原因。

3 月

根据基本科学指标数据库（Essential Science Indicators，简称 ESI）最新数据显示，厦门大学社会科学总论进入 ESI 全球前 1%，其中经济学科贡献约为 66%。

4 月 7—9 日

“欧洲金融管理学会 2017 专题研讨会”在厦门大学召开。研讨会由厦门大学经济学院、WISE、邹至庄经济研究中心与欧洲金融管理学会联合主办，厦门大学经济学院金融系、厦门大学富邦两岸金融与产业研究中心和厦门大学-中国科学院计量建模与量化政策研究中心承办，旨在促进金融学的国际交流，助力中国的金融学研究走进世界舞台。本次欧洲金融管理学会专题研讨会是首次在厦门举办，也是厦大经济金融学科献礼厦门大学96周年华诞的重要学术活动之一。

6月24日

“2017自贸试验区与‘一带一路’高端论坛”在厦门大学开幕。论坛由厦门大学主办，厦门大学经济学院、WISE、厦门大学富邦两岸金融与产业研究中心、厦门大学自贸试验区研究院承办，台湾富邦金控协办，厦门市党外知识分子联谊会支持举办。此次论坛是厦大经济学科自2015年以来第四次举办以“自贸试验区”为主题的高端论坛，是对国家“自贸试验区”与“一带一路”倡议两大构想的积极响应，也是厦门大学经济学科依托学科优势，促进产学研相结合，服务国家重大需求，融入国民经济主战场，建设有中国特色的高水平、新型经济学智库的又一次重要举措。

7月3—8日

经济学科举办“全国计量经济学与统计学研究生暑期学校”，讲授计量经济学和统计学基础理论及前沿发展。来自境内外高校三百余名学员参加，是WISE自2005年以来第十三次举办计量经济学等领域的暑期学校，也是厦门大学和东北财经大学合作的第四次暑期学校活动，旨在为全国经济类、管理类、统计类及相关学科的广大师生介绍计量经济学和统计学基础理论及最新前沿发展。

7月10日

“首届中国计量经济学家师资培训班”在厦门大学隆重开班。培训班由厦门大学邹至庄经济研究中心、WISE、计量经济学教育部重点实验室（厦门大学）、厦门大学-中国科学院计量建模与量化政策研究中心主办。本届培训班为期6天。受邀授课教师有美国普林斯顿大学邹至庄，美国麻省理工大杰瑞·赫斯曼（Jerry Hausman），美国康奈尔大学尼古拉斯·基弗(Nicholas Kiefer)，台湾大学管中闵，美国堪萨斯大学蔡宗武，美国康奈尔大学洪永淼。共开设17

场专题讲座，深入讲解前沿课题研究和教学方法。

7月18日

由厦门大学经济学院、WISE、邹至庄经济研究中心主办，现代政治经济学研究中心承办的“2017年马克思主义经济学暑期学校——纪念《资本论》出版150周年”在厦门大学开幕。本次暑期学校旨在为全国经济学类、政治学类、马克思主义哲学类及相关学科的广大师生介绍马克思主义政治经济学的最新前沿发展，特别是理论建模和计量实证等现代方法在马克思主义经济学研究中的应用。

7月22日

“2017政治经济学高端论坛”在厦门大学举行。论坛由厦门大学经济学院、WISE、邹至庄经济研究中心主办，现代政治经济学研究中心承办。来自美国耶鲁大学、日本庆应义塾大学、清华大学、北京大学、中国社会科学院、中国人民大学、上海财经大学、中山大学、武汉大学、厦门大学等近百所知名高校的一百三十余名相关研究人员参会，围绕“中国特色社会主义市场经济理论与创新”主题进行成果分享和理论探讨。

9月

根据国务院《统筹推进世界一流大学和一流学科建设总体方案》以及教育部等三部委《统筹推进世界一流大学和一流学科建设实施办法（暂行）》，经专家委员会遴选认定，教育部、财政部、国家发展改革委研究并报国务院批准，公布世界一流大学和一流学科（简称“双一流”）建设高校及建设学科名单。厦门大学经济学科统计学入选国家“双一流”建设学科名单。厦门大学入选36所A类一流大学建设高校，经济学科牵头组织、制订厦门大学“双一流”学科群“经济与工商管理学科群”、“统计与信息学科群”建设方案。

青年教师王璐航及其合作者的论文“WTO Accession and Performance of Chinese Manufacturing Firms”在*American Economic Review* 2017年第9期正式

发表，是 *American Economic Review* 首篇刊登厦门大学教师的学术论文，实现了厦门大学经济学科教师在 *American Economic Review*、*Econometrica*、*Journal of Political Economy*、*Quarterly Journal of Economics* 和 *Review of Economic Studies* 等五大国际顶级经济学期刊上发表学术论文的全覆盖。当年，厦门大学经济学科在国内三大经管类刊物发表论文 21 篇，包括《经济研究》15 篇、《经济学（季刊）》3 篇、《管理世界》3 篇，创下历史纪录。

10 月 13 日

经济学院、WISE 在经济楼 N501 会议室召开党政联席会议。会议原则通过《经济学院、王亚南经济研究院政治经济学课程建设专项基金管理条例》《经济学院、王亚南经济研究院政治经济学教材建设专项基金管理条例》《经济学院、王亚南经济研究院政治经济学科研建设专项基金管理条例》等支持政治经济科教研发展的相关条例。

10 月

由 WISE 与经济学院合作申报的“经济学科国际化人才培养模式创新”获 2017 年福建省高校教育教学改革研究项目重大教改项目立项。

11 月 11 日

“新时代中国金融改革与风险管理论坛暨厦大金融界校友 2017 年会”在厦门大学隆重开幕，由厦门大学经济学院与 WISE、厦门大学校友总会秘书处、厦门大学旅港校友会金融分会、黄良文统计学科教育基金会主办，厦门大学经济学院金融系与统计系、厦门大学富邦两岸金融与产业研究中心承办，沪港地产资本有限公司协办，德健金融集团支持。

11 月 18 日

由当代经济学基金会评选并颁发的“2017 年中国经济学奖颁奖盛典”在北京举行。WISE 博士毕业生谭丽佳的博士论文《采购拍卖机制行为经济学研究》荣获“2017 年中国经济学优秀博士论文奖”，并在北京接受颁奖。

11 月

经济学科正式实施《厦门大学经济学院、王亚南经济研究院和邹至庄经济研究中心关于政治经济学课程建设专项基金管理条例》《厦门大学经济学院、王亚南经济研究院和邹至庄经济研究中心关于政治经济学教材建设专项基金管理条例》和《厦门大学经济学院、王亚南经济研究院和邹至庄经济研究中心关于政治经济学科研建设专项基金管理条例》3 个马克思主义政治经济学专项基金，推动研究、创新和发展新时代中国特色社会主义政治经济学。

12 月 24—25 日

《管理观察》杂志社授予厦门大学经济学院、WISE“追求质量管理学院奖”。

12 月 28 日

教育部学位与研究生教育发展中心公布全国第四轮学科评估结果。厦门大学应用经济学、统计学两个一级学科获评教育部第四轮学科评估 A 类学科，其中，应用经济学在 155 所参评高校中并列第 4 名、统计学在 120 所参评高校中并列第 3 名；理论经济学一级学科获评 B+ 类学科，在 90 所参评高校中并列第 10 名。

12 月 29—30 日

“首届中国计量经济学者论坛（2017）暨全国数量经济学博士生论坛”在厦门大学举行。论坛由 WISE 与邹至庄经济研究中心、中国科学院预测科学研究中心、东北财经大学经济学院和《经济研究》杂志社联合主办，厦门大学研究生院支持，WISE、经济学院、计量经济学教育部重点实验室（厦门大学）联合承办。

12 月

经济学科与泉州市金融工作局、福建七匹狼集团有限公司签署战略合作协议，决定共同设立泉州金融研究院和厦门大学七匹狼金融研究中心。

计量经济学教育部重点实验室（厦门大学）与德国洪堡大学应用统计学和经济学研究中心合作开展的“计量经济学与统计学专业创新型人才项目”通过国家留学基金委 2018 年“创新型人才国际合作培养项目”答辩，并于 2018 年 1 月获批资助。

2017 年

经济学科在原有传统课程“政治经济学”的基础上开拓创新，打造课程思政样本，组建“社会主义政治经济学”课程组。课程组由洪永淼牵头，张兴祥和侯金光负责，面向经济学科国际化试验班开设。课程将中国特色社会主义政治经济学最新成果融入课堂，努力实现思想政治理论课由传统应试教育向素质教育转变，推进思政育人与专业课程教育的有机融合。

足迹＊2018

1 月 12 日

国家留学基金委公布了 2018 年“创新型人才国际合作培养项目”资助名单，计量经济学教育部重点实验室（厦门大学）与德国洪堡大学应用统计学和经济学研究中心合作开展的“计量经济学与统计学专业创新型人才项目”获得批准资助。这是厦门大学计量经济学与统计学专业建设取得的又一标志性成绩，有助于进一步推动厦大经济学科与世界知名大学和研究机构的合作交流，提高学生的创新实践能力和国际竞争力，满足国家跨学科、高素质、国际化人才培养的需求。

1 月 18 日

泉州金融研究院、厦门大学七匹狼金融研究中心项目启动仪式在福建省七匹狼集团总部成功举行。泉州金融研究院、厦门大学七匹狼金融研究中心将利用厦门大学经济学科、泉州市金融工作局与福建省七匹狼集团三方资源，发挥地处国家改革开放、“一带一路”核心节点和对台合作前沿优势，注重顶层设计，建设成为誉满各界的产官学合作的名片与典范，为建设新时代中国特色社会主义现代经济体制贡献力量。

3月21日

根据《教育部关于公布2017年度普通高等学校本科专业备案和审批结果的通知》，由厦门大学经济学科和厦门大学信息科学与技术学院联合申报的新增本科专业“数据科学与大数据技术”获批。该专业依托厦门大学经济学院的统计学科和信息科学与技术学院的计算机科学与技术学科的优势，联合培养学生，可授予理学和工学两种学位类型。

4月7—9日

“首届习近平新时代中国特色社会主义经济思想研讨会暨改革开放四十年回顾与展望”在厦门大学召开。研讨会由中央和国家机关工委《紫光阁》杂志社、厦门大学经济学院与WISE、厦门大学习近平新时代中国特色社会主义思想研究院、复旦大学马克思主义研究院联合举办。会议议题涵盖：习近平新时代中国特色社会主义经济思想的内涵、显著特征与理论突破，中国特色社会主义政治经济学的理论内核，以人民为中心的发展思想，新时代我国社会的主要矛盾变化，党的十三大以来分配理论创新与分配制度变革，优化经济结构与推进供给侧改革，新时代下中国新的改革开放，政府与市场关系等。

5月20日

“2018年中国金融发展与泉州金融改革论坛”在泉州举行。论坛由厦门大学经济学院与WISE主办、泉州金融研究院协办、厦门大学七匹狼金融研究中心（筹）承办。会议邀请政商学界金融业权威人士，围绕中国金融大幅推进对外开放的主题，研究探讨了中国金融业面临的挑战、机遇及金融机构的因应措施，并就泉州金融发展提供对策建议。

6月8—10日

由厦门大学、堪萨斯大学、卡内基梅隆大学和金融稳定中心联合主办的“国际经济统计学会（SEM）第五届年会”在厦门大学举行。会议主题为“经济数据和统计测度的理论与应用”。这是该学会首次在亚洲地区举办。来自世界各国的近200名参会嘉宾出席此次盛会。参会者围绕国家数据、房地产市场和宏观经济政策、生活费用与物价指数测量、国民核算与物价统计、货币政策与金融市场、应用经济理论、全球价值链测度及其政策含义、数量经济学与金融学的新发展等多个议题展开切磋探讨。

7月16—20日

由WISE、邹至庄经济研究中心、东北财经大学经济学院、东北财经大学经济计量分析与预测研究中心共同举办的“2018年计量经济学和统计学研究生暑期学校”在东北财经大学举行。

7月23—27日

由厦门大学经济学院、WISE、邹至庄经济研究中心主办，厦门大学经济学科现代政治经济学研究中心承办的“2018年马克思主义经济学暑期学校”在厦门大学举行。

7月26日

由厦门大学经济学院、WISE、邹至庄经济研究中心主办，厦门大学经济学科现代政治经济学研究中心承办的“2018政治经济学高端论坛”在厦门大学举行。

7月28日

由教育部主管，教育部高等学校电子商务类专业教学指导委员会主办的第八届全国大学生电子商务“创新、创意及创业”挑战赛全国总决赛举行。由经济学科许梅恋老师作为项目指导老师，经济学科4名同学、管理学院1名同学组成的“身临企境”团队在此次比赛中，从全国4万支队伍中脱颖而出，夺得全国总决赛特等奖。

8月9—10日

国家自然科学基金委（以下简称“基金委”）第206期双清论坛在厦门举行。本期论坛由基金委管理科学部、数理科学部、信息科学部与政策局联合主办，厦门大学承办。论坛主题为“大数据时代计量经济学前沿理论、方法与应用”。论坛主席由美国南加州大学萧政、中央财经大学贺铿、康奈尔大学洪永淼和中国科学院汪寿阳共同担任。邀请了30余名计量经济学界的顶尖专家参会。

9月27日

教育部高等教育司正式公示了2018年高等教育国家级教学成果奖拟获奖项目名单。由经济学院、WISE申报的“计量经济学学科建设和高层次人才培养的综合改革与实践”荣获国家级教学成果二等奖。

10月13—14日

由厦门大学经济学科承办的“第十六届金融系统工程与风险管理国际年会”在厦门举行。会议主题为“新时代金融科技创新和风险管理”。来自国内外近400名金融系统工程与风险管理领域的学者、金融业界和金融监管层的相关人士齐聚厦门，共同探讨在全面深化改革的新时代下，如何既防范金融系统性风险、保持稳定，又利用好金融科技创新，服务我国实体经济发展。

11月1日

2018—2022年教育部高等学校教学指导委员会（以下简称“高校教指委”）正式成立。厦门大学经济学科洪永淼、雷根强分别当选本届高校教指委经济学类专业教学指导委员会、财政学类专业教学指导委员会的副主任委员，并参加了本次高校教指委成立会议。新一届高校教指委将作为全面振兴本科教育的精英团，承担高等学校教育教学研究、咨询、指导、评估和服务等工作，是推动高等教育改革发展的重要力量。

12月5日

厦门大学两岸金融发展研究中心（以下简称中心）成立仪式在厦门举行。这也是2018两岸企业家峰会年会重要活动之一。该中心由国务院台湾事务办公室经济局、中国银保监会推动，两岸企业家峰会金融产业合作推进小组联合厦门大学、厦门国贸集团、厦门银行、厦门国际银行等共同发起成立，旨在为深化两岸金融的务实合作提供理论研究和实践交流的新平台。

12月27日

福建省教育厅公布，根据《福建省教育厅关于开展2018年省级本科教学团队建设的通知》(闽教高〔2018〕30号）要求，洪永淼领衔申报的“经济学科本科教学国际化教学科研团队”入选2018年省级本科教学团队。

2018年

厦门大学经济学科出台多项新规，鼓励教师专注本科课堂。增设《经济学科教师参加教学技能大赛工作量认定和奖励管理办法》，对积极参与学院、学校教学大赛的教师予以最高1.7万元奖励；出台《厦门大学经济学科期中期末试卷统一印制暂行办法》，对各科老师期中期末试卷统一安排印制，分担老师工作量；制定《厦门大学经济学院、王亚南经济研究院“一流课程”教学改革支持方案》，将对符合条件的具有前沿性和时代性的课程、教学创新课程、挑战性课程、社会实践项目予以奖励，鼓励传统课程创新、前沿课程开发、课程升级完善、课程平台拓展等，具有前沿性和时代性的课程若申请获评国家级万门一流线上线下精品课程、国家级虚拟仿真实验教学项目，可获得15万元资助，相当于厦门大学经济学科对获得国家社科基金重大项目立项的奖励力度。

足迹＊2019

1月

WISE博士毕业生杨利（Li Yang）与其合作者托马斯·皮凯蒂（Thomas Piketty）及加百列·楚克曼（Gabriel Zucman）的论文“Capital Accumulations, Private Property and Rising Inequality in China（1978—2015）”正式刊发于世界顶级经济学期刊*American Economic Review* 2019年第7期。

青年教师纪洋与国家外汇管理局中央外汇业务中心谭语嫣博士、北京大学国家发展研究院黄益平教授合作的论文《金融双轨制与利率市场化》荣获“浦山政策研究奖”。

2月

《中国教育报》以“厦大对教学‘眼里揉不得一粒沙’”为题，用大半个版面报道了厦门大学经济学科多措并举调动教师积极性投入教学的做法和成效。文章指出，厦大经济学科以学生成长为中心，紧紧盯住教学主体——教师，通过“奖惩”分明的制度、“大小”兼顾的模式、“软硬”并施的服务，最大限度地调动起全学科231名教师的积极性，让大家敬畏教学、尊重教学、热爱教学。

4月

厦门大学经济学院与海陆丝绸之路城市联盟智慧城市与新兴产业委员会签订战略合作框架协议。双方在厦门大学经济学院合作共建乌兹别克斯坦国家税务实训基地，并将在此基础上共同建设发展“一带一路”国际人才教育培训基地。

5月10日

厦门大学和福建省商务厅共同成立厦门大学自贸试验区学院，依托厦门大学经济学科基础和研究力量，为福建自贸试验区高质量发展提供有力的人才智力支持。

6月1日

由西南财经大学经济与管理研究院主办的“第七届计量经济学论文大赛”决赛圆满落幕。WISE 2015 级本科国际化试验班本科生郑姝颖荣获一等奖。

6月14—16日

“2019 年世界计量经济学会亚洲年会（Asian Meeting of Econometric Society，AMES）”在厦门大学举行。年会由厦大经济学科承办。这是世界计量经济学会亚洲年会首次在中国内地高校举办，邀请包括诺贝尔经济学奖得主詹姆斯·赫克曼（James Heckman），世界著名经济学家、普林斯顿大学教授邹至庄，诺贝尔经济学奖得主托马斯·萨金特（Thomas Sargent），南加州大学教授萧政等 14 位世界计量经济学会会士发表主题演讲并与经济学科青年教师交流。

6月22日

厦门大学经济学科携手福建省发展和改革委员会举办“学习践行习近平新时代中国特色社会主义经济思想研讨会”。本次研讨会涵盖习近平新时代中国特色社会主义经济思想的实践根源、科学内涵、理论创新和时代意义四个主题，国内知名专家学者、实际工作部门负责人、基层代表，福建省 9 个设区市和平潭综合实验区发展改革部门代表以及厦门大学经济学科部分师生代表参加了本次研讨会。厦大经济学科洪永淼、李嘉楠在研讨会上发表演讲。《福建日报》11 月 13 日第 4 版对研讨会部分嘉宾的发言作了摘登。

7月2—8日

厦门大学经济学科“2019 计量经济学与统计学暑期学校”首次作为世界计量经济学会（The Econometric Society）官方活动在厦门大学举行。

7月6日

由厦门大学经济学科牵头成立厦门大学中国高质量发展研究院。厦门大学中国高质量发展研究院依托厦门大学经济学科近年来在科学研究，特别是现代研究方法的开发与应用及政策评估方面取得的学科基础进行建设，力争打造成为高质量发展研究领域国内权威、国际一流的中国特色新型高校智库。

7月15—19日

厦门大学经济学科举办“2019年马克思主义政治经济学暑期学校”。本次暑期学校以“马克思主义政治经济学的研究方法”为课程主题，是厦门大学经济学科庆祝新中国成立70周年的系列活动之一，也是厦门大学经济学科连续举办的第三届暑期学校。同期，厦门大学经济学科还于7月17日主办“2019政治经济学高端论坛”。

7月27日

厦门大学经济学科与复旦大学马克思主义研究院、马克思主义学院在上海联合举办“第二届习近平新时代中国特色社会主义经济思想研讨会”。经济学科教师洪永淼、王艺明、张兴祥在研讨会上分别发表演讲。

7月

厦门大学与欧洲五国高校合作的“经济全球化与欧盟一体化”联合硕士项目（EGEI）获国家留学基金委“创新型人才国际合作培养项目”批准资助。

10月

乌兹别克斯坦国家税务委员会、财政部和联合国城新委组织了20位来自乌兹别克斯坦财政部、各省税务局的高级官员来访厦门大学经济学科交流体验。

国家自然科学基金委员会（以下简称“基金委”）正式批准资助“计量建模与经济政策研究”基础科学中心项目。这是基金委自2016年试点资助科学中心项目以来，厦门大学获得的首个基础科学中心项目，也是基金委管理科学部在全国范围内资助的首个基础科学中心项目。该项目由厦门大学经济学科洪永淼牵头，以厦门大学为依托单位，联合中国科学院数学与系统科学研究院汪寿阳带领的预测科学研究中心团队共同申请，获批直接经费6000万元，资助期限5年。

WISER CLUB 成员宋沐青、张春光、庄庆斌三人组成的“杀破狼”团队在“JDD-2018 京东数字科技全球探索者大赛”全球总决赛二等奖。

青年教师冯峥晖荣获 2019 年全国高校经济与管理实验教学“联奕奖”十佳教师。

11月15日

根据基本科学指标数据库（Essential Science Indicators，简称 ESI）最新数据显示，厦门大学新增经济学与商学（Economics & Business）进入 ESI 全球前 1%，厦大经济学科实现了学术影响力里程碑式的突破，成为本次厦门大学经济学与商学进入 ESI 全球前 1%的主要贡献者。

11月

洪永淼、张兴祥的社情民意信息建议获全国政协《每日社情》采用。

12月

根据 2019 年福建统一战线建言献策成果汇报会暨第十五届建言献策论坛表彰，由洪永淼担任负责人，张兴祥、黄秀惠、孙弘宇共同撰写的《关于推动厦门经济持续稳定高质量发展的建议》获第十五届建言献策论坛优秀调研报告一等奖。洪永淼在 12 月 18 日召开的 2019 年福建统一战线建言献策成果汇报会上发言。

厦门大学经济学科 6 名教师在厦门大学教学比赛中获奖，其中 3 名教师荣获一等奖。自 2014 年以来，经济学科已有 26 人次在此比赛中斩获佳绩，获特等奖、一等奖 10 人，连获 2016 年至 2019 年 4 届英语教学比赛一等奖。

教育部公布了首批国家级一流本科专业建设点名单。厦门大学共 24 个专业入选，其中厦门大学经济学科推荐的 5 个专业全部入选，分别是经济学、金融学、统计学、财政学、国际经济与贸易学。

2019 年

受国家自然科学基金委管理科学部委托，洪永淼作为负责人，牵头开展经济科学学科“十四五”发展规划战略研究。自项目启动以来，课题组通过文献计量、专家访谈等多种途径深入研究，就经济科学发展战略规划、宏观经济学、金融学、环境经济学、财政学等子项征求了国内外众多专家的意见，结合国际前沿和国家重大需求研究经济学科发展规律、发展目标、学科布局优化等，为中国经济科学学科发展献计献策。

足迹＊2020

1 月 11 日

厦门大学中国高质量发展研究院携手福光基金会共同举办“中国经济高质量发展高端论坛”。论坛充分发挥厦门大学中国高质量发展研究院“智囊团”和“思想库”的作用，会聚了重量级学术名家和商界精英，共议中国高质量发展的方向。论坛主讲嘉宾为 2011 年诺贝尔经济学奖得主、纽约大学经济学教授托马斯·萨金特（Thomas Sargent），中国社会科学院经济研究所研究员、中国社会科学院大学经济学院学术委员会主任、全国政协委员裴长洪，新加坡国立大学东亚研究所教授、著名中国问题专家郑永年；两岸企业家峰会大陆方面金融产业合作推进小组召集人、中国互联网金融协会区块链研究工作组组长、中国银行原行长李礼辉，两岸企业家峰会台湾方面金融产业合作推进小组召集人、“台湾国票金融控股股份有限公司”董事长、台湾大学商学研究所教授魏启林，东方富海董事长、中国中小企业协会副会长陈玮。

3 月

厦门大学经济学和计量经济学科首次进入由全球高等教育研究机构

Quacquarelli Symonds（简称 QS）发布的 2020 年 QS 世界大学学科排名全球 150 强。

5月

爱思唯尔（Elsevier）正式发布“2019 年中国高被引学者”榜单，洪永淼、蔡宗武入选了经济、经济计量学和金融领域榜单。这是爱思唯尔自 2015 年以来第六次正式发布中国高被引学者榜单，也是洪永淼连续第六次上榜。

后　记

王亚南经济研究院（简称 WISE）自 2005 年创立以来，在短短的时间内对厦门大学经济学科国内外影响力的迅速提升发挥了关键作用。这一路是怎么走过来的？其成功只是一种或然性吗？适逢 WISE 建院 15 周年之际，我们通过对厦门大学经济学科学科带头人洪永淼成长、开创、理念、建言相关文稿的撷取汇编，WISE 成长足迹的记录，希望可以折射厦大经济学科近年来锐意改革的初心以及潜心发展的轨迹，所谓“不忘来路，始知归处”是也。经过一年多的齐心协力，这本书终于定稿并付梓出版。

在此，我们谨向（以下排名不分先后）《人民日报》《新华每日电讯》《经济日报》《光明日报》《第一财经日报》《21 世纪经济报道》《中国教育报》《中国科学报》《中国社会科学报》《中国经济时报》《湖北日报》《福建日报》《厦门日报》《厦门晚报》《文汇报》、美国《侨报》，《经济研究》《经济学动态》《中国社会科学内部文稿》《神州学人》《福建论坛》《经济资料译丛》，复旦大学出版社，人民网、新华网、新浪网、东方网、中国经济学教育科研网、中国社会科学网、人大经济论坛，《南方》《吉林教育科学》《留学生》《中国—东盟商界》《财富经济》，厦门市政协《提案汇编》及慧赢传媒等媒体及本书中所有的原创作者表示感谢！由于你们昔日的辛勤付出和慷慨授权，才促成了这本书的出版。

我们也要向本书中的个别原创作者表示歉意。因个别文章发表至今相隔时间久远，我们做出多番努力，仍未能与文章作者取得联系，确认作品授权，只能在此一并致歉，感谢各位的支持和谅解。若有问题，请联系王亚南经济研究院。

特别感谢上海人民出版社对本书的顺利付梓给予的大力支持。从初次接洽到书本付印，出版社的领导、编辑、装帧设计师，无不展现了极高的工作效率和专业的工作能力，其间多次有关文稿内容、装帧设计等的沟通和讨论使本书内容在专业性、表述规范性和统一性以及可读性等方面有了质的飞跃。

本书编撰过程中，虽几经斟酌和校阅，但由于编者能力所限，难免出现疏漏和不尽如人意之处，还望读者多多包涵，给予批评和指正！

本书编委会

图书在版编目(CIP)数据

新时代中国经济学教育与研究:WISE 足迹/谢嘉晟,
张兴祥主编. —上海:上海人民出版社,2020
ISBN 978-7-208-16433-8

Ⅰ. ①新… Ⅱ. ①谢… ②张… Ⅲ. ①经济学-高等
教育-教学改革-中国-文集 Ⅳ. ①F0-4

中国版本图书馆 CIP 数据核字(2020)第 061512 号

责任编辑 赵蔚华
封面设计 谢定莹

新时代中国经济学教育与研究
——WISE 足迹
谢嘉晟 张兴祥 主编

出 版 上海人民出版社
(200001 上海福建中路 193 号)
发 行 上海人民出版社发行中心
印 刷 常熟市新骅印刷有限公司
开 本 720×1000 1/16
印 张 32.75
插 页 3
字 数 492,000
版 次 2020 年 6 月第 1 版
印 次 2020 年 6 月第 1 次印刷
ISBN 978-7-208-16433-8/F·2631
定 价 128.00 元